HISTOIRE

DE

LA VIE ET DE LA PHILOSOPHIE

DE

KANT.

PAR

Amand Saintes.

ORNÉE DU PORTRAIT ET D'UN FAC SIMILE DU PHILOSOPHE

> ... grande fut la célébrité;
> d'autres cependant en ont eu une plus grande,
> et ils sont morts enveloppés dans les draps de
> l'oubli...
>
> HERDER: *Le Serment*, poëme.

PARIS,
LIBRAIRIE DE CHERBULIEZ ET Cⁱᵉ
Place de l'Oratoire, n° 6.

HAMBOURG,
LIBRAIRIE DE HEROLD.

1844.

HISTOIRE

DE LA VIE ET DE LA PHILOSOPHIE

DE

KANT.

HISTOIRE

DE

LA VIE ET DE LA PHILOSOPHIE

DE

KANT.

PAR

Amand Saintes.

ORNÉE DU PORTRAIT ET D'UN FAC-SIMILE DU PHILOSOPHE.

> grande luit ... ...
> d'autres cependant en ont eu une plus grande
> et ils sont morts enveloppés dans les draps ...
> l'humain oubli
>
> HERDER: *Le Serment*, poème.

PARIS,
LIBRAIRIE DE CHERBULIEZ ET Cⁱᵉ
Place de l'Oratoire, n° 6

HAMBOURG,
LIBRAIRIE DE HEROLD

1844.

INTRODUCTION.

Je n'ignore pas la défaveur avec laquelle un ouvrage sur l'Allemagne ou venu de l'Allemagne est accueilli par une fraction assez considérable du public français, et que l'opinion étroite du duc de Rovigo „Nous n'en sommes pas réduits en France à chercher des modèles dans les peuples admirés par M de Staël" n'a pas encore perdu tout son crédit sur certaines intelligences qui prennent pour du patriotisme le résultat de leurs préjugés ou de leur ignorance de la mission cosmopolite de l'esprit humain; mais il est également vrai que la barrière des préjugés ou, si l'on aime mieux, des préventions s'est singulièrement affaissée en France relativement à l'Allemagne, et j'ai la persuasion que, si cette malheureuse question politique du Rhin ne venait entretenir chez les deux peuples une irritation déplorable, il n'y a personne comme les Français pour comprendre et apprécier tout ce qu'il y a de grand et de salutaire pour l'avenir dans le mouvement intellectuel qui agite l'Allemagne depuis un demi-siècle, de la même manière que les Allemands commencent, de leur côté, à s'appercevoir que ce n'est pas tout de creuser et d'approfondir dans le domaine de la science, mais que les travaux de la pensée n'ont véritablement de valeur que s'ils ont un but arreté, celui de corriger tout ce que la société présente de misères au physique comme au moral. Oui, plus que jamais l'esprit humain fait, de nos jours, preuve d'une activité étonnante dans toutes les branches des connaissances humaines; ce serait donc prévenir une confusion malheureuse si les peuples qui semblent plus particulièrement destinés par la providence à guider la marche de l'esprit humain comprenant bien leur mission, et se dépouillant de toute mesquine rivalité s'appliquaient, chacun dans des attributions plus conformes à son génie, à signaler ce qui aide ou ce qui nuit véritablement au développement de l'humanité. N'est-ce pas une chose confirmée par l'expérience que l'aptitude aux investigations de la pensée n'est pas toujours une caution suffisante pour prétendre au gouvernail d'un navire? Il en est ainsi de cette autre aptitude à mettre en œuvre les grandes entreprises qui ne peut donner une bonne garantie d'exécution qu'à ceux qui en ont sagement mûri les projets et les ont comparés avec les leçons de l'expérience. Or, si je me rends bien compte de ce qui est réservé aux générations qui vont nous succéder, après que sera passée cette époque de transition pénible où nous sommes engagés, ce sera, n'en doutons point, une œuvre tout ensemble, de foi religieuse et de dévoûment admirable, et la France sera bien fière de faire pénétrer dans les entrailles si desséchées du monde actuel les principes de vie que les recherches de l'Allemagne auront retrouvés dans le cadavre du christianisme qu'elle dissèque aujourd'hui avec tant de froideur, il est vrai, mais aussi avec une bonne foi et un tressaillement d'espérances qu'il ne faudrait rien comprendre aux signes pourtant bien visibles et du ciel et de la terre pour ne pas en conclure que de l'union de ces deux empires, la France et l'Allemagne, de la fusion des caractères de leur peuple et du concours de leurs travaux intellectuels, naîtra une rénovation dans les sentimens qui bannira le malaise intellectuel qui nous désespère tous à l'heure qu'il est, et que nageant dans les fraîches eaux de la foi régénérée, les intelligences verront clairement quel est le port qu'elles doivent atteindre, si elles veulent trouver repos et contentement.

Ainsi faire de la philosophie, s'occuper activement de la philosophie ce n'est point, comme le vulgaire le pense, se mettre par ce seul fait, en opposition avec la foi religieuse ou politique d'un pays. Certes, il est vrai que depuis un demi siècle surtout la philosophie a fait terriblement de l'opposition; mais qui oserait dire, la main sur la conscience, qu'il n'y avait rien à détruire, rien à renouveler ? De nos jours la destruction n'est plus guère possible; tout le passé religieux et politique ayant été jeté dans le gouffre de la négation. La philosophie n'aurait donc aucun sens si par-dessus tout elle ne s'appliquait maintenant à affirmer, et par conséquent à élever l'édifice qui doit abriter les générations qui nous suivent. On aurait beau, par un sentiment de honte dont le cœur humain est pourtant bien capable, tenir en réserve le scepticisme pour l'opposer au besoin impérieux de foi et d'amour dont toutes les ames se sentent travaillées, le scepticisme est encore moins de notre époque que de toute autre époque écoulée; car le scepticisme a une tendance invincible à s'envelopper froidement de son manteau, et à laisser le fleuve de la vie s'écouler dans sa nécessité fatale, tandis que le siècle est impatient de réaliser l'avenir que semblent lui promettre et ses pressentimens et son activité. Et pour ce qui regarde, en particulier, l'Allemagne, philosopher, c'est pour elle, travailler à acquérir la connaissance du réel en nous, dans la nature et dans l'histoire. La question n'est point si elle atteindra ce noble but; mais si véritablement ce but est digne d'occuper de nobles intelligences; et là-dessus les Allemands sont d'autant moins partagés qu'ils attribuent à leurs philosophes, un peu arbitrairement, il est vrai, une influence immédiate sur leur état social, au point que si le nom de Kant, malgré la décadence de sa philosophie, est toujours révéré parmi eux, ce n'est pas seulement à cause de sa science et de son excellent caractère, mais parce qu'il a enseigné en politique, ce qui paraît être le vœu dominant de l'Allemagne actuelle, l'établissement du gouvernement représentatif. N'est-il pas vrai qu'aux philosophes seuls il a été permis de dire toute leur pensée sur la marche des affaires temporelles autant que sur le gouvernement divin dans le monde moral? Et dès lors vous comprenez que la philosophie puisse avoir pour les Allemands une signification nationale. Et quand ils assurent que cette liberté leur amenera toutes les autres libertés morales sans qu'il soit nécessaire de faire passer la nation par les crises toujours si dangereuses d'une révolution politique, disent-ils toujours une chose déraisonnable? Nous avons beau leur répéter que nous avons fait en 1830 plus en trois jours qu'eux depuis trois siècles qu'ils méditent des théories, ils répondent que des hommes ne sont pas le genre humain, et que si les uns sont impatiens parce qu'ils sont mortels, la sagesse enseigne à ne rien brusquer pour ne rien compromettre les heureux résultats que l'avenir leur destine (1). Et si l'on insiste en étalant à leurs regards curieux mais impassibles la hideuse corruption qui semble devoir être un élément obligé du gouvernement constitutionnel, ils répliquent avec un sourire expressif que la corruption n'est point le fait des principes mais des personnes, et qu'il n'est pas à craindre qu'elle exerce jamais ses ravages là où la moralité de la religion a sa racine dans la conscience qui l'a créée, et non dans des formes protectrices quelquefois des prétentions les plus désordonnées.

Quoiqu'il en soit, pendant que dans toutes les classes de la société on agite en France des questions d'un intérêt général et d'une mise en œuvre immédiate, l'Allemagne en est encore en philosophie, après avoir parcouru tous les degrés de la spéculation, à se demander s'il y a, en effet, une vie, une réalité; si cette vie doit avoir un but et si ce but peut être rempli de ce côté ou d'une autre côté de l'existence

---

(1) . . . Scheint für uns die Möglichkeit zu liegen, ohne Revolution eine freie Nation zu werden. Dans l'ouvrage anonyme qui vient de paraître à Schaffhausen: *Kirche und Schule.*

terrestre ; et en politique, si le constitutionalisme tel que Kant l'avait conçu, ne répond pas à toutes les conditions d'une vraie liberté, et ensuite de le déclarer la forme la plus rationelle d'un bon gouvernement. Ah, laissez donc les penseurs de l'Allemagne qui répudient avec une indignation non feinte toute solidarité avec ce que nous nommons en France, anarchie, irréligiosité, désordre, athéisme, impiété ; laissez-les tranquillement achever leur œuvre de reconstruction spéculative, et si cette œuvre qui aura exigé tant de travaux, tant de patience et un si grand sacrifice de tems et de pénibles expériences ne devient point parfaite, elle n'aura pas du moins coûté du sang, et elle vous fournira l'argument le plus péremptoire contre l'impuissance de l'homme à connaître ou à réaliser par lui-même ce que Dieu veut qu'il reçoive de ses mains.

N'est-ce pas du sol germanique que sont sortis comme d'une source vaste et féconde ces fleuves des nations qui dans les siècles de la décadence romaine ont tant servi à communiquer une sève vigoureuse à des races abâtardies et à les régénérer ? N'est-ce pas dans ce gigantesque laboratoire de la pensée humaine que semblable au volcan qui ne peut retenir dans ses entrailles brûlantes la lave qui doit s'épandre au loin pour la vivification de la nature, travaillant sur lui-même, l'esprit humain a fait plusieurs fois explosion, et a dispersé sur le globe entier ces trois instrumens de révolution, dans les empires, la poudre, l'imprimerie, le libre examen en matière de religion ? Et si la France, plus habile, plus ingénieuse, plus entreprenante peut-être que l'Allemagne, s'est mise depuis long-tems en œuvre pour utiliser les laborieux efforts du génie allemand, devons-nous moins espérer de l'époque actuelle, où les savans des deux nations se comprenant mieux, pourraient ne rivaliser de zèle que pour répandre des lumières dans le seul intérêt de l'humanité. Il est vrai que bien des brouillards enveloppent encore cette œuvre d'une spéculation audacieuse et que le soleil de l'avenir aura de la peine à les dissiper avec ses rayons glorieux ; mais laissez à la pensée indépendante mais consciencieuse accomplir ses évolutions et même subir ses désenchantemens, et vous la verrez sur les débris qu'elle aura amoncelés principalement en religion et en philosophie, vous préparer des matériaux qui vous confondront d'étonnement, et dont néanmoins vous vous servirez avec reconnaissance pour ériger de concert avec elle, l'édifice social que vous ne rêvez pas en vain.

Pour moi qui sais aussi tenir compte du passé et de ce que nous ont appris les vicissitudes de soixante siècles, je crains bien que l'Allemagne philosophique ne soit à la fin payée que de mécomptes. Ce n'est point avec des combinaisons spéculatives que l'on crée une société nouvelle; des combinaisons ne pouvant jamais tenir lieu de bases à un édifice, et c'est un tout autre édifice que rêvent et demandent à demi-voix les penseurs de l'Allemagne. Et puisque d'après l'heureuse expression d'un ancien, jamais Etat ne fut fondé que la religion ne lui servit de fondement, je ne vois pas encore comment cette philosophie contemporaine qui veut animer tout, se substituer à tout, et qui n'a pourtant d'autre appui que l'intelligence indivuelle de chaque membre de l'Etat, pourra se charger de la tâche immense de supporter tout l'édifice, et répondra à toutes les espérances de ceux qui auront applaudi à son exaltation. Oui, dans un certain sens, j'admets avec vous qu'il y a plus que de la maladresse à séparer deux choses qui sont si unies, la philosophie et la religion. Je dis plus, l'Evangile lui-même si intolérant dans ses maximes comme le doit être quiconque dit enseigner la vérité, l'Evangile ne nous interdit point d'identifier ces deux choses, puisqu'il est lui-même tout-à-la-fois, religion, philosophie et morale; mais ceux qui croient véritablement en sa puissance souveraine pour vivifier ceux qui s'approchent de sa source, parce qu'il a des eaux pour retremper toutes les individualités, ainsi que pour vivifier tous les âges des sociétés humaines, ceux-là sont persuadés d'avance des déceptions qui attendent une philosophie qui ne voulant pas sortir des données hypothétiques dans lesquelles elle s'est depuis longtems engagée, elle aura beau en parcourir tous les degrés, elle se trouvera toujours à la même distance du principe qu'elle avait pris pour point du départ, et ce principe c'est l'infaillibilité du moi humain qui ne peut s'accorder ni avec l'idée d'un Dieu personnel, vers lequel gravitent les intelligences finies, ni avec celle d'un monde différent de celui où nous faisons de si tristes expériences (¹). Mais si pour moi, philosophie et religion sont à peu-près identiques, il y a pourtant la même différence entr'elles qu'entre deux facultés bien constatées et bien distinctes de l'âme humaine celle d'apprendre et de comprendre, et dont ces deux termes, philosophie et religion, sont l'expression esthétique la plus vraie. La philosophie sait la religion, mais ne la comprend pas en entier; tandis que la religion se comprend elle-même, en tant qu'elle a conscience de ce qu'elle est. Mais elle ne se sait pas, en tant qu'elle ignore le pourquoi et le comment de ce qui lui a été révélé par une intelligence supérieure à la sienne. La philosophie n'est donc pas plus la religion que celle-ci n'est la philosophie; et cependant toutes deux ont leurs racines dans l'être humain, et l'on ne pourrait les en arracher qu'en détruisant ce qui ne peut plus se détruire, l'image de Dieu dans l'être humain.

De notre nature nous sommes donc tous amis de la philosophie et de la religion, ces deux interprètes de deux facultés qui aiment également à se satisfaire, celle de connaitre le réel et de s'unir à lui comme au type de tout ce que notre être pressent de sublimes beautés; et ce n'est jamais que par une aberration de l'esprit ou par suite de quelque mauvais penchant du cœur que les uns se déchainent contre la philosophie qu'ils ne connaissent point, et les autres contre la religion dont ils ne connaissent que des formes souvent fort incomplètes.

---

(1) Un écrivain remarquable de notre tems, Fortlage, dans un article sur Kant de la *Revue allemande trimestrielle*, dit „que la philosophie contemporaine ressemble à une immense édifice tout composé de petites cellules, et que chaque philosophe en occupe une, mais que le fondement de l'édifice est Kant" (*Deutsche Vierteljahresschrift, &c.* — Décembre, 1838, p. 121) Il serait plus exact de substituer Spinosa au nom de Kant et de représenter ensuite l'édifice flottant au milieu des airs

Que la philosophie reste ce que Dieu l'a faite, puissance de savoir dans l'homme, et la religion, puissance de comprendre ce qu'elle a besoin d'aimer et de s'élancer ensuite vers l'être qui est tout amour, et la contradiction cessera, et l'écume de l'irréligiosité et de la superstition ne viendra point salir l'édifice que de concert la religion et la philosophie s'empresseront d'élever dans la société régénérée. Mais, comme nous croyons également qu'ici n'est pas le lieu où s'accomplissent toutes les destinées de l'individu homme, nous croyons aussi à la nécessité de l'épreuve, à la nécessité de l'expiation; et voilà pourquoi une part séparée sera toujours faite et à la puissance de savoir et à la puissance d'aimer jusqu'à ce que celle-ci ne rencontre plus d'obstacles dans ses élans. Tant que les organes corporels sont pour l'être humain une prison temporaire, cette puissance de savoir toujours susceptible de juger faussement les objets auxquels la puissance aimante doit s'attacher est une des causes de la contradiction qui constitue l'épreuve. Mais une fois la barrière des organes renversée, l'ame n'a plus besoin de juger, elle n'a pas même le tems de s'en préoccuper; elle aime parce qu'elle est puissance aimante et que rien ne s'oppose plus à ce qu'elle s'attache à ce qu'elle comprend devoir faire son éternelle félicité; et après cette réhabilitation la voilà devenue participante du divin dont la philosophie la séparait plus ou moins au tems de l'épreuve; d'où il s'ensuit que malgré notre amour pour la philosophie, il n'y a pas pour elle de certitude à atteindre tant qu'elle ne s'appuye que sur la frêle base du moi. C'est tout au plus, si en dehors de la philosophie de la foi elle peut trouver son interprète dans l'humanité, l'individualité humaine ne pouvant servir d'écho à Dieu que dans le système du *vrai* mysticisme chrétien. Il y a donc une double route pour arriver à une certaine unité harmonique dans l'homme, celle du savoir ou de la philosophie, et celle de l'amour ou de la religion. Ces routes ne sont point parallèles et en conséquence nullement opposées; sans cela elles ne se rencontreraient jamais. Cependant quoiqu'elles aboutissent à un centre commun, ce n'est qu'en ne les perdant jamais de vue que sans encombre, l'on peut arriver à son glorieux but. Ne suivez que la route de la philosophie et vous vous égarerez dans des déserts dont l'aridité ne pourrait sustenter votre ame hâletante de fatigues. Ne suivez, au contraire, que la voie de la religion, et les fantômes de la superstition viendront également tourmenter votre ame timorée. La vraie philosophie comme la vraie religion se donnent donc la main pour accomplir ensemble leur pèlerinage, et delà les efforts de l'homme sage pour développer en lui et sa puissance de savoir et sa puissance de comprendre et d'aimer. Restent les moyens les plus propres à obtenir ce développement, et la voix du passé de même que celle de notre propre expérience nous crient assez qu'on ne peut arriver à rien de réel si l'ame ne se met à la hauteur de sa vocation par le sentiment de sa propre dignité, par ses sympathies profondes pour le beau et le vrai. C'est à cette condition qu'il est donné à l'ame de se livrer avec succès à l'investigation des choses qui l'intéressent dans le passé, dans le présent, dans l'avenir ; et cet exercice, qu'il suffit d'indiquer pour en prouver l'excellence, je le nomme l'étude de la philosophie.

Mais est-ce que cela a de rapport avec le philosophe dont j'ai essayé de décrire la vie et les travaux, et que puis-je prétendre à jeter des pensées philosophiques au milieu d'une société dont toutes les avenues semblent envahies par l'industrialisme, et où si bon nombre d'intelligences paraissent satisfaites de l'énivrement d'une vapeur matérielle ? Oui, il y a aujourd'hui en France peu de chances pour faire accueillir du grand nombre un livre que ne recommandent point des peintures hideuses de notre état social, et qui ne s'adresse pas essentiellement au système nerveux des lecteurs ; mais quelques précédens de date encore fraîche m'ont appris néanmoins que je pouvais compter sur un public de choix dont je m'honore d'autant plus que ni la *réclame* ni la cameraderie l'ont formé, et qui me prouve qu'il y a place encore dans la littérature française pour les pensées sérieuses, pour les œuvres qui n'ont que la conscience pour inspiration.

Maintenant un mot, un seul mot sur le philosophe de Kœnigsberg dont je recommande l'historien à la bienveillante indulgence du lecteur. Dans un voyage entrepris naguère pour visiter une patrie qui m'est si chère, et embrasser une famille que je porte toute entière dans mon cœur, plusieurs fois sur ma route, depuis Valenciennes jusqu'à Paris et depuis Paris jusqu'à Marseille, j'eus l'occasion de parler littérature, religion, philosophie, et savez-vous ce qu'on m'a plusieurs fois répondu à cette question: Connaissez-vous Kant? „Le philosophe, répondait-on, et que m'importe de connaître un rêveur, un fou!" Connaissez-vous Kant? demandais-je à d'autres que j'avais lieu de croire mieux informés. — „Mais, oui, passablement. C'était un insupportable pédant et l'effroi des étudians de Kœnigsberg, comme il l'est encore de tous ceux qui veulent comprendre quelques mots de son incompréhensible philosophie." Et comme deux ans auparavant j'avais répondu par la *Vie de Spinosa* à ceux qui m'avaient soutenu que c'était un philosophe athée, je viens aujourd'hui répondre à d'autres compatriotes par la vie de celui des philosophes allemands qui était si peu pédant et si peu l'effroi de ses élèves, qu'un historien de sa philosophie bien placé pour savoir la vérité, Rosenkranz, professeur à Kœnigsberg, assure qu'on avait surnommé Kant le *beau professeur*, par la recherche de sa mise, et qu'on le voyait, dans la maturité de l'âge, buvant son café à un restaurant à l'issue de ses cours, faisant sa partie au billard et allant de là se réunir à de joyeux convives qu'il invitait chaque jour à sa table. Rosenkranz ajoute, qu'en entendant parler de Kant, on peut à peine croire qu'il s'agit du dix-huitième siècle, et de Kœnigsberg et de Kant, mais bien plutôt d'un philosophe de notre époque et vivant à Paris. J'ignore quel est le genre de vie des philosophes de Paris et même si à Paris se trouvent des philosophes; mais avec confiance je présente aux amis et aux adversaires de la philosophie la vie d'un homme qui malgré ses erreurs que je n'ai certes pas dissimulées, a fait honneur à son siècle et à l'humanité.

Je dois indiquer maintenant les sources où j'ai puisé ce que je vais raconter du célèbre philosophe de Kœnigsberg.

D'abord quand il s'agit de ses écrits, j'ai préféré suivre l'édition complète qu'en ont donnée, en 12 volumes, les professeurs Schubert et Rosenkranz (1830-40), quoique celle de Hartenstein, en 10 volumes, (1838-39) se recommande à plus d'un titre. C'est donc à l'édition des deux professeurs de l'université de Kœnigsberg que se rapporteront toutes les citations de Kant. J'ajouterai, puisque l'occasion se présente, que le beau portrait de Kant et le *fac-simile* qui l'accompagne et qui décore cette superbe édition, décorera également mon ouvrage. Puisse-t-il par la douceur de ses traits, émousser les pointes de toute critique qui ne serait pas dirigée par le même esprit de bonne foi et le même amour de la vérité qui ont dirigé son biographe!

Quant aux ouvrages que j'ai dû compulser pour m'instruire à fond de la vie de notre philosophe, outre les préfaces de ses deux savants éditeurs qui précèdent chaque ouvrage de Kant, et où j'ai puisé largement chaque fois que je l'ai jugé utile, convaincu que j'étais de la pureté de la source, je vais les indiquer brièvement et en suivant la date de leur publication. Naturellement il ne peut être question que des ouvrages qui traitent spécialement de la vie de Kant, et non de ces milliers d'écrits que fit naître l'apparition de sa philosophie et qui s'occupaient plus ou moins des principes sur lesquelles l'avait fondée le philosophe de Kœnigsberg mais qui de nos jours ne peuvent plus avoir le même intérêt.

1º *Kant's Leben, in einem Briefe eines Freundes an seinen Freund.* Altenburg, 1799. —

2º *Fragmente aus Kant's Leben.* Koenigsberg, 1802. — Cet ouvrage est attribué à un médecin nommé Morzfeld.

3º LUDWIG ERNST BOROWSKI. *Darstellung des Lebens und Charakters Kant's;* Koenigsberg. 1804. — Celle biographie avait été écrite avant la mort de Kant et avait été mise sous ses yeux. Kant l'avait trouvée exacte; mais par modestie il ne permit pas qu'elle fût imprimée de son vivant.

4° KANT, *in Briefen an einen Freund*; von R. B. Jachmann, Koenigsberg, 1804. — L'auteur avait encore été comme Borowski dans l'intimité de Kant et n'avance rien que de certain.

5° J. KANT *in seinen letzten Lebensjahren*; von E. A. C. Wasianski, Koenigsberg, 1804. — Ouvrage principalement consacré à faire connaître le caractère de Kant et son genre de vie domestique. Quand on sait que le philosophe avait donné toute sa confiance à ce jeune ecclésiastique au point de le traiter comme son propre enfant en lui abandonnant, dans les dernières années de sa vie, la direction de sa maison, l'on peut en compter sur le témoignage de ce biographe.

6° *Merkwürdige Aeusserungen Kant's*; von einem seiner Tischgenossen, Johann Gottfried Hasse, Koenigsberg, 1804. — L'auteur était un collègue de Kant et ne jouit de son intimité que dans les dernières années de sa vie; mais quoique son récit ne remonte pas aussi haut que ceux de Borowski, de Wasianski et de Jachmann, ils se complètent l'un par l'autre et méritent le même degré de confiance.

7° *Immanuel Kant's Biographie*; Leipzig, 1804. — Quoique cet ouvrage eût été annoncé en 4 volumes, l'auteur trop anecdotique pour être scrupuleux sur la vérité des faits qu'il rapporte, n'en a fait paraître que deux. — Il ne faudrait pas confondre cet ouvrage avec le recueil des biographies de Borowski, Jachmann et Wasianski que l'on publia en 3 volumes, sous le titre commun: *Ueber J. Kant*, Koenigsberg, 1804.

8° *Dem Andenken Kant's*; von J. Ch. A. Grohmann, Berlin, 1804. — Ce souvenir sur Kant, d'un professeur de phisophie à Wittenberg se rapporte plus à la philosophie qu'à la personne du philosophe de Kœnigsberg. Déjà Nech avait publié quelque chose de semblable à Bonn en 1794.

9° *Ansichten aus J. Kant's Leben*: von F. L. Rink. Kœnigsberg, 1805. — Disciple de Kant, puis devenu son collègue et son commensal. Il se plaisait à prendre note de tout ce qu'il entendait de précieux de la bouche du philosophe; et il est à regretter que son travail soit loin d'être parfait. C'est ce même Rink qui a été éditeur de quelques ouvrages de Kant.

10° J. KANT, *ein Denkmal*: von F. Bouterwek. Dans l'intention de l'auteur cet opuscule doit apprécier le génie et le mérite de Kant. Le ton en est déclamatoire.

11° On trouve des rapports de Kant avec Socrate dans un article signé de Fortlage, inséré dans: *Vierteljahresschrift*, October-Décembre, 1838.

12° KANT, *homme politique*, article inséré par F. W. Schubert dans l'*Historisches Taschenbuch*, année 1838.

13° J. KANT's *Biographie, zum grossen Theil nach handschriftlichen Nachrichten*, dargestellt von F. W. Schubert. Leipzig. 1842. — Quoique peu volumineuse (218 pages), cette biographie est néanmoins la plus instructive. Elle ne s'occupe guère des détails de la vie intime et privée, mais se complaît à montrer l'écrivain et le professeur dans la sphère de leur incessante activité. Avec la facilité de feuilleter non seulement les manuscrits du philosophe, mais jusqu'à des chiffons de papier sur lesquels Kant avait déposé des pensées incomplètes, mais portant son cachet, Mr. Schubert, professeur lui-même à Kœnigsberg, ne pouvait que faire un ouvrage intéressant, et cet intérêt est relevé par un très beau talent de narration.

On trouve également des détails intéressans sur Kant dans les biographies des grands hommes qui se sont illustrés depuis la renaissance des lettres, par Meiners; dans la *Prusse littéraire* par Danina, au 2e vol. et au supplément; dans la préface ajoutée par Tieftrunk aux opuscules de Kant dont il se rendit éditeur en 1799; enfin dans les ouvrages français suivans: *Philosophie de Kant ou principes fondamentaux de la philosophie transcendentale*. Metz. 1801; dans la Biographie universelle, l'article Kant, rédigé par le savant Staffer; *Revue française*, tom. 1, p. 267 et suivantes; *Fragmens littéraires*, par M. Cousin, Paris, 1813, p. 367-466, où ce célèbre écrivain s'est plu à réunir des détails qui réellement m'eussent été de la plus grande utilité, si je n'avais pas eu sous les yeux les auteurs allemands d'où il les a tous tirés. Qu'il me soit encore permis de rappeler les noms de ceux des écrivains dont les ouvrages m'ont aidé à la complète intelligence de quelques-uns des écrits de Kant et à me rendre maître de sa philosophie. Parmi les allemands, je dois citer spécialement Eberstein, Rosenkranz, Mirbt, Chalybæus, Michelet et Biedermann; et parmi les Français Charles Villers, Cousin et Henry Jouffroy qui tous trois ont analysé la *Critique de la raison pure*; Tissot et Trullard qui ont traduit, avec un succès à peu près égal, le premier, deux des *Critiques* et les *Principes de morale*, et le dernier, *La religion dans les limites de la raison*. Ma conscience ainsi mise en règle, il ne me reste plus qu'à clore cette préface par une liste de tous les ouvrages publiés par notre philosophe. Je les citerai par ordre alphabétique et pour plus de commodité pour le lecteur, avec leur titre en français.

1° Pensées sur une vraie appréciation des forces vivantes. 1747.—2° La terre a-t-elle subi quelque changement par sa rotation sur son axe depuis son origine. 1754. 3° La terre vieillit-elle? 1754.— 4° Histoire universelle de la nature et théorie du ciel. 1755.— 5° Meditationum de igne succincta delineatio. 1755. — 6° Principiorum primorum cognitionis metaphysicae nova dilucidatio. 1755. 7° Histoire et description des cas les plus extraordinaires du tremblement de terre qui a eu lieu vers la fin de l'année 1755. 1756. 8° Suite des remarques sur le tremblement de terre. 1756. 9° Metaphysicæ cum geometria junctae usus in philosophia naturali, cujus spe-

cimen primum continet monadologiam physicam. 1756. 10°
Quelques remarques pour expliquer la théorie des vents alizés.
1756. — 11° Projet et annonce d'un cours de géographie physique avec un supplément sur la question : si l'humidité de
vents d'ouest dans nos contrées provient de ce qu'ils passent
sur une grande mer. 1757. — 12° Nouvelle notion scientifique
sur le repos et le mouvement, et conséquences qui en dérivent. 1758. — 13° Lettre adressée à Charlotte de Knobloch
sur Swedenborg. 1758. — 14° Essai et quelques considérations
sur l'optimisme. 1759. — 15° Réflexions sur la mort prématurée de M. J. F. de Funk dans une lettre adressée à sa mère.
1760. — 16° Preuve de la fausse subtilité des quatre figures
syllogistiques. 1762. — 17° Essai pour introduire dans la philosophie la notion des grandeurs négatives. 1763. 18° Le
seul moyen possible de prouver l'existence de Dieu. 1763. —
19° Raisonnement sur l'aventurier Komarnicki. 1764. — 20°
Essai sur les maladies de la tête. 1764. — 21° Considérations
sur le sentiment du beau et du sublime. 1764. — 22° Recherches
sur la clarté des principes de la théologie naturelle et de la
morale. 1764. — 23° Relation de la distribution de mes cours dans
le semestre d'hiver. 1765-66. — 24° Rêves d'un visionaire
expliqués par les rêves de la métaphysique. 1766. — 25° Du
premier fondement des distinctions des régions dans l'espace.
1768. 26° De mundi sensibilis atque intelligibilis forma et
principiis. 1770. — 27° Correspondance scientifique de Kant
avec Lambert de 1765-1770. — 28° Des diverses races des
hommes. 1775. — 29° Critique de la raison pure. 1781. 1787.

30° Prolégomènes pour servir à une métaphysique future
quelconque qui pourra paraître comme science. 1783. 31°
Opinion sur : Essai de Schultz d'une introduction d'une morale
pour les hommes en général, sans différence de religion. 1783.

32° Idées pour servir à une histoire universelle sous le
point de vue cosmopolite. 1784. — 33° Réponse sur la question :
ce que c'est que la culture de l'esprit. 1784. — 34°*a* Critique
des idées de Herder sur la philosophie de l'histoire du genre
humain. 1er et 2e vol. 1785. — 34°*b* Souvenirs du Recenseur
sur un écrit dirigé contre cette critique par Reinhold, en février
1785. 35° Des volcans dans la lune. 1785. 36° De l'illégitimité de la contrefaçon des livres. 1785. — 37° Détermination de l'idée d'une seule race d'homme. 1785. 38° Elémens
d'une métaphysique des mœurs. 1785. 39° Commencement
présumable de l'histoire du genre humain. 1786. 40° Elémens
métaphysiques des sciences naturelles. 1786. 41° Compterendu de l'ouvrage de Hufeland sur le droit naturel. 1781

42° Quelques remarques pour l'examen de Jacob, des heures matinales de Mendelssohn. 1786. — 43° Qu'est-ce que s'orienter dans la pensée. 1786. — 44° Critique de la raison pratique. 1788. — 45° Sur l'emploi des principes téléologiques dans la philosophie. 1788. — 46° Critique de la force du jugement. 1790. 1793. — 47° Sur une découverte, d'après laquelle une ancienne critique rendrait toute nouvelle critique de la raison pure superflue. 1790. — 48° Explications sur la publication de mes opuscules. 1790. 1793. 1801. — 49° Sur le fanatisme qui commence à dominer et sur les moyens d'y remédier. 1790. — 50° Sur la possibilité d'une théodicée. 1791. — 51° Sur l'auteur de la Critique de toutes les révélations. 1792. — 52° La religion au-dedans des limites de la simple raison. 1793. 1794. — 53° Sur cette maxime: cela peut être vrai en théorie, mais ne vaut rien pour la pratique. 1793. — 54° Quelques remarques sur l'influence de la lune sur la température. 1794. — 55° La fin de toutes choses. 1794. — 56° De la philosophie en général. 1794. 57° Sur la paix perpétuelle, esquisse philosophique. 1795. 1796. — 58° Sur l'organe de l'ame par Lœmmering. 1796. — 59° Sur le ton tranchant qui s'est élevé depuis peu dans la philosophie. 1796. — 60° Annonce de la prochaine conclusion d'un traité pour la paix perpétuelle. 1796. — 61° Conciliation d'une dispute mathématique reposant sur un mésentendu. 1796. — 62° Elémens métaphysiques de l'étude du droit. 1797. 1798. — 63° Elémens métaphysiques de l'étude de la morale. 1797. — 64° Sur un droit supposé de pouvoir mentir par philanthropie. 1797. — 65° Explication sur la provocation de Mr. Schlettwein, contenue dans une lettre de Greifswalde, le 11 Mai 1797. — 66° Sur l'autocratie de Hippel. 1797. — 67° Sur la puissance de l'ame (Gemüth) de devenir maître de ses sentimens maladifs par le moyen de la seule intention. 1797. — 68° Sur les faiseurs de livres (Buchmacherei). 1798. — 69° Nouvelle question sur l'amélioration progressive du genre humain. 1798. — 70° La dispute des facultés. 1798. — 71° L'anthropologie. 1798. 1800. — 72° Sur la doctrine de la science par Fichte. 1799. — 73° Logique de Kant, par Jäsche. 1800. — 74° Géographie physique de Kant, par Rink. 1802. — 75° Kant sur la pédagogie, par Rink. 1803. — 76° Kant, sur la question proposée par l'académie royale de Berlin: Quels sont les progrès réels que la métaphysique avait fait en Allemagne, depuis Leibnitz et Wolff, par Rink. 1804.

HISTOIRE
DE
LA VIE
ET
DE LA PHILOSOPHIE
DE
KANT.

CHAPITRE PREMIER.

Importance des travaux de Kant. — Esprit public de l'Allemagne à l'époque où Kant apparut dans le monde.

C'était un époque glorieuse pour les lettres en Allemagne celle qui pouvait offrir des noms comme ceux de Wieland, Herder, Winkelmann, Jacobi, Gœthe et d'une foule d'autres écrivains, qui se rapprochaient plus ou moins de ces grands modèles et montraient à l'Europe étonnée que si le sol germanique avait été plus lent que la France et l'Angleterre à enfanter le génie, il pouvait au moins le montrer de meilleure heure dans toute sa maturité. Elle était pareillement grande l'époque qui inspirait à une autre nation tout entière la volonté bien décidée de se soustraire aux abus qui la rongeaient depuis des siècles, et de prétendre ne relever désormais que de la justice et de la vérité! Mais elle a dû être bien grande aussi la célébrité de cet homme qui parvint non seulement à contrebalancer la renommée des plus illustres de ses compatriotes et à donner l'impulsion au mouvement intellectuel de son pays, mais encore à dominer, pour ainsi dire, par le retentissement de ses écrits, le bruit bien autrement bruyant des victoires remportées par la république française. C'est que le génie est aussi une puissance à laquelle on est contraint de rendre hommage; et si les peuples enfans ne croient pas devoir mieux faire que de s'adresser à l'astre dispensateur de la lumière, comme à l'objet de leurs adorations, le culte du génie sera celui de tous ceux qui, dans l'excès opposé où les aura jetés une civilisation exagérée, oublieront le foyer divin où il est nécessaire qu'il se retrempe, si l'on veut que sa flamme éclaire au lieu d'éblouir, échauffe au lieu de dessécher.

Il est vrai que les idées de Kant, assez puissantes pour émouvoir les esprits de son siècle, ont beaucoup perdu de leur crédit, et ont même fait place à d'autres idées qui probablement, quoiqu'en disent leurs partisans exaltés, la céderont à leur tour à d'autres plus favorisées, elle devra néanmoins être toujours digne d'intérêt, la vie d'un philosophe qui a forcé toute une époque à s'imprégner de ses idées, malgré les préventions malheureusement trop fondées que l'on a généralement contre la philosophie allemande, et qui a montré à ses contemporains, par une vie constamment en harmonie avec ses enseignemens, que la conduite d'un penseur ne consiste pas en étrangetés, et que le moyen de faire goûter des études sérieuses n'est pas toujours de se déclarer l'adversaire de la société dans laquelle on est.

Oui, parmi les philosophes qui depuis Spinosa ont le plus scruté les profondeurs des sciences philosophiques, aucun ne l'a fait avec plus de zèle, de persévérance, de sagacité et même de succès que celui dont nous essayons d'écrire la vie, d'exposer les doctrines et de dire les destinées ; mais il y a cette différence entre le philosophe d'Amsterdam et celui de Kœnigsberg, que celui-ci a pu jouir de toute sa renommée, s'enivrer même de l'encens que brûlaient en son honneur des disciples nombreux et éclairés, tandis qu'il a fallu plus d'un siècle pour que justice fut rendue à la science et à la moralité du premier. Cependant si le panthéisme spiritualiste de Spinosa s'élève du sein de l'obscurité où l'avaient relégué les déplorables préoccupations de ses contemporains, et s'il parait vouloir imprégner de son esprit tous les systèmes philosophiques de notre époque, ce n'est pas à dire que la philosophie de Kant soit entièrement oubliée. On ne règne pas un quart de siècle sur l'intelligence des plus fortes têtes de son pays, sans que l'esprit public ne se ressente de cette domination, et l'esprit public qui a tant d'affinité avec la morale d'un peuple, ne subit pas de transformation aussi facile et aussi prompte que celles qui se présentent dans le domaine de la spéculation. Amis et ennemis de la philosophie critique reconnaissent encore aujourd'hui, comme on le reconnaissait du vivant de son auteur, l'importance et le mérite d'une doctrine qui avait pu remuer tout le domaine de la pensée, ébranler toutes les bases du savoir, et qui a ouvert la barrière à toutes les directions de la philosophie actuelle : car, dit avec raison un ami de Hégel, de même que dans une grande ville, on a besoin avant tout, pour s'orienter, de bien faire connaissance avec les édifices les plus majestueux, avec les tours les plus élevées, on ne peut faire des pas assurés dans la nouvelle philosophie, si l'on n'a pas les yeux attachées sur la critique de Kant (¹). L'on pourrait même dire, quand on se rend un compte exact du règne actuel des idées en Allemagne, que si l'école de Hégel a voix sur toutes les parties du domaine de la science, considérées dans leurs résultats pratiques, les idées de Kant n'en dominent pas moins encore toutes les professions scientifiques, à peu près comme le sensualisme le fait dans la France actuelle, quoique les écoles de philosophie y aient fait un complet divorce avec les idées de Condillac.

(¹) Rosenkrantz, dans une préface qu'il a ajoutée à la nouvelle édition des *œuvres complètes* de Kant, tom. II, page VI.

Mais ce n'est pas seulement comme penseur profond que Kant se présentera à l'estime générale; son caractère moral, de même que la tendance éminemment religieuse de ses travaux, malgré les graves erreurs dont il ne sut se défendre en matière de religion et de philosophie, ne pourront que lui concilier de plus en plus cette estime qu'il avait toujours préférée au vain bruit de la renommée; et plusieurs de ceux qui ne connaissaient qu'imparfaitement ses écrits dont l'effrayante terminologie et la forme un peu bizarre de quelques-uns des principes qu'ils contiennent n'étaient pas faites, il est vrai, pour captiver leurs sympathies, seront peut-être étonnés de ne rien trouver dans la vie privée du philosophe, qui ressemble à cette rudesse et à cette sauvagerie dont on accompagne d'ordinaire le nom de Kant, et ne pourront s'empêcher d'accorder à l'homme de société, de même qu'à l'homme intègre et vertueux, ce qu'ils n'auraient pu se résoudre à accorder à l'écrivain qui avait fatigué péniblement leur pensée.

Ainsi, faire ressortir tout ce qu'offrait d'aimable et en même tems de sérieux et de moral la vie privée du philosophe de Kœnigsberg; indiquer la nature de ses travaux, qui ne tendaient à rien moins qu'à opérer une immense réforme dans les sciences métaphysiques, morales, religieuses, esthétiques et même politiques, dans le domaine desquelles il a su jeter, en passant, de ces étincelles qui suffiraient pour éclairer la marche des hommes d'état, si les hommes d'état allaient jamais chercher des lumières chez un philosophe; décrire la destinée de sa philosophie proprement dite, qui après avoir fortement occupé les penseurs de son époque, a fini par se transformer en plusieurs partis philosophiques, qui, tout en répudiant la solidarité de quelques-uns de ses principes, ne se montrent pas moins pénétrés de son esprit, telle est la tâche que doit se donner un historien de Kant; telle est celle que j'ai eu la bonne volonté de remplir. Mais afin de bien saisir la nature et l'importance des travaux de notre philosophe, il convient de jeter un coup-d'œil, non-seulement sur l'état de la philosophie en général, lorsque Kant s'élança dans la carrière littéraire, ce que nous ferons plus loin, mais sur la disposition générale des esprits chez ceux de sa nation.

S'il est vrai que les grands hommes influent puissamment sur les esprits de leurs contemporains, il est également vrai que le travail des esprits, à une époque donnée, fait naître, à son tour, les grands hommes et leur fournit l'occasion de se distinguer de la foule. Ce n'est pas, certes, la même chose que de pousser le siècle dans des innovations ou d'en recevoir l'impulsion soi-même; mais quelque disposé que l'on soit d'admirer, çà et là, dans la série des âges, ceux d'entre nos semblables qui ont dominé leur époque de toute la hauteur de leur beau génie, il est incontestable que la masse de connaissances déjà acquises dans des tems antérieurs ne contribuent pas peu avec les circonstances où l'on se trouve, à produire les hommes à haute intelligence.

« L'époque où Kant fut appelé à saisir dans sa patrie le sceptre de la science philosophique était remarquable sous plus d'un genre. Elle invitait tout homme de caractère et de talent à tenter de vigoureux efforts pour ramener les esprits à une certaine unité de vie qui depuis longtems avait fait place à la désorganisation. Jusqu'à Lessing et Wieland, la vie allemande ne se maintenait plus, en effet, que matériellement à l'état de nationalité, et si n'eût été la force de l'habitude qui, surtout en Allemagne, est aussi une puissance, l'autorité morale qui n'existait plus que de nom, eût été forcée d'abandonner les rênes de la société. Mais on laissait cette autorité jouir de ses honneurs, précisément parce qu'elle ne s'en vantait pas, et c'est ainsi qu'au moyen de l'Eglise et des écoles elle continuait d'agir sur l'esprit du peuple, et qu'au moyen de l'enseignement universitaire elle cherchait encore à diriger les esprits cultivés. Personne ne trouvait à redire à l'exercice d'une telle autorité, ni les gouvernemens, à qui elle avait sagement remis toute l'administration temporelle, comme perception des impôts, polices des routes et autres choses de ce genre dont ils se contentaient, ni le peuple à qui elle avait garanti la liberté religieuse, moyen sûr de le soustraire à tout essai de vexation inquisitoriale. Ainsi allait la vie en Allemagne, toute saturée de bien-être matériel, mais, en réalité, toujours garrotée dans les langes du passé. Un tems vint néanmoins où l'étude des langues ne fut plus l'occupation exclusive des savans et en particulier des ecclésiastiques, et beaucoup se démandèrent s'il n'y aurait pas d'autres issues pour la pensée que les ornières traditionnelles où l'on se trouvait engagé, et voilà que l'on essaya de nouvelles voies, quoique avec timidité et sans trop se rendre compte de ce qui pourrait en résulter. C'était vers la fin du 17e siècle, et l'on sait combien l'autorité de Leibnitz dans toutes les parties du domaine de la science jeta des semences d'avenir. Un écrivain moins connu et qui mérite de l'être contribua aussi dans sa spécialité à donner une impulsion à ses contemporains en substituant dans l'enseignement de la philosophie, la langue allemande au latin et en donnant par là plus de liberté, de mouvement et de vie à la pensée : c'était Thomasius, fils de celui qui avait été le professeur de Leibnitz et qui a également mérité sa renommée par des travaux intéressans sur le droit et la morale (¹). Ce mouvement fut immédiatement suivi de deux apparitions qui étendirent prodigieusement le cercle de la vie intellectuelle, je veux dire le piétisme et la philosophie de Wolff, qui eurent le plus grand retentissement, et qui préparèrent les esprits à de plus graves débats.

(¹) Les œuvres de Grotius et de Pufendorf lui inspirèrent de bonne heure un goût décidé pour la science du droit naturel; mais on n'a pas assez relevé en philosophie celui de ses principes philosophiques qui serait si fécond en résultats heureux, si l'on parvenait à le déduire scientifiquement de la constitution morale de notre nature, je veux parler du cryterium de la vérité qui ne doit pas seulement se trouver dans le domaine de l'intelligence, mais qui pourrait bien aussi avoir ses racines dans les profondeurs du cœur humain. L'esprit humain n'aurait-il donc qu'un seul organe pour saisir le vrai?

Autant le piétisme de Spener eut une heureuse influence sur quantité de personnes dont le sentiment religieux avait été amorti par la froide orthodoxie de la lettre, qui régnait sans contrôle depuis l'établissement définitif du luthéranisme, autant l'usage que faisait Wolff du raisonnement et de la langue dont il se servait dans ses écrits et qui finissaient par être lus par les personnes les plus étrangères à l'idiome des écoles, autant, disons-nous, cette philosophie agita le monde des idées et secoua l'indolence assez naturelle au caractère allemand. L'introduction des écrits français et anglais, de ceux en particulier, qui traitaient des matières philosophiques et littéraires, vint singulièrement en aide à ce réveil des esprits, et le sentiment national que Frédéric II s'efforçait de faire naître, quoiqu'il s'y prît maladroitement, avec ses encouragemens trop exclusifs donnés à la langue et à la littérature françaises, ne tarda pas à recevoir de la force et de la vie. Des poëtes parurent qui contribuèrent aussi à épurer la langue et le goût, et qui par la nature de leurs compositions firent circuler dans toutes les veines du corps social, des idées qui n'étaient pas encore sorties des limites d'une certaine sphère intellectuelle. Lessing particulièrement s'adressa à toutes les facultés de l'âme; mais il s'efforça surtout de réveiller le sentiment du beau, en même tems que par une inconséquence dont peuvent se rendre coupables les plus hautes intelligences, il sema à pleine main le doute sur les vérités les plus généralement adoptées du christianisme positif. Ses écrits en prose et en vers étaient lus avec une grande avidité, et ils méritaient de l'être, si l'on considère l'immense variété de questions qu'ils traitaient avec talent, et la beauté du langage qu'ils révélaient. Klopstock, plus fidèle sectateur de l'Evangile, respecta les traditions du passé, et grâce à la beauté de ses chants, il parvint à se faire entendre d'une génération qui s'étonnait de son orthodoxie religieuse, mais qui rendait justice à son patriotisme et à la pureté de ses vœux. Aucun, suivant le témoignage d'un connaisseur habile [1], n'avait su mieux tirer parti de sa langue que l'auteur de la *Messiade*. Ce fut un bon exemple que la société poétique de Gœttingue mit à profit, et dont Henri Voss, une des plus célèbres étoiles de cette pléiade, se chargea de continuer la tradition.

Avec le goût de l'étude, l'application aux sciences exactes s'était aussi réveillée, et la comparaison de leurs théorèmes avec ceux que produisait la philosophie de Wolff, et qui ne contenaient pas la même clarté, avait contribué autant que les recherches historiques de Lessing à demander à la science religieuse un compte exact de ses constantes prétentions à la direction de la vie du peuple. Il en naquit un système bâtard décoré du nom usurpé de rationalisme, système qui, en effet, n'était plus la foi chrétienne, telle que l'avaient proclamée les réformateurs et dont les catholiques, qui en contestaient la pureté, en

---

[1] Bouterweck, dans sa *Geschichte der Poesie u. Beredsamkeit*.

respectaient encore néanmoins les bases; ce n'était pas non plus une philosophie, puisqu'il prenait encore sous sa protection tous les faits historiques de la Bible, que la philosophie rejetait comme ne pouvant être d'aucun usage en matière de religion et de morale. Ces essais néanmoins ne se firent pas sans contradiction; il en naquit de vives luttes, avec le désir chez plusieurs que ce ne fut plus seulement la liberté religieuse qui fut garantie, mais la liberté de penser la plus entière. Qu'est-ce, en effet, qu'une liberté intellectuelle, si l'on est privé de la faculté si naturelle de faire part à d'autres du fruit de ses idées? Dès lors s'engagea toujours plus fort la lutte contre le passé, et pour en finir avec lui, on mit à l'œuvre toutes les sciences à la fois, la géographie comme la philologie, les mathématiques comme l'archéologie et l'exégèse. Ce fut une levée de bouclier générale contre tout ce qu'on nommait préjugé, préventions, et le bruit que firent les lutteurs, ceux, en particulier, de la *Bibliothèque allemande* qu'avait fondée Nicolaï, et qui était alimentée par tous les beaux-esprits du tems, fut si étourdissant, que les rationalistes enlevèrent tout le lest du navire, le débarrassèrent de ses mâts, de ses cordages, croyant le sauver par-là de la tempête et ne virent pas qu'ils allaient l'exposer à de bien plus terribles écueils.

Cependant la distinction des états qui était devenue si frappante depuis la guerre de trente ans ne montrait pas de penchant à se modifier, et si la politesse française et la lecture des sceptiques et des déistes de cette nation était goûtée par-dessus tout; si c'était surtout chez les grands que se faisait le plus sentir l'influence du *Dictionnaire de Bayle* si propre à désorienter les esprits, les classes élevées de la société se montraient plutôt satisfaites d'avoir pu enfin jeter un coup-d'œil dans les régions de la science et de pouvoir en parler dans un langage facile et brillant, que de faire à la société l'application de principes plus libéraux. Elles trouvèrent que cette espèce de culture devait suffire à leur satisfaction individuelle, et qu'il serait peut-être dangereux de faire échange d'idées avec d'autres classes dont elles voulaient maintenir l'infériorité [1].

C'est pendant cette période que parut cet autre adversaire des traditions chrétiennes, qui, par la beauté de sa diction et la voluptueuse tendance de sa philosophie préparait les voies à cette idolâtrie de la matière dont plusieurs se font hautement gloire de nos jours. Wieland, auquel vint bientôt se joindre Gœthe, l'enfant chéri du bonheur, le poëte qui, sans avoir été le poëte du peuple, sera long-tems encore le modèle des poëtes; Wieland et Gœthe, qui par leur épicuréisme peu déguisé portèrent un grand trouble dans la vie d'ordinaire si calme et si réservée des Allemands, et qui néanmoins par leur manière esthétique de considérer la science, ont, comme Lessing, relevé les arts de l'abandon où ils languissaient, et, comme lui, ont aussi bouleversé toutes les formes

---

[1] *Historisches Taschenbuch*, année 1838.

extérieures de la vie. C'était donc une époque de mouvement incessant pour les esprits dans toutes les directions, et d'essais de renouvellement pour toutes les expériences de la vie. Tout ce mouvement, toute cette divergence d'opinions, en philosophie, en morale, en théologie, devait cependant amener bien des désenchantemens, bien des mécomptes, et qui ne sait que c'est aux époques où le scepticisme commence à gagner une nation, que les esprits accusent une certaine malaise qui trahit le vide des pensées, et que s'il porte certaines ames plus énergiques à travailler à la reconstruction d'un meilleur édifice qui puisse abriter les générations suivantes, beaucoup d'autres s'abandonnent à l'abattement ou laissent échapper avec indifférence de leur sein le peu de vie qu'elles recèlent encore. (L'Allemagne ainsi émue et agitée par tant d'élémens de rénovations, attendait donc un sage qui sut réunir en un commun foyer les différentes directions de cette époque de lutte, de doute et de savoir, les fit passer par le creuset d'une critique sévère, mais impartiale, s'efforçât de résoudre le problème du tems, et montrât d'une main sûre et hardie la voie que l'on devait suivre pour ne pas compromettre ses victoires; et cette tâche qui demandait une réunion extraordinaire de lumières et de sagesse, Kant se chargea de la remplir. Est-il étonnant qu'il n'ait laissé que de magnifiques matériaux qui attendent encore le génie qui devra les tailler, les combiner peut-être avec ceux de Leibnitz, de Spinosa et de Descartes, s'il veut élever un édifice vraiment complet et en proportion avec les vœux de l'humanité tout entière ?

Instruisons-nous maintenant de la naissance de notre philosophe et des premiers pas qu'on lui vit faire dans la carrière des lettres.

CHAPITRE II.

Jeunesse de Kant. — Ses premières études et ses premières publications pendant qu'il était encore à l'Université. — Sa vie de précepteur.

Rarement les grands hommes ont vu le jour dans des palais, et quelque médiocre importance que l'on doive attacher aux faits et gestes des enfans richement dotés du côté de ce qu'on nomme la fortune ou la naissance, il faut convenir que plusieurs s'informent avec plus d'empressement de ce que fut la jeunesse d'un fils de prince ou d'un grand seigneur que de la vie obscure du fils de l'humble antisan. Et cependant vous pouvez être sûr que si une éducation vraiment libérale ne vient pas étendre sur le premier sa bienfaisante influence, les hochets de l'opulence ne parviendront pas à relever ce qu'il y a de profondément monotone et puéril dans ses habitudes, tandis que sous les vêtemens les plus modestes et même sous les haillons de la pauvreté, l'on ne manque jamais d'apercevoir de bonne heure quelques-uns de ces traits qui décèlent l'avenir de l'homme de génie.

Le père de Kant était né de parens écossais; mais après avoir servi comme sous-officier en Suède, il était venu se fixer à Kœnigsberg où il se maria.

Ses prénoms étaient Jean George, et il écrivait son nom de famille avec un C et non avec un K; mais notre philosophe se plut à substituer cette dernière lettre de sa propre autorité, afin de germaniser le nom de ses ancêtres (¹).

Une fois fixé à Kœnigsberg, le père de Kant y exerça la profession de sellier et vécut dans une médiocrité, voisine de l'indigence. Il eut néanmoins un très grand nombre d'enfans, onze, disent les biographes de son fils, parmi lesquels sept filles, dont deux quoique mariées à Kœnigsberg conservèrent fort peu de rapport avec leur frère, et quatre fils, dont l'aîné, qui sera notre philosophe, naquit le 2 avril 1724 et reçut à son baptème le nom d'Emmanuel (²).

On a négligé de recueillir des documens pour écrire la vie du frère cadet d'Emmanuel Kant, de ce frère qui ne laissa pas d'annoncer, après des études sérieuses à la même université de Kœnigsberg, les plus heureuses dispositions, et même un brillant avenir. Mais lorsqu'il eut terminé ses études académiques où son frère lui-même avait été son profes-

---

(¹) Lorsque le nom de Kant eût été porté en tous lieux par la renommée, plusieurs personnes qui portaient le même nom, surtout en Suède, se réclamèrent de sa parenté, et lui demandèrent de l'argent à emprunter. Ses biographes nous laissent ignorer si le séjour du père dans la Suède n'était pas la cause première de ces réclamations.

(²) La biographie anonyme dit, qu'à sa naissance, Kœnigsberg vit se lever *la lumière du monde!* rien ne peut faire du tort comme des amis enthousiastes.

seur de philosophie, il alla ensevelir dans une paroisse de campagne, aux environs de Mittau, où il mourut en 1800, les dons que la Providence lui avait aussi généreusement départis. Si c'est véritablement par choix que le frère de l'illustre Kant préféra d'exercer jusqu'à la fin les modestes mais si intéressantes fonctions de pasteur de village, lui qui, indépendamment des facultés intellectuelles dont on le disait doué, aurait pu, sous l'égide de son frère, fournir une plus glorieuse carrière dans l'enseignement, il faut doublement le louer de sa résolution, et plus il a cherché pendant sa vie à se cacher de ses utiles travaux, plus nous devons recommander sa mémoire aux cœurs haut placés qui savent apprécier le dévouement (¹).

Les parens d'Emmanuel étaient donc de pauvres artisans qui, à grand'peine, procuraient la subsistance à leur nombreuse famille; mais tous les contemporains de notre philosophe sont unanimes pour louer leur sévère moralité. Ils appartenaient à cet ordre de personnes fortement dotées du côté de la moralité et qui savent suppléer par leurs convictions fermes et solides à ce qu'elles croient être vrai et bon, à ce qui leur manque du côté de l'instruction et de la fortune, que l'on ne peut pas toujours se donner à soi-même. Le caractère du père différait pourtant de celui de la mère

---

(¹) On dit qu'il mourut en tenant entre ses mains les œuvres de Herder dont il faisait sa lecture favorite. (*Fragmente aus Kant's Leben*).

en ce que celle-ci puisait principalement dans la foi religieuse ses motifs d'obéissance à la loi du devoir, tandis que des habitudes depuis longtems enracinées avaient développé, sous d'autres conditions, dans l'âme du père, la même propension à ne voir également ici-bas qu'une chose digne d'envie, une parfaite probité. Aussi Kant en rappelant à ses amis tout ce qu'il devait aux leçons de ses parents, a pu dire ces paroles que beaucoup de chefs de famille seraient heureux de pouvoir entendre dire d'eux-mêmes: „Jamais je n'ai entendu, ni vu chez mes parens quelque chose d'inconvenant ou qui manquât de dignité (¹)." Le père avait surtout pour maxime de ne jamais souffrir que les enfans usassent le moins du monde d'artifices dans leurs discours, et en toutes circonstances il leur donnait l'exemple de la plus austère franchise. Aussi a-t-on vu Kant plusieurs fois dans sa vie, montrer toute la délicatesse de sa conscience, et prouver que l'horreur pour le mensonge, dont son père avait cherché à le pénétrer dans son jeune âge, n'avait jamais rien perdu de sa force. Il était même si scrupuleux à ce sujet que s'il venait à se douter qu'une nouvelle qu'il avait racontée sur la foi d'autrui n'avait pas tous les caractères de la vérité, il se hâtait de réparer ce qu'il croyait être une faute. C'est ce même amour pour l'exacte vérité qui le faisait souvent hésiter à dire son avis en société, ou qui le faisait

---

(¹) Borowski.

s'énoncer d'une manière douteuse, lorsque d'autres, sans avoir plus de données, ne laissaient pas de décider ou de trancher les questions. Il ne s'est réellement montré bien affirmatif que quand il s'est agi de la philosophie critique; mais alors c'était un devoir de se montrer tel. On ne suivra jamais l'étendard d'un homme qui hésite dans les voies de la philosophie, et celui qui est appelé à une haute destinée, s'il n'a pas le sentiment de sa force et s'il ne l'exprime pas avec la même énergie, il restera fort au-dessous de sa tâche, et personne ne croira en lui.

Un de ses biographes, tout en admirant la conduite morale de celui dont il s'honorait d'être le disciple, Jachmann, ne laisse pas que de laisser percer son dépit, en faisant remarquer que le jeune Kant n'avait pourtant reçu, tant dans la maison paternelle que dans les écoles, qu'une éducation piétiste ([1]). On sait que le rationalisme moderne, qui est si souvent déraisonnable, cherche à flétrir de ce nom toute piété mise en action par le ressort d'une foi vivante en l'Evangile. Mais s'il faut juger de l'arbre par ses fruits, Jachmann n'aurait été que juste en s'abstenant de cette épithète inventée par l'esprit de parti, puisque lui-même assure avoir entendu dire à Kant „que cette même éducation lui avait servi de rempart contre des impressions vicieuses qu'il aurait reçues sans cela dans bien des occasions" ([2]).

([1]) „... seine Erziehung sowohl im väterlichen Hause als auch in der Schule war ganz pietistisch."

([2]) Imman. Kant, geschildert in Briefen.

Au reste, Schubert qui vit sur les lieux et qui a mis à profit tous les renseignemens que l'on pouvait se procurer, dit, en citant les paroles de Kant sur sa mère: „que sa religiosité n'était pas enthousiaste." L'on sait que c'est l'usage dans le plus grand nombre des familles en Allemagne, d'écrire dans la Bible qui sert au culte domestique le jour de naissance des enfans, celui de leur mariage et de leur mort; ainsi que des sentences ou prières les plus goûtées dans la maison; on a donc trouvé écrit de la propre main de la mère de Kant cette courte prière que la *société kantienne* de Kœnigsberg conserve précieusement dans ses archives: „Que le Seigneur notre Dieu nous conserve d'après son bon plaisir dans un amour constant et dans l'union; qu'il nous accorde quelque peu de la rosée du ciel et des douceurs de la terre, jusqu'à qu'il nous appelle tous ensemble aux noces de l'agneau; au nom de Jésus-Christ, son fils, Amen!" Si ce n'est pas là du pur christianisme, je n'y comprends plus rien. Ecoutons la manière dont Kant s'en expliqua lui-même avec chaleur dans un entretien avec un de ses amis. „Lors même que les idées religieuses de cette époque, ainsi que les idées de ce que l'on nommait vertu et piété n'étaient rien moins que claires et satisfaisantes, on trouvait pourtant la chose en réalité. Qu'on dise du piétisme ce qu'on voudra, il n'en est pas moins vrai que les personnes qui le prenaient au sérieux se distinguaient d'une manière honorable. Ils avaient en eux ce que l'homme peut posséder de plus haut, cette paix, cette sérénité, ce contentement intérieur qu'aucune passion ne peut agiter. Aucune persécution, aucune souffrance ne pouvait les décourager, aucune dispute n'avait le pouvoir de les porter à la colère ou à l'animosité. En un mot, le plus simple observateur était porté même involontairement à les estimer." Kant ajouta: „Je me souviens encore d'une dispute qui eut lieu entre le corps des selliers et celui des corroyeurs, au sujet de certains privilèges, dispute dans laquelle mon père fut aussi mêlé: néanmoins, même dans le secret des entretiens domestiques, cette dispute fut toujours traitée par mes parens avec douceur, et avec une vraie charité à l'égard de leurs adversaires, et avec une si ferme confiance en la providence que son souvenir, quoique je fusse alors bien jeune, ne m'a jamais quitté (¹). Quand on met sur le compte de toutes les personnes pieuses les extravagances de quelques individus, il serait bien aussi de tenir compte d'un témoignage aussi impartial que celui-ci.

Kant eut le malheur de perdre cette digne mère en 1737, lorsqu'il n'avait encore que treize ans. Il la regretta vivement, et la manière touchante dont il en parlait long-tems après sa mort, prouve pourtant que son cœur n'était pas aussi sec que quelques-uns de ses écrits pourraient le faire croire (²).

(¹) Fr. Th. Rink, *Ansichten* etc., page 13-14.

(²) Wasiansky, 94-95. — La manière dont mourut la mère de

S'il fallait encore ajouter foi à Jachmann, l'on devrait penser que l'éducation du jeune Kant à l'école était, comme à la maison, fondée sur le *piétisme;* mais quand on a lu tout ce qui a été écrit sur ce sujet, il en résulte simplement que son directeur Schultz usait de tout son influence pour que les principes religieux de la mère de Kant se développassent chez lui dans une douce liberté. Il est possible, dit à ce sujet Rink, que je ne voulusse pas faire l'apologie de tout ce qui se faisait dans le collège Frédéric, mais il est sûr que Kant ne s'en est jamais plaint : et que même, quand ses idées religieuses eurent pris une autre direction, il continua de parler de ce collège toujours avec le même degré d'estime; il rappelait l'excellence de la direction donnée à cet établissement et des connaissances solides que l'on y acquérait, ainsi que de la manière toute paternelle avec laquelle on y traitait les enfans (¹).

On nous dit que le jeune Kant était oublieux de son naturel. Cela ne pourrait guère s'accorder avec la mémoire prodigieuse qu'on lui connut plus tard, alors que n'étant jamais sorti de l'enceinte de Kœnigsberg ou du moins de son territoire, il s'entre-

---

Kant est au moins singulière. Une amie qu'elle chérissait venait d'être fiancée et n'attendait plus que le moment d'accomplir son union. Mais, trompée dans son espoir, elle tomba bientôt malade et voulut se laisser mourir d'inanition. La mère de Kant ayant voulu l'encourager à boire une potion, en but elle-même et ce fut le principe d'une maladie qui la conduisit bientôt à la tombe.

(¹) Rink. *Ansichten*, p. 16-17.

tenait avec un Anglais ébahi des plus petits détails d'un quartier de Londres que Kant pouvait minutieusement décrire et que l'Anglais ignorait totalement. Il faut dire néanmoins qu'il n'a jamais fait grand cas de la mémoire, qu'il regardait comme une faculté bien subalterne de l'esprit humain. Cependant on raconte de lui un oubli qui le fit gronder de ses parens. Un jour il avait déposé ses livres dans un coin, afin de pouvoir s'amuser plus à son aise avec les garçons de son âge; mais l'heure étant venue où il lui fallait prendre le chemin de l'école, il s'y rendit de sa personne, sans avoir songé à retirer ses livres de l'endroit où il les avait déposés; mais une telle étourderie dans un enfant, peut-on la considérer comme un défaut de mémoire?

Une autre anecdote que nous rapporte un de ses biographes, atteste au contraire que même dans le jeune âge il savait se préserver de ces faiblesses qui enlèvent aux enfans toute présence d'esprit au moment d'un danger. Un tronc d'arbre avait été jeté sur un des fossés de la ville et placé en travers : il pouvait servir de passage à quelque chose de léger, comme un oiseau; mais le jeune Kant s'avise de vouloir lui-même traverser ce pont d'un nouveau genre, et il était au milieu, et suspendu par conséquent sur un fossé profond et rempli d'eau, lorsque le tronc se mit à tourner sous ses pieds par l'effet de la marche aventureuse du jeune homme, et aussitôt la tête de lui tourner et d'éprouver des vertiges. Mais la présence d'esprit ne le quittant pas.

il s'élance avec hardiesse du côté opposé, s'accroche heureusement à quelque chose de solide qui lui tomba sous la main et arrive sain et sauf sur le rempart. Il avait alors huit ans. Il faut dire pourtant que ces écoles buissonnières ne l'avaient jamais empêché de remplir avec exactitude tous les devoirs d'un écolier diligent. S'il n'en avait pas été ainsi, il est à croire qu'à la mort de ses parens, (à l'âge de treize ans, il n'avait plus ni père ni mère), il est à croire, dis-je, que tout moyen d'éducation ou au moins d'instruction lui eût manqué; car jamais son oncle Richter, frère de sa mère et cordonnier de profession, n'eût consenti à le recevoir chez lui sans lui faire apprendre un métier; mais cet oncle continua à lui faire fréquenter les écoles de la ville, et lorsqu'il dût entrer au *collège de Frédéric*, le pasteur Schultz, qui avait connu ses parens, et qui était alors directeur de ce collège, persuadé qu'il y avait de l'avenir dans ce jeune homme, le prit dès alors sous sa protection, qui depuis ne lui manqua jamais ([1]). Ses études classiques au collège ne furent pas suivies

---

([1]) Un critique de mon *Histoire du rationalisme en Allemagne*, m'a demandé de lui faire connaître ce docteur Schultz, ami si intime de Kant. Je suis tout honteux d'être dans le cas de renvoyer mon savant critique à l'ouvrage de Borowski sur Kant, qui lui fournira tous les renseignements désirables sur ce sujet. On trouve également dans l'histoire de la philosophie de Wolff par Ludovici une analyse de quelques écrits de Schultz. — Ce digne pasteur, dont le nom, au témoignage de Schubert, est encore en honneur dans la Prusse, était né à Stettin, en 1692, et mourut en 1763, professeur de théologie et directeur du collège *Fridericianum*.

avec moins d'exactitude que dans les écoles inférieures, et l'on affirme qu'il y prit surtout un goût passionné pour la langue latine. Sans négliger les autres branches des connaissances humaines, il se familiarisait avec les auteurs classiques de Rome, en apprenant par cœur de longs extraits des poëtes, particulièrement dans le poëme de Lucrèce *sur la nature*, et on l'a entendu dans sa vieillesse réciter imperturbablement ces mêmes fragmens d'éloquence ou de poésie latine, qui avaient récréé ses jeunes années. Voici un trait qui annonce quels étaient déjà les pressentimens de notre jeune homme sur son avenir. Etudiant le latin avec Rhunken, Stolpe, Cund de Kœnigsberg et quelques autres amis, qui se sont plus ou moins distingués dans la carrière des sciences, ils convinrent de latiniser leurs noms lorsqu'ils seraient entrés dans la république des lettres, comme Buddeus de Jena et Cantius de Tubingue l'avaient fait avant eux; mais Rhunkenius seul tint parole; Kant a conservé le sien pur de toute nouvelle altération, car il lui en avait déjà fait subir une ([1]).

Mais l'avantage que retira Kant de cette passion pour la langue latine, fut une facilité peu

---

([1]) Rhunken dans sa correspondance, qui est en langue latine, l'appelle Cantius avec un C. — Comme on le sait, Rhunken s'est surtout distingué comme savant philologue. Eh bien, c'est une chose curieuse d'apprendre de Rink que, pendant un séjour en Hollande, Rhunken lui avait dit que pendant ses études de collège, lui, Rhunken, avait une prédilection toute particulière pour la philologie. Comme ils changèrent de rôle!

commune à écrire dans cette langue des dissertations académiques qui lui gagnèrent les meilleurs suffrages.

C'est en 1740, lorsqu'il eut atteint sa seizième année, que ses professeurs le jugèrent de force à suivre les cours de l'université, et il s'arrangea de manière à faire marcher de front ses études sur les mathématiques, la logique, la physique et un peu plus tard sur la dogmatique que professait le docteur Schultz. Je ne sais si la conduite de Kant à l'université de Kœnigsberg fut une exception, ou si c'est la règle parmi les étudiants qui la fréquentent; mais notre jeune élève ne crut pas qu'il fût de bon ton de consacrer ni la première année, ni aucune autre, à l'oisiveté ou à la dissipation, et ce qui atteste que le professeur de philosophie et de mathématiques, Knutzer, comme celui de physique, Teske, étaient satisfaits des progrès de leur jeune auditeur, c'est qu'après cinq ans passés à l'université, et lorsqu'il venait d'atteindre sa vingt-deuxième année, il en appela au public par la publication d'un ouvrage sur les *forces vitales*, qui, sans faire précisément beaucoup de sensation, lui gagna l'estime des connaisseurs, tant par la nature de son contenu, que par le caractère ferme et décidé qu'il révélait dans son auteur ([1]).

([1]) *Gedanken von der wahren Schätzung der lebendigen Kräfte, und Beurtheilung der Beweise, deren sich Herr von Leibnitz und andere Mechaniker in dieser Streitsache bedient haben; nebst einigen anderen Betrachtungen, welche die Kraft der Körper über-*

Déjà son épigraphe tirée de Sénèque : „Ce que l'on doit le plus avoir à cœur, c'est de ne pas imiter les troupeaux qui suivent toujours ceux qui les précèdent, s'avançant non point vers le lieu où ils doivent aller, mais seulement où l'on va" (¹) cette épigraphe, dis-je, montrait son désir de faire son chemin par lui-même, et pour cet effet, il ne s'en laissait nullement imposer par les noms qui occupaient alors la renommée, comme ceux de Leibnitz, Wolff, Hermann, Bernouilli, Lambert et Bülsinger. Puisque ces savants, se disait-il à lui-même, avaient noblement défendu la liberté de l'intelligence humaine, il ne pouvait entrer dans leur intention d'imposer des limites aux recherches consciencieusement faites. Aussi tout en déclarant avec modestie qu'il ne voulait pas soutenir que la vérité s'était montrée à lui moins voilée qu'à ses devanciers, il ajoutait, avec une certaine fierté, qu'il ne voulait pas néanmoins renoncer entièrement à cette pensée (²). Une remarque que

---

haupt betreffen. 1747. Dans la première édition, la date est bien 1717; mais l'on sait que le manuscrit était chez l'imprimeur depuis plus de 6 mois.

(¹) Nihil magis præstandum est, quam ne pecorum ritu sequamur antecedentium gregem pergentes, non quâ eundum est, sed quâ itur. (SENECA, de vitâ beatâ, c. 1).

(²) Voir comme il l'exprime lui-même sur son projet de secouer toute autorité et de proclamer ce qu'il croira être la vérité avec la plus complète indépendance. „Ich habe mir die Bahn vorgezeichnet, die ich halten will. Ich werde meinen Lauf antreten und nichts soll mich hindern, ihn fortzusetzen." Il a tenu parole jusqu'à la fin, à moins que l'on veuille accuser son silence après la menace qui lui fut faite, lors de son ouvrage : *Die Religion innerhalb etc.* — Mais ce silence pouvait lui paraître une protestation qui avait aussi son langage.

l'on fait nécessairement, en parcourant cette première ébauche d'un beau talent, c'est qu'il ne s'y montre nullement préoccupé des graves idées philosophiques et religieuses, qui sont l'âme de toutes ses autres productions, le centre où vint aboutir toute son activité littéraire. Comme Leibnitz et Descartes, son début a été de s'essayer avec les forces qui animent l'univers, sur la métaphysique de la nature, plutôt que sur celle de l'âme. Il n'a encore d'autre but que de développer la notion de la matière et de se faire une idée juste de l'univers et il y consacrera plusieurs autres ouvrages. On voit qu'ordinairement les grands hommes commencent par où finit le commun des hommes; mais ce qui nous console un peu dans notre faiblesse, c'est qu'ils finissent toujours par où nous avons commencé, c'est-à-dire en avouant que pour avoir agrandi de quelques pouces les limites de nos connaissances, ils ont rencontré aussi la barrière de ténèbres qu'ils se sont vainement efforcé de franchir. Quoiqu'il en soit, il est intéressant de voir notre jeune écrivain chercher à mettre d'accord ces deux géants de la philosophie moderne, Descartes et Leibnitz, en expliquant la notion de la vitesse par la puissance dynamique. Cependant il laisse souvent percer une vraie prédilection pour les vues de Descartes, et c'était de la part d'un jeune Allemand une espèce d'hérésie qui, indépendamment du ton constamment ferme de son ouvrage, annonçait une véritable indépendance de caractère. On sait que Spinosa a conçu son système dès les premiers tems de sa carrière philosophique, mais que dans ses premiers ouvrages on n'en voit percer que l'idée-mère. Autant l'on a voulu en dire de notre philosophe. On a prétendu que plusieurs des idées fondamentales de sa *Critique de la raison* étaient renfermées dans son premier écrit; mais les preuves qu'on en a apportées ne paraissent pas convaincantes (¹), et Rosenkrantz dont la perspicacité n'est guère en défaut en pareilles matières, confesse lui-même qu'il n'a pas trouvé de traces de cette intention prêtée à Kant. Il vaudra bien mieux croire le philosophe lui-même, quand il nous dira la manière dont il se réveille de son *sommeil dogmatique*, comme il s'exprime, et lorsqu'il conçut l'érection du grand édifice qui a fait toute son illustration. N'est-il pas plus intéressant d'apprendre ce que pensait Kant lui-même dans la maturité de l'âge de ce trait précoce de son intelligence. Voici ce qu'il a écrit de sa propre main sur le manuscrit de Borowski, à côté du titre de cet ouvrage qui y était mentionné: „Il n'est pas bien connu si cette production a eu quelqu'influence dans les pays étrangers, ainsi que sur les personnages que Kant s'était permis de combattre; je présume qu'il a été trop peu répandu à l'étranger. Si l'on veut savoir qui fit les frais d'impression, c'est en partie moi-même, et en partie un proche parent, cordonnier

---

(²) Voir un article de C. Fortlage, dans la *Revue trimestrielle allemande* (Deutsche Vierteljahrschrift. 1838. ɪvᵉ cahier, p. 107).

de son état, mais qui était à son aise; aurait-on pu s'attendre à tant de générosité! L'ouvrage ne fut pas demandé par les libraires, et fut comme le fruit qui est parvenu à maturité, mais que l'on ne cueille pas et que l'on garde sur l'arbre" (¹).

En Allemagne, c'est presque toujours la destinée des jeunes savans sans fortune, de voir leur amour pour la science les faire passer par des épreuves quelquefois assez pénibles, lorsque ne pouvant attendre dans le sein de leur famille, l'époque où leur pays utilisera leurs talens, ils sont obligés, ou de courir le cachet dans les villes, ou d'aller les enfouir dans l'obscur emploi d'instituteur, dans des familles qui si souvent ne savent pas apprécier leur position. Malgré son honorable début dans les sciences, Kant se trouva du nombre de ces jeunes gens, qui, à la fin de leur carrière universitaire sont obligés de pourvoir à leur existence, lorsqu'ils auraient tant besoin de se consacrer tout entiers à la culture de leur esprit. Son père venait de mourir, et ne pouvant, ou plutôt ne voulant pas rester davantage à la charge de son oncle, il accepta une place d'instituteur chez un pasteur de campagne à Judschen non loin de Kœnigsberg. C'est sans doute pendant qu'il remplissait ces modestes, mais si utiles fonctions, qu'il monta quelquefois dans la chaire de l'église, le

---

(¹) . . . „War einer an sich reifen Frucht, die man aber nicht abpflückte und bewachte, ähnlich."

dimanche, pour y remplacer son pasteur, et édifier les habitants du village, ainsi qu'on le permet en Prusse aux étudiants qui ont suivi des cours de théologie, et qui ont l'intention de se vouer au ministère ecclésiastique; mais Borowski qui rapporte ce fait comme incontestable, ajoute que Kant, en ayant lu la narration dans le manuscrit qu'il lui avait soumis, l'effaça sans en dire la raison. C'est là une de ces faiblesses dont notre pauvre humanité ne sait jamais se dépouiller entièrement. Kant a pourtant déclaré, dans d'autres circonstances, suivant le témoignage du même Borowski, que la faiblesse de sa poitrine ne lui aurait pas permis de remplir assidûment des fonctions ecclésiastiques, si le désir lui fût venu de suivre cette vocation (¹). Peu après on le vit successivement entrer dans deux autres maisons pour y diriger l'éducation de jeunes gens de noble famille, ce qui ne l'empêcha pas de profiter des rares momens de loisirs que lui laissaient ses occupations, de même que ses promenades champêtres que facilite singulièrement le séjour de la campagne, pour mûrir ses projets ultérieurs de tra-

---

(¹) Les paroles que Kant écrivit dans la bible de famille, après la mort de son père, prouvent cependant que la philosophie chez lui n'était encore qu'à l'état de science et que le Christianisme traditionnel avait toujours de l'autorité sur ses pensées : „Le 14 mars, mon cher père a fermé pieusement ses yeux à la lumière. Que Dieu qui ne lui avait pas accordé beaucoup de jouissances dans ce monde, daigne le faire entrer en possession des joies éternelles!“

vaux, en même tems qu'il faisait des observations pédagogiques, dont plus tard il gratifia le public. On aime à lire dans cet ouvrage sur la pédagogie quelle haute idée il se faisait de l'enseignement de la jeunesse, soit qu'elle fût confiée à un instituteur privé, soit que l'éducation fût donnée dans un collége: „Le but de l'éducation, dit-il, doit être de discipliner l'homme. Elle doit apprendre à l'âme à maîtriser le corps dans ses excès ou ses emportemens. Il faut de plus que l'homme ait l'esprit cultivé. C'est de la culture de l'esprit que dépend tout le reste. Les talens ne sont que les divers rayons de cette lumière fournie par l'instruction. N'est-ce pas encore une vraie jouissance que cette culture? En agrandissant le domaine de nos facultés, elle nous en fait jouir plus long-tems; c'est ce que l'on doit aux arts et aux sciences. Mais l'homme a surtout besoin de moralité, afin qu'il ne choisisse jamais que des moyens honnêtes et conformes à la raison pour arriver à un résultat que tout le monde puisse approuver. Il a besoin de prudence et de sagesse, s'il veut posséder quelque influence dans la société; il faut qu'il soit plein d'affabilité et de bienveillance. C'est en quoi consistent, à proprement parler, la politesse et la civilité, éléments essentiels de la civilisation (¹).

Si Kant avait vécu de notre tems où se débat avec tant de vivacité la question de la liberté d'enseignement, il eût pris certainement parti en sa fa-

(¹) Oeuvres complètes, ıx, Pædagogik., 379-80.

veur, lui qui disait dans le même ouvrage: „Les parens soignent d'ordinaire pour que les enfans réussissent dans le monde, tandis que les princes ne pensent qu'à faire de leurs sujets des instrumens de leurs projets particuliers(¹).“ Et pourtant l'idée qu'il se faisait d'un état lui aurait inspiré les moyens de concilier des droits qui paraissent des deux côtés être incontestables. „L'éducation privée, dit-il encore, est donnée d'ordinaire soit par les parens, soit lorsque ceux-ci n'en ont ni le tems, ni la faculté, ni le vouloir, par d'autres personnes à qui on la confie. Mais dans ce dernier cas il peut se trouver des positions difficiles, celles de l'autorité partagée entre les parens et l'instituteur; l'enfant doit suivre l'instruction de l'instituteur, et en même tems obéir à la volonté des parens. Dans une telle position, il est nécessaire que les parens cèdent leur autorité à celui qu'ils ont jugé capable d'instruire leurs enfans. Cependant, jusqu'à quel point doit-on donner la préférence à l'éducation particulière ou à celle qui se donne dans les établissemens publics? En général, il semble que sous le rapport des connaissances et du caractère de citoyen qu'il s'agit de former, l'éducation publique soit plus avantageuse que l'éducation domestique. Non-seulement cette dernière conserve les défauts de famille, mais encore les propage. Jusqu'à quand doit durer cette éducation? jusqu'à l'époque où la nature décide que l'homme doit se guider lui-même; lorsque l'instinct pour l'autre sexe se développe en lui, époque où il peut

(¹) Ibid., p. 377.

devenir père et éducateur lui-même. Après cette époque l'on peut bien employer encore quelques moyens pour cultiver l'intelligence et étendre une discipline déguisée, mais non continuer l'éducation proprement dite (¹)." Et un peu plus bas, il ajoute : „Quant à la culture morale, vous devez la fonder sur des maximes et non sur la discipline. Cette dernière peut bien empêcher les mauvaises manières, mais c'est aux principes qu'il appartient de former l'art de penser. Il faut s'appliquer à ce que les enfans s'habituent à agir d'après des principes arrêtés et non d'après des ressorts aveugles. Par la discipline on n'obtient que des habitudes qui se perdent avec les années. S'il est difficile d'en agir ainsi avec des enfans, cette difficulté est une raison de plus pour stimuler le zèle et la sagacité des parens et de l'instituteur (²)". Joignons à ces observations pleines de justesse, les sages avis que nous trouvons dans un autre de ses ouvrages, et qui montrent encore comment il envisageait l'éducation des jeunes gens qui lui étaient confiés : „un amusement quel qu'il soit, leur dit-il, doit être en même tems une culture pour votre intelligence, c'est-à-dire un agrandissement de la faculté de pouvoir jouir encore davantage des amusemens, savoir de la faculté qui fait que l'on s'attache à la beauté de l'art ou de la science. Tout autre genre d'amusement épuise et rend la jouis-

---

(¹) Oeuvres compl. Ueber Pædagogik. p. 82

(²) Ib. 113.

sance toujours moins possible, de quelque manière que l'on cherche à s'amuser. C'est un art que celui de savoir mesurer la voie de ses récréations de manière que l'on puisse toujours l'étendre; car si l'on vient à s'en rassasier, l'on se dégoûte bientôt et la corruption s'ensuit. Alors, la vie elle-même devient un fardeau.... jeune homme, apprends donc à aimer le travail; refuse-toi les plaisirs, non pour y renoncer entièrement, mais afin de pouvoir en conserver la perspective. La maturité de l'âge qui ne fait point regretter l'abstinence de quelques jouissances physiques, t'assurera même par ce sacrifice un fond de contentement qui ne dépend ni du hasard, ni de la nature (¹).

(¹) Oeuvr. compl. Anthropologie. p. 20.

CHAPITRE III.

Kœnigsberg. — Genre de vie de ses habitants. — Début de Kant dans l'enseignement en qualité de *privat-docent* à l'Université. — Ses travaux scientifiques. — Ses découvertes en astronomie.

Le voyez-vous, ce jeune pélerin qui, après un séjour de dix années à la campagne, dans les modestes et si monotones fonctions d'instituteur, se dit un beau jour qu'il pourrait bien enfin voler de ses propres ailes, et se suffire à lui-même, puisqu'il possède un nouveau manuscrit qui, une fois imprimé, aura sans doute plus de retentissement que son premier ouvrage, et qui ne pourra manquer, par la célébrité qu'il lui procurera, d'attirer sur lui l'attention des dispensateurs des places qui ne sont pas seulement honorifiques pour celui qui en est revêtu, mais qui lui assurent une existence indépendante. Il part, en effet, avec le faible bagage d'un manuscrit et une bourse légèrement garnie, mais avec le dessein bien arrêté de travailler à devenir professeur à l'Université où il avait été initié aux sciences, et le voilà se dirigeant vers sa ville natale, où il forcera ses concitoyens, et après eux le monde entier de dire à son occasion : Il est pourtant des cas, où l'on peut être prophète dans son pays!

Mais la ville de Kœnigsberg devait-elle lui offrir

des ressources suffisantes pour y voir sa position s'améliorer, et pouvoir s'y créer un cercle d'activité en harmonie avec ses dispositions actuelles et son envie bien légitime de faire à tout prix son chemin. Kœnigsberg est tout à la fois une ville d'étude et de commerce, ce qui se rencontre assez rarement; et quoique la population marchande y soit assez nombreuse, surtout depuis l'accession d'une partie de la Pologne au royaume de Prusse, cependant, comme elle a été long-temps la capitale du duché de Prusse et qu'elle a conservé plusieurs hautes prérogatives et le siége de pouvoirs élevés, elle a toujours été un point central où se dirigent les mouvements politiques et intellectuels des provinces septentrionales et orientales de la Prusse. Aussi, tant l'instruction primaire que celle de la deuxième classe passait pour y être bien organisée, et l'université, fondée déjà par le duc Albert I, comptait, à l'époque où Kant y avait étudié, des professeurs dont la philosophie a toujours parlé avec estime.

L'Université y était, en particulier, fort fréquentée. non-seulement par des étudiants de la partie allemande du royaume, mais encore par la partie polonaise, et même par ceux qui y venaient des provinces russes que baigne la mer baltique.

On a dit que l'homme qui devait révolutionner la république des philosophes, devait être né prussien, non que les Prussiens ou tout autre peuple d'Allemagne naquissent avec un penchant plus décidé pour les idées philosophiques que les habitants des autres contrées de l'Europe, mais parce que la Prusse est singulièrement située pour porter les esprits aux idées spéculatives. Ce pays de plaine est exposé presque partout aux rigueurs des hivers, surtout vers le septentrion, où ses côtes sont continuellement menacées par les flots de la mer en courroux, et présente peu de villes qui ne soient entourées de sables et dont la verdure n'y ait été transportée à grand' peine par les soins de l'homme laborieux. Or, pendant que ses voisins du nord passent leur soirée à dévider des contes bizarres ou effrayans, et dont on cherche à chasser l'impression par des rasades d'eau-de-vie, le peuple de la vieille Prusse, lui, porte la main sur son front et se met à faire de la méthaphysique. Blâme qui voudra cette manière de vivre! avec un enfant de la Prusse je dirai „qu'un peuple qui surmonte la pauvreté de la nature, et qui, par compensation, se bâtit à lui-même un monde idéal, ne peut jamais être ni ridicule ni méprisable" (1).

Ce n'est pas que Kœnigsberg, par une heureuse exception, n'offre, dans la ville même comme dans son voisinage, quelques abris propres à récréer la pensée de l'homme studieux. Des forêts et des lacs, quoi de mieux fait pour porter à la rêverie! Et nous verrons bientôt que Kant se plaisait à aller chaque année, à l'époque de ses vacances, chez un forestier de ses amis, retremper son ame dans la fraîcheur d'une solitude champêtre. Mais la ville elle-même, avec ses mœurs quelque peu maritimes,

(1) Rosenkrantz. Geschichte der Kantschen Philosophie, p. 99

principalement dans les classes inférieures, avec le mélange de sa population allemande, slave, israélite, française même depuis la révocation de l'édit de Nantes, mélange où domine cependant l'élément slave, ce qui explique l'espèce *d'humour* qui règne dans le caractère de ses habitants, et que les habitudes maritimes d'une partie de la population tendent à conserver, présente un caractère qui lui est propre et qui dans le royaume prussien fait de Kœnigsberg une ville à part. Et c'est par là que l'on s'explique bien des comparaisons et bien des images, que notre philosophe a empruntées à la vie maritime.

Quant à la vie littéraire de ses habitants, nous laisserons parler ici un des professeurs actuels de Kœnigsberg, qui doit savoir à quoi s'en tenir sur cet objet. „On ne peut qu'être surpris, en voyant combien chez Hamann comme chez Kant, malgré la position isolée de Kœnigsberg et les communications entre pays encore si difficiles de leur tems, non seulement la littérature essentielle, mais encore celle en sous-ordre leur était familière. Et comme Kœnigsberg n'est qu'une résidence honoraire, et seulement le séjour de la cour, dans des momens de nécessité et par conséquent passagers, il s'ensuit qu'une aristocratie qui ne s'appuierait sur tout autre chose que sur la culture de l'esprit et des belles-lettres ne pourrait réellement y prospérer. Au moyen âge, Kœnigsberg eut aussi à soutenir la lutte des corps de profession. Les différens quartiers de la ville formaient eux-mêmes des villes distinctes;

telles que l'île, l'ancienne ville et le Lœbenicht;
ils étaient séparés par des murs et des portes. Même
aujourd'hui, il se trouve bien des gens qui voudraient redonner à une caste ou à des familles, de
pareilles positions exclusives; mais leurs efforts sont
stériles. A la noblesse de naissance vient s'opposer
celle du négociant et de l'agronome, de même qu'à
l'esprit de corps des conseils, des officiers, des
professeurs etc., s'opposent la raison et la liberté,
fruit des lumières généralement répandues. C'est
ainsi qu'est résulté peu-à-peu un mélange remarquable de toutes les conditions, mais non comme
en beaucoup d'endroits, mélange privé de caractères, ou destructeur des individualités. Ce qui
soutient ce mélange, c'est que la ville n'est ni
assez petite pour tomber sous la domination du
bavardage des classes moyennes ordinaires, ni assez
grande pour laisser se perdre dans la masse l'in-
dividualisme dans son sentiment de nullité. Elle est
justement assez grande, pour contribuer à la *phi-
listerie* de la vie ordinaire, et justement assez petite
pour conserver à l'individualité une liaison avec le
tout. On peut par là deviner comment ces enfants
de classes pauvres, tels que Kant et Hamann, sont
parvenus à entrer en rapport avec les plus hautes
classes de la société. Ce démocratisme des lumières
a certainement donné à Kant bien des teintes qu'on
a dit ensuite lui être provenues des influences an-
glaises et françaises. Mais Kœnigsberg est encore pour
un philosophe une ville remarquable, en ce qu'elle

met devant ses yeux toutes les phases de la culture d'esprit, depuis l'enfant de la forêt jusqu'aux personnes les plus cultivées. Il peut observer ici, comme dans toutes les grandes villes, la brutalité de la corruption sous les haillons de la misère, tant dans les caves que dans les mansardes; non-seulement la grossièreté des matelots, mais encore le naturel immédiat de ces polonais, qui, en été, sur des charrettes immenses et construites sans une seule pièce de fer, apportent sous la conduite de juifs spéculateurs, le blé, le chanvre et les paillassons; individus qui, quoique baptisés, sont néanmoins encore des sauvages. Enfin pour ce qui concerne Hamann et Kant, on ne doit pas oublier que Kœnigsberg est une ville protestante, dans laquelle on remarque peu l'élément catholique, quoiqu'il n'y manque pas tout-à-fait (¹)."

Telle est la ville que la providence avait assignée à Kant, comme théâtre de ses travaux philosophiques; telle est la société dans le sein de laquelle il était appelé à vivre; mais comme il lui fallait acquérir les grades universitaires, il écrivit, à cet effet, une dissertation sur *le feu* qui fut généralement goûtée (²).

Lors de sa promotion publique au droit d'enseigner publiquement à l'université, il fit un discours latin qui contenait une exposition claire et métho-

---

(¹) Ibid., p. 103.

(²) Dans le tom. I. des *Oeuvres complètes*, p. 1-44.

dique de la philosophie, et que le nombreux concours de ses auditeurs se plut également à admirer (¹). Après toutes ces démarches exigées par les réglemens, et qui ne firent que fortifier dans l'esprit de ses amis et de ses anciens professeurs les espérances qu'il avait fait concevoir de ses talens, il s'annonça comme voulant enseigner en qualité de *privat-docent*.

Ce fut au sémestre d'hiver 1755 que Kant commença ses premiers cours. Ils roulèrent d'abord sur les mathématiques, pour lesquelles Wolff lui servait de guide, puis sur la physique d'après le *manuel* d'Eberhard. Il les étendit ensuite sur les autres branches de la philosophie, la logique, la métaphysique, l'éthique et l'encyclopédie philosophique. Pour la logique, il se servit d'abord des indications de Baumeister, ensuite il préféra celles de Meier; tandis que pour la métaphysique il préférait Baumgarten à ce dernier. Mais on sait très bien qu'il ne se servait de ces *manuels* que pour la forme, puisque la logique que nous trouvons dans ses œuvres complètes n'était au fond qu'une suite de notes qu'il avait glissées à toutes les pages du *manuel* dont il se servait (²). On montre à la bi-

---

(¹) Comme ces sortes de dissertations ne sont pas livrées à l'impression, à moins que l'on ait exprimé le désir d'obtenir la permission de donner des cours, et que ce ne fut pas encore le cas pour Kant, elle resta inconnue au public jusqu'après la mort du philosophe, et elle n'a été imprimée que dans l'édition de Rosenkrantz et Schubert, tome v, 233-255.

(²) Baumgarten (Alexander Gottlieb), né à Berlin, en 1714, mourut professeur à Francfort sur l'Oder, en 1762. Il était un des disciples les plus distingués de Wolff. Kant dans sa dissertation d'inauguration (*Oeuvres complètes*, t. i, p. 41) le nomme professeur

bliothèque de Kœnigsberg des paperasses sur lesquelles Kant n'avait écrit le plus souvent que des noms, dont il voulait ne pas perdre le souvenir pendant qu'il s'entretenait avec ses élèves, ou de courtes pensées qu'il jetait sur le papier, et qui devaient lui servir de jalon dans ses excursions scientifiques. Car il ne se bornait pas exclusivement à traiter dans une leçon les questions à l'ordre du jour; ou du moins il les traitait avec tout l'accompagnement de citations que lui fournissaient toutes les branches des connaissances humaines, pour éclaircir ses idées ou confirmer son témoignage. On pense bien qu'une telle manière d'enseigner lui attira, dès les premières séances un nombreux concours d'auditeurs, concours qui ne se ralentit jamais; c'était au point, dit Borowski, l'un de ses premiers auditeurs, que la salle habituelle des cours ne pouvait les contenir; le vestibule qui précède l'auditoire était le plus souvent rempli. Cependant, il n'était pas encore question de sa philosophie proprement dite, puisque la physique et la philosophie naturelle faisaient les principaux frais de ses leçons. Il arrivait même souvent que des étudiants lui demandaient en grâce de traiter les sujets qu'ils lui désignaient eux-mêmes. On ajoute aussi que des officiers russes

---

plein de perspicacité et le coryphée des métaphysiciens. Meier disciple de Baumgarten, naquit à Ammendorf, en 1718, et mourut professeur de philosophie à Halle, en 1777. Contrairement à Baumgarten qui avait écrit en latin, Meier écrivit en allemand, et cette nouveauté eut de l'influence sur la propagation des idées philosophiques.

qui pendant cinq années de la guerre de sept ans, tinrent leur quartier d'hiver à Kœnigsberg, le firent prier de traiter de la géographie physique qu'ils avaient à cœur d'apprendre. C'est alors que la multiplicité de ses occupations l'obligea à tenir des cours le matin et le soir, et à recevoir chez lui aux autres heures, ceux d'entre ses auditeurs qui voulaient s'instruire plus à fond. Il n'est pas jusqu'aux semaines de ses vacances qu'on ne vînt lui disputer, et pendant plusieurs années, il les employa à aller dans un château, à deux milles de Kœnigsberg pour y instruire les jeunes comtes de Truchsess-Waldburg.

Malgré cette foule qui se pressait aux leçons de Kant, on ne voit pas cependant que sa position devînt meilleure sous le rapport financier; car aucun émolument n'étant attaché à cette carrière de *privat-docent*, il lui fallait se contenter de la modique rétribution que paie chaque auditeur. Denina a pourtant écrit sans fondement que la pauvreté lui fit alors éprouver ses atteintes. Il est vrai qu'il n'y avait pas de luxe chez lui; cela eut été impossible; mais avec les goûts modérés qu'il avait, et la grandeur d'ame qui le caractérisait, il était content de son sort et ne manifestait aucune inquiétude. Si on l'invitait à dîner, dit un de ses biographes, qui semble vouloir réfuter cette assertion de Denina, ce n'était pas pour apaiser la faim du professeur, mais parce que ce professeur était Kant.

Cependant ses amis et disciples croyant s'apercevoir d'une gêne financière chez le professeur, parce qu'ils lui voyaient toujours le même habit, quoiqu'il fût déjà usé, imaginèrent toutes sortes de ruses, pour lui faire accepter quelqu'argent avec tous les ménagements possibles; mais Kant le refusa, et dans sa vieillesse il s'est hautement félicité d'avoir préféré le scandale d'un vieux habit à un habit neuf qu'il eût fallu acheter de l'argent d'autrui. „Oui, disait-il, je n'ai jamais fait de dettes d'aucun genre, et quand quelqu'un frappe à ma porte, ne craignant jamais que ce soit un créancier, je crie de bon cœur: entrez!" Mais quel est donc ce manuscrit sur lequel il avait compté sans doute pour sa célébrité et que Kant est pourtant parvenu à acquérir sans lui, du moins dans l'enceinte de l'université et de sa ville natale. Il l'avait publié, en effet, l'année même de son début dans l'enseignement. Il avait pour titre: *Histoire naturelle universelle et théorie du ciel* ([1]), et il la donnait comme un essai sur la constitution et l'origine méchanique de l'univers d'après les principes de Newton. Quoiqu'il l'eût publié sous le voile de l'anonyme, on voit cependant la valeur que Kant attachait à son ouvrage par le soin qu'il eut de le dédier à Frédéric le Grand. L'anonyme convenait assez bien à un écrivain qui avait vécu à la campagne et dont on avait oublié le premier coup d'essai, puisque, d'après son aveu, il n'avait pas été demandé par les libraires; mais le sentiment qu'il avait de la hardiesse de ses travaux lui faisait ainsi pla-

---

([1]) *Allgemeine Naturgeschichte* etc. vi^e vol. *des œuvres complètes*, page 39-227.

cer sous une haute protection des recherches indépendantes sur des matières que la philosophie naturelle avait traitée avec tant d'éclat depuis Descartes, Newton et Leibnitz. Les idées que Kant y développait trouvèrent un peu plus tard tellement de l'écho dans les lettres de Lambert *sur la cosmologie* que l'on eût pu croire celles-ci copiées et formulées sur celles du philosophe de Kœnigsberg ([1]). Mais Kant en agit autrement dans cette circonstance, qu'en avait agi Newton à l'égard de Leibnitz. Il témoigna au contraire, une vive satisfaction de ce qu'un savant comme Lambert se trouvait avec lui en conformité d'opinion, et ne manifesta aucun genre de déplaisir. On verra plus tard combien ces deux grands hommes se sont mutuellement estimés et honorés.

C'est dans cette *Théorie du ciel* que Kant affirma, d'après les seules lois du calcul et de l'excentricité progressive des planètes, qu'il devait exister d'autres corps célestes au delà de Saturne, vérité que le grand astronome Herschel devait démontrer vingt-six ans plus tard (1781) en découvrant Uranus à l'aide de son puissant télescope. En effet, toutes les planètes étant excentriques, c'est-à-dire que dans une partie de leur cours, les planètes se trouvent plus près du soleil que dans l'autre, suivant qu'elles se rapprochent ou s'éloignent de ce qu'on nomme leurs foyers, il s'ensuit que cette excentricité est d'autant plus grande que la planète est à une plus grande distance du

---

([1]) *Cosmologische Briefe uber die Einrichtung des Weltbaues* Augsburg 1761.

soleil; tellement que l'orbite de Mercure étant le moins excentrique de toutes, comme étant la plus proche du soleil, celle de Vénus doit l'être davantage, puis celle de la Terre, de Mars, et ainsi de suite, toujours en raison de leur distance au soleil. Mais Kant jugeant avec raison que les comètes sont aussi de véritables planètes, mais fort excentriques, il vit que leur excentricité se réglait aussi d'après leur distance, et il ne fit plus dès lors qu'un seul système de corps célestes, depuis Mercure jusqu'à la comète la plus éloignée. Or, par la comparaison qu'il fit de la planète la moins excentrique avec l'orbite de Saturne, la plus éloignée que l'on connût alors, il trouva une différence trop grande, un saut trop énorme entre ces deux astres, pour ne pas devoir affirmer qu'il y avait sûrement des intermédiaires qui rendaient les excentricités à peu-près progressives, et de même que Leibnitz avait pensé qu'entre les planètes et les animaux il devait y avoir une échelle graduée si exactement, que tel échelon qui unissait les deux genres devait tenir également de la plante et de l'animal (ce que l'on a remarqué dans les polypes) de même Kant pensa qu'entre Saturne et la plus rapprochée des comètes, il y avait un ou plusieurs corps célestes dont l'orbite croissait toujours en excentricité; de sorte qu'il devait s'en trouver un qui, par sa marche, tiendrait également de la nature des planètes et de celle des comètes. Voici comme s'en exprime Kant lui-même: „D'après ce que je viens de dire, n'est-il pas vraisemblable que la diminution d'excentricité des globes célestes au-delà de Saturne soit à peu-près aussi modérée que celle de ceux qui se trouvent en deçà, et que les planètes sont dans les mêmes rapports que les comètes ; car il est certain que c'est justement cette excentricité qui forme la différence essentielle entre les comètes et les planètes, et que les queues des comètes n'en sont que les suites ; en même tems que la cause quelle qu'elle soit qui donne aux corps célestes leur mouvement de rotation à de plus grandes distances, non-seulement rend plus faible le mouvement circulaire de la force de pesanteur et laisse, par là le mouvement excentrique, mais encore il est par là moins dans son pouvoir d'amener les cercles de ces globes à une unité commune où les globes inférieurs se meuvent, ce qui est cause que les comètes s'étendent de tous côtés".

„D'après ces suppositions on pourrait peut-être espérer de découvrir de nouvelles planètes au-delà de Saturne, qui seraient plus excentriques que celle-ci, et se rapprocherait davantage par là des propriétés des comètes, mais par là on pourrait ne les voir que pendant un tems très court, c'est-à-dire pendant le tems qu'elles seraient rapprochées du soleil. Par cette raison, ainsi que par la faible mesure du rapprochement du soleil et de la faiblesse de leur lumière, la découverte en aurait été empêchée jusqu'à présent et la rendrait difficile à l'avenir. La dernière planète et la première comète, si l'on pouvait les appeler ainsi, seraient celles dont l'excentricité serait telle que lorsqu'elles seraient près du soleil, elles pourraient traverser le cercle de la planète qui serait le plus près d'elle, peut-être même Saturne" (¹).

C'est ainsi que le génie de Kant devinait les secrets de la nature, avant que d'autres y parvinssent par la grandeur et la multiplicité de leurs travaux. C'est ainsi encore que ses conjectures sur le système du monde, les nébuleuses, la voie lactée, l'anneau de Saturne ont été également confirmées par le même astronome, qui n'a jamais laissé échapper l'occasion de témoigner son admiration pour le génie de l'auteur de la *Théorie du ciel*.

Quoique en avançant en âge, Kant n'attachât plus une si haute importance à ses premiers écrits, cependant, en 1791, lorsque Gersichen eût fait imprimer la traduction de quelques traités astronomiques de Herschel, Kant lui permit d'y joindre un *extrait authentique* de sa *Théorie*, pour montrer combien il se trouvait heureux de s'accorder avec les découvertes de ce grand astronome. Quand notre illustre Laplace émit, lui aussi, des idées qui ont tant de parenté avec celles de Kant, et qu'il assure qu'il ne connaissait personne avant lui excepté Buffon qui eût écrit sur l'origine des corps célestes (²), l'on devait l'en croire sur parole; mais l'on devait égale-

---

(¹) *Oeuvres*, vi, p. 88-89.
(²) *Exposition du système du monde*, p. 430, 1 édit.

ment déplorer que la langue allemande eût été encore alors si étrangère aux savans français.

Nous citerons ici quelques-unes des idées de Kant dans son propre langage, et ferons voir combien il évitait de se laisser dominer par son imagination, lors même que son génie lui faisait entrevoir ce que le commun des hommes ne fait peut-être que pressentir. „Les perfections de Dieu, dit-il, se sont clairement revélées à différens degrés, mais elles ne sont pas moins magnifiques dans ce que nous en connaissons que dans ce qui excite le plus notre admiration. Puis il cite les vers suivans de Pope:

> Quelle chaîne que celle qui prend son commencement en
> Dieu, quelle nature!
> Du céleste jusqu'au terrestre, depuis les anges, les hommes
> jusqu'à la brute,
> Du séraphin jusqu'au reptile! O espace que l'œil
> Ne peut ni atteindre ni considérer!
> De l'infini jusqu'à toi, de toi jusqu'au néant!

il continue ainsi: nous avons jusqu'à présent fidèlement suivi dans nos conjectures le fil conducteur des rapports physiques qui se sont conservés sur la voie d'une raisonnable véracité. Nous nous permettrons encore ici une digression de cette voie dans le champ de l'imagination? Qui nous montrera les limites où cessent les vraisemblables fondés et où commencent les arbitraires inventions de l'esprit? Qui sera assez hardi pour répondre à la question de savoir si le péché étend aussi sa domination sur les autres

globes de l'univers, ou si la vertu y règne seule?
— Viennent ces deux vers de Haller :

Les astres sont peut-être le siége d'esprits glorifiés;
De même qu'ici règne le vice, la vertu est là souveraine.

Ne faut-il pas un certain état mitoyen entre la sagesse et la déraison pour la malheureuse faculté de pouvoir pécher? Qui sait si les habitants des autres globes ne sont pas trop élevés et trop sages pour s'abaisser à la folie qui est dans le péché? et ceux qui habitent les planètes subalternes trop attachés à la matière, ayant trop peu de facultés d'esprit pour oser porter devant le tribunal de la justice la responsabilité de leurs actions? De cette manière, la terre, et peut-être aussi Mars, (afin que la triste consolation ne nous soit pas ôtée, nous avons des compagnons d'infortune) serait seule dans cette dangereuse route mitoyenne, dans laquelle les tentations occasionnées par les sens ont une grande puissance pour nous soustraire à la domination de l'esprit; où cependant celui-ci, l'esprit, ne peut nier la faculté d'être en état de lui opposer une résistance, si sa paresse n'était cause qu'il se laisse entraîner par les tentations, et où il se trouve dans le dangereux milieu entre la faiblesse et le pouvoir, puisque les qualités qui le distinguent des êtres inférieurs le placent dans un ordre plus élevé, duquel il peut néanmoins tomber beaucoup plus bas qu'elles. En effet, les deux planètes, la terre et Mars sont placées au milieu de notre système planétaire: on peut donc supposer sans invraisemblance que ses habitans possèdent une condition moyenne, dans leur physique comme dans leur moral, entre les deux points finals. Quoiqu'il en soit, j'aime mieux abandonner cette observation à ceux qui trouvent plus de repos dans une connaissance indémontrable, et plus de penchant à se charger de cette responsabilité(¹).

Peu de tems après la publication de cet ouvrage, il voulut se conformer à une ordonnance que venait de rendre Frédéric II, et qui voulait qu'un *privat-docent* ne pût être investi d'une chaire titulaire de professeur qu'après avoir soutenu publiquement des thèses pour la troisième fois: il écrivit dans ce but sa dissertation sur la *monodologie physique*. Il put donc bientôt croire que le tems était venu où il allait atteindre l'objet de ses vœux. Le professeur de mathématiques et de logique était mort sur ces entrefaites; chacun, en effet, s'attendait que Kant allait être promu à la dignité de son digne maître Knutz; mais à l'étonnement général, le gouvernement fit connaître à l'Université qu'il n'avait pas l'intention de pourvoir à la vacance de cette chaire. Schubert dit fort charitablement qu'il faut vraisemblablement attribuer cette mesure à la détresse financière de l'état que la guerre occasionnait; mais Borowski affirme que c'est tout simplement parce qu'on ne voulait pas faire entrer les *idées* dans une chaire de professeur.

(¹) *Allgemeine Naturgeschichte* etc. page 222-223. vi° vol. des œuvres complètes.

Deux ans après, en décembre 1758, le professeur de logique et de métaphysique étant aussi venu à mourir, Kant se mit de nouveau sur les rangs dans l'espérance de le remplacer; mais avec lui se présenta un concurrent, le docteur Buck, qui avait des titres moins brillans, il est vrai, mais en quelque sorte légitimes, à cause de son ancienneté dans l'enseignement comme *privat-docent*. Et comme la faculté de philosophie, appelée à émettre son avis, porta la majorité des voix sur le docteur Buck, c'est ce candidat qui fut nommé. Ici vient se placer un trait personnel au docteur Schultz dont il a été parlé plusieurs fois, qui ne sert pas peu à révéler son vrai mérite. Non seulement comme professeur de théologie, mais encore comme lié avec ceux qui avaient le pouvoir de conférer le professorat au nom du roi, il eut la pensée de faire des démarches actives en faveur de son ancien protégé. Mais un scrupule vint l'arrêter. Tout en rendant justice aux intentions de Kant et à ses vastes connaissances, il savait très bien que la direction religieuse que lui avait donnée ses parens et que lui, Schultz, avait cherché à fortifier en lui, pendant qu'il fréquentait le collège de Frédéric, avait depuis longtems fait défaut, ou plutôt s'était transformée. Désirant néanmoins mettre sa conscience en sûreté et montrer à Kant que son amitié pour lui ne s'était jamais affaiblie, il le manda auprès de lui, et dès qu'il l'aperçut sur le seuil de la porte: „Dites-moi, lui cria-t-il, dites-moi si vous avez dans le cœur la crainte de Dieu? Et sur l'assurance que lui en donna Kant, son vieil ami se hâta de le recommander vivement auprès des autorités ; mais, pour la seconde fois peut-être, on ne voulut pas davantage des *idées* pour une chaire de professeur.

Ainsi douze années s'écoulèrent encore dans cette carrière pénible de *privat-docent*, sans qu'il pût espérer de voir ses vœux se réaliser. On lui confia bien dans cet intervalle une place secondaire à la bibliothèque de la ville, mais après quelques années d'exercice, il se démit de cette fonction, parce qu'elles le détournaient trop de ses études, dont le cercle s'agrandissait chaque année, par les nouveaux cours qu'il ouvrait sur la géographie physique, l'anthropologie, la philosophie de la religion &c., et encore, disait-il, parce qu'il était ennuyé de montrer les richesses de la bibliothèque à des curieux qui ne savaient pas les apprécier. Et ce fut par ce redoublement de travaux que le professeur semble chaque jour donner plus de consistance à ses idées et répondre d'avance, par leurs tendances pratiques, aux adversaires que lui susciteront plus tard ses spéculations philosophiques. Son regard déjà fixé sur le but final de l'humanité, Kant laisse entrevoir que c'est par l'action ou par la pratique, comme il s'exprimera lui-même, qu'il faudra arriver à ce but, et non par la connaissance ; et voilà pourquoi il commence par jeter un œil explorateur sur la nature extérieure, avant de chercher à pénétrer l'essence de nos facultés intellectuelles, afin de pouvoir mieux donner ensuite les deux genres d'explorations et montrer comment sur la base des faits on peut établir une certitude qui défie le plus hardi scepticisme, en même tems qu'il portera le dogmatisme à savoir tenir compte des oppositions, puisque les faits d'expérience seront les seuls avec les faits moraux de l'ame à l'abri de toute contestation sérieuse. C'est dans ce but qu'il écrivit jusqu'en 1770 cette foule de petits écrits que l'on a réunis dans le premier et le cinquième volume de ses œuvres, et qui traitent une foule de questions qui se rattachent aux sciences expérimentales, et après lesquels on le vit se recueillir un certain nombre d'années pour mener à bonne fin ses œuvres philosophiques.

Il est donc vrai que l'on ne peut pas dire de Kant, comme de Spinosa, qu'il a produit sa philosophie d'un seul jet, qu'il en a saisi toutes les parties à la fois, dès qu'il s'est proposé de porter la hache de la réforme dans le vaste champ de la spéculation; mais il n'a jamais hésité à témoigner son mécontentement du rôle que l'on faisait jouer à la méthaphysique, et s'il n'a point, dès les premiers pas dans la carrière, signalé tous les fils qu'il ferait mouvoir, il a toujours montré quelle était la direction de ses travaux et où ils devaient aboutir. Il ne l'indiquait pas, il est vrai, en termes formels et de manière à prévenir ses lecteurs à prendre note de ses assertions, parce que souvent le génie ne se connait pas en entier et qu'il a besoin d'un certain développement actif pour arriver à une conscience véritable de lui-même. Ce qui le prouve, c'est qu'à peine il eut dit toute sa pensée dans sa *Critique de la raison pure*, que ses amis comme ses adversaires revinrent à la lecture de ses premiers écrits et plusieurs furent ravis d'y trouver le germe de presque toutes ses idées ultérieures. On s'aperçut combien il avait avancé en silence, mais progressivement vers une même direction, et comme il avait fait servir les sciences de la nature à confirmer ses idées sur les sciences de la pure spéculation.

Les études approfondies qu'avaient faites Kant de la philosophie de Leibnitz, jointes à celles non moins profondes qu'il avait faites de la philosophie naturelle de Newton, déterminèrent d'abord les fondemens qu'il voulait donner à ses idées en matière de science naturelle, et pour les fortifier aux yeux de ceux qui ne sont convaincus que par les faits matériels, il se servit de la géographie, de la physique, de son immense lecture de livres de voyages, qui lui fournirent cette masse d'observations judicieuses sur la nature et en particulier sur le genre humain qui l'embellit, et qui font de ses ouvrages une mine abondante des connaissances les plus variées.

Ainsi, soit qu'il enseignât comme professeur, soit qu'il fit appel au public comme à un auditoire plus vaste, Kant se montrait avant tout homme distingué par ses connaissances et capable de scruter tous les secrets de la science. Nous avons indiqué sa dissertation *sur le feu*, dissertation qu'il fit pour obtenir le grade de docteur, et dans laquelle il prenait parti pour Newton contre Descartes sur l'élasticité de la matière, en expliquant la chaleur et la flamme par la pression de l'éther occasionnée par la vibration des corps (¹). Il avait écrit quelque tems auparavant un article dans un journal de Kœnigsberg, se rapportant à cette question proposée par l'académie des sciences de Berlin: „La terre dans son mouvement de rotation sur son axe, au moyen duquel se succèdent le jour et la nuit, a-t-elle subi quelque changement depuis son origine." Il en écrivit plus tard un deuxième, sur un sujet d'une nature à peu près semblable et qui a pour titre: *La terre vieillit-elle?* Le tremblement de terre de Lisbonne fut également pour lui une occasion de montrer ses connaissances étendues en physique; mais une analyse détaillée de tous ces ouvrages serait maintenant la chose la plus superflue, puisqu'ils ne contiennent que des réponses éparses à des questions qu'il s'adressait à lui-même dans les cours multipliés qu'il donnait à l'université et qui étaient aussi remarquables par la variété des sujets qu'ils abordaient que par l'activité que devait déployer le professeur à les traiter avec le développement convenable. Cependant, ils sont toujours consultés par les hommes d'études, qui y trouvent une foule d'apperçus ingénieux, dont ils peuvent faire leur profit, et même parmi eux l'on doit distinguer la *pédago-*

(¹) Meditationum quorumdam de igne succincta delineatio, œuv compl v 235 *gique*, qui fut publiée plus tard par un de ses disciples, et qui ne se recommande pas seulement par des pensées originales, par des renseignemens précieux, mais où l'on puise encore des connaissances positives sur l'art d'élever les enfans qui auront de tout tems leur valeur. Nous avons eu l'occasion d'en parler précédemment, et de dire combien sa tendance à l'application immédiate de ses idées sur la raison pratique était le point culminant de ses travaux, puisque les quatre divisions de son ouvrage qui traitent de la discipline, de la culture, de la civilisation et de la moralisation, se confondent toutes dans la pratique et ne doivent produire en définitive qu'un être moral. C'est sans doute, à cause de cette tendance inappréciable, et non pour sa forme scientifique, puisqu'il il en est presque dépourvu, qu'il a été appelé un *livre d'or* par le célèbre jurisconsulte Zachariæ. Quoique publiée plus tard, son *Anthropologie* appartient également à cette direction scientifique de ses travaux, et elle doit peut-être l'estime dont elle jouit encore à l'absence de système sur la matière qui y est traitée. Car c'est dans la liberté qu'il s'y est donnée que Kant a pu se livrer à une foule d'observations de détail que les limites nécessairement circonscrites d'un système en eussent éloignées. La nature humaine y est considérée dans les modifications qu'apportent au développement de nos facultés, le tempérament, l'âge, le sexe, le climat; et les réflexions dont elle abonde, supposent dans leur auteur une connaissance peu commune des hommes, qu'il s'était plu à étudier, lorsqu'ils s'en doutaient le moins dans la société qu'il fréquentait très assidûment. Mais Kant, quoique homme de société, n'était ni marié, ni père de famille; il ne pouvait donc pas étudier la nature humaine sous toutes ses faces et dans toutes ses positions, et voilà pourquoi de graves lacunes se font sentir dans cet ouvrage, comme dans celui qu'a publié plus tard Starke sur le même sujet d'après les manuscrits laissés par le philosophe. Kant n'avait pas non plus voyagé, et quoiqu'il eût immensément lu dans les ouvrages des voyageurs, il n'avait pu étudier sur les lieux tant de manifestations diverses qui caractérisent si bien aux yeux de l'observateur non ce que devrait être l'homme ou ce qu'il a dû être, mais ce qu'il est en réalité, lorsque les circonstances le font agir et surtout lorsqu'il se trouve placé entre le juste et l'utile. Et puis ne pourrait-on pas dire qu'un des moyens les plus sûrs d'arriver à une vraie appréciation de la nature humaine, c'est d'avoir une connaissance approfondie des vérités religieuses; car, comme on le verra bientôt, le système religieux de Kant étant loin d'être complet; il lui manquait donc un instrument essentiel pour se connaître lui-même à fond, et la connaissance de soi-même n'est-elle pas exigée comme condition d'une bonne anthropologie. Je ne vois qu'un homme capable de composer une anthropologie qui ne laissera rien à désirer dans sa partie psychologique, c'est le plus saint d'entre les saints. Celui-là, s'il se trouve jamais parmi nous, ne sera arrivé à la sainteté qu'après avoir parcouru tous les abimes du cœur humain; et comme cette connaissance ne s'acquiert pas aussi facilement que la partie physiologique de l'anthropologie, on sera sûr, lorsqu'on le rencontrera, d'être sur la voie d'une bonne et vraie anthropologie, parce qu'alors sera trouvée la loi harmonique des deux natures qui constituent l'homme, et dont les savans n'ont constaté jusqu'ici que l'antagonisme, au lieu de nous signaler le moyen de les harmoniser.

Ces ouvrages de Kant sur *l'anthropologie* forment avec la *Géographie physique* que publia l'un de ses fervens disciples et les *Observations sur le sentiment du beau et du sublime* qu'il développe ensuite plus tard dans un plus grand ouvrage: *Critique de la force du jugement*, ces trois écrits forment, dis-je, dans leur ensemble, un traité complet spécialement destiné à faire connaître par la seule observation les élémens dont se compose notre nature et les influences auxquelles nous sommes soumis par le seul fait de notre existence (¹).

Mais ceux de ses écrits qui se rapprochent plus ou moins de ses idées philosophiques sont une dissertation où il s'efforce de donner des explications nettes de ce que l'on nomme en terme d'école substance simple ou monade (²). Comme Leibnitz, il désigne de ce nom de monade cette substance simple qui n'est composée d'aucune partie et qui peut exister indépendante d'une autre. Il définit aussi

(¹) *Œuvres compl.*, s. p. 255
(²) *Monadologia physica*

l'espace qu'il déclare être divisible à l'infini et qui n'est point, par une conséquence nécessaire, composé de parties primitives ou simples. D'où il tirait la conclusion que chaque élément simple d'un corps ou monade se trouve non seulement dans l'espace, mais qu'il remplit l'espace lui-même, tout en conservant la simplicité qui lui est propre. Il soutenait enfin dans un autre traité sur la *différence des régions dans l'espace* (¹), que l'espace absolu était indépendant de l'existence de toute matière et qu'il avait une réalité qui lui était propre. Mais nous rappelons ce jugement de Kant sur l'espace, parce que nous le verrons plus tard combattu dans ses grands ouvrages philosophiques, et le même motif qui nous le ferait passer sous silence pour ne pas devenir fastidieux par une trop longue énumération, nous force à ne pas mentionner plusieurs autres traités moitié éthiques, moitié philosophiques, dont la valeur n'est pas toujours incontestable, mais où dans une fine raillerie il relève les vides subtilités des anciennes méthodes (²). Cependant je ne dois pas oublier celui de ces petits ouvrages qu'il envoya en 1763 à un concours de l'académie de Berlin et auquel on préféra pour le couronner l'ouvrage de Mendelssohn.

(¹) Vom ersten Grunde des Unterschiedes der Gegenden im Raume, v. 291-302.

(²) ... In mehreren kleinen Schriften hatte er sein Misfallen geäussert, und bald die syllogistischen Figuren einer leeren Spitzfindigkeit beschuldigt", c'est ainsi que s'exprime sur la plupart de ces petits *traités*, mais plus particulièrement sur celui des *quatre figures syllogistiques*, le baron d'Eberstein, dans son *essai historique de la logique et de la métaphys.* tom 2. p. 1

C'était une réponse sur la *clarté des principes de théologie et de la morale naturelle*. Il est à présumer que si le public avait été appelé, comme il le fut plus tard, à décider du mérite des concurrens, l'accessit accordé au professeur de Kœnigsberg eût été assigné au wolfiste Mendelssohn; mais l'académie de Berlin qui se traînait terre-à-terre dans l'ornière du plus froid empirisme, ne pouvait couronner que ce qui ne l'entravait point dans son inquiète immobilité. N'est-ce pas la même année qu'il publia sa *seule preuve possible pour arriver à une démonstration de l'existence de Dieu* (¹), qui était un examen critique de la preuve onthologique qui souleva contre lui cette philosophie populaire de l'Allemagne si jalouse de son déisme rationaliste, et qui, pour déguiser ses antipathies contre la foi chrétienne, se plaisait, dans la foule d'ouvrages qu'elle faisait éclore, à étaler pompeusement une multiplicité de preuves, qu'elle disait démonstratives, de l'unique dogme qu'elle avait conservé sur le domaine de la religion, et dont elle affaiblissait l'importance par cette multiplicité même. Mais dans sa critique de la raison

---

(¹) Le baron d'Eberstein, dans l'ouvrage déjà cité, prétend que l'Anglais Cudworth avait déjà employé cette unique preuve onthologique, mais il eut été plus juste de dire qu'Anselme de Cantorbéry l'avait déjà mise en crédit au xie siècle de notre ère, et que Descartes l'avait également développée, quoiqu'ils ne crussent pas que d'autres preuves ne vinssent également fortifier dans l'intelligence humaine, la foi en un Dieu, être nécessaire. Car cette preuve unique, dite preuve onthologique, consiste à poser l'existence de Dieu comme une nécessité, parce que seul il peut être conçu existant. Peut-être que si l'on remontait jusqu'au philosophe Cléanthe, l'on trouverait des traces d'une pareille argumentation.

pure nous le verrons reprendre l'examen de cette unique preuve possible, en montrer davantage la faiblesse, ainsi que de toutes celles qui ne découleront pas de la raison pratique (¹).

Dans tous ces traités et dans une foule d'autres qu'il publia jusqu'à l'année 1781, Kant ne cessa de montrer une grande richesse d'imagination dans la multiplicité des sujets qu'il traitait, une habileté remarquable à les traiter et une hardiesse peu rare à attaquer de front tout ce qui jouissait en métaphysique de quelque célébrité; mais tout cela ne révélait pas encore le penseur qui révolutionnerait bientôt la philosophie tout entière. Tous ces écrits, en effet, et je n'ai pu en indiquer qu'une partie, sont entièrement oubliés de nos jours, tandis que sa *Critique de la raison* occupera toujours un rang distingué parmi les productions des plus grands philosophes. On peut cependant en conclure que l'on se ferait une idée bien fausse de l'illustre Kant, si l'on continuait à ne voir en lui qu'une tête métaphysique, qu'un de ces esprits exclusivement préoccupés de pures spéculations et négligeant tout-à-fait ce qui est d'une application plus immédiate aux besoins intellectuels de la société.

On a déjà pu voir combien notre professeur sa-

(¹) C'est dans une note de ce traité sur l'unique preuve de l'existence de Dieu (*Oeuvr.* c. t. 164—250) que notre philosophe se montre grand et généreux. Il avait la conviction que le célèbre Lambert lui avait emprunté ses idées sur les nébuleuses et la voie lactée et il en parla avec tant de délicatesse que si Newton avait pu lire cette page, jamais il ne se fût tant irrité contre Leibnitz.

vait répandre de lumières dans la physiologie, l'astronomie, les mathématiques, l'anthropologie, en un mot sur toutes les branches de la science, même dans la métaphysique, où la preuve orthologique de l'existence de Dieu avait fixé l'attention et provoqué par son exclusisme un sérieux débat; voici qu'il va planter un nouveau jalon dans la carrière scientifique pour que l'on ne s'y méprenne pas dans la suite, et pour que l'on se souvienne que c'est après une entière maturité que le fruit de ses idées métaphysiques sera offert tout entier comme aliment substantiel de l'intelligence. Cette œuvre qui vit le jour en 1770 ne sera, il est vrai, qu'une dissertation inaugurale, que le professeur dut lire devant toute l'académie rassemblée, le jour où il lui fut donné de prendre enfin possession définitive, à l'âge de quarante-six ans, de la chaire de philosophie qu'il avait si long-tems ambitionnée; mais on voit cette fois qu'elle renferme en germe toutes ses idées ultérieures et qu'elle sert de base à sa philosophie.

Kant, en effet, dans cette dissertation inaugurale (¹) a soin d'y distinguer la conception du phénomène de la pure idée de l'intelligence, ce qu'il fit plus tard dans la *Critique de la raison pure*; de même que l'on y trouve d'autres inductions semblables sur le tems et l'espace qui constituent une partie essentielle de sa *Critique*, relativement à l'idéalisme en général, ou à l'esthétique transcendentale en par-

---

(¹) *De mundi sensibilis atque intelligibilis forma et principiis* Œuvres compl., tom. I, page 303-312.

ticulier (¹). Mais c'est dans la quatrième section où il traite du principe de la forme intelligible du monde, que l'on voit Kant lier la question capitale de Hume sur la *causalité* avec l'ancienne métaphysique pendant que la doctrine de l'harmonie préétablie semble pourtant lui être encore chère.

Néanmoins si l'on excepte cette dissertation qui était son nouveau point de départ dans le vaste champ de la métaphysique où il allait s'élancer, ainsi qu'un petit *traité sur les races humaines* (1773), Kant a passé onze années dans sa chaire de professeur occupé uniquement à instruire ses élèves, et à préparer en silence l'œuvre qui devait frapper un grand coup dans le monde des idées, et qui, sans ne rien inventer précisément, venait

---

(¹) ... page 209 „*sensualitas* est *receptivitas* subjecti, per quam impossibile est, ut status ipsius repræsentationis objecti alicujus præsentia certo modo officiatur. *Intelligentia* (rationalitas) est facultas subjecti, per quam, quæ in sensus ipsius per qualitatem suam, incurrere non possunt, sibi repræsentare valet. Objectum sensualitatis est sensibile: quod autem nihil continet, nisi per intelligentiam cognoscendum, est intelligibile. Prius scholis veterum *phænomenon*, posterius *noumenon* audiebat" page 310: „.... Usum intellectus, scilicet superioris animæ facultatis esse duplicem: quorum priori dantur conceptus ipsi, vel rerum vel respectuum, qui est *usus realis*: posteriori autem, unde cumque dati, sibi tantum subordinantur, inferiores nempe superioribus (notis communibus) et conferuntur inter se secundum principium contradictionis, qui *usus* dicitur *logicus*. Est autem usus intellectus logicus omnibus scientiis communis, realis non item:" page 317 „Idea temporis non oritur, sed supponitur a sensibus . . . sunt, post se invicem, quæ existunt temporibus diversis quem ad modum *simul* sunt, quæ existunt tempore eodem." „Idea temporis est singularis, non generalis . . idea temporis est intuitus, non sensualis, sed purus . . tempus est quantum continuum et legum continui in

prendre une place décidée et unique au milieu des partis qui se partagèrent l'empire de la philosophie.

Mais arrêtons-nous un moment pour nous informer de l'état de la philosophie à l'époque où Kant se donna la mission de la régénérer en lui assignant d'autres bases, en cherchant à lui assigner la sphère légitime de son activité. Un coup-d'œil sur les divers partis philosophiques qui se disputaient l'empire des intelligences à la fin du 18e siècle est absolument nécessaire pour aprécier raisonnablement la supériorité ou l'infériorité des idées que venait opposer Kant à celles des philosophes ses contemporains.

mutationibus universi principium. Continuum enim est quantum, quod non constat simplicibus; — page 319: Tempus non est objectivum aliquid et reale, nec substantia, nec accidens, nec relatio, sed subjectiva conditio per naturam mentis humanae necessaria, quælibet sensibilia, certa lege sibi coordinandi et intuitus purus." — page 320: „quamquam autem tempus in se et absolute positum sit aut imiginarium, tamen, quatenus ad immutabilem legem sensibilium qua talium pertinet, est conceptus verissimus, et per omnia possibilia sensuum objecta, in infinitum patens, intuitivæ repræsentationis conditio." — page 321: „Conceptus spatii non abstrahitur a sensationibus externis — conceptus spatii est singularis repræsentatio — omnia in se comprehendans, non sub se continens ratio abstracta et communis spatium non est aliquid objectivi et realis nec substantia, nec accidens, nec relatio, sed subjectivum et ideale e natura mentis stabili lege proficiscens."

CHAPITRE IV.

Prédécesseurs de Kant dans le domaine de la philosophie depuis Bacon et Descartes — point de départ de la *critique de la raison pure*. — But de cet ouvrage.

Disons-le avec franchise puisque l'histoire avec ses mille et un témoins est là pour nous appuyer, le tableau de la philosophie quand il est présenté par un écrivain vraiment impartial, n'est guère que le tableau des divagations de l'esprit humain. Les idées les plus divergentes, les principes les plus contradictoires, les tendances les plus opposées, tout s'y trouve successivement défendu avec chaleur ou combattu avec animosité, et s'il n'était une lumière supérieure à toutes les lumières phosphorescentes que l'on nomme exclusivement philosophiques, et dont chaque homme se trouve doué, par cela seul qu'il est homme, on ne comprendrait pas comment la société ait pu tenir contre la lutte incessante de tant d'élémens ennemis qui s'en disputent la direction. Cependant il y aura toujours des systèmes de philosophie parceque l'esprit inquiet et tourmenté dans les limites que lui prescrit sa propre nature, voudra sans cesse s'en affranchir, et que trouvant trop vulgaire de se fier au sens commun de la multitude, ajoutera toujours de nouvelles pages a cette fastidieuse histoire qui remonte aux écoles des sophistes grecs et que continuent les écoles de notre tems. Mais ne croyez pas que si tel est le spectacle que devra offrir en tout tems l'histoire des idées philosophiques, il soit interdit à l'esprit humain de travailler à la compréhension des choses, à l'acquisition du précieux bien dont il pressent l'existence, la vérité, mais dans la poursuite duquel il n'a obtenu que les fatigues attachées à un labeur ingrat. Il est si doux et si glorieux à la fois de pouvoir s'élancer dans un monde d'idées que ne réveillent point, les préoccupations ordinaires de la vie, que la philosophie sera toujours le partage des ames d'élites malgré l'abus que continueront d'en faire les impatiens ou les étourdis qui devraient savoir qu'il y a une sobriété dans la connaissance qu'il faut savoir posséder à l'égal de tous les autres genres de sobriété, si l'on veut conserver son ame vigoureuse et la préserver des atteintes de la folie.

A l'époque de la renaissance des lettres, la philosophie spiritualiste régnait dans toutes les écoles; mais la méthode n'y était pas la même. L'analyse et la synthèse, c'est-à-dire Aristote et Platon fournissaient tour-à-tour les idées en même tems que les moyens de les développer, et jusqu'à Bacon et Descartes l'on ne fit autre chose que de continuer la guerre d'argumentations qu'avait consacré la scholastique. On a beaucoup glosé sur les formes raides de cette malheureuse et si peu connue scholastique, et parcequ'elle avait reçu le jour dans le moyen-âge beaucoup d'affirmer sur oui-dire qu'elle ne pouvait être une philosophie. Cependant elle affirmait Dieu et sa personnalité, l'ame humaine et son éternelle durée; n'était-ce pas donner, par cette seule affirmation, des gages à une philosophie qui cherche autre chose que le néant? Cependant un homme se présenta qui défendit d'opérer par abstraction dans le monde des idées attendu, disait-il, qu'on n'arrive à rien de vrai que par l'analyse, et que celle-ci part ordinairement d'un principe avoué par tous, parceque tous peuvent le voir et le toucher. Celui qui mit au jour de pareilles prétentions porte un nom que la célébrité entoure, tant par les hautes charges dont il fût revêtu dans sa patrie que par l'éclat de ses travaux scientifiques; mais les penchans vulgaires que le chancelier Bacon a honteusement étalés dans plusieurs circonstances de sa vie enlèvent du prix à cette célébrité et font soupçonner qu'une ame ainsi façonnée ne pouvait guère se familiariser qu'avec des objets qui tombent sous les sens. Dèslors sa philosophie ne pouvait être qu'incomplète: car l'inconséquence n'est pas encore regardée comme un élément de philosophie, et Bacon se montrait inconséquent lorsqu'il repoussait d'une part toute forme syllogistique et que par induction seulement il voulait reconquérir des vérités qui échappent à toute analyse. Cependant, c'est à sa méthode excellente sans doute dans beaucoup de cas, et qui a rendu des services signalés aux sciences naturelles, que l'on doit la propagation du matérialisme moderne, lequel il est vrai, Bacon n'avait ni prévu, ni déduit de ses principes, mais que des disciples plus avisés et beaucoup plus dialecticiens, ont fait éclore de la méthode qu'il leur avait fourni.

Ce n'est pourtant pas en Allemagne que se fit sentir l'influence de Bacon, même lorsque Locke se fut armé de sa méthode et qu'aux applaudissemens de l'Angleterre et de la France il eût rendu populaire la doctrine des sensations. Ce ne fut que plus tard lorsque Condillac eût habillé à la française les idées du philosophe anglais en leur faisant subir de très legères modifications qu'on les vit s'insinuer dans quelques coins de l'Allemagne sans qu'elles soient jamais parvenues à y obtenir complètement le droit de cité. Descartes eût sans doute mieux convenu aux allures décidément spéculatives de l'esprit allemand; mais à cause de l'étroite union qui existait alors dans les universités allemandes entre l'enseignement de la théologie et de la philosophie l'on s'y tint long-tems sur la défensive, en fait d'idées exportées de l'étranger, et quand il ne fut plus permis à un savant allemand d'ignorer le cartésianisme, tant sa propagation avait été rapide et brillante en Hollande et en France, déjà la place était occupée par le grand Leibnitz qui ayant à ses ordres bon nombre d'idées cartésiennes qu'il s'efforçait avec une grande supériorité de génie de combiner avec le spinosisme qui le pénétrait malgré lui, force fut à Descartes de ne pas marquer d'une manière saillante dans les fastes de la philosophie allemande, elle qui dans ses évolutions si multipliées depuis un siècle devait pourtant écrire tant de noms dans ses annales bien moins dignes d'être comparés au philosophe français. Et puis, qu'est-ce que la philosophie moderne en Allemagne, sinon une déviation des idées cartésiennes, et si le rayon au lieu de rester droit s'est courbé, n'est-il pas toujours le même rayon partant du principe arbitrairement posé par Descartes, et par lequel il se donnait le droit de n'admettre comme légitimes les opérations de la pensée qu'autant que cette pensée serait elle-même définie? Si toute affirmation, mais surtout la primitive n'a de valeur qu'autant que l'on s'est affirmé soi-même, la vérité n'aura jamais qu'une valeur subjective et indépendante des phénomènes de l'expérience, et c'est-là où en est arrivé l'idéalisme moderne en Allemagne (¹).

Le grand principe de Descartes celui que l'on doit regarder comme la pierre angulaire de toute sa philosophie est donc celui qui conclut l'existence, de la pensée: *je pense donc je suis*, principe sans base néanmoins et qui ouvre toutes les portes au premier sceptique qui s'avisera de lui demander les titres qui en légitiment les prémisses. C'est d'une manière aussi arbitraire que Descartes arrivait à la connaissance de Dieu au moyen des idées innées

---

[1] On cite parmi le petit nombre de Cartésiens allemands, un nommé Clauberg mort en 1665 professeur à Duisburg. Son ouvrage: *Initiatio philosophi, s. dubitatio cartesiana*, a été plusieurs fois imprimé. On cite encore Lipstorp, Schmeling, Petermann, Sperlette et Gabriel Wagner; ce dernier défendit les principes de Descartes contre Thomasius.

et par cette existence à l'existence des corps sur lesquels Dieu devait agir, de concert avec l'ame, ainsi qu'à celle de l'univers qu'on lui voyait construire avec le produit d'une imagination vagabonde. Quoiqu'il en soit, Descartes a posé le *moi* de l'homme comme l'unique pensée réelle, comme le criterium de toutes les autres pensées qui naissent en nous; et comme sa méthode consiste à n'admettre rien qui ne soit clair et évident par soi-même, il n'a que cette seule évidence de l'existence de la pensée pour établir notre propre existence; mais cette évidence, suivant ce philosophe, naît de la conscience même que l'on a d'un rapport étroit entre la pensée et *le moi* qui l'a produite. Si nous pouvons douter de la légitimité d'un jugement la nature nous force à admettre le jugement lui-même et tout aussi peu nous pouvons ne pas avoir conscience de la pensée que nous voudrions mettre en doute (¹). Tels sont les fondemens de la méthode et de la philosophie de Descartes; celui de sa métaphysique, en particulier, repose sur une distinction dans les substances qu'il divise en deux classes, les pensantes et les non-pensantes ou étendues, en d'autres termes, en substances appelées corps et en substances qu'il consent à désigner par le nom ordinaire d'ames; deux sortes de substances entièrement distinctes, mais qui admettent pourtant une action réciproque entre elles dont Dieu est la cause première (²), d'où

(¹) *Principes de philosophie*, L. c. § 7-9.
(²) Ibid. II. § 36. — Outre les œuvres complètes de Descartes,

l'on voit que si ce système se soustrait entièrement à l'autorité de l'empirisme, cependant il lui est difficile de ne pas lui faire sa part sans donner gain de cause à toutes les subtilités de l'idéalisme.

De bonne heure des noms connus avantageusement dans la république des lettres, comme Hobbes, Huet et beaucoup d'autres se posèrent comme adversaires déclarés du cartésianisme: mais des têtes aussi puissantes se constituèrent également ses défenseurs. Quand on ne nommerait que Spinosa et Malebranche ce serait rappeler deux illustres disciples de Descartes qui pour avoir modifié ou étendu les idées de leur maître n'en sont pas moins restés fidèles à l'esprit de son système tout en prenant deux directions différentes. Lorsque Tennemann déclare que Malebranche est le premier métaphysicien de la France, il rend un juste hommage à l'auteur de la *recherche de la vérité* ([1]): mais il faut dire aussi que sans Descartes l'apparition de Malebranche n'eût probablement pas eu lieu, tandis que le génie de Spinosa nullement resserré dans les limites d'un symbole d'église eût pu également s'élancer dans la voie qu'il s'était choisie et s'y fut développé, quoique sous d'autres conditions ([2]).

consultez la *Vie de ce philosophe*, par Baillet, Paris, 1691, in 4°, *Historia philosophiæ cartesianæ*, par Tepel, Nuremberg 1672 et pour les conséquences de cette philosophie pour la vie pratique *Ethica cartesiana*, etc., Halle, 1769

([1]) *Manuel de l'hist. de la philos* t. 2, 113

([2]) Spinosa ne s'est, en effet, servi de Descartes que pour donner à ses idées synthétiques une étaie dont la valeur était alors re-

Leibnitz admit sous le nom de monades la pluralité de substances qu'avait rejeté l'auteur de *l'éthique* et il y vit dans les élémens de choses, les véritables atomes de la nature. Ces atomes de substance, c'est-à-dire, ces unités réelles et absolument destituées de parties, on pouvait encore les nommer points métaphysiques, par opposition aux points physiques qui ne sont que des modalités, tandis que les points métaphysiques ou de substance, sont réels et que sans eux il n'y avait rien de réel, la pluralité ne pouvant exister sans l'unité. Les monades sont donc d'après la théorie de Leibnitz des forces simples qui ont puissance de se mouvoir par une activité intérieure qui leur est propre sans pour cela qu'une monade influe sur l'autre parce que l'idée de substance implique en elle l'idée d'une indépendance entière et parfaite; or cette idée ne s'allie point avec la notion de quelque genre d'influence que ce soit. Il existe cependant un certain rapport entre les monades que Leibnitz appelle *harmonie préétablie*. D'où vient cette harmonie? Qui a établi les rapports? qui donne à chaque monade puissance de se mouvoir? Cette activité est-elle libre et autonome? La philosophie de Leibnitz cherche à expliquer les hautes questions qui se rattachent à toute l'organisation du monde, mais surtout au libre arbitre de l'homme ou plutôt à l'illusion

---

connue. A quelle occasion il étudia Descartes et comment il a rattaché son système au cartésianisme. Voir l'*Hist. de la vie et des ouvrages de Spinosa*, Paris, 1842, p. 34-40.

d'un développement libre dont nous croyons avoir conscience.

Leibnitz est donc encore sorti de l'école de Descartes, avons-nous dit, puisqu'il a admis comme lui la pluralité de substances et qu'il a opposé à la substance unique de Spinosa des créatures persistantes et non de simples modes de substance; mais il a réformé le cartésianisme en ce que, avec son coup-d'œil d'aigle il avait apperçu que Malebranche et Spinosa pouvaient très bien déduire, l'un que la pure étendue n'étant point une vraie substance, tout ce qui est étendu ne peut être que des modifications changeantes et passagères d'une substance unique et parmanente; l'autre, que les lois du mouvement ne peuvent être tirées de la seule étendue, il fallait bien avoir recours à la cause générale qui est la volonté de Dieu et son action sur toute créature, et par conséquent, qu'il fallait remplir une lacune importante dans le système de Descartes, celle qui porte sur la notion de forces, et introduire son idée dans la métaphysique comme dans la physique. Delà le système de monades dont l'idée achève celle de la matière incapable par elle-même d'action et de passion, lui donne la réalité substantielle et qui d'un être de puissance en fait un être en action ce qui lui a valu le nom d'*entéléchie*, mot ressuscité d'Aristote. Il est donc encore vrai que dans son origine la philosophie allemande a été idéaliste en ce qu'elle procédait *a priori*, comme Descartes, et qu'elle admettait des connaissances immédiates, et si Leibnitz lui a donné quelque tems son nom, c'est que les ingénieuses hypothèses dont il l'avait dotée en faisaient un système vraiment original et capable de répondre à une foule d'objections que l'on faisait au cartésianisme (¹).

Cependant, comme Leibnitz n'enseignait point oralement il arriva que son désir bien naturel d'avoir un grand nombre de lecteurs le porta a écrire plus en français et en latin que dans sa langue maternelle, et c'est ce qui fit que l'un de ses disciples les plus distingués, Wolff, ayant recueilli en allemand toutes les idées philosophiques que Leibnitz avait disséminées dans une foule de traités, dissertations, articles de journaux et lettres adressées à des savans eut l'honneur de donner son nom à l'école de son illustre maître. Il est d'usage, même en Allemagne lorsqu'on parle de l'école de Wolff de manifester une sorte de mépris qui accuse une bien grande légèreté, j'allais presque dire ingratitude quand il s'agit d'Allemands, ou une bien déplorable ignorance; comme si la sécheresse de ses formes, la raideur de ses axiomes et de ses démonstrations pouvaient faire oublier les principes spiritualistes de Leibnitz dont il était le fidèle représentant. Certes, Wolff n'avait ni le génie ni la puissance d'imagination de l'immortel auteur

---

(¹) Voyez princip. dans les œuvres de Leibnitz, *Théodicée*, 1. § 60, 61, 62, 63, — *De la démonstration cartés.*, p. 177, — *Monodologie*, § 21, 87, 57. — Lettres à Deshosses, à M. Rém. de Montmort, Hoffmann, Wagner, à M. Bourguet et autres encore, où il s'explique minutieusement sur les particularités de son système sur les monades et l'harmonie préétablie.

de la *Théodicée*, pas plus que son aptitude à mener de front toutes les sciences ; mais il possédait une qualité rare chez un philosophe, celle de saisir avec justesse les idées ou opinions des autres, d'en faire une exposition rigoureuse et équitable, comme il l'a montré particulièrement, à l'égard de Spinosa, lorsque c'était la mode de décrier ce grand homme et de l'accuser d'athéisme, sans l'avoir lu. Il avait, de plus, un talent spécial, celui de systématiser ses idées, qu'il les eut adoptées ou qu'elles lui fussent propres, car il ne faut pas croire qu'il se soit approprié Leibnitz sans examen et sans le soumettre à une critique judicieuse ; mais nous disons qu'il savait admirablement coordonner ses idées et les présenter ensuite avec cette précision mathématique des sciences exactes dans lesquelles il excellait. Cette manière d'enseigner était par trop sèche, qui en doute ! et nous avons décrit ailleurs, combien cette méthode appliquée à la théologie porta des coups mortels à cette dernière ([1]) ; mais il est vrai aussi de dire qu'indépendamment de ses travaux psychologiques, l'usage seul de la langue allemande employée par Wolff fit sortir la philosophie de l'enceinte des écoles, en propagea le goût et ne servit pas peu, même par ses abus, à faire naître cet éclectisme ou philosophie populaire qui était en honneur lorsque Kant vint apporter sa réforme et que

---

([1]) *Hist. crit. du rationalisme en Allemagne*, 2e édit., Paris et Hambourg, 1843, p. 88-105.

des écrivains d'un mérite reconnu tels que Meiners et Féder defendaient surtout comme la seule planche de salut (¹).

L'Allemagne vécut donc long-tems de la philosophie de Wolff pendant que l'Angleterre poussée par Bacon dans la voie de l'expérimentation, avait transporté cette méthode du domaine des sciences naturelles dans celui de la métaphysique et en avait reçu le sensualisme de Locke qui, par des modifications insensibles était venu se fondre dans l'école écossaise actuelle où l'étude de la psycologie a totalement remplacé celle de la philosophie proprement dite, tandis que la France jetée sur cette même voie de l'expérience par Condillac semble vouloir, par une combinaison de la psycologie écossaise avec l'étude de l'anthropologie, préluder à une philosophie qui embrasse tout l'homme et par lui l'humanité toute entière. Mais en Angleterre il y eut ceci de remarquable que la méthode analytique de Bacon avait produit trois directions différentes, celle de Locke d'abord, qui était venu se perdre en France dans le matérialisme de Didérot et du baron d'Holbac après avoir passé la filière de Condillac, puis celle de

---

(¹) Meiners, mort en 1810, professeur de philosophie à Göttingue, avait beaucoup de savoir, mais sa qualité d'éclectique l'a porté à n'être que l'historien de certaines branches de la philosophie lorsqu'avec plus de consistance dans les idées il aurait pu se montrer philosophe lui-même. Féder avait été également professeur de philosophie à Gœttingue, et avait publié de concert avec Meiners la *Bibliothèque philosophique;* mais il mourut co-directeur du Gymnase à Hanovre, après avoir publié une foule d'écrits philosophiques d'une tendance plus pratique que spéculative.

Berkeley qui enlevant à la matière toute ses qualités rejetait ainsi la possibilité même de l'expérience, enfin celle de l'historien et philosophe Hume qui s'efforça de démontrer dans ses *essais* que l'empirisme renverse toute certitude et plonge inévitablement toutes nos idées dans un doute universel. C'est surtout en attaquant l'idée de causalité que Hume battait en brêche toute philosophie qui s'appuie sur l'expérience. En supposant, disait-il, que tous les phénomènes observés aient eu leur cause, où est la raison d'affirmer qu'il en sera toujours de même? Puisque la logique joue un si grand rôle dans la philosophie, ajoutait-il, l'on devrait savoir qu'il n'est jamais permis de conclure du particulier au général, de l'individu à l'universel. Que nous montre après tout l'expérience? Une succession de phénomènes et rien de plus. Mais l'empirisme introduisant dans cette vue de succession une idée de dépendance, ne pose-t-il pas une hypothèse indémontrable puisqu'elle n'est pas fournie par la sensation? Transportant ensuite les mêmes principes dans la morale Hume prouvait également que s'il est vrai d'après la philosophie des sensations que les lois morales procèdent de l'expérience, dès-lors leur exécution sont assujeties aux tems, aux lieux et aux circonstances dont les hommes dépendent. Il y aurait injustice, disait-il enfin, ce serait même montrer de la déraison de généraliser des règles de conduite puisque toutes les maximes individuelles ont le même droit de se faire valoir, et que nul ne peut imposer aux autres ce qu'il croit être son devoir (¹). Maintenant opposez autre chose que le sens commun ou si l'on aime mieux ce quelque chose que tout le monde possède et que personne ne prend la peine de se démontrer par ce qu'on a foi en ce quelque chose avant de s'en être démontré l'existence et la certitude, opposez tous les raisonnemens à la fois lorsqu'ils ne s'appuieront pas sur ce principe universel et pourtant indémontrable et vous ne confondrez jamais le scepticisme ; c'est ce qui explique très-bien l'exaltation de Kant lorsque persuadé de la force des raisonnemens du scepticisme il vit bien qu'il fallait trouver un tout autre expédient que l'empirisme pour le débusquer de sa position sans néanmoins emprunter au dogmatisme scholastique les armes qu'il croyait trop impuissantes

---

(¹) Doublement célèbre et comme historien et comme philosophe, c'est en cette dernière qualité qu'il est davantage connu en Allemagne, Kant faisait un cas tout particulier de son *Traité de la nature humaine* que les contemporains de l'auteur avaient accueilli avec beaucoup de froideur et qui avait eu, lui aussi, plus encore que la *Critique de la raison pure*, la prétention d'ensevelir à tout jamais toute philosophie spéculative ; et c'est cette prétention souvent répétée dans ses *essais* qui provoquera l'examen de Kant et lui fera demander : y-a-t-il ou non une métaphysique ? L'esprit humain pourra-t-il jamais acquérir une certitude ? — On lit une dissertation curieuse sur le scepticisme de Hume dans les *Mémoires de l'académie des sciences de Berlin*, années 1792-93. Mérian y combat ingénieusement les doutes de Hume par d'autres doutes qu'il lui oppose et qui par leur trop évidente absurdité font ressortir le peu de solidité de ceux du philosophe écossais. Un disciple de Kant, L. H. Jacob, a repris avec avantage les attaques de son maître contre Hume dans ses *Essais critiques* sur le 1er liv. de Hume sur la nature humaine ; Halle 1790.

pour cet effet. Tous les efforts du philosophe de Kœnigsberg auront donc pour but de se placer pour chasser son ennemi, le scepticisme, entre le sensualisme de Locke et de Condillac et le dogmatisme de Descartes, Spinosa et Leibnitz, convaincu qu'en faisant à chaque prétention la part qui lui convient raisonnablement il replacera la philosophie sur l'honorable piédestal d'où les éclectiques ou les naturalistes de son tems tendaient à la faire descendre par la fausse direction qu'ils donnaient à leurs travaux.

Cet éclectisme qui marchait en Allemagne de concert avec la philosophie dite populaire et à qui elle servait de manteau par la rigidité de ses principes moraux, principes que la philosophie populaire ne respectait pas toujours, s'était épanoui sur le sol germain aux clartés douteuses des déistes anglais et français dont la réputation n'avait pu que retentir en Allemagne et qui par les faveurs dont les honorait le roi de Prusse Frédéric II, devaient d'autant mieux trouver de partisans que leurs écrits se recommandaient par une pureté, une correction de style et un talent de narration auxquels les Allemands n'avaient pas été habitués par les Wolffistes; mais comme le sérieux du caractère allemand ne pouvait se contenter du frivole naturalisme de Reimarus, Basedow, Bahrt et *Tutti quanti* que pourtant des psycologues d'un vrai mérite, tels que Eberhard, Garve, Tetens, Féder, Meiners, Mendelssohn et autres appuyaient de leurs travaux, tout en dédaignant leurs frivoles directions, il en résulta cet état indéfinissable de la nation que nous avons essayé de dépeindre plus haut et qui révélait une foule de tendances, qui pour ne pas s'accorder sur les moyens aspiraient toutes au même but qui était une révolution dans les idées traditionelles en matière de religion, de philosophie et même dans la politique (¹).

Kant crut remarquer que tout ce qu'il y avait de sérieux dans cette universelle opposition des esprits contre le passé provenait principalement d'un scepticisme que peu de personnes n'osaient s'avouer à elles-mêmes, et qu'avaient aidé à produire soit les excès du dogmatisme, soit l'anarchie des intelligences que ne liait pas une doctrine commune, et il se demanda, s'il n'y aurait pas une position où l'on pût se mettre à l'abri des conséquences fatales où nous entraînent le scepticisme dont Hume avait le mieux formulé les exigences, et où l'on se garantirait en même tems de l'oppression d'un dogmatisme qu'il croyait être sans base; et après avoir médité sur ce problème de

---

(¹) Ce n'est pas à dire qu'il n'y eût dans les écrits de ces naturalistes ou eccléctiques rien qui fut digne d'estime. Au contraire, la plupart d'entr'eux, de très bonne foi dans la position qu'ils s'étaient faite dans la philosophie, comme Baumgarten, Sulzer, Mendelssohn, Tetens, Feder, Reimarus et quelques autres d'un égal mérite, possédaient un rare talent d'écrire, surtout Mendelssohn et Reimarus, et avaient une foi très vive dans la bonté des armes qu'ils employaient contre le scepticisme. Leur but était de populariser les principes élevés de la morale au moyen d'une philosophie dénuée de tout bagage scientifique, et s'ils n'y réussirent pas, il ne faut s'en prendre qu'à la fragilité des principes qui les dirigeaient.

la philosophie, il comprit qu'il fallait faire sa part au scepticisme si l'on voulait mieux triompher de lui, et se réveillant, comme il le dit lui-même, de son *sommeil dogmatique*, il publia sa *Critique de la raison pure* où renonçant à toute idée d'éclectisme qui ne peut tomber en partage que dans les intelligences du second ordre, il s'avisa de réconcilier le scepticisme avec la certitude, au moyen d'une théorie qui se placerait sur les ruines de tous les systèmes philosophiques qui l'avaient précédé (¹).

Avec tous les spiritualistes Kant admettra donc comme un fait la dualité primitive, le sujet et l'objet, mais il ajoutera que ce sont pourtant là deux choses dont il sera à jamais impossible de connaître la nature et l'essence. Il démontrera, en même tems qu'il y a moyen, en s'élevant jusqu'à une critique supérieure, jusqu'à une raison plus pure d'apprécier l'objet quand à sa qualité à sa quantité, à ses modes, à sa relation, puisque nous avons dans notre esprit l'instrument qui en juge; mais pour donner à cet instrument toute l'autorité dont il a besoin pour affirmer, il soumettra notre faculté de juger à une critique inexorable, il en sondera toute la portée en même tems qu'il en constatera toute la faiblesse et lui

---

(¹) Les Anglais ont très bien démontré qu'ils n'avaient pas attendu l'apparition de Kant pour attaquer avec avantage les prétentions sceptiques de leur illustre Écossais. Mais si cette observation est juste quand il s'agit de modérer le fanatisme de quelques disciples kantiens, il est juste de ne pas reporter sur le maître le fanatisme des disciples, et de reconnaître l'élan spontané de Kant pour terrasser dans la personne de Hume le géant du scepticisme.

tracera par-là les limites qu'elle ne devra jamais franchir. Voilà le but de la critique de Kant, comment va-t-il le remplir? Il ne sera pas inutile d'indiquer la marche qu'il se propose de suivre si l'on veut ensuite s'orienter plus facilement dans l'analyse un peu détaillée qu'il nous faudra faire de cet ouvrage capital de notre philosophe.

Nous avons dit que dans sa *Dissertation sur le monde sensible* l'on pouvait mieux découvrir le marche qu'il ne tarderait pas à suivre pour se placer entre le scepticisme et le dogmatisme en essayant d'élever une métaphysique sur des bases plus solides; or c'est dans la *Critique de la raison pure* que toutes ses idées s'écoulent par torrent, au point que ne pouvant toutes les épandre à la fois sans craindre une confusion, il en renvoya une partie à l'époque où il organiserait, lui aussi, un système métaphysique; mais cette époque n'est jamais venue, soit que les circonstances ne le lui aient pas permis, soit que la présence du Dieu qui inspire les grandes œuvres n'ait pas voulu qu'une œuvre parfaite sortît des mains de celui qui par ses idées sur la liberté humaine semblait ne vouloir relever que de sa nature d'homme.

Ainsi, c'est tout un système qu'aura l'intention de créer le philosophe de Kœnigsberg quoiqu'il n'en donne ici que la partie, pour ainsi dire négative, et pour ne pas devoir s'appeler éclectisme, il ne manquera pas néanmoins, comme le dit un écrivain moderne, d'avoir une analogie avec celui que l'on désigne en politique par le nom de *juste-milieu* (¹); l'ancienne philosophie, ayant montré, en effet, les mêmes prétentions que la légitimité, et la liberté qu'elle provoque ayant amené par le scepticisme et le naturalisme, le plus grand désordre dans les idées philosophiques, morales et religieuses. Kant se donna donc la tâche de définir les droits d'un chacun à la démocratie c'est-à-dire, à la négation des idées *a priori*, il lui donna puissance sur la nature extérieure, mais avec défense expresse d'empiéter sur un domaine qu'il ne lui avait pas été donné de parcourir; à la légitimité, c'est-à-dire, au spiritualisme il lui abandonna les champs de l'infini, et le droit auguste de l'initiative dans le développement et la formation du savoir humain. Il ne posa point en principe que l'unité, ou *l'idée a priori* est TOUT, et que toute la philosophie ne doit être que l'image réfléchissante de cette idée, abstraction faite des enseignemens de l'expérience, mais il montra qu'au sommet des idées empiriques, une idée *à priori* devait exister pour les ordonner et les lier entre elles, ce qui ressemble presque à une transaction ou traité de paix entre l'empirisme et le spiritualisme sous l'égide de la raison humaine, qui se présentait comme caution. Le nom de *criticisme* n'a été ensuite donné à cette manière d'envisager la philosophie que parce qu'elle procède par une critique sévère de la raison.

(¹) Biedermann, *die deutsche Philosophie*, tom. 1, 64.

La philosophie de Kant n'est donc point empirique dans la vraie acception du mot, puisque les résultats de l'observation lui paraissent insuffisans, et qu'il cherche dans la raison pratique des cautions plus sûres pour arriver aux vérités que le philosophe ambitionne d'atteindre; mais elle est tout aussi peu dogmatique, puisque Kant ne reconnait pas les idées *a priori* pour des vérités immédiates et indépendantes de la raison pratique. S'il veut donc régner dans le domaine des sciences philosophiques, ce n'est pas en despote dont la volonté est l'unique règle, mais en monarque qui ramène à un centre toutes les volontés pour les lier en faisceau, c'est-à-dire, qu'il ne demande que la reconnaissance d'un principe indépendant de l'expérience qui puisse harmoniser toutes les données de l'expérience. Voilà pourquoi l'une des premières questions qu'il se fera à lui-même sera relative aux jugemens synthétiques *a priori*. Existent-ils ces sortes de jugemens? Y-a-t-il une science qui se fonde sur eux et dont les principes puissent être démontrés? C'est la tâche principale que se donne la *Critique*. Ce n'est qu'après l'avoir remplie qu'elle peut répondre à cette autre effrayante question, que peut-on savoir?

On comprend qu'il nous fallait indiquer et bien préciser cette position que venait prendre la *Critique* dans le champ de la philosophie, afin que dans l'analyse que nous allons en faire, analyse nécessairement froide, eu égard aux développemens, qu'il nous faudra négliger, l'on soit mieux à même de suivre l'enchaînement des idées lorsqu'on aura été mis en possession d'une idée-mère qui aide à expliquer les autres.

CHAPITRE V.

Critique de la raison pure. — Analyse de cet ouvrage.

§ 1.

INTRODUCTION.

Cet ouvrage si important de notre philosophe renferme d'abord une introduction qui explique sa pensée lorsqu'il prétend traiter de la philosophie transcendentale ou de la raison pure, ensuite la division en deux parties de tout l'ouvrage dans lesquelles viennent se classer avec ordre et chacune dans la position qu'elles doivent occuper, pour être mieux comprises, toutes les questions dont le développement est nécessaire à son dessein.

Je désire de donner une idée générale mais pourtant complète de cette grande œuvre tout en ne m'assujétissant, qu'autant qu'il me sera permis de le faire, à une division de matières qui m'entrainerait à des détails qui ne peuvent trouver place dans une analyse.

Connaître c'est juger, dit le philosophe de Kœnigsberg; d'où il s'ensuit que juger est une fonction de l'entendement. Mais si le jugement au lieu d'être tiré immédiatement des objets que nous connaissons, c'est d'une analogie ou d'une comparaison que nous faisons des objets entr'eux, dès lors le jugement prend le nom de raison. Cependant dans la combinaison que fait la raison des divers jugemens, si elle sort des limites de l'expérience et plonge dans le champ du possible, pénétre dans le domaine de l'infini pour l'explorer au profit des connaissances métaphysiques, elle prend par ce fait le nom de *raison pure* et le produit de ses investigations sont les idées. Critiquer la raison pure sera donc lui demander compte de ses facultés, ce sera déterminer les limites où il lui est permis de les exercer.

Mais il y a plusieurs manières de juger et partant plusieurs sources de nos connaissances. Quoiqu'il soit vrai de dire qu'antérieurement à toute expérience aucune connaissance ne soit possible, cependant il en est qui ne découlent point d'elle nécessairement quoiqu'elle en ait été l'occasion. Si toute connaissance nait en nous avec l'expérience, l'on ne peut pas affirmer qu'elle nait de l'expérience; car l'expérience est un fait isolé qui nous apprend bien que telle chose est, mais non qu'elle doit être ou du moins qu'elle doit toujours être ainsi (¹). On comprend très bien par les données de l'expérience que deux lignes droites ne forment pas une espace, mais l'expérience une fois faite ne peut pas donner la certitude que toujours et dans tous les cas donnés deux lignes parallèles ne se rencontrent pas. Quelque chose précède donc ou accompagne du moins

---

(¹) .... sie sagt uns zwar, was da sey, aber nicht, dass es nothwendiger Weise so und nicht anders seyn müsse. (Sämmtliche Werke: Kritik der reinen Vernunft. tom. II. p. 17).

le jugement qui a servi de base à notre raisonnement et nous a autorisé à le faire, et c'est ce que Kant appelle une connaissance *a priori*. La connaissance *a posteriori* est celle, au contraire, qui dérive immédiatement de l'objet.

Une preuve qu'il existe de vraies connaissances *a priori* c'est qu'elles se présentent à nous avec des caractères qui nous assurent de leur existence.

Ces caractères sont: la nécessité et l'universalité.

Les mathématiques, sans citer pour le moment d'autres exemples, nous fournissent de ces sortes de connaissances qui certainement ne dérivent point de l'expérience et qui sont aussi nécessaires qu'universelles (1).

Comme sur le terrain de la métaphysique il ne s'agit pas des sens, et que la faculté de connaître et de juger, s'exerce dans des régions où ils n'ont aucun accès, il faut faire passer à l'examen critique cette faculté de connaître indépendante de l'expérience; de-là une différence dans les jugemens que Kant distingue en jugemens analytiques et en jugemens synthétiques.

Ou la qualité B appartient au sujet A, comme quelque chose qui est contenu, quoique d'une manière cachée, dans l'idée du sujet A, ou la qualité B peut être prise tout-à-fait en dehors de la représentation que nous nous faisons du sujet, et alors on doit la lui attribuer. Dans le premier cas on a

---

(1) Kritik, 11, p. 18-21.

formé un jugement analytique, et dans le second un jugement synthétique. Si je dis: tous les corps sont étendus, je forme un jugement analytique; car je ne puis ici dépasser l'idée que je lie au mot corps pour trouver l'étendue qui s'y rattache, mais simplement démembrer cette idée, celle de la composition de parties que je leur suppose de tout tems, et d'en avoir la certitude pour y trouver la qualité. Si, au contraire, je dis: tous les corps sont pesans, j'exprime une qualité qui est tout-à-fait différente de l'idée principale que j'ai du sujet et je porte ainsi un jugement synthétique. Ne voit-on pas de suite que si les jugemens analytiques sont les plus certains en apparence, on ne pourrait guère s'en tenir à leur unique décision sans imposer à nos connaissances des limites fort étroites! On ne peut, en effet, en augmenter la somme qu'en combinant entr'elles les qualités du sujet, qu'en y ajoutant ou en retranchant, en un mot, qu'en formant des jugemens synthétiques.

Tous les jugemens *a posteriori* sont synthétiques; car dans ce cas l'on ne juge des choses que par l'impression qu'elles font sur nos sens et que l'expérience suppose toujours cette impression. J'ai vu du bois brûler et j'en ai conclu que le bois est combustible. Mais, si je veux affirmer que la matière a été créée par le Tout-puissant ou qu'elle est éternelle, que tous les rayons d'un cercle sont égaux, l'expérience n'a plus rien à démêler ici, personne n'ayant été témoin de la création, personne n'ayant pu mesurer tous les rayons d'un cercle dont le nombre est infini; lors donc que je m'énonce ainsi je porte un jugement synthétique *a priori*. Ces sortes de jugemens sont-ils possibles? Sur quels fondemens peut-on asseoir de tels jugemens sans le secours de l'expérience? Poser de telles questions c'est déjà montrer que l'on est capable de les résoudre. Or, Kant est d'avis que la raison pure contient les principes qui apprennent comment de tels jugemens sont possibles, tandis que la critique assigne l'étendue de leur domaine.

En résumé, l'homme reçoit des impressions des objets qui l'entourent. Il s'empare de ces impressions, et pense aux objets qui les lui envoient. Ainsi sentir et penser sont les deux seules sources de nos connaissances. Delà cette division de la *Critique de la raison pure* en deux parties principales, celle de la doctrine élémentaire transcendentale et celle de la méthode élémentaire transcendentale (¹). Dans la

---

(¹) *Transcendentale*, de *transcendere*, aller au delà, dépasser: aller au delà de ce que l'expérience nous apprend. Il ne faudrait pas confondre les principes transcendans et les principes transcendantaux. Les premières sont ceux qui dépassent réellement toute expérience, comme le sont la plupart des preuves que l'on allègue pour prouver l'existence de Dieu. Ils sont ainsi nommés parce que ce dont ils s'occupent, ne peuvent jamais et dans aucune condition devenir l'objet d'une expérience, et parce qu'ils consistent eux-mêmes en de simples et pures idées *a priori*. Mais lorsque ces idées *a priori* sont appliquées à un objet empirique et que de cette manière ces principes sont rapportés à l'expérience, ils deviennent alors transcendantaux. L'ancien dogmatisme était transcendans parce que ses principes étaient employés à fournir une connaissance sans l'expérience, purement *a priori*, ce qui est impossible d'après Kant; mais les principes du criticisme sont transcendantaux, parce que la méthode critique consiste à montrer la

première on traite des élémens qui constituent le savoir humain et on les examine dans leur origine, dans leur valeur et dans leur rapport entr'eux ; dans la seconde on montre l'application que l'on peut faire de ces élémens pour la formation d'un système scientifique. A leur tour ces deux parties se sous-divisent de manière à en faire naître d'autres plus détaillées que nous aborderons dans la suite de cette analyse. Mais il faut énoncer de suite que la première sous-division de la première partie, quoiqu'elle traite de la sensibilité, elle est désignée néanmoins par Kant par l'esthétique transcendentale, expression d'esthétique qu'il ne faut pas accepter dans la signification ordinaire, lorsqu'elle signifie la science du beau, mais qu'il faut prendre dans le sens grec *(aisthesis)* et qui exprime ce qui constitue l'élément sensible du savoir humain, abstraction faite de tout sentiment du beau (¹).

§. 2.

PREMIÈRE PARTIE. — ESTHÉTIQUE TRANSCENDENTALE.

Kant commence par définir les idées principales qui doivent faire la matière de ses raisonnemens.

juste application des idées *a priori*, à un sujet donné par l'expérience et de fournir ainsi une connaissance philosophique des objets empiriques. Par conséquent l'on voit que Kant a pu nommer sa critique une science transcendentale, et qu'il a pu servir de cette expression quand il s'agissait des partis qui la composent.

(¹) Kritik, II, p. 21-26.

comme l'intuition, le sentiment, la sensation, le phénomène, la matière et la forme du phénomène.

L'intuition (Anschauung) c'est l'impression que le moi humain reçoit d'un objet quelconque.

La sensation c'est l'effet de l'intuition; c'est la puissance de recevoir de telles impressions.

Ainsi définie la sensation n'est qu'une faculté passive, une *receptivité*, ce qui la distingue de l'intelligence qui est une puissance active. Ainsi par l'intuition et la sensation nous avons une représentation tant de l'objet qui nous affecte que de la manière dont nous sommes affectés par cet objet.

Comme il n'y a aucune connaissance qui médiatement ou immédiatement ne découle de l'intuition il s'ensuit que la sensibilité est l'unique source de nos connaissances.

Lorsque l'impression d'un objet nous fait appercevoir son état, nous donne connaissance de quelque changement qu'il éprouve, nous disons alors que nous en avons le sentiment, et l'objet qui nous le fait ainsi éprouver et qui est la cause de cette sensation se nomme lui-même, *phénomène*.

Or, chaque phénomène est formé de deux élémens essentiels, la matière et la forme. Sa matière est tout ce qu'il a en lui de sensible et qui nous affecte; sa forme est la manière avec laquelle nous recevons les impressions du phénomène.

C'est *a posteriori* que nous est donnée la matière d'un phénomène; mais si la matière de la sensation constitue seule l'expérience, la connaissance de la forme se trouve *a priori* dans l'entendement.

Dèsque l'on a reconnu qu'il y a dans notre sensibilité ou sensation quelque chose qui ne nous arrive pas du dehors, mais qui s'y trouve *a priori*, il est bon de s'informer de la nature de ce quelque chose, c'est-à-dire que l'on doit rechercher les formes générales de notre intuition, et Kant les désigne sous le nom d'*espace* et de *tems*, formes qui sont les seuls fondemens *a priori* de notre sensibilité et qui composent l'Esthétique transcendentale, de-là une théorie critique comme suit de l'espace et du tems (¹).

§. 3.

DE L'ESPACE ET DU TEMS.

Tout ce qui désigne un rapport des phénomènes en dehors de nous-mêmes, ou en dehors les uns des autres, nous le saisissons dans l'*espace* par l'intuition. Mais nous disons apercevoir intuitivement une chose dans le *tems* lorsque nous jugeons en nous et successivement le rapport de ces phénomènes. Quoiqu'il arrive souvent que nous rapportions nos perceptions tant extérieures qu'intérieures tout-à-la fois dans l'espace et le tems, néanmoins ce n'est que sur ces deux grandes toiles que peuvent se dessiner pour nous les représentations des choses. Nous plaçons dans l'espace tous les phénomènes

(¹) Kritik, II, p. 31-33.

perçus par les sens extérieurs et c'est sous la forme du tems que nous nous représentons les changemens de notre état intérieur.

L'espace, dit Kant, n'est que la condition subjective de la sensibilité, la forme dont notre sens intérieur a besoin pour régler ses sensations: d'où il s'ensuit que nous ne pouvons pas appliquer l'idée de l'espace aux objets mêmes, mais seulement aux rapports dans lesquels ils se trouvent envers nous. Nous ne pouvons pas dire: tel objet est dans l'espace; pour parler exactement il faudra dire: cet objet nous apparait dans l'espace. De sorte que d'après Kant l'idée de l'espace n'a qu'une réalité empirique et une idéalité transcendentale (1). Si elle est une idée transcendentale elle est une intuition nécessaire *a priori*, et nullement une idée que l'on puisse déduire des phénomènes. Comme il n'est donné à personne de se représenter un objet sans un espace qui le contienne, bien que l'on puisse concevoir un espace sans objets, il s'ensuit que son idée est en nous antérieurement à toute perception de phénomènes. Or, une telle représentation ne pouvant être dite produite par l'expérience, il faut qu'elle soit une intuition nécessaire *a priori*.

(1) ... der Raum ist nicht anders, als nur die Form aller Erscheinungen äusserer Sinne, d. i. die subjective Bedingung der Sinnlichkeit. ..... wir behaupten also die empirische Realität des Raumes (in Ansehung aller möglichen äusseren Erfahrung), ob zwar zugleich die transcendentale Idealität desselben, d. i. dass er Nichts sey, sobald wir die Bedingung der Möglichkeit aller Erfahrung weglassen .... (tr. p. 37, 38.)

Si l'espace était une qualité ou une relation des objets, nous le connaîtrions comme ce que l'on désigne communément sous le nom d'idées générales; mais l'espace est un, il n'y a pas divers espaces comme il y a divers corps, divers arbres &c. Si des corps en occupent des parties, celles-ci ne sont que les divisions du grand tout, que l'on ne peut considérer comme la réunion de tous les espaces particuliers. Au-delà des corps, au-delà de tous les systèmes de monde possibles, nous sommes toujours contraints de nous représenter l'espace et toujours le même espace.

N'est-il pas vrai que toutes les expériences de la vie, tous les principes des sciences naturelles et de la géométrie en particulier, prennent leurs objets dans l'espace? Or l'on ne saurait admettre que ce qui sert de base à l'expérience, que la chose qui rend cette expérience possible, soit tirée, elle aussi, de l'expérience.

D'ailleurs, tout ce qui porte avec soi les caractères de la nécessité et de l'universalité absolues ne peut dériver exclusivement de l'expérience; car ne nous instruisant que des faits actuels et isolés, l'expérience ne saurait nous apprendre que telle chose doit toujours et nécessairement être ainsi. Il est vrai que l'on dit communément que tous les corps sont pesans, et que l'on met cette proposition au rang des vérités qui portent le caractère de la nécessité, quoique l'on ne connaisse la pesanteur que par l'expérience; mais, rigoureusement parlant, cette proposition n'est vraie qu'autant qu'elle ne s'applique qu'aux seuls corps que nous connaissons sur la surface de la terre et qui gravitent vers son centre, puisque rien ne s'oppose à ce que des mondes existent où la gravitation n'ait pas lieu. Ne dit-on pas qu'il est un lieu, au centre de notre globe, où il ne doit plus y avoir de pesanteur?

„C'est sur cette forme de notre sens extérieur appelée espace que se fonde toute la géométrie. Dans cette science les jugemens synthétiques *a priori* deviennent possibles par la construction. Exemple: soit la représentation de deux lignes droites === A, et la représentation de renfermer un espace === a. On demande: peut-on ou ne peut-on pas concevoir les deux représentations comme unies ensemble et confondues dans une seule proposition? En d'autres termes: peut-on concevoir deux lignes droites renfermant un espace? La réponse dépend de la possibilité de la construction dans l'espace. Une pareille construction est-elle possible? Obtenons-nous par elle cette espèce d'intuition que nécessite la réunion synthétique des deux notions? La construction est la raison pour laquelle nous répondons affirmativement à la question; dans le cas contraire, nous la décidons négativement. Dans l'exemple en question, il est de toute impossibilité de faire une construction dans laquelle deux lignes droites renfermassent un espace; nous posons par conséquent en principe, avec une évidence pleine et entière, que deux lignes droites ne renferment jamais un espace [1]."

---

[1] Henri Jouffroy, 19.

Donc, tout ce que nous percevons autre que nous-mêmes, subit la forme de l'espace, et ce n'est que sous ce rapport qu'il a une réalité. Passé cela, il n'est plus rien qu'une idéalité transcendantale qui se trouve *a priori* dans l'entendement.

Le *tems*, avons-nous dit, est ce qui désigne *en nous* et successivement le rapport des phénomènes. Il n'est donc point une idée empirique, mais une intuition pure *a priori*. Son idée ne se rapporte point à l'existence des choses en soi, mais seulement à leur relation avec nous-mêmes ou à leur propre nature en tant que phénomènes. La notion du tems devant donc précéder celle de la chose dont le rapport est en nous, il s'ensuit qu'elle n'est pas occasionnée par la chose et qu'elle réside en nous avant toute expérience. L'unique différence qui existe entre l'idée de l'espace et celle du tems consiste en ce que l'idée de l'espace se rapporte seulement aux objets corporels ou extérieurs, pendant que l'idée du tems se rapporte à tous nos sentimens; car l'intuition d'un objet extérieur se montre, sous certains rapports, chaque fois sous l'idée du tems, puisqu'elle est en même tems un changement de notre état intérieur. Les sentimens simplement intérieurs n'ont par contre rien à faire avec la forme du sens extérieur ou l'espace, et ne peuvent être compris que par l'idée du tems. Ainsi, comme la représentation de l'espace, celle du tems est une intuition nécessaire *a priori*, quoique cette représentation soit la condition formelle de nos intuitions intérieures.

7*

Le tems ne peut être aperçu ou compris en dehors de soi. La succession elle-même des heures et des journées ne peut réaliser cette perception extérieure. Hors de soi, on n'aperçoit que le changement de lieu tandis que ce n'est que dans l'intérieur que peut être aperçu le changement de tems.

Donc, le tems est la forme, la condition subjective de notre sens intérieur, comme l'espace l'est de notre sens extérieur. Donc, seulement par rapport à nous, le tems est une réalité; hors de nous, il n'est rien, ni en lui-même, ni dans les choses. Donc, de même que la géométrie se fonde sur la forme de notre sens extérieur ou l'espace, l'arithmétique, et en général toute représentation de série, se fonde sur notre sens intérieur ou le tems, et tire son évidence de cette intuition *a priori*, de même que c'est sur la réunion de ces deux formes que sont fondées la mécanique et l'application des mathématiques aux sciences naturelles.

Mais il ne suffit pas de découvrir en nous des intuitions pures et *a priori*, c'est-à-dire indépendantes de l'expérience, il faut encore, pour parvenir à une connaissance, que l'entendement s'empare des impressions fournies par la sensibilité et les mette en usage dans le domaine des sciences.

Nous avons dit également que sentir n'était pas tout l'homme, et par conséquent les puissances de l'homme ne doivent pas se borner à la sensibilité. Donc il y a à rechercher si, par l'intelligence au moyen de laquelle il pense, il découvre d'autres idées *a priori* que celles du tems et de l'espace, et qui se rapportent à cette faculté de penser, qui est le plus bel apanage de l'humanité, et c'est la tâche de la logique transcendentale (¹).

§. 4.

LOGIQUE TRANSCENDENTALE.

C'est psycologiquement que Kant commença avec l'idée du monde sensible à faire ressortir notre puissance de connaître; maintenant c'est au moyen de l'intelligence qu'il va travailler à la même tâche.

Il faut d'abord distinguer la logique transcendentale de la logique ordinaire. Celle-ci n'est que l'énumération pure et simple des lois qui règlent l'usage de nos raisonnemens et en général de toute opération de nos pensées. Mais la logique transcendentale examine de plus le principe de cet usage, même dans l'intention de montrer dans l'intelligence l'existence de certaines connaissances *a priori*. Elle doit, dans ce but, explorer la pensée humaine, pour y découvrir les élémens constitutifs d'une connaissance par la seule intelligence que l'on applique ensuite aux objets extérieurs. Elle s'appelle alors logique transcendentale, par la même raison que nous avons nommé esthétique transcendentale, la théorie des formes *a priori* de notre faculté *sensitive* (²).

(¹) *Kritik*, ii, p. 40-48.
(²) *Kritik*, ii, p. 56-58.

La logique transcendentale se divise en deux parties, logique transcendentale analytique, et logique transcendentale dialectique. L'analytique se divise à son tour en deux autres parties, savoir: en théorie de l'intelligence et en théorie du jugement.

§ 5.

THÉORIE DE L'INTELLIGENCE OU DES CATÉGORIES.

L'intelligence que Kant assimile à l'intellect ou entendement, est une faculté de notre esprit indépendante de toute autre, et qui manifeste cette indépendance dans la formation des notions. Une notion est une idée générale, c'est-à-dire une conception qui réunit une foule d'idées. Elle ne comprend pas, il est vrai, la connaissance immédiate des objets extérieurs; elle n'a de rapport avec ces objets qu'au moyen de représentations sensibles, et c'est le rapport médiat d'une notion générale avec un objet, au moyen d'une représentation sensible de cette notion, qui se nomme jugement. Si nous portons ce jugement : tous les corps sont divisibles, nous montrons par là que nous appliquons l'idée générale de la divisibilité à la notion déterminée d'un corps. Si je dis encore: tous les hommes sont mortels, j'unis la notion de *mortel* à la notion générale d'homme, et je me représente en pensée la notion d'hommes mortels comme identique aux deux notions particulières. Il s'ensuit que la fonction de l'intelligence est précisément la même, soit qu'elle forme des notions, soit qu'elle porte un jugement, et qu'en somme on peut la définir: la faculté de juger.

Il existe un parfait parellélisme entre les principes ou idées *a priori* de notre intelligence et les formes générales de nos jugemens.

Les formes de nos jugemens sont au nombre de quatre; en d'autres termes, il y a quatre manières de rattacher les notions particulières à une notion générale; et à leur tour chacune de ces formes comprend trois sous-divisions, dont l'ensemble, au nombre de douze exprime les diverses manières dont peuvent s'exercer les fonctions de l'intelligence.

Ces quatre formes suivies de leurs sous-divisions sont:

1°
JUGEMENS DE LA QUANTITÉ.
généraux,
particuliers,
individuels.

2°
JUGEMENS DE LA QUALITÉ.
affirmatifs,
négatifs,
limitatifs.

3°
JUGEMENS DE LA RELATION.
catégoriques,
hypothétiques,
disjonctifs,

4°
JUGEMENS DE LA MODALITÉ.
problématiques,
assertifs,
apodictiques [1].

„Expliquons ceci par des exemples. Ce jugement: tous les hommes sont mortels, peut être considéré

[1] Kritik, II, p. 69-71.

sous un quadruple point de vue ; en tant qu'il énonce quelque chose de *tous* les hommes, il a une *quantité*; en tant qu'il affirme du sujet *homme* l'attribut de la mortalité, il a une *qualité*; en tant qu'il énonce sans restriction ou en *termes absolus* le rapport de l'homme à la mortalité, il a une *relation*; enfin en tant qu'il prononce avec certitude, il a une modalité. Ce jugement est, par conséquent, général, affirmatif, catégorique et assertif. Cet autre : si quelques hommes sont heureux, ce n'est pas toujours parce qu'ils méritent de l'être, cet autre jugement, dis-je, est, relativement à la quantité, *particulier,* relativement à la qualité, *limitatif,* (car il ne dit pas par quoi les hommes sont heureux, et il exclut le cas dans lequel ils ne le sont pas). De plus, il est, relativement à la relation, *hypothétique,* car l'attribut n'est énoncé que conditionnellement, et enfin, relativement à la modalité, il est *problématique;* car bien que l'on convienne de l'existence du sujet, son attribut néanmoins demeure problématique. Ce jugement est, par conséquent, particulier, limitatif, hypothétique, problématique ([1]).

Ainsi chaque jugement est une opération analytique de notre intelligence, lorsque celle-ci, d'une idée empirique fournie par le dehors, en forme une idée générale. Mais cette opération analytique en suppose une autre synthétique, qui ne se borne pas à partager un contenu étranger dans les formes

---

([1]) H. Jouffroy, p. 35.

vides de la conscience, mais qui produit des connaissances réelles et positives par la liaison de la notion pure avec l'intuition pure. Cette dernière est, comme il a été dit, la condition générale de toute connaissance, parce que toute connaissance dérive du sensible, et que la sensibilité repose sur les deux formes générales d'intuition de l'espace et du tems.

La synthèse est *pure*, lorsque les élémens dont se compose une représentation ne sont point des élémens empiriques, mais qu'ils existent *a priori*, comme ceux du tems et de l'espace. Cette synthèse doit précéder toute analyse, puisque celle-ci est impossible là où des élémens divers n'ont pas été réunis pour former une notion générale.

Il en est des notions comme des jugemens. Dans les deux opérations de l'intellect, il y a réunion d'élémens divers, et, par conséquent, formation d'une *unité synthétique*. Donc il doit se trouver dans l'intellect autant d'espèces ou de formes de notions qu'il existe d'espèces ou de formes de jugemens.

De même que les formes de nos jugemens ne sont point empruntées à l'expérience, de même aussi les formes des notions, qui n'indiquent que la nature de l'intelligence et les manières diverses dont il réunit et convertit en notions les élémens hétérogènes des intuitions.

Ces formes des notions peuvent être appelées *notions pures de l'intellect*. Kant, à l'exemple d'Aristote, donne le nom de catégories à ces formes générales ou idées, et en dresse la table suivante, où l'on trouve la concordance des catégories avec les formes des jugemens.

1° QUANTITÉ.	2° QUALITÉ.
unité,	réalité,
pluralité,	négation,
totalité,	limitation.

3° RELATION.	4° MODALITÉ.
inhérence et substance,	possibilité — impossibilité,
(substantia et accidens)	
causalité et dépendance,	existence — non-existence,
causalité réciproque,	nécessité — casualité.
(réciprocité entre l'actif et le passif)	(contingence).

« Telles sont, dit Kant, les indications de toutes les notions pures primitives de la synthèse, notions contenues *a priori* dans l'intelligence, quand elle pense à un objet, et c'est proprement par elles qu'elle est intelligence ([1]). Cette division dérive systématiquement d'un principe commun, c'est-à-dire de la faculté de juger (ou de penser) et n'est pas née rhapsodiquement de la recherche d'une notion pure dont on ne peut jamais être absolûment sûr, vu qu'elle n'est déduite que par induction, sans penser que de cette manière on ne voit jamais pourquoi ces no-

---

([1]) . . . . . Dieses ist nun die Verzeichnung aller ursprünglich reinen Begriffe der Synthesis, die der Verstand *a priori* in sich enthält, und von deren Willen er auch nur ein reiner Verstand ist. (II, p. 79).

tions et non pas d'autres accompagnent la raison pure. Cette table des catégories, ajoute Rosenkrantz, a passé dans la vie intellectuelle des Allemands, et a servi merveilleusement à mettre les choses en ordre (¹). L'on possède donc avec elle douze points de vue différens, au moyen desquels nous embrassons tous les objets de nos expériences, douze différens terrains, sur lesquels nous pouvons diviser l'empire total des notions, que nous avons réunies par notre puissance d'intuition dans les deux vastes domaines de l'espace et du tems.

Kant divise encore ces quatre formes générales de notre intelligence en deux classes principales, les *catégories mathématiques* et les *catégories dynamiques*. Les premières se rapportent simplement à l'intuition d'un objet, et c'est à elles que se rattachent les formes de la quantité et de la qualité. L'idée de l'unité et de la pluralité se rapporte simplement au genre d'impression que nos sens ont reçu, abstraction faite de l'existence réelle de l'objet, et il en est de même des idées du positif, du négatif, du limitatif. Au contraire, les catégories dynamiques, spécialement celles de relation et de modalité, expriment la réalité d'un objet dans ses rapports avec d'autres objets ou avec nous-mêmes, quand, par exemple, nous parlons d'une substance ou d'une force mise en mouvement, ou que nous prenons en considération la possibilité ou la nécessité d'un fait; il

---

(¹) Ibid., p. 152.

s'agit clairement alors d'une existence réelle et de rapports objectifs.

— On connaît maintenant la règle ou le principe d'après lequel l'intelligence forme les catégories. Au moyen d'une déduction psycologique ou métaphysique on a démontré l'indispensabilité de telles catégories pour l'intelligence, quand il s'agit de mettre en exercice ses fonctions les plus nécessaires; mais toute la tâche n'est pas accomplie pour cela. L'intelligence se sert également des catégories pour arriver à la connaissance des objets empiriques. Elle règle, compare, lie les uns aux autres de mille manières ces divers objets, d'après les points de vue multipliés de ses pensées et de ses jugemens. L'intelligence prescrit ainsi, en quelque manière, par ses idées les lois de la nature, tandis qu'elle assigne au moyen de ces notions *a priori*, à chaque chose, la place qu'elle doit occuper dans l'ensemble des phénomènes. De quel droit en agit-elle ainsi? Par quelle force prodigieuse la raison humaine se soumet-elle la nature avec ses lois; et quel est le lien secret qui unit les objets extérieurs aux formes intérieures de notre pensée subjective. Car ces formes ou catégories ne sont pas des abstractions provenues d'une opération mutuelle de la sensation et de la pensée, comme cela a lieu chez Locke et Condillac, mais simplement le produit de notre pensée *a priori*. L'idée de causalité, par exemple, existe en nous, avant toute expérience; cependant il y a lieu de demander si, en effet, une telle connexion intérieure et nécessaire entre deux phénomènes différens, comme nous le présente notre raison, est un fait réel. Kant s'applique ici à montrer la déduction des causes qui établissent cette liaison frappante entre la réalité objective et les idées subjectives de notre pensée, et il nomme cette partie de sa *critique:* déduction transcendentale des catégories (¹).

§. 6.
DÉDUCTION DES CATÉGORIES.

Demander de quel droit l'on fait usage d'une chose, c'est provoquer une déduction de la part de celui qui se charge de répondre. Pour qu'une notion ait une valeur objective, il faut qu'elle ait pour base une intuition correspondante; or, comme les catégories sont des notions qui ne proviennent point de l'expérience et qui par conséquent n'ont pas d'intuition qui leur serve de base, il faut prouver, pour faire la déduction des catégories, que les intuitions ne peuvent être ni conçues, ni pensées sans les catégories. On en conclura alors que celles-ci précèdent les intuitions, quoique sans les dernières elles ne puissent avoir de valeur objective.

Nous avons dit que l'intelligence règle, dispose, compare, combine les idées. Mais une opération semblable suppose la synthèse, plusieurs élémens sur lesquels s'exerce la synthèse et enfin la réunion de ces élémens qui constitue une unité dont la notion

(¹) Kritik, II, 86-88.

est donnée *a priori*. Cette unité n'est point la catégorie d'unité, celle-ci ne se fondant que sur la possibilité des jugemens individuels, tandis que la première se rapporte aux élémens que présentent les phénomènes. Or, quand on affirme l'existence ou la réalité d'une chose, on ne fait qu'identifier cette chose avec le *moi* qui affirme, et comme le *moi* affirmant est constamment un et identique, il témoigne qu'il y a unité transcendante dans son être.

En descendant de l'unité de *l'aperception pure et primitive* du moi humain jusqu'aux élémens divers des intuitions, on obtient une gradation qui prouve que tous les objets ne sont reconnus par l'homme qu'autant qu'ils les a reçus dans l'unité primitive de l'aperception ou du *moi*. Or, son intelligence ne pouvant penser les objets sensibles que quand ils se réunissent dans l'aperception primitive, il s'ensuit que la possibilité de toute opération de l'intelligence, c'est-à-dire la connaissance de l'intelligence même, se fonde sur la faculté d'identifier les objets avec l'unité primitive de l'aperception. Et de même que nous accordons une valeur objective au tems et à l'espace, parce que l'intuition des objets ne devient possible que par les formes de notre sens extérieur, de même nous devons accorder une égale valeur objective à l'unité transcendante de l'aperception, vu que par elle seule la pensée des objets est rendue possible.

Ainsi, en tant que notions *a priori* les catégories font entrevoir la possibilité de penser des objets.

Mais penser n'est pas encore connaître. Il faut, pour avoir la connaissance, outre la notion, une intuition qui lui corresponde. Or, toutes les intuitions n'existant que par les sens, toute connaissance d'un objet donné par la faculté de sentir s'appelle empirique. Donc, les catégories considérées en elles-mêmes ne peuvent donner la connaissance d'un objet que ne fournirait point l'expérience.

Le but de Kant, dans cette opération de son entendement, est donc de montrer l'accord parfait qui existe entre les objets et nos idées subjectives se rapportant à ces objets, ainsi que l'unité qui existe dans les lois de notre intelligence et de la nature. Car, dit Kant, les objets considérés du point de vue du criticisme, ne sont que les actes divers de notre pensée qui tous découlent d'un seul point, de l'unité de notre conscience, ou, comme il a été déjà dit, de l'unité de l'aperception pure et primitive du moi. Ce que nous nommons nature, monde des corps, expérience, n'est rien qui soit positivement séparé de notre conscience, (Bewusstsein) ou du moins qui lui soit étranger; tout cela, au contraire, est le produit de notre activité intellectuelle, lorsqu'elle s'exerce dans le monde sensible. Otez la conscience et ses catégories, ainsi que les aperceptions synthétiques, et vous n'avez plus ni expérience ni nature, mais une infinité de sensations sans forme objective, c'est-à-dire sans unité. Nous apercevons une maison, et nous disons: voilà un objet; mais si nous demandons en quoi consiste la nature objective de cette maison, notre attention se porte alors sur la figure, la forme, la couleur de l'objet; mais ces sensations que nous en éprouvons ne sauraient nous donner seules l'idée d'un objet; ce n'est que quand notre force d'imagination le rattache et le réunit à un point central qu'il en dérive un objet achevé, qui, sortant de notre conscience, où il s'est formé sa place, en face de nous, comme si c'était une chose indépendante et qui nous fût totalement étrangère.

Il est donc évident qu'il y a deux mondes, celui de l'homme et celui des choses en soi. Le premier nous est connu au moyen de l'intuition, c'est le monde phénoménal. L'autre est inintelligible, inaccessible ou transcendental; nous n'avons aucun moyen de le connaître. La source de nos erreurs vient de ce que nous croyons le contraire et que voulant pénétrer dans ce monde inaccessible, nous y transportons avec nous-mêmes toutes nos formes subjectives, c'est-à-dire tout ce qui appartient au moi sentant et pensant; le tems, l'espace, les notions de quantité, de qualité, de cause et d'effet, d'existence et de néant, tandis que nous ne pouvons attribuer aux objets qu'une réalité par rapport à nous, le reste ne pouvant être considéré que comme apparence, phénomène.

Kant affirme que jusqu'à lui on admettait que toutes nos connaissances devaient se fonder sur les objets; mais si l'objet est quelque chose d'indépendant et de séparé de notre conscience, comment un pareil accord serait-il alors possible, et comment pourrait-on prouver qu'une idée est en parfaite harmonie avec son objet? Dans une telle supposition il nous faudrait renoncer à toutes les connaissances nécessaires et générales, et nous contenter des sensations fugitives et isolées. Au contraire, si les objets extérieurs obéissent aux même lois que les idées de notre entendement, c'est-à-dire aux lois générales de notre conscience, (Bewusstsein) alors il y a accord parfait et il y a possibilité de prononcer des jugemens immédiatement certains sur les objets. Il en est de cela, ajoute Kant, comme de la grande pensée de Copernic, lorsqu'il ne pouvait pas réussir dans son explication du mouvement céleste; quand il admettait que tout le firmament tournait devant le spectateur, il essaya alors de faire tourner les spectateurs et de laisser les astres tranquilles, et le succès s'ensuivit. Il en est de même dans la métaphysique en ce qui concerne les objets. Si leur connaissance devait se baser sur la qualité des objets on ne comprendrait pas facilement de quelle manière on arriverait *a priori* à cette connaissance. Si, au contraire, l'objet comme objet de nos sens, se fixe d'après la qualité de notre intuition ou compréhension, alors nous pouvons en comprendre la possibilité. Et c'est ainsi que Kant, au moyen des catégories, met à la place d'un monde en soi, un monde de phénomènes qui vient aboutir à notre moi et se soumettre aux lois immuables de notre conscience (¹). On voit que Kant pressentait ici les rapports existant

---

(¹) Kritik, II, p. 88-118.

entre la conscience et la conscience de soi, entre le savoir des autres et notre savoir propre. Il ne peut nier que si le sujet ne se pose pas comme se connaissant en lui et pour lui, il n'aurait à ses yeux aucune objectivité. Il chercha d'abord à trouver la raison de la conscience dans la conscience de soi-même; c'est de là qu'est venue la bizarre manière de s'exprimer et que Hegel lui-même nomme *barbare*, c'est-à-dire que le *moi* accompagne toutes nos idées. Il semblerait par là que le *moi* ne serait qu'une idée à côté d'autres idées, et non cette puissance qui pénètre toute l'activité de l'esprit et se conserve dans tout ce qui n'est pas lui. Ce ne fut pourtant que Fichte qui parvint à l'immanence de la conscience de soi dans tous les actes de la conscience. Mais chez Kant la conscience de soi, dit Rosenkrantz, ressemble au démon de Socrate, qui partout annonce sa présence, mais ne se découvre jamais entièrement [1].

§ 7.

DOCTRINE TRANSCENDENTALE DES JUGEMENS. — SCHÈMES. — CORRESPONDANCE DES CATÉGORIES.

L'entendement nous a présenté des lois *a priori*. Le jugement applique maintenant les lois et en déduit des vérités générales. Le jugement est donc le résultat d'une liaison de deux mobiles opposés, l'unité

---

[1] Rosenkrantz, p. 164.

d'une règle générale et la pluralité des cas particuliers. Mais pour que cette liaison soit possible, il faut qu'il y ait entre les deux choses quelques traits d'homogénéité. Or, dans les jugemens synthétiques *a priori*, on trouve un élément, la catégorie, qui est quelque chose de purement suprasensible ou de général, ainsi que la sensation, autre élément qui est empirique ou quelque chose qui provient des sens, deux choses, par conséquent, hétérogènes et inalliables. Pour les lier, il est nécessaire qu'un troisième élément intervienne, qui, élément transitoire entre la pensée et la sensualité, rattache ainsi ce qui est *a priori* à ce qui est *a posteriori*, et cet élément nous le trouvons dans l'activité de notre sens-intérieur, ou dans l'idée du tems; car cette idée est la plus générale de toutes les formes de notre faculté sensitive; elle se retrouve dans toutes les notions empiriques; elle porte avec elle l'idée d'une pluralité de simples sensations en soi, et elle est en même tems une idée *a priori*; elle est, de cette manière, la limite qui sépare les idées empiriques des notions pures et devient leur intermédiaire. Ce n'est ni une intuition, ni une notion, mais leur identité. Elle est le pont réel entre les deux abîmes désignés. Elle unit le domaine du sensualisme à celui de l'idéalisme et amène une génération de la connaissance (¹). Elle produit le *schématisme*, et sans nous laisser tomber dans l'un ou l'autre élément, change le sensible en abstrait, et celui-ci en con-

(¹) Rosenkranz, ib. p. 165.

cret. Le schème est une image, mais pas une copie, comme dans les idées de Platon. Il contient la généralité d'une notion sans avoir l'invisibilité, dénuée de formes. Le *schème* est encore un produit de l'imagination qui, étant elle-même, tout-à-la-fois sensitive et intellectuelle doit produire un résultat formé d'une intuition, dont il est redevable à la partie sensitive de l'imagination, et qui jointe à la spontanéité, révèle son affinité avec la faculté intellectuelle. C'est ainsi que l'image d'un arbre n'est autre chose que la répétition de certaines sensations, qui ont été produites en nous par un seul acte de représentation. Mais il y a le schème de la quantité qui est la réunion systématique d'une multitude d'intuitions, d'après la loi de l'enchaînement, le nombre; car toutes les intuitions sont des grandeurs extensives, et le schème de la seconde catégorie, la qualité, qui est le *degré*, toute sensation ayant un côté matériel qui peut se mesurer par la pensée en le comparant avec son état de non-existence.

Dans la *relation* on doit distinguer le contenu temporaire (Zeitinhalt) de l'ordre temporaire (Zeitordnung). La substantialité d'une chose a son schème temporaire dans la persévérance, puisque le cours du tems ne la change pas. La causalité d'une substance est, il est vrai, un changement, mais il n'a lieu que d'après une règle fixée par la succession des époques, qui est ici le schème qui en résulte, de manière qu'il faut poser le fondement à une époque et la suite à une autre époque, par exemple, une boule posée sur un coussin; au bout de quelque tems, elle y formera une cavité qui sera le produit de la boule, qui en est le fondement. Dans l'action réciproque, il n'y a pas de série de *moment*, mais son schème temporaire, dans lequel l'actif et le passif, est identique au même instant, et se trouve en même tems être l'un et l'autre. Tel est aussi le schème pour la catégorie de la réciprocité, l'idée de la simultanéité. Tous les objets aperçus sont connus comme existant simultanément dans le tems. Autant qu'elle est aperçue, cette simultanéité est conforme à l'expérience, et répond à la catégorie de causalité réciproque (1).

Kant regarde les trois propositions suivantes comme des points de vue essentiels de son système.

1º Il y a dans la nature une substance générale ou matière, que l'on peut considérer comme la base de tous les phénomènes; cette substance est toujours la même, malgré ses changemens de forme, et sa quantité n'est ni augmentée ni diminuée.

2º Tous les changemens dont elle est susceptible arrivent d'après les lois qui existent entre la cause et l'effet.

3º Toutes les substances, en tant qu'on peut les apercevoir dans l'espace, sont un changement passager.

L'idée de substance, sur laquelle roulait autrefois toute la philosophie, cette idée fut détruite par Locke. Le principe de la causalité avait dû dès lors succomber devant le scepticisme de Hume. Mais Kant prétendit rétablir l'autorité des deux principes, et

(1) Kritik, II, p. 120-130.

mettre au jour leur valeur réelle. D'après lui, l'idée de substance se trouve dans l'idée du changement, car le changement suppose le quelque chose qui le subit. Pour apercevoir un mouvement, pour reconnaître qu'un corps change de place, nous devons nous trouver nous-mêmes en repos; il est de même nécessaire, si nous voulons nous représenter des changemens dans un objet, qu'une partie de cet objet n'en subisse pas, car, dit Kant, si l'objet disparaissait en entier et qu'un autre le remplaçât, ce ne serait pas le changement d'un objet qui aurait eu lieu, mais deux objets différens qui se seraient présentés, et qui n'auraient entr'eux aucune liaison. Ainsi ce principe demeure: Dans tout changement des phénomènes, il y a quelque chose de permanent en qualité de substance, et dans la nature la quantité des substances n'est susceptible ni d'augmentation ni de diminution.

En ce qui touche la causalité, Hume avait nié qu'il y eût un rapport intérieur et nécessaire entre deux phénomènes, et avait déclaré que l'énoncé de ces rapports n'était qu'un effet de l'habitude. Kant s'efforce donc ici de prouver que ce rapport nécessaire existe entre la cause et son effet, que le principe de la causalité était un principe général *a priori*. Il est vrai, dit-il, que nous faisons souvent rapporter une idée à une autre; mais dans la règle, ce rapport est tout-à-fait arbitraire et n'est lié à aucune loi positive. L'idée d'un arbre, par exemple, peut commencer à son tronc et passer de-là aux feuilles; de même qu'elle peut passer des feuilles au tronc; mais, dans plusieurs cas il peut en être autrement. Quand je vois une planche percée par une balle, je ne puis changer arbitrairement les deux idées, de la balle et du trou, il me faut nécessairement faire suivre l'idée du trou de celle de la balle. Et voici comment il croit trouver l'application de l'idée de causalité. Chaque fois, dit-il, où deux phénomènes se présentent à nous dans une suite régulière et égale, nous sommes obligés de considérer l'un de ces phénomènes comme l'effet de l'autre. Il s'ensuit d'abord l'existence d'une substance qui se révèle comme phénomène, et comme, d'après le principe de la causalité, tout acte annonce le rapport d'un principe actif avec un principe passif, rapport semblable à celui de la cause et de l'effet, dans le phénomène l'effet doit être le changement. Mais comme dans tout phénomène, il y a quelque chose de permanent en même tems que quelque chose de changeant, on en conclut que la cause est ou cet élément permanent ou se trouve à son tour l'effet d'un phénomène, qui est quelque chose dans le permanent. Une autre conséquence qu'on peut en tirer est celle-ci: il existe une loi de continuité de changement, qui est une loi *a priori*, parce que tous les changemens se passent dans le tems, et que toute aperception ne fait autre chose que nous rendre perceptible la progression du tems. Comme conclusion du développement donné à ses idées, Kant réunit les décisions de même que les dynamiques parmi les idées d'*inhérence*, c'est-à-dire des accidens dans la substance, avec celles de la conséquence et de la composition.

La catégorie de la modalité n'a aucun rapport avec le changement des objets, mais simplement avec le degré de la certitude que nous en avons. Mais on peut demander si un objet dont nous faisons l'expérience est *en lui-même* possible, réel ou nécessaire, il en provient alors le postulat de la pensée empirique. Par la possibilité, nous postulons la liaison de l'objet avec les conditions *formelles*, par la réalité avec les *matérielles*; par la nécessité avec les conditions générales de l'expérience.

Ici Kant revient à la règle générale déjà posée, quand il s'agissait des catégories et des principes *a priori*, et qui consiste à ne jamais faire l'application de ces idées, quand il s'agit d'un objet placé au-delà de l'expérience. Les philosophes avaient eu tort de diviser la totalité des objets en deux parts, dans l'une desquelles ils plaçaient les choses qui nous apparaissent, et dans la deuxième les choses en soi. Cette classification a conduit à des erreurs dangereuses; elle a fait accroire, en particulier, qu'il y aurait deux sources différentes de nos connaissances, l'une pour les empiriques, l'autre pour les transcendantes. On s'était ainsi imaginé que de même que les phénomènes étaient l'objet de nos connaissances venues par les sens, de même les choses en soi devaient devenir l'objet d'une connaissance positive, que ce fût au moyen des idées innées comme chez Descartes, ou à la suite de l'analyse comme chez Locke. Kant a prétendu que le résultat d'un examen critique de notre faculté de connaître est d'apprendre à fixer les limites de cette faculté, et non d'apprendre ce qui est au-delà de ces limites. La critique de la raison nous dit simplement que ce qui ne tombe pas sous les sens, et ce qui ne se montre pas à nous comme phénomènes, ne peut être l'objet d'une connaissance empirique; mais elle ne nous dit nullement qu'un tel objet est par-là dans la possibilité d'être compris différemment; en un mot, la notion des choses en elles-mêmes, des choses des *noumenes*, comme il les appelle, est une notion négative ou limitée, c'est-à-dire que nous ne pouvons en faire l'application que pour marquer les limites naturelles de nos connaissances et de nos expériences, et pour diriger la pensée spéculative qui tend à dépasser les barrières de ces connaissances, dans la sphère limitée, il est vrai, mais sûre de l'empirisme.

Mais nous n'avons encore parlé que de sensations et d'entendement ou d'intelligence; n'y aurait-il donc que ces deux sortes de sources pour puiser les connaissances dont l'esprit humain est avide? Oui, la raison vient encore nous en fournir une abondante qui sera indépendante de celles fournies par la sensation et l'entendement. Cependant la critique doit passer cette raison de l'homme à son crible; car il ne faut plus qu'au nom de la raison, l'on revienne nous imposer des illusions ou des erreurs grossières, et c'est la tâche que se donne la deuxième partie de la logique transcendentale, la dialectique (¹).

§ 8.

DIALECTIQUE TRANSCENDENTALE.

Par cette expression de dialectique, Kant n'entend point la virtuosité subjective d'une discussion philosophique, mais l'exposition d'une contradiction objective que l'on ne peut éviter. Son objet est de dévoiler une illusion transcendentale, qui a sa source dans la nature particulière de notre raison, lorsque celle-ci est obligée de se servir de certaines règles avant de mettre sa force en exercice.

La dialectique montre en quoi consiste cette illusion et d'où elle dérive. Kant donne des exemples qui expliquent sa pensée, après avoir dit que *l'apparence* logique consiste dans la pure imitation de la raison formelle (l'apparence des conclusions illusoires) provient d'un défaut d'attention des règles logiques, il dit: lorsque ces dernières sont dirigées avec soin sur le cas présent, aussitôt il s'évanouit l'apparence transcendentale, au contraire, ne cesse pas lors même qu'on a découvert et reconnu sa nullité au moyen de la critique transcendentale. Voyez un exemple d'apparence dans cette proposition: d'après l'idée du tems, le monde doit avoir commencé. La raison en est que dans notre raison (considérée

---

(¹) Kritik, de p. 130 à 238 passim.

subjectivement comme faculté de connaissances humaines) il y a des règles fondamentales et des maximes pour son usage, qui ont tout-à-fait l'apparence de principes objectifs, ce qui fait que la nécessité subjective d'une certaine liaison de nos idées est considérée, en faveur de l'intelligence, comme nécessité objective la détermination des choses en elles-mêmes; illusion que l'on ne peut éviter, aussi peu que nous pouvons éviter que la mer nous paraisse dans son milieu plus haute que vers le rivage, par la raison que les rayons du soleil moins longs sur le rivage, nous jettent dans l'illusion, ou encore mieux, aussi peu que l'astronome peut éviter que la lune lui paraisse plus grande à son lever, quoique cette apparence ne puisse le tromper.

§. 9.

DE LA RAISON PURE, COMME SIÈGE DE L'APPARENCE TRANSCENDENTALE. — NOTION DE LA RAISON PURE. — SON DOMAINE.

Ayant déjà défini l'intelligence la faculté des règles, Kant la distingue de suite de la raison, en disant de celle-ci qu'elle est la faculté des principes, (Vermögen der Regeln, Vermögen der Principien). Un principe sera une proposition générale reconnue *a priori* par la raison et qui servira de majeure absolue dans un syllogisme. Il doit donc faire connaître le particulier qui se trouve dans le général, d'où il suit que chaque conclusion de la raison sera une forme de la dérivation d'une connaissance découlant d'un principe (¹).

Il faut distinguer ce que l'on connaît d'une façon immédiate, d'avec ce que l'on déduit par le raisonnement. Voilà une figure renfermée dans trois lignes droites; immédiatement je connais qu'il y a là trois angles, mais ce n'est que par voie de conclusion que j'apprends que ces angles sont également droits.

Il y a donc plusieurs usages de la raison; ou elle révèle son pouvoir par un usage *logique* qu'elle en fait, ou elle en fait un usage *pur* (logischer, reiner Gebrauch der Vernunft).

Le premier usage est celui de pouvoir conclure médiatement d'une majeure et mineure données. Le deuxième, c'est lorsque la raison tire d'elle-même certaines notions qu'elle ne peut avoir empruntées ni à l'intelligence ni aux sensations, comme dans l'exemple déjà cité, que, sous le rapport du tems, le monde doit avoir eu un commencement.

Nous avons dit que la raison n'est pas l'entendement ou l'intelligence, puisque celle-ci est la faculté de connaître par les règles et que la raison est la faculté de connaître par les principes. Il faut montrer par un exemple, comment, en effet, l'intelligence révèle son activité, en ramenant les phénomènes à l'unité, d'après certaines règles, tandis que la raison révèle sa puissance en ramenant à l'unité ces règles de l'intelligence, d'après un principe reconnu *a priori*. Dans cette proposition: tous les hommes sont mortels, l'intelligence joint et unit la diversité et le

(¹) Kritik, II, 243.

multiple que présente le phénomène *tous les hommes*, à la diversité et au multiple qu'offre le phénomène de la mortalité. Et dans cette autre proposition: Cajus est homme, l'intellect combine le phénomène; *Cajus*, avec celui de l'humanité; mais la raison intervient, qui d'après un principe, et en partant de simples notions, réunit et amalgame ces deux propositions de l'intellect dans cette proposition nouvelle; Cajus est mortel (¹).

Il suit delà que la raison exerce son pouvoir directement sur l'intellect et pas immédiatement sur l'expérience. Mais combien grande est l'étendue du domaine où il lui est permis de déployer son activité. Si elle descend jusqu'au dernier degré de la divisibilité, elle y rencontre l'être simple, et la voilà s'exerçant dans le monde des idées, dans la psycologie. Si elle remonte à la totalité, à l'ensemble des êtres ou phénomènes, elle a toute la nature devant soi, pour se créer un système d'idée cosmologiques. Enfin, si elle préfère prendre son essor vers l'absolue réalité, avec Dieu elle trouve de quoi rassasier son immense désir de connaître. Ainsi le philosophe qui avait banni l'ontologie de la logique analytique la ramène donc dans cette partie de la dialectique et nous y trouvons qu'elle a pour objet l'ame, le monde et Dieu.

§ 10.

PSYCOLOGIE TRANSCENDANTE.

Au moyen de syllogismes dialectiques que forme

(¹) Kritik, II, 242-247. — H. Jouffroy, p. 129.

la raison pour établir l'objectivité des idées transcendantes, elle s'attache d'abord, par l'idée de la substance du *moi* ou du principe pensant, à prouver l'objectivité de cet être qui pense; ensuite par l'idée de la totalité des phénomènes dont se compose le monde, elle cherche à établir l'objectivité de cette totalité; enfin par l'idée de l'être qui réunit en lui toutes les existences, elle en démontre l'existence objective.

Je pense, cette proposition est le seul texte de la psycologie rationelle. C'est de lui qu'elle déduit tous les raisonnemens, qu'elle emprunte toute sa sagesse. Cependant on voit bientôt que cette pensée, si on la rapporte à un objet et même au *moi*, ne peut renfermer que son prédicat transcendental, parce que le plus petit des prédicats empiriques corromprait la pureté rationelle et détruirait l'indépendance de la science des expériences (¹).

Voici maintenant une table qui nous donnera la mesure de ce qu'il faut penser de ce principe rationel.

1º

L'ame est:

SOUS LE RAPPORT DE RELATION,
substance.

2º	3º
SOUS LE RAPPORT DE LA QUALITÉ,	SOUS LE RAPPORT DE LA QUANTITÉ,
substance simple.	elle est unité.

(¹) Kritik ... ii, 277.

4º SOUS LE RAPPORT DE LA MODALITÉ, substance pouvant se représenter les objets dans l'espace.

De ces quatre élémens dérivent toutes les notions de la pure doctrine de l'ame. En effet, cette substance, comme objet du sens intérieur donne la notion d'*immatérialité;* comme substance simple, celle de l'*incorruptibilité*. Son identité, en tant que substance intelligente, donne l'idée de *personnalité*, et toutes ensemble fournissent celle de la spiritualité. Sa représentation des objets rappelle ses relations avec le corps; par conséquent elle manifeste la substance pensante, comme principe de la vie dans la matière, et en tant qu'*ame,* (anima) comme fondement de l'*animalité,* celle-ci limitée par la *spiritualité* (¹).

Et cependant à l'examen de ce syllogisme, on ne tarde pas à en deviner les *paralogismes* qui sont des défauts qui annulent les conclusions. Qu'on se rappelle que l'on ne peut connaître quelque chose que sous la condition expresse qu'à la pensée se joindra une intuition que l'expérience aura fournie, et l'on sera forcé de convenir que la conscience de nous-mêmes, ne fournissant aucun objet que l'on perçoive par l'intuition, elle ne peut donc affirmer que le prédicat et non le sujet transcendental de la pensée, soit que ce sujet pensant s'appelle *moi, lui* ou *elle* (chose) (²). Mais Kant ne s'en tient pas

(¹) Kritik, II, p. 278. (²) Kritik, II, 278.

à cette réflexion générale; il fait ressortir dans un examen détaillé les paralogismes de la substantialité, de la simplicité, de la personnalité, de l'idéalité, non que ce philosophe veuille nier la réalité de ces choses par rapport à nous, mais pour montrer que n'étant point susceptibles de démonstration, elles ne peuvent être que des articles de soi et nullement des dogmes métaphysiques (¹). Voici la table qu'il dresse à la fin de sa dissertation, de la liaison systématique de toutes les assertations dialectiques dans la doctrine rationelle de l'ame, dans sa liaison avec la raison pure et dans sa perfection, par conséquent pour montrer cette perfection; il faut remarquer que cette aperception s'étend sur toutes les classes des catégories, quoique seulement sur celles des notions de l'entendement, qui, dans chacune de ces classes, sont là comme fondement de l'unité dans une perception possible, par exemple: subsistance, réalité, unité, (non la pluralité) et existence. Seulement la raison se les représente toutes comme conditions de la possibilité d'un être pensant, qui sont elles-même inconditionnelles. Par conséquent l'ame reconnaît elle-même:

L'UNITÉ ABSOLUE,
de la *Relation*,
c'est-à-dire
soi-même non comme inhérent,
mais
subsistant.

(¹) Kritik, ɪɪ, p. 280-322.

2º

L'UNITÉ ABSOLUE.

de la *Qualité*,

c'est-à-dire

non comme un tout réel.

mais

simple.

3º

L'UNITÉ ABSOLUE.

de la *Pluralité* dans le tems.

c'est-à-dire

pas en divers tems,

différente dans le nombre

mais comme

une et le même sujet.

4º

L'ABSOLUE UNITÉ,

de l'*existence dans l'espace*;

c'est-à-dire

pas comme ayant conscience de plusieurs choses hors de soi.

mais

seulement de sa propre existence;

des autres choses seulement comme ses représentations.

Comme on l'a vu, la marche de Kant dans sa critique de la métaphysique s'éloigne de la méthode ancienne du tout en tout, puisque celle-ci commençait théologiquement ses explorations avec l'idée de Dieu comme devant donner l'explication de la cosmologie et de la psycologie. A sa suite Fichte est venu aussi placer à la tête de ses investigations la subjectivité la plus concentrée; Schelling préféra s'épandre dans le champ infini du monde dont il signala la nature et l'histoire comme facteurs et dans la révélation desquels Dieu qui dans Fichte était limité dans un simple ordre moral du monde, dans

Schelling se sacrifia lui-même; Hegel laissa à Dieu sa libre indépendance en tant qu'il laissa libres l'homme et le monde; ce qui lui attacha un théologien, Daub, et eut pour conséquences, d'un côté Marheinecke et de l'autre Vatke et Strauss. De la philosophie on revint alors à la théologie qui avait été bannie par Kant du domaine philosophique, et que Hegel rendit pourtant si immanente qu'il désigna même la logique par le nom de véritable philosophie spéculative, dont la profondeur a été jusqu'à ce jour comprise par si peu de personnes. On a donc parcouru la route de Kant en passant de la psycologie par la cosmologie à la théologie (¹).

§. 11.

COSMOLOGIE TRANSCENDENTE OU ANTINOMIES DE LA RAISON.

Le faux usage que l'on peut faire de la raison amène une foule de contradictions que la critique appelle des antinomies et qui ne sont que les thèses et les antithèses de la raison pure.

On compte quatre antinomies et elles répondent aux quatre catégories de la quantité, de la réalité, de la causalité et de la nécessité.

La première qui se rapporte à la *quantité* provient de l'opposition des deux propositions suivantes:

THÈSE: Le monde, sous le rapport du tems, a eu un commencement, et il a une limite sous le rapport de l'espace.

(¹) Rosenkrantz, p. 175.

ANTI-THÈSE: Le monde n'a ni commencement sous le rapport du tems, ni limite sous le rapport de l'espace.

Deuxième antinomie, se rapportant à la *réalité*.

THÈSE: La matière n'est pas divisible à l'infini, et l'on rencontre en dernière analyse des substances simples et indécomposables; en sorte que tout ce qui existe se compose de substances simples.

ANTI-THÈSE: La matière est divisible à l'infini, et il n'y a pas de substances simples.

Troisième antinomie, se rapportant à la *causalité*.

THÈSE: Le principe de la causalité, comme loi de la nature n'explique point les événemens de ce monde; il est nécessaire d'admettre une cause qui agisse en toute liberté.

ANTI-THÈSE: Il n'y a pas de liberté, mais tout arrive dans le monde d'après des lois invariables.

Quatrième antinomie, se rapportant à la *nécessité*.

THÈSE: A l'univers appartient quelque chose existant d'une nécessité absolue et qui en est en partie intégrante ou cause première.

ANTI-THÈSE: Il n'existe nullement quelque chose de nécessaire, comme cause de ce qui est dans le monde ou hors du monde.

Dans les développemens auxquels se livre Kant pour montrer que la raison, réfutant le pour et le contre avec la même puissance des moyens, est en contradiction avec elle-même, met aux prises le dogmatisme et l'empirisme, les combat l'un par l'autre, avec une logique impitoyable et finit par tranquilliser l'intelligence humaine, lorsqu'il arrive à la partie de sa dialectique consacrée à la solution des antinomies (¹). Mais encore cette solution il la déclare impossible si l'on exige qu'elle se donne objectivement; il ne la promet que d'une manière subjective à cause de l'état désespéré de notre intelligence en face des contradictions qui assaillissent nos plus graves intérêts (²). Il dit, il est vrai, qu'en soi il n'existe aucune contradiction dans le monde, mais qu'il tenait à la faiblesse de notre faculté de connaître de mettre une limite à la pensée de ces contradictions qui ne peut être dépassée sans danger. La raison, dans ce cas, doit se contenter de cet état de séparation des idées cosmologiques d'avec la compréhension dans la nécessité d'une pareille opposition dans notre intellect.

Les antinomies, disons-nous, sont susceptibles de solution, puisque se rapportant à des choses placées en dehors de l'expérience et se rattachant seulement à la manière dont nous nous les représentons, nous puisons la réponse aux sources dont elles proviennent elle-mêmes.

Les considérations dont il fait suivre la quatrième

(¹) Kritik, II, p. 321-360.

(²) Kritik, II, p. 383. „Die dogmatische Auflösung ist also nicht etwa ungewiss, sondern unmöglich. Die kritische aber, welche völlig gewiss seyn kann, betrachtet die Frage gar nicht objectiv, sondern nach dem Fundamente der Erkenntniss, worauf sie gegründet ist."

antinomie amènent Kant à essayer les forces de la raison sur les idées théologiques et l'on sait que c'est un des endroits de sa critique qui a provoqué le plus de réclamations. Jusqu'à lui l'on avait considéré trois sortes de preuves pour arriver à la démonstration de l'existence de Dieu comme inattaquables. C'était la preuve *ontologique* qui se fonde seulement sur des conclusions logiques; ensuite la *cosmologique* et la *téléologique* qui s'appuyent l'une et l'autre sur des notions empiriques et s'élèvent peu à peu à la hauteur des idées supra-sensibles. La preuve ontologique proposée d'abord par Anselme ensuite par Descartes a toujours été regardée comme la plus forte et tous conviennent que sans elle les deux autres auraient une bien faible valeur. La preuve ontologique prétend que nous devons croire à l'existence de Dieu comme à notre propre existence, comme à l'existence des objets extérieurs, puisque s'il existe un être qui ait en lui toutes les réalités, la réalité de l'existence doit nécessairement lui appartenir. Ainsi cette preuve s'appuye sur la loi de la nécessité logique; mais cette loi logique ne vaut quelque chose que dans le rapport d'un signe avec son idée. Je ne puis, par exemple penser à un triangle sans lui donner trois angles. L'idée des angles accompagne ici nécessairement celle du triangle, et ce serait une contradiction de vouloir poser l'une sans l'autre. Mais cette loi logique ne me commande pas de poser l'un ou l'autre de ces deux facteurs; elle me dit seulement que ce que je vois est un signe triangulaire en cas qu'il en existe un, et non qu'il existe réellement. En un mot, cette loi logique de la contradiction ou de la nécessité est un jugement analytique et nullement synthétique. Cependant tout jugement qui prétend prouver l'existence d'une chose est toujours synthétique, par conséquent, conclut Kant, rien ne peut en général et dans aucune condition devenir l'objet d'une preuve logique ou ontologique (¹).

„L'idée d'un être tel que celui dont cherche à prouver l'existence la preuve ontologique est, ajoute Kant, une idée très utile, mais elle n'est telle que par ce qu'elle est simplement une idée et qu'elle est tout-à-fait incapable de pouvoir par son seul moyen étendre notre connaissance de ce qui existe. Elle n'a pas même le pouvoir de nous instruire davantage de ce qui est possible. Le signe analytique de la possibilité consiste en ce que de simples positions (réalité) ne produisent aucune contradiction et c'est qui ne peut lui être disputé; mais comme la liaison de toutes les facultés réelles dans une chose est une synthèse dont nous ne pouvons juger la possibilité *a priori*, vû que la réalité spécifique ne nous est pas donnée, et lors-même que ce serait, aucun jugement ne pourrait avoir lieu parceque le signe de la possibilité de la connaissance synthétique ne peut jamais être cherché que dans l'expérience à laquelle ne peut appartenir l'objet d'une idée, par conséquent le célèbre Leibnitz a

(¹) Kritik, ii, p. 463-469.

été loin de donner ce dont il s'était flatté, c'est-à-dire de faire comprendre *a priori* la possibilité d'un être aussi sublimement idéal. Ainsi toute peine et tout travail est perdu dans cette célèbre preuve ontologique de Descartes, de l'existence d'un être supérieur aux autres êtres puisée dans les notions, et un homme ne pourrait tout aussi peu par des simples idées devenir riche en connaissance (Einsicht) qu'un négociant le deviendrait en or et en argent si pour améliorer sa position il n'augmentait sa caisse qu'en écrivant sur le couvercle quelques zéros (¹).

On conçoit qu'après cette destruction de la preuve ontologique Kant se trouve plus à son aise pour continuer son plan de démolition. Et d'abord, par la preuve cosmologique qui s'applique à établir l'existence d'un être *souverainement nécessaire*, tandis que l'ontologique prouvait l'être *souverainement réel*. On dit dans cette preuve: s'il existe quelque chose d'accidentel, de contingent, il ne peut pas être la cause de sa propre existence; donc tout ce que nous voyons doué d'existence provient d'une cause suprême qui est absolument nécessaire, c'est-à-dire dont la non-existence impliquerait contradiction.

La preuve téléologique conclut l'existence de Dieu de l'ordre admirable qui règne dans cet univers; et que de pages touchantes et sublimes, que de sentimens pieux et de l'ordre le plus élevé n'a pas inspiré la contemplation de la nature! Mais rien

---

(¹) Kritik, II, p. 471.

n'est plus inexorable que le marteau de la logique; il ne redoute aucun genre de vandalisme. Les propres paroles de Kant doivent être citées: „Cette preuve, dit-il, mérite toujours d'être signalée avec respect. Elle est la plus ancienne, la plus facile, celle qui se met à la portée du plus grand nombre: L'étude de la nature en est vivifiée et comme c'est d'elle qu'elle provient c'est toujours en elle qu'elle puise de nouvelles forces: L'observation seule n'aurait pu conduire au même but et nos connaissances s'étendent par le fil conducteur d'une unité particulière dont le principe est hors de la nature. Cette connaissance agit de nouveau sur ces causes, c'est-à-dire l'idée qu'elle occasionne ramène et augmente la foi en un auteur suprême, et l'élève jusqu'à une persuasion irrésistible. Ce serait donc vouloir non seulement nous retirer une consolation, mais tenter l'impossible que de vouloir dépouiller cette preuve de sa force. La raison toujours grandissant par l'autorité de cette preuve quoique reposant sur des arguments empiriques, ne peut être tellement rabaissée par les doutes d'une spéculation subtile et abstraite qu'elle ne doive être arrachée à toute irrésolution sophistique, comme à un songe, à la vue des merveilles de la nature et de la majesté de l'univers, pour arriver, de grandeur en grandeur jusqu'au but le plus élevé, de condition en condition jusqu'à l'ordonnateur absolu ([1])."

« Malgré d'aussi touchantes paroles qui trahissent

([1]) Kritik II, 486-487.

la sensibilité du froid dialecticien, on voit que ce n'est là qu'une concession faite par Kant à ceux qui ont besoin d'êtres consolés; car il ne tarde pas d'ajouter que cette preuve comme les autres ne peut pas davantage se dérober aux exigences destructives de la critique.

Et pour revenir à la preuve cosmologique, Kant affirme que l'on y accumule des choses indémontrables, et que plus on cherche à éviter la preuve ontologique on s'y jette forcément et par désespoir de cause: s'y l'on pouvait, dit-il, conclure quelque chose de nécessaire de ce qui est accidentel, ce ne pourrait être que dans le monde des phénomènes où cela ne serait *nécessaire* que conditionellement; et comment l'absolu, le *nécessaire* pourrait-il être déduit du conditionel?

Sans m'arrêter à ses nombreux argumens pour renverser les syllogismes cosmologiques de l'ancienne métaphysique, j'arrive à ce qu'il nomme l'insuffisance et les défectuosités de la preuve *téléologique*, nommée autrefois physico-théologique. Kant, après avoir exposé cette preuve dans tout ce qu'elle peut avoir de force, ne craint pas d'avouer qu'elle serait bonne tout au plus pour annoncer un puissant architecte de cet univers, mais non son créateur (¹); puis il cherche encore à démontrer qu'il n'est pas à la portée de notre intelligence de con-

---

(¹) Der Beweis könnte höchstens einen Weltbaumeister, der durch die Tauglichkeit des Stoffs, den er bearbeitet, immer sehr eingeschränkt wäre, aber nicht einen Weltschöpfer, dessen Idee Alles unterworfen ist, darthun .... (Kritik, ir, 488).

naitre le rapport entre la réalité limitée et la réalité absolue. Du reste, en raisonnant ainsi, dit-il, on rentre dans les deux autres genres de preuves et l'on en montre par là toute la faiblesse. Non, la raison spéculative ne peut rien pour Dieu, en suivant la trace des métaphysiciens, tandis que par des syllogismes dialectiques de la raison pure elle arrive à l'idéal transcendant, c'est-à-dire à l'être, qui doit comprendre en soi la totalité des prédicats ou attributs, exister en réalité et dont l'objectivité ne se laisse ni affirmer, ni contester (¹).

Il y a donc impossibilité, dit Kant, d'arriver à *l'être réel* (ens realissimum) au *concept de toutes les réalités,* (conceptus realitatum omnium), par la voie empirique ou de l'expérience. Comment comble-t-on d'ordinaire cet abîme? se demande-t-il, et il ajoute: „Après que l'on est parvenu jusqu'à l'admiration de la grandeur, de la sagesse, de la puissance de l'auteur du monde et qu'on ne peut aller plus loin, alors on abandonne tout-à-coup les argumens empiriques et l'on passe aux contingens qui, dès l'origine, sont un effet de l'ordre qui règne dans le monde. De ces contingens on passe au moyen de notions transcendentales à l'existence d'une nécessité, et de la notion de l'absolue nécessité de la première cause on arrive à sa notion déterminante, c'est-à-dire à une réalité qui embrasse tout. Ainsi la preuve physico-théologique s'arrête au milieu de son entreprise; dans son embarras elle passe brus-

---

(¹) Kritik, II, 447-455.

quement à la preuve cosmologique et comme celle-ci n'est qu'une preuve ontologique déguisée, elle accomplit ses vues au moyen de la raison pure quoique elle eût rejeté, dès le principe, cette parenté et eût avancé qu'elle voulait s'en tenir à l'expérience. Les physico-théologiens n'ont donc pas de raison de se montrer si dédaigneux en face des preuves transcendentales et de les considérer avec cet orgueil de naturalistes clairvoyans. Comme si elles n'étaient qu'une toile d'araignée tissée par des ouvriers qui veulent raffiner sur tout. (¹)"

§ 12.

CRITIQUE DE TOUTES LES THÉOLOGIES DU POINT DE VUE DES PRINCIPES SPÉCULATIFS DE LA RAISON.

Du moment que notre philosophe faisait main basse sur ce qu'il croyait être les frêles appuis de la vérité vers laquelle doivent converger comme à leur centre toutes les vérités religieuses et morales, celle de l'existence de Dieu, qui n'était plus qu'une hypothèse subjective, l'on ne devait pas attendre qu'il respectât davantage les vérités nécessaires qui se rattachent néanmoins à cette vérité capitale d'un être nécessaire de qui toutes choses proviennent et vers qui tout doit retourner. Il en agit, en effet, avec toutes les idées théologiques comme avec les idées cosmologiques, la raison, dit-il, ne nous donne dans cet ordre de choses au-

(¹) Kritik, II, p. 490.

cune connaissance positive, mais seulement des idées régulatives au moyen desquelles, dans sa propension de toujours avancer dans des nouvelles connaissances, elle excite l'intelligence ordinairement enclinte à s'arrêter au milieu de ses explorations philosophiques, d'étendre incessamment la sphère de la science.

La théologie, en général s'occupe de l'être suprême pour le connaître. Elle s'appelle théologie *rationelle* si elle fait dériver cette connaissance de la raison pure, et théologie *révélée* si elle s'appuye sur le fondement de la révélation. Elle s'appellera aussi transcendante si elle ne fait usage que de notions transcendantes, et enfin théologie naturelle si elle s'appuye tout-à-la-fois et sur les phénomènes de la nature et sur des notions prises dans une sphère plus élevée.

Celui qui n'admet que la théologie transcendante doit s'appeler *Déiste*, et le Théiste sera celui qui lui associe la théologie naturelle. Le premier déclare que dans tous les cas nous ne pouvons arriver par la seule raison à l'existence d'un *Etre suprême* (Urwesen); mais quoique l'idée que nous nous en faisons soit simplement transcendentale, c'est-à-dire d'un *Etre* qui possède toutes les réalités l'on ne peut pas néanmoins le bien définir. Le second est d'avis que la raison de l'homme est en état d'en donner une définition approchante (näher zu bestimmen) par analogie avec ce que nous connaissons de la nature, c'est-à-dire de le définir comme un Être qui renferme en soi l'intelligence et la liberté et de qui toutes les autres choses dérivent. Pour celui-là Dieu ne peut être que *la cause du monde* (Weltursache), à celui-ci il apparaîtra comme son auteur (Welturheber) (¹).

Or, pour montrer le peu de fondement de ces deux prétentions du déisme et du théisme il faut d'abord établir quelques principes qui distinguent les divers ordres de connaissance.

Il y a une *connaissance théorique* que l'on ne confondra point avec la *pratique* ou *morale* si l'on admet que la première reconnaît ce qui *est*, et la seconde ce qui *doit* être. L'usage théorique de la raison se rattache par conséquent à la connaissance nécessaire *a priori* de ce qui *est;* et l'usage pratique, à celle de ce qui *doit* se faire.

Mais il arrive qu'une chose n'est ou ne doit être que conditionellement quoique sans aucun doute. Alors elle peut supposer une condition comme nécessaire ou bien cette condition peut n'être supposée qu'accidentellement et par notre volonté; la condition dans le premier cas sera regardée comme *postulat* (wird die Bedingung postulirt), dans l'autre cas elle sera regardée comme *hypothèse* (in zweiter supponirt) (²).

La connaissance théorique se divise ensuite en *spéculative* quand elle s'occupe de notions auxquelles

---

(¹) Kritik, II, p. 491.

(²) Kritik, II, p. 494.

l'expérience ne saurait atteindre, et *en naturelle* quand elle reste dans les limites de l'expérience. Appliquez, par exemple, le principe de la cause et de l'effet à des étoffes empiriques et vous avez un principe de connaissance naturelle et non spéculative. Si, au contraire, vous rattachez l'existence des choses qui sont dans le monde à leur *cause première*, votre connaissance sera alors spéculative (¹).

Il ne saurait donc y avoir de théologie transcendante, et tous les essais qui ont été fait jusqu'ici d'appliquer la raison spéculative à la théologie ont été infructueux aussi bien que les efforts de la théologie naturelle; et si l'on n'avait pas *la loi morale en réserve*, il ne serait jamais question de fonder une théologie de la raison; car tous les principes synthétiques de l'intelligence sont d'un usage immanent. „L'être suprême demeure donc par l'usage spéculatif de la raison un *idéal parfait* (fehlerfreies Ideal), une *idée* qui couronne toute connaissance humaine, dont la réalité objective ne peut sur cette voie ni se prouver ni être contredite, et s'il y avait une théologie morale qui pût combler cette lacune, alors la théologie transcendentale seulement problématique prouverait son indispensabilité par la définition de sa notion et par une censure incessante d'une raison souvent trompée par les objets sensibles et qui n'est pas toujours d'accord avec ses propres idées. La nécessité, l'infinité, l'unité, l'existence

(¹) Kritik. II. p. 492-93.

hors du monde (non comme ame du monde), l'éternité sans condition du temps, la toute-présence sans condition de l'espace, la toute-puissance &c. sont tous des attributs transcendentaux et par conséquent leur notion transcendentale épurée qui est nécessaire à toute théologie ne peut être tirée que de la transcendentale (¹).“

„On peut faire trois questions. La première s'il existe quelque chose de distinct du monde qui contienne la base de l'ordre qui règne dans le monde et de son harmonie soumise à des lois? La réponse est: sans aucun doute. Car le monde étant une réunion de phénomènes, il faut de toute nécessité qu'il y ait un fond transcendental qui puisse entrer dans les idées de l'intelligence pure. La seconde, si cet être, substance de la plus grande réalité est nécessaire? Je réponds que cette question n'a pas d'importance; car toutes les catégories par lesquelles j'essaie de me faire une idée d'un pareil objet ne sont que d'un usage empirique et n'ont aucune signification lorsqu'elles ne sont pas appliquées à des objets d'expérience possible, c'est-à-dire au monde sensible. Hors de ce champ de l'expérience, ce sont de simples titres pour des notions qu'on peut admettre, mais qui ne font rien comprendre. La troisième question est, si nous ne pouvons pas du moins *nous penser* cet Être distinct du monde d'après une analogie avec ces objets empiriques? La réponse est: sans doute, mais simplement comme objet dans

---

(¹) Kritik, II, p. 498-99.

l'idée et non dans la réalité, c'est-à-dire en tant qu'il est pour nous un *substractum* inconnu de l'unité systématique de l'ordre et du but de l'organisation du monde dont la raison doit se faire un principe régulatif de ces recherches de la nature. De plus, nous pouvons nous permettre sans craindre d'être blamé, l'admission de certains anthropomorphismes dans cette idée qui avanceraient le principe régulatif de l'unité systématique du monde au moyen d'un schême ou type de ce dernier, c'est-à-dire d'une intelligence supérieure qui d'après de sages vues en était l'auteur. On n'a pas dû penser par là ce que cette base primitive de l'unité du monde était en elle-même, mais de quelle manière nous devons employer son idée relativement à l'usage systématique de la raison en ce qui concerne les choses du monde (¹).

Il est clair que nous ne comprenons pas dans la notion d'un auteur suprême l'existence ni la connaissance d'un tel Etre, mais nous ne faisons qu'en poser l'idée comme base pour en faire dériver le monde. Il semble aussi qu'une certaine conscience quoique non développée du véritable usage de cette notion de la raison ait donné occasion au langage modeste et juste des philosophes de tous les temps lorsqu'ils s'expriment de même sur la sagesse et la sollicitude de la nature divine, et préfèrent l'expression de nature en tant qu'il n'est question que de la raison spéculative vû qu'elle retient la pré-

(¹) Kritik, de p. 538-539.

somption d'un plus haut degré d'affirmation qu'on est en droit de faire et ramènent la raison sur le terrain qui lui est propre, celui de la nature. De cette manière la pure raison qui, au commencement ne promettait rien moins que d'étendre la connaissance au delà de l'expérience, ne contient, si on l'a bien comprise que des principes régulatifs qui nous ordonnent, il est vrai, une plus grande unité que l'usage intellectuel empirique ne peut atteindre, mais justement par la raison qu'ils éloignent le but du rapprochement et amènent l'accord de celui-ci avec lui-même par une unité systématique; mais lorsqu'on les comprend mal et qu'on les prend pour les principes constitutifs des connaissances transcendentales on produit par une apparence brillante mais trompeuse une illusion et une connaissance imaginaires, des contradictions et des disputes éternelles (¹). "

Ainsi, quoique la théologie transcendante soit impossible, les idées de la raison ont leur utilité en ce qu'elles donnent aux connaissances de l'intelligence un caractère systématique qui leur donne de l'ensemble; car l'idée en elle-même n'est que l'unité de connaissances et à proprement parler, la constitue. Les idées ont encore, outre cette valeur relative, une valeur objective parce que sans cela notre disposition à ramener à l'unité de principes n'aurait pas de bases. Mais, par l'adoption d'un objet, notre connaissance n'en est pas plus éten-

(¹) Kritik, II, p 542.

due; car l'idée ne change pas de nature par là; elle ne fait que régulariser la connaissance. Voilà pourquoi la raison simplement spéculative mène au déisme, c'est-à-dire à l'idée de la suprême unité dont la valeur objective ne peut pas plus être contestée qu'affirmée. Si l'on considérait comme *constitutive* l'objectivité des idées transcendantes, au lieu de ne voir en elle qu'un moyen d'étendre notre connaissance, afin de nous rapprocher en quelque sorte de l'idée, on commettrait alors deux fautes, celles de la raison *paresseuse* (faule Vernunft) quand on regarde comme parfaite et entière une connaissance dépourvue de ces qualités; les anciens systèmes de la théologie naturelle péchaient surtout de ce côté; et la deuxième faute est celle de la raison *pervertie*, car, dans ce cas elle anéantit, par l'adoption d'un objet des idées, l'unité que l'on a en vue (¹).

Kant conclut „que toute humaine connaissance commence par l'*intuition*, passe delà aux *notions* et termine avec les *idées*. Si dans l'application elle se trouve posséder des sources de connaissances *a priori* qui, au premier aspect semblent dédaigner toutes les limites de l'expérience une critique parfaite prouve que dans l'usage spéculatif, toute raison ne peut, avec cet élément dépasser le domaine de l'expérience possible, et que la définition de cette plus haute faculté de connaître est de ne se servir de toute méthode et de ses principes que pour fournir

---

(¹) Kritik, II, p. 520-35.

à la nature tous les principes possibles de l'unité, le but et le premier des principes, de les suivre jusque dans leur intérieur, mais de ne jamais en dépasser les limites au delà desqu'elles il n'y a que l'espace vide (¹). "

§ 13.

DEUXIÈME PARTIE.
ENSEIGNEMENT DE LA MÉTHODE TRANSCENDENTALE.

Cette partie de la critique contient ce que Kant nomme la discipline, le canon, l'architectonique et l'histoire de la raison pure.

Comme dans les deux grandes divisions de la première partie il n'avait traité que des choses qui constituent la raison pure, la méthodologie transcendentale vient préciser les conditions *formelles* d'un système complet de cette même raison pure.

Par discipline il entend ce qui nous empêche de nous écarter de certaines règles prescrites. Elle se distingue de la *culture* parce que son utilité est négative, tandis que la nature nous procure certains avantages directs. La raison n'en a pas besoin dans les choses empiriques; mais dans les choses transcendentales, où l'expérience ne peut servir de critérium de la vérité, des règles sont nécessaires (²).

§. 14.
DE LA DISCIPLINE DANS L'USAGE DOGMATIQUE DE LA RAISON.

Les mathématiques donnent le frappant exemple d'une

(¹) Kritik, II, p. 543. — (²) Kritik, II, 547-552.

raison pure qui se développe d'elle même heureusement sans le secours de l'expérience; mais c'est en vain que l'on veut donner à la philosophie le degré de certitude qu'elles possèdent. Pour le prouver il n'y a qu'à montrer la différence entre les deux genres de connaissances.

Les mathématiques comme la philosophie s'occupent, il est vrai, de notions, les premières de celles qui appartiennent aux catégories de la quantité; mais les mathématiques, au moyen de l'intuition *a priori*, peuvent reproduire dans le concret le général, tandis que les notions de la philosophie devant être appliquées aux intuitions empiriques, ne peuvent que donner le concret déduit du général.

De plus, les mathématiques parviennent toujours à prouver jusqu'à l'évidence les axiomes synthétiques *a priori*, mais la philosophie élève continuellement des doutes sur les mêmes axiomes. Donc sous le rapport de la forme les deux sciences ne peuvent être comparées sans établir l'infériorité de la philosophie; il en est de même relativement à leur méthode (¹).

Les mathématiques ont pour base des définitions, des axiomes, des démonstrations; mais la philosophie peut bien se servir pour sa commodité de ces mêmes bases; d'en avoir le droit c'est différent. Si, comme l'expression elle-même le désigne, définir c'est représenter dans ses limites la notion com-

(¹) Kritik. II. p. 552-62.

plète d'une chose, il s'ensuit que les notions empiriques ne peuvent pas être définies, mais seulement expliquées. L'or, par exemple, peut être considéré dans son poids, dans sa couleur, dans l'importance qu'on lui attribue dans le commerce; mais tout cela ne définit pas l'or: cependant nous donnons une explication de la matière que nous nommons or, assez suffisante pour être comprise de celui auquel nous nous adressons. Il s'ensuit encore qu'une notion donnée *a priori*, telle que celles de *substance*, *cause*, droit, équité, &c. pour être exposée, ne peut être définie, puisque ayant besoin de les appliquer à l'expérience nous ignorons si la notion sera adéquate à l'intuition. Il s'ensuit enfin que les mathématiques seulement sont susceptibles de fournir de vraies définitions.

Les axiomes sont des principes synthétiques *a priori* qui sont immédiatement certains; or les mathématiques seules peuvent être douées d'une pareille certitude. En effet, toute proposition unit synthétiquement un attribut à son sujet; mais pour s'assurer de la justesse de cette liaison il faudrait donner une raison différente du sujet et de l'attribut. La philosophie manquant d'intuition, quand il s'agit de sujets *a priori*, est obligée de se servir de l'induction qui ne donne jamais une certitude immédiate; tandis que dans les mathématiques l'intuition comme attribut se retrace à l'esprit à mesure que l'on pense au sujet.

Enfin, si la philosophie emploie la démonstration

ce ne peut être dans le même sens que les mathématiques.

Une démonstration est une preuve apodictique en tant qu'elle est intuitive. L'expérience nous apprenant ce qui est, et non que cela ne pourrait pas être autrement, il s'ensuit que les preuves empiriques ne peuvent pas produire des preuves apodictiques ; or les propositions philosophiques, étant tirées de l'expérience ou de notions *a priori*, elles manquent ou de certitude apodyctique ou elles sont privées d'intuitions. Les mathématiques, au contraire, fondant ses preuves sur une construction *a priori*, peut avoir, pour cette raison des preuves intuitives et portent avec elle le caractère d'une certitude apodictique (1).

Donc de l'usage spéculatif de la raison pure la philosophie ne peut en retirer les avantages qu'en retirent les mathématiques, toutes les notions de la philosophie spéculative dérivant soit de l'expérience soit de notions de l'entendement, soit enfin d'idées de la raison. Donc la méthode dogmatique ne saurait se servir de la discipline.

C'est de la même manière que procède Kant lorsqu'il traite de la discipline de la raison pure dans l'usage polémique, dans l'usage hypothétique ou en fait de démonstrations. Toujours c'est au moyen de la critique de la raison pure qu'il prétend enlever tout crédit au scepticisme et au dogmatisme dans la philosophie spéculative en faisant remarquer que leurs

---

(1) Kritik, II, p. 566-571.

démonstrations manquent de bases et qu'elles ne sauraient, par conséquent, ni rien affirmer, ni rien infirmer; „la conséquence de tout ceci, dit-il, c'est qu'il ne convient pas à la nature de la philosophie, surtout dans le champ de la raison pure de prendre les airs du dogmatisme superbe et d'usurper les titres et les insignes des mathématiques; elle n'appartient point à cet ordre de science quoiqu'elle ait lieu d'attendre d'elles une intimité semblable à celle de deux sœurs; ces vaniteuses prétentions de la philosophie l'empêchent d'atteindre son véritable but qui est de signaler l'illusion d'une spéculation qui méconnait ses limites, et à l'aide d'une bonne explication de nos notions, à la modeste mais solide connaissance d'elle-même. Alors, la raison dans ses recherches transcendentales, ne regardera plus devant elle d'une manière présomptueuse, comme si la route qu'elle suit devait la conduire à son but, et les prémisses sur lesquelles elle s'appuye n'auront plus un tel prix à ses yeux qu'elle croie inutile de regarder souvent en arrière et de considérer si, dans le nombre de ses conclusions, elle ne découvrirait pas des fautes qui lui auraient échappé et qui l'obligeraient à mieux préciser ses principes ou à les changer (¹).“

Malgré mon désir de clore une analyse déjà assez longue et dont l'aride exposition n'est pas faite pour égayer les lecteurs, je ne puis me resoudre à passer sous silence un morceau de Kant sur l'usage polémique de la discipline de la raison pure et qui

(¹) Kritik, II, p. 568-69.

prouve qu'il savait au besoin dépouiller son style de sa sauvagerie ordinaire et trouver sous sa plume des expressions qui exprimaient dignement les nobles sentimens qui l'animaient. Après avoir tracé à la raison la ligne de conduite qu'elle doit suivre dans sa polémique sur Dieu, l'âme et le monde et affirmé avec gravité, après avoir indiqué la lutte des thèses et des antithèses dans ces questions, que la théologie pure et la psycologie ne devaient redouter aucun adversaire (¹), Kant cherche à donner une haute idée de la liberté de la discussion. „Tout ce que la nature règle elle-même est bon à quelque fin. Il n'y a pas jusqu'aux poisons qui ne puissent devenir utiles et qu'une pharmacie intelligente ne doive mettre à profit. Les objections dirigées contre les exigences présomptueuses de la raison purement spéculative ignorent donc que ces prétentions provenant de la nature même de cette raison, ne peuvent manquer d'arriver à une bonne fin que le vent n'emportera point. La providence aurait-elle placé tant d'objets si haut qu'à peine l'on puisse les entrevoir, et qui sont pour nous néanmoins du plus grand intérêt, si au lieu de parvenir à leur connaissance nous devions en être perpétuellement tourmentés? S'il est utile de risquer une

---

(¹) La manière dont il s'exprime est remarquable. „Sur ce terrain, dit-il, en parlant de la théologie et de la psycologie, on pourra bien s'avancer en *moqueur et comme un fanfaron* (la traduction littérale serait *blagueur*, si ce mot était reçu) mais c'est un jeu d'enfant." — Er kann mit Spott oder *Grossprecherei* auftreten, welches als ein Kinderspiel belacht werden kann. — Kritik, II. p 571

détermination hardie en ce qui les concerne, c'est ce qui est douteux; ce serait même vraisemblablement dangereux. Dans tous les cas il faut laisser à la raison une liberté entière dans ses recherches et dans sa critique, afin qu'elle puisse s'occuper sans obstacle de ses propres intérêts qui exigent aussi qu'elle mette des bornes à ses compréhensions, pendant qu'elle cherche à les étendre et qui souffre chaque fois que des mains étrangères viennent la déranger et, la détournant de sa marche naturelle, lui imposer des vues étrangères aux siennes. Laissez donc la parole à un adversaire qui ne vous parle qu'au nom de la raison et ne le combattez qu'avec les mêmes armes. Au reste ne soyez pas inquiets de l'intérêt pratique qui en définitive est la bonne chose; car il n'est jamais en jeu dans une polémique simplement spéculative, un tel combat ne peut révéler qu'une certaine antinomie de la raison qui, dérivant de sa propre nature, mérite d'être écoutée et examinée. Au moyen de cette lutte la raison se perfectionne et redresse son jugement en lui fixant des limites. Ce qu'il faudrait discuter ici ce n'est pas la chose mais le ton; car il vous reste encore assez en pouvant parler le langage d'une ferme foi que la raison justifie lorsque vous avez été obligé de renoncer à celui de la science.

Si l'on demandait à l'impassible Hume (kaltblütigen Hume) lui qui semble créé pour ne porter que des jugemens impartiaux ce qui l'a engagé à ensevelir sous le poids de ses objections si laborieusement obtenues la persuasion si consolante et si utile que la raison peut avoir une idée determinée d'un être suprême (bestimmten Begriff eines höchsten Wesens), il répondrait; rien que l'intention de fournir à la raison les moyens d'avancer dans sa propre connaissance et en même tems une certaine indignation que me fait éprouver la violence qu'on veut lui faire, lorsqu'on l'empêche de faire un loyal aveu des faiblesses qu'elle découvre en elle-même lorsqu'elle s'étudie: Demandez par contre, à l'un de ceux qui ne font de la raison qu'un usage empirique et à un adversaire de toute spéculation transcendentale tel que Priestley, demandez lui sur quel fondement il s'appuie lorsque lui pieux et zélé docteur de la religion, il renverse les deux colonnes principales de toute religion, la liberté et l'immortalité de l'ame (car l'attente d'une vie à venir n'est chez lui que le miracle futur de la résurrection des corps), il ne vous répondra qu'il n'agit ainsi que dans l'intérêt de la raison qui ne peut souffrir que l'on arrache quelque chose à l'empire de la nature matérielle dont les lois sont les seules que nous pouvons nous flatter de connaitre et de préciser. On serait injuste envers un homme qui cherche à concilier ses assertions paradoxales avec ses vues religieuses si l'on se récriait contre un homme bien intentionné, par la raison qu'il a perdu le droit chemin du moment qu'il a quitté le champ de la nature. Mais l'on doit en agir de même avec Hume dont le caractère était si estimable et les sentimens bien intentionnés quoiqu'il n'ait pas abandonné ses fausses spéculations, parce qu'il était aussi d'avis et avec raison que les objets de la spéculation sont placés dans le domaine des pures idées, au de-là des limites des sciences naturelles.

Que faut-il donc faire en présence d'un danger qui semble menacer le bien commun? Le parti que vous devez prendre est naturel et juste, c'est de laisser faire ces gens (lasset diese Leute nur machen); ils travailleront au profit de la raison s'ils le font avec talent et au moyen de recherches neuves et profondes. Si vous employez d'autres moyens que ceux d'une raison libre d'entraves (zwangslosen Vernunft), si vous criez à la trahison, si vous appelez à votre secours comme pour éteindre une incendie, des personnes qui ne comprennent rien à vos subtilités, vous les pousserez à rire (so macht ihr euch lächerlich); car il ne s'agit pas ici de ce qui peut être utile ou nuisible au bien général, mais seulement jusqu'où la raison peut porter ses spéculations, indépendamment de tout intérêt, si elle peut compter sur ses propres force ou si elle doit avoir recours à la raison pratique. Ne vous jettez donc pas dans la mêlée, l'épée à la main; placé sur le terrain de la critique contemplez tranquillement le combat pénible seulement pour les athlètes et dont l'issue nullement sanglante tournera au profit de vos connaissances: il serait absurde de demander des lumières à la raison et en même tems de lui prescrire d'avance ce qu'elle doit nécessairement décider. Au surplus la raison se maîtrisant elle-même s'imposera à elle-même des limites et vous n'aurez plus besoin d'appeler la garde pour opposer les pouvoirs de la société au parti qui vous paraît dangereux. Dans cette lutte dialectique, de quelque côté que se range la victoire elle ne doit pas vous allarmer; car la raison a besoin d'une lutte semblable et la seule faute qu'elle ait commise c'est qu'elle ne l'ait pas engagé plutôt dans toute sa liberté. Elle aurait été attendue moins long-tems cette mûre critique dont l'apparition doit faire cesser toutes les disputes en apprenant aux champions à reconnaître les illusions dont ils étaient les jouets et les préjugés qui les désunissaient (1).

Puis viennent des règles que l'on doit suivre dans le champ des hypothèses et des preuves transcendentales. La discipline de la raison pure ainsi terminée, Kant anticipe sur son ouvrage de la raison pratique en résumant dans ce qu'il nomme le *canon*, les preuves morales de la liberté, de la vie future et de l'existence de Dieu.

§ 15.

LE CANON DE LA RAISON PURE.

Kant entend par ce mot de canon emprunté à l'église et à l'ancienne philosophie, l'ensemble des principes *a priori* sur la juste et sage application de certaines facultés de connaître (gewisses Erkennt-

---

(1) Kritik, II, p. 571-577.

nissvermögen). Il se distingue de la discipline en ce que celle-ci n'est que négative; elle prévient les abus.

L'usage spéculatif de la raison n'est donc pas assujetti à un *canon*: car il a été dit que toutes les connaissances synthétiques de la raison pure dans leur usage spéculatif étaient impossibles. Mais l'intelligence a son canon dans l'analytique transcendentale, car elle est seule capable de vraies connaissances synthétiques *a priori*. C'est surtout dans l'usage de la *raison pratique*, car l'on y peut faire une légitime application de certaines facultés de connaître (¹).

La *raison pratique* est l'impératif de la vie humaine; mais si le devoir existe, il suppose un pouvoir que Kant identifie à la liberté morale. Tout ce qui se fait suivant la liberté doit donc être appelé *pratique*, terme qui signifie: raisonnablement réalisable (²).

Il y a trois questions que la raison pure de même que la raison pratique brûlent d'envie de résoudre.

  Que puis-je savoir?
  Que dois-je faire?
  Qu'est-ce que j'ose espérer?

La première est purement spéculative: la seconde pratique, la troisième est l'une et l'autre.

Il est certain que la raison nous fait connaître des lois qui non-seulement nous assurent le bonheur

---

(¹) Kritik, II, p. 611.
(²) Kritik, II, p. 617-19

en nous y conformant, et ces lois ont une valeur objective dans le sens pratique. Il est, en effet, des lois qui supposent l'action, et l'action à son tour suppose le pouvoir de l'exécuter.

Kant dit avoir répondu à la première question par son ouvrage entier de la critique. Il répond à la seconde par cette maxime: „Faites tout ce qui vous rend digne d'être heureux." Et il paraphrase la pensée de Leibnitz où se trouve la distinction du royaume de la nature et de celui de la grâce. Dans le royaume de la nature les êtres raisonnables, bien que soumis aux lois morales, ne peuvent espérer d'autres résultats de leur conduite que ceux qui dérivent du cours des choses sensibles; mais comme notre raison nous élève au-dessus de ce royaume et nous place dans celui plus spirituel de la grâce, où le bonheur suit la vertu, comme la conséquence son principe, il est nécessaire que le monarque de ce royaume existe pour que l'union du bonheur et de la vertu soit réalisable. Ainsi l'existence de Dieu qui est pour Kant l'idéal du souverain bien est garantie par la raison pratique. Et, comme cette union est loin d'exister dans ce monde il faut bien qu'elle se réalise dans un monde autre que celui que nous habitons. „Dieu et une vie future sont donc deux suppositions que l'on ne peut pas séparer de cette conception, le bonheur et la vertu devant se trouver ensemble.

C'est ainsi que Kant rattache la raison spéculative à la raison pratique et qu'il réédifie d'une main ce qu'il avait détruit de l'autre (¹). A-t-il réussi dans son projet, c'est ce que ma tâche d'historien ne me permet pas encore de dire. Il me faut avant tout, exposer le plus succinctement possible et même avec les propres paroles de l'auteur lorsque le sujet le permet, les idées gigantesques qu'il jeta dans le domaine de la philosophie et qui y fructifièrent merveilleusement. C'est pour cela qu'avant de clôre cette analyse il me faut dire encore quelque chose des deux articles qu'il consacre à l'*architectonique* et à l'histoire de la raison pure.

§. 16.

ARCHITECTONIQUE ET HISTOIRE DE LA RAISON PURE.

On sait qu'un système est la réunion de différentes connaissances ramenées à l'unité pour atteindre un but que l'on se propose. Or l'unité d'un système est *technique* lorsque le but n'est pas tracé *a priori* et que l'on peut faire entrer dans le système autant de connaissances qu'il s'en présente; il est architectonique, au contraire, lorsque le but est de nécessité *a priori* et que le système ne peut renfermer que certaines connaissances déterminées. Il s'ensuit que le système de la raison pure contient l'architectonique de la raison pure (²).

Il y a aussi deux sortes de connaissances, les historiques et les rationnelles. Si ces dernières ré-

(¹) Kritik, II, p. 620-630.
(²) Kritik, II, p. 610-44.

sultent de notions, elles sont encore nommées philosophiques, et mathématiques si elles résultent de la construction de notions.

La philosophie est le système de toutes les connaissances. Pour être rationelles et dignes de leur beau nom de philosophiques il faut les considérer sous le point de vue de l'utilité pour le genre humain. Et c'est ce qui porte Kant à donner la prééminence à la philosophie morale adoptant en cela les idées de l'antiquité qui désignaient les moralistes sous le nom de philosophes [1].

Voici comment il divise la philosophie.

La philosophie devant s'occuper ou de *ce qui est* ou de ce qui *doit se faire*, elle est ou spéculative, ou morale (pratique). Si ses principes sont empruntés à la raison elle-même, celle-ci produit une connaissance philosophique pure; si à l'expérience, alors la connaissance sera philosophique empirique. L'examen si la connaissance philosophique pure est possible, s'appelle *critique* et *métaphysique* si elle traite dogmatiquement de cette connaissance.

La métaphysique s'occupe de l'usage spéculatif ou de l'usage moral de la raison pure; dans le premier cas elle prend le nom de *métaphysique de la nature*, dans le second, *métaphysique des mœurs*. Elles ne s'occupent l'une et l'autre que de principes rationnels en tant qu'ils peuvent être reconnus pour de simples notions; elles excluent, par conséquent les mathématiques, et comme la méta-

---

[1] Kritik, II, p. 611-15

physique des mœurs *précise a priori* comme nécessaires le devoir, elle se sépare de l'anthropologie qui s'appuie sur des principes empiriques et qui n'est bonne encore, dit Kant qu'à occuper une petite place dans la métaphysique, pour se conformer à l'usage, mais seulement comme épisode, en attendant que de meilleurs tems viennent agrandir sa domaine (¹).

La métaphysique de la notion se divise en *ontologie* et en *physiologie rationelle*. La première ramène à un système la nature de l'intelligence et de la raison en tant qu'elles se rattachent à des objets en général. L'autre traite spécialement de la nature d'objets donnés.

Comme l'usage de la raison est ou immanent lorsqu'il s'exerce dans le champ de l'expérience, ou transcendant lorsqu'il se lance dans les idées *a priori*, la physiologie rationelle se divise en *transcendentale* et *immanente*.

La physiologie transcendante se divise à son tour en *cosmologie* et en *théologie transcendentale*, suivant qu'elle a pour but de réunir en système les objets de la nature en tant qu'ils sont en dehors de l'expérience. Tandis que la physiologie immanente s'occupant de notions *a priori*, en tant qu'elles peuvent être représentées dans le domaine de la possibilité de l'expérience, son objet est ou la *nature corporelle* ou la *nature pensante*. Dans le premier cas elle devient *physique rationelle*, dans le second, *psycologie rationelle*.

(¹) Kritik, ii. p. 648-650.

Telle est l'idée de la philosophie telle que la concevait Kant. Elle n'est donc pas seulement technique, mais architectonique. Puisque Kant prend la défense de la métaphysique contre ceux qui la dédaignent au lieu de l'étudier dans ce qu'elle est en réalité, et il forme le vœu que l'on revienne à elle comme à une amie avec laquelle on s'était brouillé, parce que la raison dans le but essentiel qu'elle se propose doit travailler sans relâche à établir soit des connaissances fondamentales, soit à renverser des idées que l'on croyait bonnes précédemment (¹).

Sans le nom d'histoire de la raison pure Kant jette un coup d'œil rapide et du point de vue purement transcendental sur les travaux de la philosophie dans le passé qui lui apparaissent, dit-il, comme un édifice, ils est vrai, mais édifice en ruines.

Il est remarquable, dit-il encore, quoiqu'il ne puisse pas en être autrement, que dans l'enfance de la philosophie, les hommes commencèrent par traiter des objets que nous ne traitons nous-mêmes plus volontiers à la fin de nos travaux, c'est-à-dire l'étude de la connaissance de Dieu et l'espérance ou même la nature de la vie à venir. Malgré les circonstances fâcheuses qui retenaient les peuples dans la barbarie et la grossiéreté des idées religieuses, cependant des esprits plus éclairés se livrèrent peu-à-peu à des recherches plus libres et l'on ne tarda pas à comprendre que le moyen le plus sûr de plaire à la puissance invi-

---

(¹) Kritik, II, 650-51.

sible qui gouverne le monde et d'espérer le bonheur dans une autre vie était de bien agir (guten Lebenswandel). Par là ces deux sciences, la théologie et la morale devinrent les deux ressorts, ou mieux les points auxquels vinrent aboutir toutes les spéculations abstraites auxquelles on se livre depuis. Mais la théologie attira davantage la raison spéculative vers des recherches qui dans la suite devinrent si célèbres sous le nom de métaphysique (¹). Puis Kant se borne à indiquer trois genres d'idées qui ont donné lieu aux changemens dont s'occupe l'histoire de la philosophie.

1º Sous le rapport de l'*objet* des connaissances de notre raison, on trouve les philosophes *sensuels* et *intellectuels*. Les premiers sont représentés dans l'antiquité par Epicure qui n'attribuait de la réalité qu'aux objets sensibles et considérait comme des fictions les notions que nous en avons. Les autres sont représentés par Platon affirmant que les objets des sens ne sont qu'illusion et que la vérité ne se trouve que dans les objets intellectuels.

2º Si l'on ne considère plus l'objet des connaissances rationelles, mais leur *origine*, elles dérivent alors ou de l'expérience ou elles ont leur source dans la raison, indépendamment de l'expérience: de là les philosophes *empiristes* et *noologistes* comme Kant désigne les derniers. Dans l'antiquité Aristote est à la tête des premiers, et Platon des derniers.

(¹) Kritik, ii, p. 656.

Locke et Leibnitz dans les tems modernes ont marché sur leur trace chacun dans une direction opposée.

3° Sous le rapport de la méthode Kant distingue, la méthode *naturelle* qui consiste à se contenter du sens commun pour résoudre les grands problêmes et à considérer la spéculation comme stérile et instructueuse. C'est, dit Kant avec un ton de dédain peu déguisé, soutenir que l'on peut mieux connaitre la grandeur de la lune par la simple vue que par les calculs. C'est une misiologie mise en pratique. La méthode scientifique est celle des philosophes qui procèdent scientifiquement à la recherche des principes de la raison pure. Wolff s'en est servi dogmatiquement et Hume sceptiquement; mais Kant nous a appris, à nous servir d'une troisième, la méthode critique qui pourrait accomplir, dit-il, *même avant la fin de ce siècle*, ce que n'ont pu faire un grand nombre de siècles, à savoir de procurer une entière satisfaction à la raison humaine dans des sujets dont elle s'est toujours occupée avec ardeur mais sans succès (¹); et c'est par ce vœu que la suite de cette histoire nous apprendra s'il s'est réalisé, que le philosophe de Kœnigsberg termine son grand ouvrage de la critique de la raison pure.

(¹) Kritik, II, p. 657-59.

CHAPITRE VI.

Réflexion sur la critique de la raison pure. — Premières impressions du public. — But de la *critique de la raison pratique*: analyse de cet ouvrage.

Telle est l'œuvre pleine de hardiesse que le philosophe de Kœnigsberg lança dans la république des lettres pour venir en aide à une science qui perdait chaque jour de son ancienne considération. Kant voulut relever la métaphysique de l'espèce d'abjection où elle se trouvait, et il crut que le plus sûr moyen de lui restituer sa place avec honneur dans le domaine des sciences, était de lui prêcher la modestie en lui montrant les limites qu'il ne lui était pas permis de dépasser. Il était persuadé qu'en lui définissant ainsi son propre rôle, elle ne manquerait pas de reprendre sur l'esprit humain une grande influence, parce que l'esprit humain est incessamment pressé du besoin de s'occuper des objets que la métaphysique est appelée à traiter, Dieu, l'âme, le tems et l'éternité.

Mais a-t-il réussi dans ce gigantesque projet d'asseoir la métaphysique sur des bases tellement inébranlables qu'elle pût défier toutes les bravades du scepticisme? Nous croyons, malgré des assertions contraires que Kant s'est grandement fait illusion à ce sujet, et qu'il n'a fait peut-être que raffermir ce qu'il avait l'intention de détruire, en apportant, lui aussi, de nouvelles preuves pour établir la fragilité des connaissances humaines lorsqu'elles veulent partir d'un principe très contestable, celui de l'infaillibilité du *moi* humain quel que soit le domaine où s'agitent ses pensées. Certes, c'est fort bien de déclamer contre les méthodes qui s'occupent exclusivement de l'objet de nos connaissances tout en négligeant celle si essentielle de l'instrument qui sert à les acquérir; et à cet égard, la critique de la raison pure a rendue des grands services en mieux définissant la portée de l'esprit humain relativement à ce que l'expérience ne saurait atteindre; mais a-t-elle élevé les sciences métaphysiques à la hauteur des mathématiques, comme c'était son dessein?

Je le répète, si Kant a beaucoup fait pour arriver à la connaissance réelle des lois de la raison et s'il n'a pu donner comme il l'avait promis, une exposition réelle des vérités immédiates de la conscience humaine, encore moins leur a-t-il donné une base inébranlable, en même tems qu'il est loin d'avoir caractérisé cette action réciproque de la pensée et de la sensibilité, cette influence ou si l'on aime mieux ces rapports intimes de l'abstrait et du concret dont tout concourt a prouver l'existence? Lui que le dogmatisme effrayait tant, ne s'est-il pas souvent montré dogmatique quand il lui fallut rigoureusement démontrer, et qu'est-ce qu'un système qui a recours a des hypothèses dont on nie d'avance la valeur et même l'usage rationnel en matière de doctrines! Il est vrai que par votre hypothèse de connaissance *a priori*, vous échappez tout d'abord et au sensualisme de Locke et au scepticisme de Hume qui en découlait; mais vous n'en avez pas moins posé arbitrairement ce qu'il eût fallu démontrer, et vous avez donné le droit à vos successeurs plus conséquents que vous de pousser l'idéalisme à sa dernière expression. Ce que Kant a fait avec un grand succès, c'est de détruire; mais à l'esprit humain il n'est pas difficile de détruire: il apperçoit le faible de toutes les questions. Une déstruction, ou pour mieux dire, l'indication d'une lacune dans un système donné, n'est jamais une négation absolue, et si vous n'avez aucun droit de nier en présence d'autres affirmations aussi plausibles, que deviennent vos prétentions contre le scepticisme auquel vous invitent vos propres principes? Ne voyez-vous pas qu'il se relève de toute votre faiblesse, et que les ruines que vous entassez se dressent bientôt pour confondre votre hardiesse et vous forcer au doute, si vous n'avez pas encore la philosophie de la foi qui commence par une affirmation du sens commun. Et puis quelle contradiction de prétendre que l'objectif de toute science ne sera jamais perçu par le subjectif, si l'on ne procède pas logiquement par la pensée, si l'on ne commence par prendre son point d'appui dans la pensée qui est la forme du subjectif, et de prétendre ensuite avec la même assurance que toute connaissance de l'esprit humain présuppose l'expérience! Mais puisque vous ne pouvez rien affirmer sans la forme de la connaissance, l'empirisme qui n'agit pas autrement a donc le droit de revendiquer votre méthode, et vous ne devez alors qu'à un malentendu l'immense réputation que vous vous êtes faite à ses dépens. Il est vrai, que vous distinguez subtilement ce qui commence avec l'expérience de ce qui en provient; mais qu'est-ce qu'une connaissance, à qui vous ne savez assigner une origine, sinon ce quelque chose d'inné que l'école de Descartes avec tous les spiritualistes vous reprocheront avec raison de leur avoir emprunté? Si donc l'on y regarde de près et que simple observateur de la lutte, l'on veuille ensuite porter son jugement sur cette œuvre de Kant, sans prendre parti pour aucun des nombreux systèmes qui se disputent arbitrairement l'empire des intelligences qu'ils n'obtiendront pas encore, l'on trouve, que tant en ce qui regarde la méthode, que dans l'émission du système en lui-même Kant a peu innové. Sans parler de cette prétention trop arbitraire de prétendre donner à lui seul des limites à l'esprit humain quand il avoue n'en pas connaître la nature, ce qui aurait dû couper court à toutes ses investigations, ni rappeler ce qu'il a évidemment emprunté et à Aristote et à la scholastique, son humble servante, si l'on réunissait encore tout ce que l'école écossaise contemporaine avait essayé pour confondre le sensualisme de Locke et le scepticisme de Hume, l'on y rencontrerait en germe tout l'ouvrage de Kant. Mais ce qui frappe le plus dans cette critique, et ce qui doit porter à la réflexion les partisans de l'infaillibilité du moi humain, c'est qu'après un travail si puissant d'investigations, ce philosophe, loin d'atteindre le but principal de ses efforts n'ait fait que prêter de nouvelles armes au scepticisme, car si les objets ne doivent se régler que sur nos connaissances, il s'ensuit que toutes les notions généralement admises et que les sens commun de l'universalité des hommes a toujours acceptées et accepte encore comme vraies, ne doivent plus revêtir que des formes subjectives, varier comme varient les subjectivités humaines et dépendre ainsi des caprices de l'individualité. Si c'est une illusion d'appliquer aux objets l'intuition du tems et de l'espace parce qu'une pensée subjective réalise seule tout le mouvement du monde phénomenal, si toutes les notions de l'unité et du multiple, de substance et d'inhérence, de positif et de négatif, de cause et d'effet ne sont que des concepts de notre entendement, vous dérobez à l'esprit humain toute connaissance réelle, vous le plongez dans un scepticisme plus radical que celui de Hume dont on pouvait encore sortir par les lois de l'induction et de l'analogie ([1]). Néanmoins il sera toujours juste d'appré-

([1]) On verra plus loin comment ses adversaires ont traité son idéalisme et quelle transformation d'autres lui ont fait subir; c'est au point que les deux sortes de transcendentalisme qui se disputent le sceptre dans les écoles philosophiques de l'Allemagne, celui de l'intuition (Anschauung) ou de l'identité et celui de l'absolue idée

cier et d'admirer la tendance éminemment morale des efforts du philosophe non-seulement dans sa critique, mais encore dans tous les ouvrages auxquels il a attaché son nom. et si bien des choses leur manquent qui en éloignent beaucoup de sympathies, par exemple, la chaleur et un certain enthousiasme, on ne doit pas moins tenir compte des loyales intentions de l'auteur, qui n'allaient à rien moins qu'à donner au monde une morale et une religion, que l'on devrait sous peine de renoncer à la raison, tenir pour obligatoires. Mais s'il en est ainsi, le grand mérite de Kant jaillira plutôt de ses travaux postérieurs à la critique que de cette critique elle-même (¹):

prétendent dériver de Kant sans lui appartenir, sans qu'ils puissent nier qu'à son tour Kant dérive de Spinosa. Il est vrai qu'à un premier coup d'œil, rien ne jure comme le rapprochement de la doctrine de Spinosa et de Kant, mais outre que je ne rétracte rien de ce que j'en ai dit ailleurs (*Histoire de la vie et des ouvrages de Spinosa* page 249-252.) le ton aigre avec lequel Kant repoussait cette supposition, montre bien qu'autre chose est de ne pas vouloir d'un rapprochement avec une doctrine donnée, autre chose est de s'en rapprocher contre son intention, et seulement par une nécessité de logique. Ne s'est-il pas également récrié contre l'accusation de scepticisme, et qui ne voit aujourd'hui que le scepticisme coule à plein bord des principes philosophiques de Kant. „Conséquent, Kant doit être sceptique", vient de dire, M. Cousin dans ses *Leçons sur Kant*, tom. 1.). Au reste, nous l'entendrons se disculper lui-même de cette imputation dans notre chapitre sur les adversaires de Kant et nous l'entendrons confesser ingénûment qu'il avait peu lu Spinosa et qu'il ne l'avait pas compris.

(¹) M. Cousin (*Leçons* etc. tom. 1.) dit très bien: „Kant, en définitive n'a pas plus le droit d'admettre à l'intérieur les phénomènes psychologiques qu'il n'a celui d'admettre quelque phénomène extérieur. Que lui reste-t-il donc du nihilisme. Le nihilisme devrait être le dernier mot de la critique de la raison pure. Ailleurs, M. Cousin

car toutes les études de Kant n'ayant qu'un but celui de proclamer la loi morale à laquelle les hommes sont soumis, il n'avait travaillé la métaphysique que pour établir la liaison qui existe entre la loi morale et les idées spéculatives; et l'on se convaincra alors que sa philosophie envisagée non plus dans ses détails, mais dans son ensemble lui fut inspirée par une haute moralité, quoiqu'il soit encore vrai de dire que péchant par la base elle ne pouvait donner à la morale elle-même qu'un frêle appui, puisque tout, dans cette philosophie n'est que nécessité logique et ne peut par cela même n'avoir de prise que sur des intelligences richement dotées. Et qu'est-ce qu'une philosophie pratique qui ne s'adopterait pas à toutes les intelligences, qui ne tendrait pas à soumettre toutes les volontés?

Une fois ces intentions du philosophe reconnues ce serait folie de le rendre responsable des erreurs qui ont eu cours pendant un demi-siècle dans le monde de la pensée et qui toutes, par des rapports plus ou moins directs se rattachaient à son principe fondamental que l'on ne pouvait rien connaître, rien affirmer de l'objectif. Cependant, ces erreurs ne sont pas toujours demeurées en état de spéculation comme le prouvent les ravages qu'elle ont causé dans la théologie historique et positive et pour ne citer ici qu'un exemple, des étudians de Kœnigsberg ne tar-

---

avait dit le scepticisme, mais nous croyons que le mot si sévère de nihilisme caractérise assez bien les dernières tendances de la philosophie critique. L'exemple de Fichte l'a prouvé outre mesure.

dèrent pas de tirer une conséquence pratique de son système. Cinquante jeunes théologiens formèrent sous les yeux même de Kant une association Kantiste comme ils se désignaient eux-mêmes, et qui affirmaient que le système de Kant accepté il fallait regarder comme des fables inventées par les prêtres tout ce qu'ils nous enseignaient sur le christianisme, et que cette religion ne pouvait subsister ni avec la morale ni avec une raison saine, pas même avec la félicité publique. Il est vrai que Hamann, le narrateur de ce fait ajoute que quelques mois suffirent pour faire oublier cette société d'esprits forts, mais on voit comment de jeunes esprits saisissaient avec promptitude et discernement le coté faible et non avoué de la philosophie critique. (1).

Cependant, il ne faut pas croire que cette œuvre si remarquable de Kant produisit immédiatement une impression bien vive. C'est à peine si quelques rares disciples ou des amis dévoués l'accueillirent avec faveur. Oui, plusieurs années s'écoulèrent sans que la république des lettres s'en émut. Même, lorsque des voix isolées se firent entendre plutôt pour en combattre que pour en approuver la doctrine, Kant n'eut pas le courage de répondre à leur défi. Il fallut que le professeur de mathématiques, Schultz publiât en faveur de son collègue, des explications qui tout en exprimant la même pensée que Kant le faisaient dans une langue plus intelligible; et en effet,

---

(1) Oeuvres de Hamann, citées par Schubert, *Kant's Biographie*, p. 94-95.

cette publication fut le signal d'un mouvement d'études philosophiques, dont le contre-coup se fait encore sentir. Ce ne fût que plusieurs années après ce froid accueil fait à son œuvre que le philosophe publia divers ouvrages qui tendaient à éclaircir ce que ses idées avaient paru avoir d'obscur ou de mal défini. Je ne citerai pour le moment que ses *prolégomènes* qui ne sont à proprement parler qu'un ouvrage de circonstance et de polémique. Oui, le public avait été si peu épris du criticisme de Kant et plusieurs l'avaient interprété tellement contre l'esprit de son auteur que pour ôter tout prétexte aux adversaires, Kant publia, après deux années de silence (1783), des *prolégomènes* à la métaphysique de l'avenir qui voudra se donner comme une théorie scientifique (¹). Il s'y appliqua principalement à mieux préciser ceux des articles de la critique qui avaient le plus soulevé d'opposition, ceux des antinomies et de l'idéal de la raison dont on avait tiré des conclusions favorables à l'idéalisme de Berkeley, et il insista pour qu'il fût convenu que la fixation des limites opposées à la raison n'était pas une négation de la raison même, et que prétendre qu'il n'est pas possible d'arriver par les moyens mis anciennement en usage, à la démonstration de l'existence de Dieu, de l'immortalité de l'ame et de notre liberté, ce n'est pas affirmer qu'il n'y pas d'autre voie pour atteindre ces trois vérités. Mais ce qui

---

(¹) Œuv. compl. III, т. 1-166.

frappe le plus dans cette polémique c'est ce que Kant y développe avec tant d'assurance sur l'antinomie qui joue un si grand rôle dans la philosophie moderne, et qu'on lui reprochait d'avoir emprunté à la scholastique, et au moyen duquel il en impose et au dogmatisme qui semblait ignorer ce principe de contradiction, et au scepticisme qui n'y voyait rien de solide. En un mot, c'est dans cet écrit remarquable par sa dialectique et la lucidité de ses idées qu'il trace avec des formes plus despotiques encore l'étroit domaine dans lequel la métaphysique doit se mouvoir sous peine d'être rejetée à jamais du panthéon de la science. Tout cela il le dit en bons termes, et de manière à prouver qu'il n'avait pas fermé l'oreille à ce qu'on avait reproché d'inintelligible à sa philosophie. On voit même qu'il s'excuse de n'avoir pas mieux écrit précédemment, par la raison, dit-il, qu'il n'est pas donné à chacun de posséder le style si correct et si séduisant de Hume ou celui si ferme et si élégant de Mendelssohn; mais, ajoute-t-il, s'il est vrai que j'aurais pu gagner de la popularité à mon ouvrage en me contentant d'en indiquer le plan et d'en remettre à d'autres l'exécution, je confesse que l'intérêt de la science m'a entraîné et j'ai obéi à une impulsion de mon cœur (¹). C'est là, il faut en convenir, une noble défense et elle ne ressemble guère à ce que nous disent des admirateurs trop enthousiastes dirais-je, ou trop prévenus en faveur de

(¹) Tom. III, des œuvres compl. 12.

leur infaillibilité germanique qui prétendent que l'obscurité du philosophe est plutôt dans la subjectivité des lecteurs de Kant, dans leur faiblesse et leur grossièreté, comme l'exprime Rosenkrantz avec charité, que dans l'exposition des idées de l'auteur. (¹). Avant de tenir un pareil langage l'on devrait se souvenir que la terminologie de Kant était telle qu'un dictionnaire, celui de Schmid fut jugé nécessaire pour l'expliquer, et qu'il n'est pas rare d'être arrêté dans cette lecture non-seulement par la difficulté du sujet, mais par les barbarismes que l'auteur se permet dans sa composition. Ainsi, mieux avisé que ses aveugles admirateurs, quoiqu'il appelât un beau style, de la *prose en délire*, Kant comprit qu'une des conditions pour se faire lire et approuver est aussi de se rendre accessible à l'intelligence du plus grand nombre.

Mais, je le répète, la justice veut que quelque jugement sévère que l'on soit en droit de porter sur la *critique de la raison pure* pour n'avoir pas tenu ce qu'elle avait promis, non-seulement l'on admire la haute intelligence qui l'avait conçue et l'intention louable qui l'avait inspirée, mais que l'on reconnaisse encore la position élevée qu'elle vint prendre sur le domaine de la philosophie; et cependant cette position elle ne se la créait pas comme système de métaphysique puisque la seule question qui y était traitée ne se rapportait qu'à la possibilité de cette science, et qu'un plan ébauché quoi-

---

(¹) Ibid. dans la préface.

qu'à grands traits, ne saurait jamais passer pour un édifice. Nous allons voir de nouveau à l'œuvre le grand penseur pour réédifier cette fois ce que sa puissante intelligence avait détruit; mais au lieu d'une métaphysique épurée par sa critique qui nous a été promise comme complément de sa *critique de la raison*, nous n'aurons encore de nouveau que des fragmens magnifiques qui attendent encore le cadre qui doit les réunir pour en faire un tout harmonique. Il est vrai que plusieurs l'on tenté; mais pour améliorer un système ou ce qui se donne pour tel, il faut être supérieur à ce système, voir au-dessus et plonger au-delà; et de grâce, sans que je veuille manquer au respect que je porte aux successeurs de Kant dans les chaires de philosophie allemande qui d'entr'eux aurait pu prétendre à lui être supérieur?

Quoiqu'il en soit, si l'on continue à donner le nom de système à ces magnifiques ébauches du philosophe de Kœnigsberg, on peut lui attribuer trois faces principales, d'abord celle de la raison pure, puis celle de la raison pratique, enfin celle de la faculté de juger; et ces trois faces du système répondent suivant lui aux trois facultés premières de l'esprit humain, l'intelligence, la raison, le jugement. Il est vrai, qu'en ce qui concerne la faculté de juger Kant ne lui accorde qu'un rang en quelque sorte subalterne puisque l'homme, tant par la raison pure que par la raison pratique, peut s'élever à la connaissance de ce qui est en son pouvoir et ce qu'il est de son devoir de faire ; mais la faculté de juger est aussi d'après lui cette médiatrice nécessaire qui tantôt se présente sous des formes indépendantes, comme l'imagination et le sentiment du beau, et tantôt s'unit à l'une des autres facultés pour donner à leurs notions téléologiques, pour fondement, soit les catégories de l'intelligence, soit les principes pratiques de la raison, et ainsi considéré le sentiment esthétique quoique moins en rapport avec les strictes règles des deux autres facultés, cependant sur son terrain neutre viennent souvent à se rencontrer l'intelligence et la raison, et, comme elle n'a ni l'intention de les combattre ou de les dominer, leur liaison n'en devient que plus évidente.

Mais de même que Kant avait préludé à sa critique de la raison pure par des traités qui laissaient entrevoir l'œuvre qu'il mûrissait en silence, de même avant la publication de son magnifique ouvrage de la raison pratique il avait montré son déplaisir, de voir les moralistes de son tems, et en particulier les éclectiques et les naturalistes n'asseoir la morale que sur ce principe justifiable sans doute, mais peu propre à servir de base à tout un système de moralité, que l'homme est nécessairement entraîné par le désir d'être heureux ; et l'on en tirait la conséquence que la morale était donc nécessaire puisque de son accomplissement dépendait le vrai bonheur. Ce déplaisir il l'avait surtout témoigné dans *ses recherches sur la théologie naturelle et la morale* qu'il avait envoyées à l'académie de Berlin, et où il donnait pour règle des actions cette maxime si belle : *agis toujours en vue de la perfection*; mais comme c'est dans la *critique de la raison pratique* qu'il traite scientifiquement de la morale, je parlerai plus tard de toutes les œuvres de Kant qui s'y rapportent après que j'aurai donné de ce grand ouvrage une analyse détaillée.

On a dit sans aucune preuve dans un ouvrage fort connu en France que des motifs humains avaient seuls déterminé les efforts de Kant pour réhabiliter au moyen de la raison pratique ce que la raison pure avait fait disparaître ([1]); mais quand la vie entière de Kant ne déposerait pas contre cette assertion plus que téméraire il n'y aurait qu'à penser au but que s'était proposé le philosophe de relever la religion par la morale, et à voir le vif intérêt qu'il prenait à cette réhabilitation pour être convaincu de l'injustice de cette accusation. Oui, comme le dit très bien, Cousin, on n'aurait pas de la philosophie une idée exacte et complète qui ne se la représentait comme un système de la connaissance n'aspirant qu'à une unité scientifique, à une perfection logique; il faut la considérer d'un autre point de vue, comme la science du rapport de toute connaissance au but essentiel de la nature humaine. Or, par les fins essentielles de la raison la plus élevée c'est la destination totale de l'homme, et la philosophie qui s'y rapporte s'appelle philo-

---

([1]) Heine, *de l'Allemagne*, I, 171.

sophie morale (¹). Et, l'on sait que non-seulement Kant à cru à l'existence de la morale et à la possibilité d'en déterminer les lois, mais qu'il en a exagéré même les principes avec une chaleur de conviction qui honore son caractère sans excuser ses erreurs. Mais comme il désirait proclamer une morale épurée de tout mauvais levain, il entrait dans son plan d'analyser d'abord toutes les facultés de l'homme pour savoir de quoi il était capable et pour connaître et pour agir; delà naquit le criticisme qui s'exerça d'abord dans la région des idées et qui prouva que les idées ne pouvant pas devenir, par la raison pure, une source de nouvelles connaissances, parce qu'elles n'ont rien dans le monde des phénomènes sur quoi elles peuvent se comparer, elles ne pouvaient servir que de principes régulateurs au moyen desquels nous posons comme des vérités tout ce qui est universellement nécessaire, pour constituer la vie morale et pratique. La critique de la raison pratique est donc la contre-partie de la critique de la raison pure, et comme elle la suit pas à pas dans l'exposition de son sujet, elle se divise comme elle en deux parties, 1° doctrine élémentaire, 2° méthodologie, et la première se sous-divise en partie analytique et dialectique.

§ 1.

ANALYTIQUE.

La raison étant pratique d'après Kant en tout ce

(¹) *Leçons sur la philosophie de Kant*, par M. Cousin, I, p. 329.

qu'elle se rapporte à la détermination de la volonté, il s'ensuit qu'il existe une détermination de la volonté par la raison, et comme cette détermination suppose des principes et des règles d'après lesquelles elle agit, il s'ensuit encore qu'il existe des principes et des règles pratiques. Or la fonction de l'analyse de la raison pratique consiste à indiquer les caractères essentiels d'une loi pratique et par là de déterminer quels sont les principes que l'on doit considérer comme lois obligatoires pour le genre humain.

Dans ce but Kant divise en deux classes les principes pratiques, qu'il nomme les uns *matériels*, les autres *formels*. Les premiers placent le mobile déterminant de la volonté dans la faculté inférieure de l'appétit. Ils sont par là, tout-à-la-fois empiriques et subjectifs et ne peuvent, dans aucun sens devenir des lois générales. Les seconds sont ceux qui déterminent immédiatement la volonté. Les principes matériels coutume de diviser l'homme, tandis que les formels rétablissent l'harmonie qui doit exister dans la faculté d'un individu comme parmi les hommes dans leur relations réciproques. Un être raisonnable ne peut donc concevoir ses principes subjectivement pratiques comme des lois pratiques, qu'autant qu'ils se prêtent à une législation générale, c'est-à-dire encore qu'autant qu'ils déterminent la volonté dégagée de tout élément étranger à la liberté. Car la liberté de la volonté consiste en ce que nous nous déterminons à agir par l'idée seule d'une loi intéricure indépendamment de tout motif extérieur et qu'elles que soient les impressions que nous recevons des objets sensibles. Dans cette *autonomie* de la volonté, comme parle Kant, est comprise la vraie moralité, la véritable dignité de l'homme; mais nous le répétons, la volonté n'est mue que par l'idée d'une loi générale, la loi du devoir (sollen) ou autrement nommé par Kant l'*impératif* moral. Cet impératif Kant le surnomme *catégorique* parce que c'est un ordre absolu de la raison donné à la volonté, et c'est en cela qu'il est seul, une loi pratique. C'est une protestation de la raison contre l'empirisme ou le monde phénoménal qui cherche à influencer la volonté humaine, c'est une déclaration de souveraineté de l'âme sur le corps, de l'esprit sur la matière.

L'impératif catégorique ainsi défini, on voit qu'il n'est plus qu'un principe formel qu'on peut ainsi formuler: *agis de manière que la maxime de la volonté puisse en tout tems valoir comme principe d'une législation universelle.*

Après qu'il a établi une différence entre une maxime matérielle et la moralité, et avoir préconisé la supériorité de celle-ci, il passe en revue les différens principes matériels tels qu'on les trouve dans les systèmes de moralistes. Ces principes se partagent en deux classes, subjectifs et objectifs. Les subjectifs sont de nouveau considérés comme externes ou comme internes.

Les principes subjectifs externes sont 1° le principe de l'éducation, suivant Montaigne; 2º le principe de la constitution civile d'après Mandeville.

Les principes subjectifs internes sont 1º le sentiment physique d'après Epicure; 2º le sentiment moral d'après Hutcheson.

Les principes objectifs dérivent de l'idée de la perfection et se distinguent les uns des autres en ce qu'ils nous apparaissent tantôt comme le pur idéal de la raison humain qu'il faut atteindre; tantôt sous l'image d'un être qui réunit toutes les perfections, et qui nous ordonne de lui ressembler. Wolff s'unit aux stoïciens pour admettre les premiers; Crusius et d'autre théologiens moralistes admettent les seconds. Mais tous ces principes sont matériels; ils ne conviennent donc pas à la loi pratique. Reste le principe formel.

Kant donne ensuite une déduction de la loi morale de la même manière que dans la raison pure, il a donné une déduction des catégories, c'est-à-dire qu'il veut prouver que notre raison pratique a réellement le droit de déterminer ses *actions* par un acte pur de la volonté *a priori*.

Ainsi la loi morale quoiqu'elle n'explique pas le monde intellectuel, sert néanmoins, à l'aide des notions de la raison pure et de celles de l'empirisme, à constater un fait, savoir que la raison pure peut devenir raison pratique et que l'usage transcendental de la raison peut se transformer en un usage immanent. D'où il suit que l'idée de la liberté crue possible par la raison théorétique, et étant son principe analytique reçoit de la raison pratique une réalité objective.

Ce qui concerne la raison pure dans son usage pratique, pour lui donner une étendue impossible à réaliser dans la théorie; c'est qu'au moyen des catégories on se forme une idée des objets, quoiqu'on ne puisse déterminer théoriquement et sans intuition aucun *noumène*. C'est de cette manière également qu'une notion possible de la causalité et de toutes les autres catégories obtiennent par la loi morale une réalité pratique dans le champ des choses suprasensibles, ce qui semble contredire la raison pure spéculative; mais cette contradiction n'existerait qu'autant que l'empirisme serait, comme le disait Hume, l'unique source des principes; mais les catégories ne contiennent rien d'impossible relativement à un objet, comme *noumène* puisqu'elles ont leur siège dans l'entendement et non dans l'expérience.

L'idée de la liberté forme donc une partie nécessaire de la raison et pratique et spéculative, puisque sans elle on ne pourrait expliquer le jeu merveilleux de la nature et de l'histoire; mais elle ne peut être exclusivement l'objet de la raison théorique; nous ne pouvons nous convaincre de son existence et de ses efforts que par sa mise en œuvre. Nous ne pouvons agir librement et mettre en action l'indépendance de notre volonté que par la loi morale; dans la loi morale est la loi unique et suprême de notre volonté; elle ne ressort que du besoin que nous avons de la liberté.

Un objet de la raison pratique est une action possible librement. Le bien et le mal sont les seuls objets de la raison pratique. Ces deux objets sont nécessaires en tant que dérivant, le premier, de la faculté appétitive, le désir; le second, de la faculté aversive.

Mais il faut distinguer entre le bien et le mal pratique, en le bien et le mal moral. L'un n'est relatif qu'au bien-être ou au mal-être; l'autre indique un rapport à la volonté, en tant qu'elle est déterminée par la loi rationnelle.

Si un principe rationnel est déjà connu en soi, comme étant la raison déterminante de la volonté, alors c'est une loi pratique *a priori* qui détermine immédiatement la volonté; et l'action conforme à ce principe est bonne en soi, et la volonté elle-même absolument bonne sous tous les rapports et la condition suprême de tout bien moral. Mais si le principe déterminant de la volonté est quelque chose qui plaît ou déplaît, alors la maxime de la raison suivant laquelle nous recherchons l'une de ces deux choses et évitons l'autre, n'est pas une loi, mais un prescrit pratique qui détermine la volonté au moyen seulement du plaisir ou de la peine. L'objet de l'action n'est pas alors un *bien moral* mais un bien physique, et l'action n'est bonne que relativement à quelque chose; mais la volonté n'est pas une volonté pure.

Pour n'avoir pas signalé la loi qui détermine la volonté *a priori*, le plus grand *nombre* des philosophes ont été forcé à s'en tenir à une loi matérielle, delà leurs systèmes sur le *souverain bien* et sur *l'utile*. La morale ainsi basée se trouvait être en contradiction avec la liberté morale.

Les catégories de la liberté ou de la volonté pure sont les formes différentes sous lesquelles la liberté se révèle et se développe.

Voici la table de ces catégories.

1° QUANTITÉ.	2° QUALITÉ.
Principe subjectif, d'après des maximes ou opinions de l'individu.	Règles pratiques de l'action.
Principe objectif, d'après des principes de plusieurs.	Règles pratiques de l'omission.
Lois générales, c'est-à-dire, principes tant subjectifs qu'objectifs de la liberté.	Règles pratiques des exceptions.
3° RELATION.	4° MODALITÉ.
Touchant la personnalité.	Le licite et l'illicite.
Touchant l'état de la personne.	Le devoir et son contraire.
Réciprocité d'une personne sur l'état d'une autre.	Le devoir parfait et le devoir imparfait.

D'après cette table la liberté doit être considérée

comme une espèce de causalité des actions, mais qui n'est point soumise à des principes empiriques de détermination, jusqu'à ce que les catégories de la modalité opérèrent problématiquement la transition des principes pratiques en général à ceux de la moralité qui sont ensuite exposées dogmatiquement par la loi morale.

La raison de l'honneur part ainsi de maximes subjectives et au moyen de l'abstraction et de la comparaison elle se forme des règles objectives. Mais, parce que ces règles objectives sont toujours empiriques et manquent par là d'une valeur parfaite, la raison doit nécessairement l'élever à une autre classe d'idées pratiques, à la loi morale proprement dite, qui nous instruit du licite et de l'illicite, de ce qui est devoir, de ce qui ne l'est pas, de même que sur la différence et les rapports entr'eux des devoirs parfaits et moins parfaits. Dans ces divers cas la raison pratique cherche à réaliser l'idée de la liberté dans les limites du monde sensible, c'est-à-dire à déterminer tous les actes extérieurs de l'homme par l'idée de la liberté.

Pour appliquer la loi de la liberté qui est quelque chose de placé au-dessus du sensible, à des actions qui sont du domaine des choses sensibles, la raison pratique a besoin d'un moyen analogue à l'abri de la raison pure afin d'unir la loi de la pure pensée avec la perception sensible. De même que cette dernière fait rapporter par un schème la catégorie *a priori* à une notion sensible, la raison pratique se sert d'un *type* de la loi morale qui présente la loi de la liberté sous la forme d'une loi de la nature, et l'applique ainsi à des objets sensibles. Ce type de la loi morale, ou cette règle par laquelle le jugement pratique est subsoumise à la loi générale de la morale est ainsi formulée par Kant: Demande-toi à toi-même si tu peux vouloir une action dans le cas qu'elle doive arriver d'après les lois de la nature dont tu ferais toi-même partie. En d'autres termes: Demande-toi si tu voudrais faire partie d'un ordre de choses, d'une société ou d'une communauté dans laquelle la maxime d'après laquelle tu veux agir, serait une loi générale. „D'après cette règle, dit Kant, chacun juge, en effet, des actions si elles sont moralement bonnes ou mauvaises. C'est ainsi qu'on dit: si chacun qui croit trouver son intérêt, se permettait de tromper ou croyait être libre de s'ôter la vie dès qu'il en est dégouté, ou considérer la misère des autres avec indifférence et qu'un pareil ordre de choses ait été établi dans une société, voudrais-tu y donner le consentement de ta volonté? Chacun sait que lorsqu'on se permet une tromperie à l'insçu des autres ce n'est pas une raison pour que cela en autorise d'autres en faire autant, ou qu'en secret il manque de charité, d'autres n'en manqueraient pas aussi à son égard; par conséquent, cette comparaison de la maxime de ses actions avec une loi générale de la nature n'est pas la raison déterminante de sa volonté, néanmoins cette dernière chose est le type dont on juge la première suivant le principe moral. Lorsque la nature de la maxime de l'action ne peut supporter l'épreuve de la loi de la nature elle est moralement impossible. C'est le jugement qu'en porte le sens commun: car la loi de la nature est toujours la base des jugemens de l'expérience.

§. 2.

THÉORIE DES MOBILES PRATIQUES.

Il ne peut y avoir qu'un seul mobile de la détermination subjective de la volonté, et c'est la loi morale. Quand une action a été ainsi déterminée, elle a une vraie valeur morale, quoique l'on puisse obtenir un genre d'obéissance à la loi que l'on peut appeller légale: mais la légalité n'a rien de commun avec la moralité qui poursuit un but plus élevé.

Il est de la plus haute importance, dans tous les jugemens moraux, de faire la plus grande attention au principe subjectif, afin que toute moralité des notions ait sa raison dans leur nécessité, par devoir, tout comme si nous pouvions jamais parvenir à la sainteté de la volonté. La loi morale, est donc, par la volonté d'un être parfaite, une loi de sainteté; par la volonté de tout être raisonnable fini, une loi du devoir, de la coaction morale et de la détermination des actions de cette volonté par respect pour cette loi et par crainte pour son devoir ou la nécessité de sa pratique. On ne doit pas avoir pour mobile d'autre principe subjectif. Assurément, il est beau de faire le bien mû par le mobile de la bienveillance ou de la sympathie; mais comme homme nous sommes soumis à une discipline de la raison, et nous ne devons pas oublier dans toutes ses maximes de nous y conformer: car il y a devoir pour nous de le faire, et le devoir implique deux choses, objectivement la légalité de l'action c'est-à-dire son accord avec la loi; subjectivement son respect pour la loi ce qui en fait la moralité. „Devoir! s'écrie Kant, mot sublime, parole pleine de grandeur! mot qui ne renferme rien qui ne puisse nous flatter, mais qui demande la soumission quoique sans exciter en nous de la répugnance quoique sans nous offrir rien de pénible à accomplir, mot qui ne présente simplement qu'une loi qui trouve naturellement entrée dans nos ames et nous force à l'estime et à la vénération; mot devant lequel tous les penchans mauvais se taisent, quoiqu'en secret ils conjurent contre lui. Devoir, d'où nous vient ton idée? où trouver le principe de ta noble descendance, toi qui repousses avec fierté tout ce qui n'est pas conforme à ton origine?" — Oui, ce sont là de saintes paroles, mais lorsque Kant continue à exiger de la volonté humaine le strict accomplissement de cette loi sublime du devoir il oublie qu'il y a une grande distinction à faire entre l'homme idéal et l'homme réel, *entre l'homme fait à l'image de Dieu et de sa ressemblance*, et l'homme qui a ait une brèche considérable à sa liberté par le fatal usage qu'il en a fait. Celui-ci peut bien encore, ange déchu, faire ses charmes d'une loi qui en appelle à ses belles facultés, mais combien peu dure cette joie, quand il est obligé de dire avec Ovide:

. . . . Video meliora proboque
. . . . . . Deteriora sequor . . . .

Néanmoins Kant se montre si rigide sur cet impératif du devoir qu'il éloigne de son système tout mobile qui semblerait n'être inspiré que par des motifs purement religieux; c'est la contre-partie du système de Fénélon sur l'amour pur; ou plutôt n'en serait-ce pas une phase nouvelle? Kant ne veut pas en convenir parce qu'il se méfie trop de ce qui, de près ou de loin ressemble à un mysticisme qui n'est pas de ce monde. Il y a un *mysticisme moral* dont il faut se préserver suivant lui, autant que de celui qui consiste à sortir par principe des limites de la raison humaine, et qui nous fait sortir des limites de la raison pratique en se prescrivant d'agir par devoir au nom du *principe de vie suprême* de toute moralité dans l'homme.

§ 3.

DIALECTIQUE DE LA RAISON PRATIQUE.

Elle consiste à rechercher la notion du souverain bien afin d'indiquer un but à nos actions et en général, à toute l'existence humaine, quoique cette notion ne doive pas être le motif déterminant de nos actions, ce motif ne devant être que notre respect pour la loi morale. C'est l'enseignement des moyens de chercher cette notion et de la déterminer pratiquement qui porte le nom de philosophie. Mais si le concept du souverain bien implique la loi morale, alors la représentation de l'existence possible du souverain bien par notre raison pratique est en même tems le *principe déterminant* de la volonté pure.

La qualité de *souverain* ajoutée au bien peut signifier le plus haut en tant qu'il n'est subordonné à aucun autre, ou le *parfait*, en tant qu'il est le tout et nullement une partie d'un tout plus grand encore de la même espèce. Or la vertu étant la condition suprême du bonheur elle est par cela seul, le souverain bien; elle est encore le bien parfait puisqu'il y aurait desharmonie choquante si un être raisonnable était déterminé par une volonté parfaite et que son besoin d'être heureux ne fut pas satisfait. Ainsi l'union de la vertu et de la félicité est un axiome de la raison pratique. Comment se conçoit cette union? L'idée de la félicité rappelle quelque chose de sensible, tandis que celle de la vertu implique celle d'une lutte avec soi-même et un éloignement des choses sensibles; il ne peut donc y avoir identité entre elles et les stoïciens deraisonnent quand ils affirment que la félicité est une conséquence nécessaire de la vertu, de même que les Epicuréens lorqu'ils considèrent la vertu comme un simple moyen d'atteindre à la félicité. Non, bonheur et mortalité sont deux élémens du souverain bien d'espèce toute différente. Leur union ne peut donc pas être analytiquement mais synthétiquement leur déduction est transcendentale. Mais il se présente ici une antinomie. Ou le désir du bonheur est la cause déterminante à la vertu, ce que l'on ne pourrait avancer sans détruire ce que nous avons établi, savoir que l'empirisme ne peut en aucune façon donner des lois pratiques; ou la vertu est la cause du bonheur ce qui est impossible, puisque l'union pratique entre la cause et l'effet dans le monde ne repose pas sur des lois morales, mais sur des lois physiques. Le souverain bien n'est pas plus possible d'après des règles pratiques que d'après la loi morale. N'est-il pas vrai que notre raison nous pousse à l'acquisition du souverain bien, en d'autres termes, à unir en nous la vertu et la félicité, tandis que la nature met des obstacles invincibles à cette acquisition en nous soumettant à des lois mécaniques qui sont sans influence sur notre volonté morale? Mais Kant résout cette antinomie de la la même manière qu'il l'a fait pour la raison spéculative. On doit considérer, dit-il, qu'il y a une grande différence entre le monde sensible ou phénoménal et le monde qui est au-dessus des sens. Ce qui serait impossible d'après les lois du monde sensible, ne l'est plus peut-être lorsqu'il s'agit de faits qui se passent dans une région inaccessible aux sens. Si l'homme n'était en son entier qu'une partie de la nature, il devrait alors se désespérer de ne pouvoir atteindre le but élevé qu'il pressent devoir faire son souverain bien, but qui est l'idéal de sa raison, et dans cette situation il devrait ou comme les stoïciens s'envelopper dans sa superbe négation de lui-même, ou comme les Epicuriens se précipiter dans les jouissances du monde matériel et faire consister la vertu dans l'appréciation du bien-être terrestre; mais nous savons que l'homme appartient à deux mondes à la fois dont l'un est tout ensemble sensible et moral et il y a nécessité pour que la raison pratique ne soit pas une pure abstraction, mais qu'elle se réalise, que le monde au-dessus des sens lui prescrive la recherche du souverain bien et le soutienne dans cette recherche. D'où Kant conclut que l'existence de ce monde suprasensible, de même que l'existence de Dieu et l'immortalité de notre ame sont des postulats de la raison pratique.

Si nous n'avions pas foi à ces trois conditions nécessaires de notre existence il nous serait impossible de comprendre l'harmonie étroite que *la raison* nous enseigne régner entre la vertu et la félicité, union qui n'est pas contingente et arbitraire, mais nécessaire. Il est donc nécessaire que nous croyions à l'immortalité de l'ame si nous voulons obtenir cette perfection de la vertu que notre existence terrestre ne nous fait jamais atteindre. Cette perfection ne s'obtenant pas sur la terre et avec elle la félicité, le progrès auquel nous sommes appellés n'est donc possible que dans la supposition d'une existence et d'une personalité du même être raisonnable qui travaillait en vain sur la terre; existence et personalité qui doivent continuer à l'infini pour que le bien infini, savoir la vertu et la félicité parfaites soient atteintes. Ainsi l'immortalité de l'ame est un postulat de la raison pratique pure, proposition théorétique qui est liée intimement *a priori* à une loi pratique nécessaire. Or, cette même loi morale qui nous conduit à l'intégrité nécessaire du premier élément du souverain bien, *la moralité* et celle-ci au postulat de la moralité, doit également nous conduire à la possibilité du second élément du souverain bien, à la félicité, conforme à la moralité, et celle-ci au postulat de l'existence de Dieu. Nous devons, en effet, croire à l'existence d'un Etre suprême qui a puissance, doué comme il doit l'être de sainteté, de justice et de toute-puissance, d'apprécier la valeur morale des actions humaines et de les rétribuer en proportion de leur valeur.

Cette nécessité d'admettre l'existence de Dieu provient donc d'un besoin, et doit être regardée par conséquent comme une vérité subjective; elle est liée à la conscience du devoir, mais elle n'est point le devoir lui-même. Voilà pourquoi la philosophie grecque n'a jamais établi une bonne démonstration de l'existence de Dieu; tandis que la religion chrétienne a donné une idée rationnelle de l'existence de cet Etre souverain lorsqu'elle a indiqué que la béatitude n'était pas le partage de l'homme sur la terre, mais qu'elle était assurée dans le ciel.

La loi morale conduit donc par l'idée rationellement admise du souverain bien à *la religion*, c'està-dire à la connaissance de tous les devoirs comme préceptes divins, mais non comme sanction. Et le résultat de ce postulat est: *La morale ne nous apprend pas la manière de nous rendre heureux, mais comment nous nous rendons dignes de l'être.* Donc, la fin qu'avait Dieu dans la création du monde est la félicité des êtres raisonnables de ce monde; mais ce souverain bien, dont la moralité des êtres raisonnables fait aussi partie est la condition sans laquelle seule ils peuvent participer à la félicité suprême dispensée par le créateur.

C'est de cette manière que la raison pratique rend à l'homme ce dont l'avait dépouillé la raison pure et qu'elle vient mettre son ame en repos. C'est ainsi qu'au moyen de la liberté et de l'immortalité qu'elle nous a restituées, elle nous place au-dessus du monde sensible et nous rend forts contre ce qui menace notre vertu et par là notre félicité. Il ne faudrait pas néanmoins conclure de ceci que parceque Dieu nous est ainsi rendu, la raison pratique nous apprend par une conséquence nécessaire à raisonner sur la nature ou les attributs de Dieu; non, elle ne nous instruit que des rapports moraux entre Dieu et l'homme; en particulier que les attributs de sa sainteté, de sa justice, sa toute-science, sa toute-puissance rétablissent l'union intime de la vertu et de la félicité et que celui que discipline sa raison obéit par là même aux préceptes divins. Elle ne nous apprend rien non plus de la nature de notre ame et de sa position réelle dans la vie à venir, à moins que l'on entende par cette position, le développement moral qu'elle poursuit et la perfection qu'elle doit atteindre en progressant à l'infini. Il en est de même sur notre liberté dont nous ignorons l'essence, mais dont nous constatons l'existence ce qui nous suffit pour l'usage de la vie puisque par elle nous dépassons le monde sensible en le soumettant à notre volonté morale.

Suit la *méthode élémentaire* qui a pour but de prouver combien les objets de la morale devraient intéresser tous les hommes, et d'indiquer la manière dont on devrait exposer les idées morales pour les faire goûter du plus grand nombre et les rendre ainsi populaires. Et l'un des plus sûrs moyens, à son avis, est de parler toujours raison à l'homme, et de chercher à faire apprécier la moralité de l'action. Le livre de l'histoire à la main ou le cercle constant de l'expérience sous les yeux, fourniront assez d'exemples pour animer la conversation et provoquer l'exercice du jugement. De cette manière l'enfant même autant que l'homme instruit ne verra que le beau dans une action et son intelligence se contraindra à le suivre. Ils diront eux aussi avec Kant que deux choses remplissent l'esprit d'une admiration et d'un respect toujours nouveaux et toujours croissans: au-dessus de nous la vue d'un ciel étoilé, et au-dedans de nous le sentiment de la loi morale; et ils n'auront pas d'autre ambition que d'être conséquens avec eux-mêmes en l'honorant par leur conduite.

Telle est la substance de cette *critique de la raison pratique* dont les résultats forcent notre estime autant que ceux de la raison pure avaient forcé notre admiration; mais dans laquelle il ne me sera pas difficile également de signaler des lacunes, des contradictions, et des erreurs qui sans attaquer la moralité de l'ouvrage en elle-même, en atténuent la portée et établissent entre la loi du devoir telle que Kant la conçoit, et la loi morale telle que la proclame l'Evangile une disparate qui en fait mieux sentir la faiblesse et démontre la fragilité des étais sur lesquels le philosophe l'a appuyée.

Je dois auparavant faire connaître celui des ouvrages de Kant qui doit être considéré comme la troisième face du système qu'il a voulu élever à la philosophie et dont l'exécution a toujours été le plus admirée même par ceux qui ont cru devoir le critiquer, je veux parler de la *critique de la force du jugement*, qui eut aussi son précurseur dans un petit traité qui faisait pressentir de bonne heure combien cette tête philosophique comptait de ressources pour analyser des facultés de l'âme qui semblent autant appartenir à la poësie qu'à la métaphysique.

CHAPITRE VII.

Ouvrage de Kant sur le *sentiment du beau et du sublime.*
Analyse de sa *critique sur le jugement.*

C'est par des recherches aussi intéressantes que profondes sur le sentiment du beau, mais toujours en l'envisageant sous le point de vue subjectif et dans ses relations avec l'anthropologie que Kant avait déjà fait connaître, dans ses premiers travaux, sa grande puissance d'investigation dans tout ce qui touchait à l'être humain. En effet, il avait publié en 1764 des observations sur le sentiment du beau et du sublime qui eurent le privilège de trouver un traducteur, dirai-je, ou un imitateur (¹), et où le philosophe dans une ingénieuse analyse et avec une sagacité rare, indiquait cette multitude de mouvemens fugitifs de l'ame, le grand nombre de nuances fines et délicates au moyen desquelles se manifeste l'ame humaine et témoigne des pensées qui la préoccupent ou des émotions qu'elle éprouve. Tout cela, il faut pourtant le dire, annonçait bien dans l'écrivain un observateur qui ne vivait pas toujours dans

---

(¹) *Beobachtungen über das Gefühl des Schönen und Erhabenen* On les trouve dans le 4º vol. des *Œuvr. compl.* 399-463. M. Keratry les a données en français sous le titre de *considérations sur le sublime et le beau*

sa solitude, mais révélait aussi l'homme incomplet, qui faute de n'être pas assez descendu dans sa propre conscience qu'il confondait malheureusement avec la raison, ne pouvait porter sur le beau qu'un jugement imparfait puisqu'il est non seulement prouvé que l'intellectuel doit être subordonné à l'ordre moral, mais qu'il lui est souvent opposé comme le prouvent les répugnances de tant de consciences nullement fanatiques ou obscurcies par l'ignorance et qu'une fleur de délicatesse dont elles ne se rendent pas compte, les empêche d'être délicieusement émues en présence d'une beauté artistique qui aura pourtant les suffrages de l'imagination ou de l'intelligence. N'est-ce pas que les erreurs de Kant sur l'origine du mal moral ont été cause de cette confusion d'idées sur le beau. Si le beau a un rapport direct avec quelque chose, rapport intime et inaliénable, c'est sans doute avec la vérité; mais existe-t-elle jamais la vérité en dehors de l'ordre moral! Il serait plus dans le vrai lorsqu'après ses excursions dans les diverses régions du sublime il conclut encore que leurs différences n'ont en réalité qu'une valeur subjective, si par cette expression il voulait exprimer que nous sommes diversement affectés suivant le plus ou moins de lucidité de la conscience ou de pureté dans le sens moral. Mais il me faut analyser maintenant celui de ses ouvrages, qui développe l'idée mère de l'opuscule et qui dans son genre est un des plus achevés des ouvrages de Kant (¹). N'est-

---

(¹) Non seulement cela, mais comme il est un des plus agréables à lire, je ne conçois pas que le traducteur français de la *Critique*

ce pas de la *force du jugement* que Schelling disait dans une de ses premières productions: „Peut-être, n'a-t-on jamais réuni en si peu d'espace un si grand nombre de pensées profondes comme Kant l'a fait dans le §.76 de la critique du jugement. (¹)

Quelle est donc la tâche que s'est donnée Kant dans la critique du jugement? Où trouvera-t-il les lois de cette faculté? Quels sont les objets sur lesquels elle pourra s'exercer?

Si je ne me trompe pas, le philosophe de Kœnigsberg trouve à peu près identique ce que nous croyons très distinct, la puissance de juger et la puissance de penser; mais, dit Kant, le jugement est une pensée sous la forme de jugement. La puissance de juger, dit-il encore, est cette faculté que nous avons d'examiner si quelque chose s'accorde ou non avec la règle ou la loi; et Krug, son commentateur, est bien plus bref quand il la définit: l'intelligence en tant qu'elle juge. Et c'est de cette faculté ou puissance dont s'empare Kant pour s'orienter psycologiquement dans tout le domaine de la philosophie pure. La principale découverte qu'il y fit avec bonheur fut la lacune qu'il crut exister jus-

---

de *la raison pure* n'ait pas encore songé à celui-ci. On y voit que Kant le composait avec délices, se dédommageant dans la contemplation du beau des arides spéculations de la morale.

(¹) Ce jugement de Schelling dans son ouvrage: *Vom Ich als Princip der Philosophie*, est d'autant plus flatteur pour Kant que Schelling à cette époque (1795) passait pour un jeune disciple de Fichte et que ce dernier regardait cet écrit de Schelling, comme il le dit lui-même, dans une lettre à Reinhold, comme le commentaire de ses propres *principes sur la science*.

qu'à lui entre le pouvoir de la connaissance et celui de désirer, et la remplissant par le sentiment du plaisir et du déplaisir il donnait un nouveau principe *a priori* qui ajouta une notion nouvelle à la raison pure, et c'est par là qu'il étendait sans cesse les principes de sa critique sans songer encore à son organisation définitive. De même donc que la critique de la raison pure montre que la raison contient des *principes a priori* que le plus décidé scepticisme ne saurait contester, celle de la *faculté de juger*, qui est suivant notre philosophe, le lien intermédiaire entre la raison pure et la raison pratique, doit également contenir des principes de même nature et donner des règles *a priori* au sentiment du plaisir et du déplaisir, sentiment qui vient ainsi se placer entre la faculté de connaître et celle de désirer. L'idée qui veut se rendre sensible, dit Kant, qui veut se créer une réalité est, en même tems le but et la cause de la notion dans le monde objectif; or quand nous exerçons notre faculté de juger nous absorbons dans une notion générale un phénomène isolé. Mais comme l'impression d'un objet n'est pas toujours conforme à l'idée, rendue sensible par cet objet, cette impression est tantôt agréable, tantôt désagréable et c'est à cause de cela que la faculté de juger repose sur la puissance de sentir (Gefühlsvermögen). D'où il s'ensuit que penser, sentir, agir, c'est en quoi l'homme consiste; d'où l'objet tout entier de la philosophie. Ici Kant signale les rapports qui unissent le jugement à l'intelligence et à la raison pratique, afin de légitimer la définition qu'il en donne, et la place qu'il lui fait occuper entre les deux autres; puis il divise en deux parties ce qu'il veut en exposer, c'est-à-dire en critique du jugement, 1º relativement à l'Esthétique; 2º relativement à la Téléologie. (¹).

§ 1.

ANALYTIQUE.

Il faut d'abord déterminer la nature et les formes de cette nouvelle activité de l'homme et ensuite découvrir ses lois objectives, c'est-à-dire considérer l'ordre de la nature subjectivement ou ce qui revient au même relativement aux sensations qui nous font porter un jugement; puis chercher à élever l'idée de l'ordre dans la nature en un principe objectif, en un mot, en une *loi de la nature*.

Les produits de l'art et les produits de la nature sont les objets qui révèlent l'idée d'une conformité de but avec le moyen; mais dans l'art cette conformité n'est que formelle et ne pénètre pas la matérialité de l'objet. Néanmoins en tant qu'il réveille en nous le plaisir nous le nommons le *beau* qui n'est pas le plus noble des instincts sensitifs qui ont leur fondement sur une idée morale, mais il tient, comme je l'ai dit, le milieu entre la raison pure et la raison pratique.

La définition du beau donnée par Kant se rapport aux quatre catégories déjà connues. Ainsi,

(¹) Oeuv. compl. IV, 17-40.

d'après la *qualité* le beau est défini par le jugement sans que l'on reporte aucune idée d'intérêt sur l'objet. Il n'a d'existence que par la notion que l'on s'en fait. Relativement à la *quantité*, il est le plaisir que l'on ressent, abstraction faite de sa notion. Ce qui plait à l'un peut, en effet, déplaire à d'autres, tandis que les notions logiques et métaphysiques ont pour tous la même valeur, et n'ont, pour cette raison, aucun rapport avec la sensation éprouvée (¹). Le beau considéré relativement à la *relation*, repose uniquement sur la forme d'une utilité quelconque sans qu'on se le représente comme offrant un attrait matériel spécial, mais on ne l'admire pas moins tant pour la beauté de la chose en elle-même que pour les avantages qu'en général l'on pourrait en recueillir. Voilà une belle fleur, je vois que toute ses parties sont tellement en harmonie entr'elles qu'elles forment un tout organique parfait. L'idée que réveille en moi l'heureux arrangement de ses parties diverses n'a point pour effet nécessaire de me rappeler l'usage que je pourrais en faire, et dans ce cas la plante est à elle-même son propre but (²). Quant à la *modalité* la notion du beau a un rapport nécessaire avec le plaisir qu'en ressentent généralement tous les hommes d'après leurs vues subjectives. Par conséquent, soit comme objet, soit comme manière de se le repré-

---

(¹) Ibid. IV, 56.

(²) Ibid. IV, 56.

senter, le beau, dans ce cas doit être défini : ce qui plait à tous en général, abstraction faite de toute vue d'intérêt ou d'utilité formelle, et comme tel, il a aussi, dans sa sphère, les caractères de nécessité et d'universalité (¹).

Kant distingue deux sortes de sublime, le mathématique et le dynamique. Le premier est celui à qui rien ne saurait être comparé. Parmi tous les objets sensibles rien ne peut être appelé sensible dans le sens mathématique ; car par son imagination l'homme peut toujours placer au-dessus de ce qu'il voit des objets qui la dépassent. Ainsi considéré, le sublime est moins une qualité attribuée à un objet que l'impression faite par un objet imaginé, sur notre faculté de sentir. Mais si l'ame est vivement émue par suite d'un tel objet et si par là elle confesse son impuissance, la raison survient qui planant au-dessus des limites des sens et de l'imagination raisonne en pleine liberté et conserve toute sa dignité.

Le sublime dynamique est celui dont la puissance nous terrasse et dont l'impression inspire d'ordinaire le sentiment de la crainte. S'il arrive qu'il excite en nous le plaisir, c'est parce que la raison par un effet de son pouvoir moral résiste à la force des impressions. On admire, par exemple, le héros qui expose sa vie sur un champ de bataille et cette admiration n'est pas sans mélange de crainte, attendu que l'idée du danger qu'il court nous fait penser

(¹) Ibid. ιv, 67-87.

à un danger semblable; mais nous éprouvons en même tems quelque chose qui bannit la crainte ou plutôt qui se place au-dessus d'elle, c'est qu'il y a en nous puissance de nous exposer au danger avec le même courage, et de nous immoler pour la défense d'une grande cause.

Le beau et le sublime ont ceci de commun qu'ils plaisent l'un et l'autre sans retour sur nous-mêmes d'aucune espèce d'intérêt et que le sentiment qu'ils réveillent, ne ressemble ni au plaisir que l'on ressent dans la jouissance de ce qui nous est agréable, ni à l'attrait décidé qu'a pour nous ce qui est bon. Mais le beau et le sublime diffèrent entr'eux en ce que le premier ne fait éprouver que des sentimens paisibles et ne procure qu'une satisfaction purement intérieure; tandis que le second se révèle par les émotions fortes qu'il fait naître. Notre attrait pour le beau se montre plus positif, plus immédiat, notre imagination ou notre sensibilité s'en trouvent immédiatement satisfaites. Le sublime, au contraire, n'a pour nous qu'un attrait indirect, il ne réveille qu'un plaisir négatif, attendu qu'il a la force de réprimer la faculté sensitive et de donner par là à nos facultés intellectuelles un élan plus fort. Enfin l'idée du beau est plus immédiatement relative à l'objet sensible, tandis que l'idée du sublime signale l'état de l'ame ou la situation que fait naître en elle l'influence de l'objet extérieur. Tous deux cependant appartiennent à la faculté réflexive du jugement, quoiqu'ils n'aient, comme il a été dit dès le principe, de fondement, ni dans l'idée logique de l'intelligence, ni dans les principes pratiques de la raison; mais leur affinité n'est pas moins certaine, des rapports existants entre l'idée du beau et la notion spéculative que s'en fait l'intelligence. L'idée du beau ne contient-elle pas, en effet, le développement de la notion que l'intelligence se fait de l'ordre qui règne dans la nature. D'un autre côté, le sublime se rattache par un lien non moins visible à la raison pratique lorsque nous voyons vivifier et féconder le principe de la liberté morale. Un caractère qui leur est encore commun est celui de l'universalité et de la nécessité, avec cette seule différence que le jugement sur le beau a pour base le *goût* qui est un sens général esthétique dans l'homme et que celui du sublime repose sur un sentiment moral inné dans tous les êtres (¹).

Voici maintenant quelques points de vue de notre philosophe sur les beaux-arts.

Quant à l'art, dit-il, il est le résultat d'un mouvement libre mais régulier de notre force intellectuelle. Sans doute la nature produit des choses excellentes; mais tout cela ne résulte que d'un mouvement aveugle des élémens qui la composent, tandis que les œuvres de l'art dénotent un but et portent dans toutes leurs parties l'empreinte d'une intention. Si la beauté de la nature est une chose ravissante, la beauté d'un art est également ravissante puisqu'elle est la belle représentation d'une chose. Une

(¹) Ibid. ɪv, 117-168.

pareille œuvre exige de puissantes qualités, le goût d'abord, ensuite le génie qui l'élève à la notion du beau, enfin la capacité intellectuelle qui la reproduit. Par le goût nous devinons les beautés de la nature, par le génie nous créons d'autre beautés qu'il fait sortir de lui-même; car le génie est à lui-même son législateur; il est libre de toute gêne, de toute règle, de tout modèle. Mais pour s'y exercer le génie a besoin de l'intelligence et de l'imagination; de la première pour lui fournir l'idée de l'œuvre, de la seconde pour la lui faire exécuter avec une haute intention (¹).

On peut définir la beauté, qu'elle se rapporte à la nature ou à l'art, l'expression des idées esthétiques. De sorte que si l'on désire classer les diverses beautés de l'art, les beaux-arts, on doit le faire en suivant l'analogie de l'art, c'est-à-dire en se servant des expressions dont se servent les hommes pour communiquer entr'eux aussi parfaitement qu'il leur est possible, c'est-à-dire encore, non-seulement au moyen des idées, mais aussi par la sensation, et ce dernier moyen consiste dans la parole, les gestes et le ton ou modulation; d'où trois sortes de beaux-arts, 1° l'art qui parle à l'oreille, 2° celui qui parle aux yeux, 3° celui qui s'adresse à tous les sens à-la-fois. La première classe est relative à l'éloquence et à la poësie; la seconde à la sculpture et à la peinture; la troisième enfin

(¹) Ibid. IV, 173-192.

à la musique. De l'union de ces diverses classes on peut en former une autre, l'art dramatique.

Kant donne à la poësie la préférence sur tous les autres arts, son domaine étant l'infini; elle donne toujours plus qu'elle ne promet, tandis que l'éloquence qu'il ne regarde non pas comme le produit du génie mais comme celui de l'imagination, donne toujours moins que ce qu'elle promet (¹). Un beau poëme, dit-il, a toujours eu le pouvoir de me procurer un vif sentiment de plaisir, tandis que la lecture des meilleurs discours qu'ont produits la tribune de Rome, celle du parlement ou enfin de nos chaires chrétiennes m'a laissé sous l'empire de sentimens désagréables. L'éloquence et l'art de bien dire, qui forment ensemble la rhétorique, appartiennent, il est vrai, aux beaux-arts, mais l'art oratoire ne servant d'auxiliaire qu'à la faiblesse de l'homme, n'est pas digne d'estime. Il ne fut admiré à Athènes et à Rome que dans des époques où le goût était déchu et où l'Etat était en pleine décadence (²). La musique ne doit pas subir un meilleur sort par ce que les sensations qu'elle procure sont d'un ordre bien inférieur à celles que procure la poësie; elle sont purement pathologiques.

(¹) Ibid. IV, 193-194.

(²) Ibid. IV, 200-202.... „Beredtheit und Wohlredenheit gehören zur schönen Kunst; aber Rednerkunst (ars oratoria) ist, als Kunst, sich der Schwächen der Menschen zu seinen Ansichten zu bedienen, gar keine Achtung würdig". Comment, avec des idées si singulières sur l'éloquence Kant aurait-il pu poursuivre sa première vocation qui l'appelait dans une chaire chrétienne.

§ 2.
DIALECTIQUE.

La partie dialectique doit harmoniser les divers points de vue opposés de l'homme sur les choses d'une valeur généralement reconnue avec le fondement des jugemens esthétiques. Les uns, en effet, reconnaissent un principe *a priori* sur lequel ils fondent leur jugement esthétique; les autres rejettent ce principe attendu que la grande diversité de ces sortes de jugement est une preuve à leurs yeux de l'absence de ce principe. Kant se porte médiateur entr'eux, en soutenant que ce principe existe, mais qu'il est purement subjectif; c'est l'idée de la sagesse divine empreinte sur les œuvres de la nature qui se trouve dans la conscience humaine; mais comme nous n'avons aucun moyen de connaître au juste les intentions de cet être infiniment sage que nous nommons Dieu, nous ne pouvons pas affirmer que telle chose soit belle ou non quoiqu'elle réponde aux idées que nous nous faisons de la régularité de la nature (¹).

§ 3.
CRITIQUE DES JUGEMENS TÉLÉOLOGIQUES.

Tandis que le jugement esthétique considère la régularité dans la nature comme quelque chose de purement subjectif, le jugement téléologique en signale la loi objective. Le premier en appelle à la res-

---

(¹) Ibid. IV, 239-41.

semblance avec certaines produits de la nature des actions libres de notre propre volonté; mais il ne considère pas leurs rapports dans leur cause objective, mais seulement dans leurs effets subjectifs ou psycologiques, c'est-à-dire encore dans les sensations que nous fait éprouver la vue de ces rapports. Le second, au contraire, s'attache à découvrir les principes généraux qui servent à faire connaître les objets extérieurs.

L'analitique doit donc rechercher les principes téléologiques, et déterminer les objets sur lesquels on doit en faire l'application, et la dialectique doit, au contraire, fixer les limites de cet usage et signaler les erreurs possibles des jugemens téléologiques.

De prime abord Kant déclare adhérer d'une manière générale au principe des causes finales en opposition à un ordre qui ne serait que le résultat d'une cause purement mécanique. Pour se convaincre, dit-il, qu'une chose est possible seulement comme but c'est-à-dire qu'on ne doit pas chercher sa cause dans le mécanisme de la nature, mais dans une cause dont la puissance active est déterminée par une intention, il est nécessaire que sa forme ne soit pas simplement possible par les lois de la nature, c'est-à-dire par celles qui ne sont reconnues par nous qu'au moyen de la seule intelligence et appliquées à des objets extérieurs; mais que même leur connaissance empirique d'après leurs causes et leurs effets supposent qu'elles sont perçues par la raison . . . . . . Si une personne trouvait dans un pays qu'elle croirait inhabité une figure géométrique, un octogone régulier dessiné sur le sable, ses réflexions dirigées par la raison se portant alors sur l'unité du principe qui a produit la figure, quelque obscur qu'il fût, elle ne pourrait conclure qu'une pareille forme fût produite soit par le sable lui-même soit par la mer qui l'avoisine, soit enfin par le souffle du vent ou par quelque autre cause inintelligeante, parce que le hasard l'auteur prétendu d'une pareille combinaison serait à ses yeux un prodige inexplicable, et qu'autant vaudrait rejeter toutes les lois de la nature; mais cela est impossible, puisque l'idée d'un but serait formellement empreinte sur les huit angles de la figure; il faudrait donc la regarder comme le produit de l'art (vestigium hominis video) ([1]).

Puis Kant détermine les êtres qui peuvent être considérés comme un but de la nature: ce sont les êtres organisés parce qu'en effet ceux-ci sont à eux-mêmes cause et effet, et que dans chacun de ces êtres il y a organisation en soi et par soi. Prenez l'exemple d'un arbre, n'est-il pas vrai qu'en vertu d'une loi connue de la nature il produit un arbre de son espèce, et en le produisant n'est-il pas tout-à-la fois cause et effet dans le but de conserver son espèce? Outre cela, n'est-il pas vrai que l'arbre se produit également lui-même comme individu, opération que nous nommons croissance mais qui différant essentiellement de tous les genres

---

([1]) *Kritik der Urtheilskraft.* œuvr. compl. iv. 252-253.

de croissance qui l'effectuent par une voie mécanique, mérite bien mieux qu'on la nomme production ; car l'arbre emploie lui-même la matière qui sert à son propre développement et s'il arrive qu'on en détache des parties pour les enter sur d'autres arbres on voit que chacune d'elles conserve sa force produisante, et qu'ainsi le but de la nature se manifeste de la façon la moins équivoque. Mais si les êtres organisés, ajoute Kant, sont les seuls qui signalent un but dans la nature, ils sont donc les seuls qui puissent donner, à la notion que nous avons de ce but une réalité objective et fournir ainsi à la *téléologie* une base qui puisse légitimer le jugement que nous portons sur un objet lorsque nous déclarons, par exemple, que dans un produit de la nature il y a moyen et but. Mais cette notion nous conduit à une autre, celle qui nous persuade que toute production de la nature est fondée sur une idée ; mais comme celle-ci implique une absolue unité et que la matière dans la multiplicité de ses objets ne paraît avoir aucun ensemble déterminé, il faut nécessairement si l'on admet l'idée comme fondement *a priori*, préciser un but général de la nature qui embrasse tous ses produits, et par conséquent, il s'ensuit que tous les effets de la nature n'ont rien de commun avec l'aveugle mécanisme et que la cause première de ce que nous voyons être l'effet d'un jeu mécanique doit être jugée téléologiquement.

Cette notion d'une matière organisée ou d'une chaîne des produits de la nature que nous avons reconnu comme but final de la nature, poursuit Kant, doit en se développant, nous conduire à l'idée que la nature entière repose sur un système final auquel est soumis tout ce que nous voyons de mécanisme dans la nature, et parlà à cette considération: que tout dans le monde est bon à quelque chose, qu'il ne renferme rien d'inutile et que nous ne pouvons en espérer que ce qui est bon et utile à tous. Il est vrai que ce principe dérivé de notre raison n'est qu'un jugement réfléchi (reflectirende Urtheilskraft) et non constitutif; mais il nous sert de fil conducteur pour nous diriger dans nos recherches et suppléer aux trop évidentes lacunes que présente le mécanisme de la nature. Il ne s'ensuit pas de là que l'on doive recourir dans l'explication des phénomènes de la nature, à une cause surnaturelle par ce que le principe téléologique s'arrête devant la question de la volonté qui agit dans un but; ce qui fait que l'on doit soigneusement distinguer la téléologie qui ne recherche que le but final des êtres organisés, de la théologie qui explique les effets de la nature par l'intermédiaire d'un être surnaturel. D'où il reste à conclure que le principe téléologique, ou l'idée d'une cause finale reçoit une double application sur les phénomènes de la nature, lorsque nous nous en servons pour expliquer l'ensemble des opérations de la nature considérée comme un grand organisme, ou lorsque nous expliquons le développement, la production ou reproduction de chacun des êtres qui la composent (¹).

(¹) Ibid. IV, 255-61

§ 4.

DIALECTIQUE

Cette partie dialectique de la critique du jugement est consacrée à expliquer la contradiction qui semble exister entre la raison et le principe téléologique, c'est-à-dire entre ce que nous connaissons des causes mécaniques et ce que nous prétendons savoir des causes finales. Veut-elle autre chose, la raison, que de faire tout procéder de causes purement mécaniques? Tandis que le principe téléologique a recours dans biens des cas aux causes finales. Que de choses dans la nature, s'écrie Kant, qui nous ravissent d'admiration et pour l'explication desquelles les lois du mécanisme sont évidemment insuffisantes? Considérez la construction de l'orbite de l'œil et dites s'il n'y a là que le travail aveugle d'un mécanisme sans but.

Les philosophes depuis les anciens tems jusqu'à nous ayant essayé d'expliquer cette force agissante de la nature selon des points de vue différens, il en est résulté divers systèmes dont on connait les auteurs. Celui de la formation du monde due au hasard, suivant Epicure, celui de l'unité de substance agissante dans la multiplicité de ses modes, connu sous le nom de Panthéisme et dont Spinosa est le plus illustre représentant: celui qui prétend que la nature se développe en vertu d'une vue qui est en elle: mais les partisans de ce système se divisent en deux camps, dans l'un desquels se trouvent ceux de matérialistes qui ne veulent considérer la nature que dans la forme où elle nous apparait sans recourir à rien de distinct d'elle, et elle nous apparait pleine de force et de vie, et dans l'autre se trouvent les théistes qui admettent au-dessus de la nature un être qui en est indépendant et le maître. Aucun de ces systèmes ne pouvait satisfaire Kant. Il croyait que la vérité se trouvait pourtant au milieu d'eux à égale distance des diverses explications, c'est-à-dire dans la combinaison du principe mécanique avec le téléologique et par laquelle nous ne recourons à celui-ci pour l'explication d'un fait qu'après avoir suffisamment éprouvé et reconnu l'insuffisance du principe mécanique. Par exemple, nous cherchons à trouver les lois chimiques d'après lesquelles notre corps change en sang et en divers sucs la nourriture; de même la loi mécanique du mouvement de notre bras ou de notre pied; mais nous sommes aussitôt obligés de convenir que cette connaissance acquise par l'intelligence ne suffit pas pour expliquer le travail intérieur et si merveilleux de notre corps et qui constitue notre existence corporelle. Mais de dire quand et comment le principe téléologique ou le mécanique doit être mis en usage, Kant ne s'en donne pas la peine de sorte qu'il combat les principes arbitraires des systèmes qui ne lui conviennent pas avec d'autres tout aussi arbitraires. C'est surtout à fixer les limites dans les qu'elles se meuvent ces deux principes qu'aurait dû se porter l'attention du philosophe et nous faire connaitre le fruit de ses recherches. La force d'intuition, qu'il imagine comme moyen de saisir ce qui appartient au général ou aux détails est loin de résoudre toutes les difficultés.

Dans le chapitre de la méthode, Kant enseigne l'usage que la philosophie de la nature doit faire des notions téléologiques, et parle des diverses théories que l'on a imaginées sur l'organisation de la nature et sa constitution et conclut en assignant comme son but final le plus élevé, la félicité, et le complet perfectionnement de l'espèce.

Une analyse si incomplète ne peut que donner une faible idée de ce que contient cet important ouvrage de Kant, mais elle inspirera peut-être l'envie d'en faire une meilleure connaissance avec l'ouvrage lui-même où l'on sera fort étonné de ne pas rencontrer ce que trop souvent l'on trouve dans les œuvres du philosophe, la négligence de la diction unic à l'aridité du sujet. Ici le style se ressent de la beauté de la matière que l'on y traite, et dans une foule d'endroits Kant y révèle avec une variété de connaissances qui décèlent autant l'érudit que le philosophe profond, un goût si exquis pour quelque branches des beaux-arts, que l'on se demande ce qu'il faut penser des connaissances humaines si un aussi grand génie n'a su qu'en saisir quelques fragmens. C'est pourtant avec cet ouvrage si important dans la vie littéraire de Kant que se termine son système philosophique, c'est-à-dire qu'il aura beau vouloir reprendre ses anciennes idées, les présenter sous d'autres formes, sa philosophie n'aura pas moins enseigné à désespérer de la pensée humaine qu'il a jugée incapable de rien affirmer au-delà des limites du fini. La conscience morale est la seule chose qui nous reste pour nous diriger dans les champs de l'infinité et c'est elle que doivent prendre pour guides la raison, l'imagination et le sentiment, s'ils veulent quelque peu s'y aventurer.

CHAPITRE VIII.

Résultats moraux de la philosophie de Kant. — Autres ouvrages : *Elémens métaphysiques de la nature ; — Elémens métaphysiques des mœurs.*

Si l'on ne jetait qu'un simple coup-d'œil sur cette philosophie morale et si l'on négligeait d'en scruter en détail les principes, l'on pourrait presque croire qu'elle n'a dû son origine qu'au désir bien prononcé dans son auteur d'en faire sortir une doctrine qui aurait la plus parfaite ressemblance avec la philosophie religieuse que le christianisme des églises présente à la méditation des penseurs. N'a-t-elle pas pour but essentiel de désigner les limites que l'intelligence doit s'imposer dans la recherche des vérités supra-sensibles? Ne démontre-t-elle pas que s'il y a impossibilité à nier ou à affirmer d'une manière raisonnable dans ce qui n'est pas du monde des phénomènes, les objets de la foi chrétienne ne sauraient donc jamais être attaqués avec quelque solidité? Et ce besoin d'accomplir la loi morale qu'éprouve tout être humain conformément à la loi chrétienne qui enseigne la rémunération d'après les œuvres et qui s'accorde si bien avec cet impératif de la loi du devoir dont nous connaissons l'autorité, besoin si en harmonie avec notre être, et que si souvent nous déplorons néanmoins de ne point satisfaire, ne porte-t-il pas irrésistiblement toute ame réfléchie à sonder ce mystère de la nature humaine, et ne pouvant l'éclaircir, à demander à une autre source des vérités ce qu'elle demandait en vain et à la raison pure et à la raison pratique? De deux choses l'une; ou il se trouve dans tout homme venant en ce monde, puissance d'accomplir dans tout son étendue la loi du devoir, ou elle ne s'y trouve point. Dans le premier cas nous verrions certainement la majorité de nos semblables vivre avec bonheur sous le joug si agréable du devoir; car n'en déplaise à certains écrivains moroses de notre époque, la grande majorité d'entre nous veulent obéir à la loi; et cependant il est par trop évident qu'ils ne le font pas. Mais si la puissance manque, est-ce la faute de notre pauvre humanité si elle reste en deçà de de ses saintes volontés? Ne faudrait-il pas en accuser plutôt l'imprévoyance du législateur qui aurait proclamé des lois nullement en harmonie avec ses œuvres? Cependant, une telle accusation ne pouvant être autorisée, puisque l'être souverainement parfait ne saurait être taxé d'ignorance ou d'injustice, une logique rigoureuse vient alors convaincre l'homme d'un désordre dans sa volonté dont il est l'auteur, et qui doit le rendre attentif au remède qui lui est offert dans les enseignemens du christianisme. Mais telle n'est pas la conclusion de Kant; bien, au contraire; et c'est ici que l'on se convainc toujours plus que les faiseurs de système en philosophie ont toujours été les plus inconséquens des hommes, eux pourtant qui enseignent aux autres l'usage d'une bonne logique! puisque Kant, lui aussi, n'a pas osé aborder des questions qui eussent pu compromettre les bases de sa philosophie, celle par exemple, de la nécessité pour l'homme actuel, quand il est réduit à ses seules forces, d'enfreindre la loi, et qu'il a mieux aimé se montrer inconséquent et laisser des lacunes à son système que d'en sacrifier une partie. Je n'insisterai donc pas sur ce que l'on peut reprocher à Kant de ne pas indiquer la transition logique du fait de la conscience à celui d'une loi et de celui-ci au fait de Dieu qui en est l'auteur. Je n'insisterai pas non plus, sur ce que la divinité, dans cette philosophie est à-peu-près un hors-d'œuvre et que l'on pourrait l'en retrancher sans que le système en reçut la plus petite atteinte. Dieu, n'est-ce-pas la loi et rien que la loi? N'est-ce-pas elle qui prescrit, qui exige, et non le législateur, d'où la loi émane? Si du moins son intervention se faisait sentir quelque part; s'il venait s'offrir comme garant de la bonté, de la nécessité même de la loi; mais c'est cette nécessité seule qui la sanctionne, d'où par une conséquence aussi nécessaire, une obéissance aveugle et fatale de la part de l'homme. Kant lui-même dit dans sa préface de la *Critique de la raison pure*, „que les idées de Dieu et de l'immortalité ne sont pas les conditions de la loi morale". Je n'insisterai pas davantage, sur le caractère rude que la divinité revêt dans ce système, en accordant que la divinité puisse y trouver place, et qui l'a faite assimiler à un de ces pédants de village, dont toute la tâche semble consister à rappeler aux élèves leur devoir, sans s'embarasser des moyens qui pourraient leur en rendre facile l'exécution. Je ne signalerai pas même les regrets qu'éprouve tout homme religieux de ne pas rencontrer une providence toujours active, toujours prévoyante, toujours paternelle, là où ne règnent que des lois éternelles, fatales, inexorables; je ne signalerai pas les reproches que la religion chrétienne, dont Kant n'a jamais prétendu blesser les droits et dont il a toujours parlé avec une estime non affectée, j'aurai trop l'occasion de raconter en son lieu combien il a porté des coups terribles à sa doctrine tout entière lorsqu'il en a changé les principes en voulant les expliquer; mais il me faut faire remarquer que la religion chrétienne commande également à l'homme de pratiquer la vertu, abstraction faite de la récompense dont jouit nécessairement l'être vertueux par cela seul qu'il est vertueux; mais il y a cette différence entre sa loi et celle de Kant, c'est que cette dernière n'est à la fin que quelque chose de purement nominal, rarement propre à rechauffer le cœur et à l'embraser du saint amour de la loi, tandis que le christianisme la présente comme l'expression de la volonté personnelle de Dieu qui est tout-à-la-fois et le garant de sa moralité et la sanction du droit qu'elle réclame sur nos consciences. Par ce seul fait le christianisme inspire déjà à l'homme le désir de bien faire, puisque rien n'est plus irrationnel que de déplaire à celui que l'on reconnaît pour supérieur. Ce n'est pas tout, le christianisme est loin de méconnaître l'absolu devoir, et par là de repousser l'impératif catégorique de Kant; mais le christianisme ne se donne pas la tâche d'indiquer le point dans l'homme qui serait co-relatif à cet absolu devoir. Il fait plus, il le nie. Seulement, comme il n'est pas venu s'offrir à l'humanité pour aggraver ses maux, en lui en montrant toute l'intensité, mais pour les guérir ou du moins les soulager, il propose un expédient pour élever la volonté humaine à une plus haute puissance, et la rendre capable de réaliser la notion qu'elle a du devoir. C'est ici, il faut l'avouer, un expédient qui semble avoir été inventé après coup, et qui ne se trouvant pas dans l'ordre ordinaire des choses ne saurait posséder qu'une valeur relative, digne tout-au-plus d'être apprécié par une foi aveugle; mais l'on répond à Kant que l'influence dont parle l'Evangile sur le cœur humain pour le rétablir dans sa primitive pureté, que cette action conditionelle de Dieu, mais réelle et efficace sur ceux qui la réclament est un fait tout aussi saisissable, tout aussi propre à être perçu que tous les faits moraux qu'il constate lui-même dans la conscience, et qu'il serait aussi absurde de dire à un homme, je nie que vous éprouviez une assistance particulière de Dieu, lorsqu'il assure l'éprouver, que si vous lui contestiez les notions de liberté et d'immortalité dont vous le pretendez enrichi. Qui donc a investi notre philosophe de la faculté de lire dans les consciences et de déposer contre elles, lui qui récuse le témoignage d'une raison qui s'exerce au-delà des limites de l'expérience (¹)!

Mais ce n'est pas assez pour la philosophie morale de Kant de se montrer imparfaite en s'abstenant de constater dans l'individu homme tel que nous le voyons vivre au milieu de nous des rapports adéquates entre le devoir et le pouvoir, et par là de donner, au lieu d'une philosophie pratique, une philosophie de roman, la religion lui reproche encore d'enorgueillir l'homme sous prétexte de l'élever. Dans ce système, toute ce que l'homme possède, il le possède par une nécessité de la nature; rien de ce qui embellit son ame, de ce qui fait le charme de la vie n'est un don de Dieu, tout y est le résultat de l'équilibre entre ses facultés et les lois éternelles avec lesquelles on les voit s'harmoniser. Etait-il donc si difficile aux théologiens qui s'élevèrent contre cette philosophie, et le célèbre Storr en particulier de signaler que si l'Eglise avait eu jadis raison de repousser de son sein le pélagianisme, elle devait montrer la même ardeur à rejeter

---

(¹) On voit avec peine qu'un aussi grand homme en faisant allusion aux secours immédiats que tout homme religieux croit recevoir de Dieu, ait pu se servir d'expressions aussi blessantes que dépourvues de bon sens. Comparez dans les *œuvr. compl.* tom. x, pages 206, 210 et 223.

une philosophie qui venait l'y introduire avec un cortège scientifique qui pouvait en imposer (¹).

Pénétrez plus avant dans cette psilosophie et demandez-lui raison de ce qu'elle affirme avec tant d'assurance et vous serez surpris de l'entendre balbutier pour ne rien dire. Oui, je reconnais avec vous la loi morale dans mon intérieur et avec enthousiasme je répète avec votre grande ame: après un ciel étoilé sur ma tête je ne reconnais rien de plus magnifique que cette loi morale dans ma conscience; et j'ajoute, rien de plus honorable d'entendre de votre bouche que tout, même son bien-être, doit être sacrifié à la sainte loi du devoir; mais ce phénomène intérieur que vous appréciez tant et auquel vous subordonnez tous les autres phénomènes de l'être humain, qui vous porte à l'apprécier ainsi, qui vous oblige à lui accorder plus de valeur qu'à toute autre direction de la volonté? Pouvez-vous, par la seule autorité de votre libre arbitre décider des attributions de la conscience et des limites à imposer aux passions qui, vous les avez, ne font pas toujours sentir leur présence d'une manière vile et ignoble, mais qui savent emprunter une physionomie séduisante et se transformer en

---

(¹) Il est vrai que Kant reconnait l'existence du mal, mais le mal que Kant reconnaissait dans l'homme n'était guère fait pour l'humilier puisqu'il était encore une nécessité de son organisation. Contentons-nous seulement de constater que, d'après ce que je viens de dire, de même qu'après la *Critique de la raison pure*, Kant avait manqué son but puisqu'il poussait au scepticisme au lieu de le confondre, de même, après sa *raison pratique*, il pousse au fatalisme en prétendant rétablir les droits de la liberté.

lumières, de ténèbres qu'elles sont? Vous nous parlez de faits moraux qui portent le double caractère de la nécessité et de l'universalité; mais tout aussi bien l'on pourrait vous signaler l'utilitarisme, par exemple, doué des mêmes caractères et cependant en faites-vous une loi du devoir? Et puis, qu'est ce qu'une philosophie qui affirme d'une part que l'on ne peu arriver à la certitude d'un fait et qui prétend ensuite y faire arriver par un autre chemin tout aussi battu que les précédens? Car, ce n'est certes pas une nouveauté que de prétendre faire naître la connaissance d'une conscience en règle avec le devoir. Jésus n'enseignait pas autrement, et l'on sait qu'Anselme de Cantorbéry ne donnait pas d'autre base à sa philosophie. Si donc, il y a lieu de louer le Kantianisme pour ses efforts à rétablir sur des bases solides les idées de liberté et d'immortalité, on peut avancer à bon droit, qu'il l'a fait arbitrairement, ou comme on le lui a dit, en faisant entrer ces vérités non par la porte ordinaire de la philosophie, mais comme en cachette, par la porte de derrière; mais qu'importe la manière dont vous parvenez à la connaissance de la réalité si cette connaissance vous est acquise. N'avait-il donc pas raison, l'illustre Schelling (¹) de dire qu'une telle méthode ne pourrait subsister avec aucune croyance, puisque la raison reconnaîtrait l'impossibilité d'un objet

---

(¹) Dans son ouvrage intitulé: *Denkmal der Jacobischen Schrift: Von den göttlichen Dingen*, Leipzig 1811.

dont néanmoins l'on reconnaîtrait la réalité en puisant à d'autres sources.

Mais ce qui blesse le plus dans cette philosophie, c'est qu'indépendamment de ces contradictions et de ces lacunes, elle prétend se substituer à la religion, et en remplir en toute occasion l'office, à moins que la religion ne consente par manière d'acquis à lui servir de très humble servante, jusqu'à l'époque où il sera permis au criticisme de se passer entièrement de ses services. Oui, dans toute sa philosophie Kant a méconnu la valeur absolue de la religion de même que l'indépendance de la conscience religieuse. Que les hommes doivent être mus par le sentiment de leur devoir, qui le nie? Mais il est un autre mobile tout aussi puissant et que bien des âmes préfèrent même, et celui-ci ne consiste pas à regarder à la férule du maître, mais aux qualités qui le distinguent, à sa beauté, à sa miséricorde, à son amour, et elles s'abandonnent tendrement à la sympathie qui les entraîne vers celui qu'elles considèrent comme l'être souverainement digne d'être aimé. La religion qui règle, qui détermine ces rapports de la créature avec le créateur, qui les éclaire et les épure, n'a-t-elle donc pas une valeur indépendante de la morale, et s'il est vrai que l'intelligence humaine soit une étincelle de la pensée divine, et que le cœur soit le foyer au moyen duquel elle se ranime, la religion qui sert ainsi d'intermédiaire entre le fini et l'infini, la religion qui est cette douce chaîne qui tient uni à leur centre tous les rayons qui reluisent à l'infini dans l'infini univers n'aurait-elle donc qu'un rôle secondaire? Et la morale qui n'est que l'expression des pensées dont s'alimente l'esprit, par quel étrange renversement d'idées viendrait-elle saisir le commandement et prendre à elle seule la direction de notre existence éternelle? Mais, reconnaissons-le encore, et cette fois d'une manière plus précise: à coté de ces inconvéniens de la philosophie morale de Kant, il est juste d'indiquer la place honorable qu'elle est venue occuper parmi les systèmes les moins à dédaigner de la philosophie. L'on n'a qu'à se rappeler pour cela l'autorité précaire que l'on avait bien voulu laisser à la morale sous le règne de la philosophie éclectique ou populaire, et qu'avait produit la philosophie de Wolff, et l'on se convaincra que si la *Critique de la raison pure* a rendu possible l'apparition de Fichte, de Hégel et de Schelling, la *Critique de la raison pratique* a mis un frein à son tour à toute frivolité qui voudrait s'essayer en matière de religion et de morale, et que si elle n'a pas immédiatement conduit à la foi, source première de toute vérité, elle a forcé toute conscience à devenir sérieuse et à savoir placer au premier rang la moralité. Certes, le rationalisme allemand a pu, à pleines mains, puiser dans l'arsenal de la philosophie critique; mais qu'il y a loin de la destruction de l'exégèse enseignée par Semler et Ernesti, de la déification de l'esprit humain par l'école hégélienne ou de la morale de commande qu'une froide orthodoxie impose d'habitude, à ce culte divin, pour une loi qui est de tout tems et de tous lieux, et dont l'autel où doit brûler sans interruption le feu de la plus pure moralité, se trouve indistinctement placé dans chaque conscience individuelle! N'est-ce donc pas cette impulsion donnée par Kant à la faculté morale de l'homme et à laquelle le caractère grave des allemands s'harmonisait si bien que l'on doit cette retenue du rationalisme théologique, qui se fût infailliblement transformé en incrédulité absolue, comme dans d'autres contrées de l'Europe; retenue qui a puissamment contribué au réveil du sens chrétien chez beaucoup de ceux qui avaient conservé le sens moral dans toute son autorité. Des ouvrages sur l'*homme machine*, ou des *systèmes* matérialistes *sur la nature* devenaient impossibles chez un peuple qui avait placé la dignité humaine sous la garantie de la loi du devoir (¹).

N'est-il pas vrai aussi, comme j'ai eu l'occasion de l'indiquer, que contre la volonté formelle de l'auteur pour qui la révélation telle que la formule l'Évangile n'avait plus de sens, sa philosophie cependant contraint les hommes consciencieux ou à désespérer d'eux-mêmes et de leur future destinée, ou à se jeter dans les bras d'une religion qui cherche

---

(¹) Il est vrai que les deux ouvrages auxquels je fais ici allusion ont été écrits, le premier en Allemagne par un Français et le second en France par un Allemand; mais il est trop évident que tant La Métrie que le baron d'Holbach n'étaient l'un et l'autre qu'une mauvaise queue des célèbres encyclopédistes français.

à concilier ce qui ne paraît pas seulement inexplicable à la raison mais encore à la conscience? Et quand le christianisme n'aurait reçu du criticisme que l'incomplet hommage d'être la plus belle forme de ce que la raison pratique poursuit pour l'accomplir, ce serait assez pour faire à la philosophie de Kant la part la plus honorable parmi celles qui se disputent la direction de l'humanité. Ainsi quoique j'eusse à m'occuper plus tard de son rationalisme proprement dit, à propos d'un important ouvrage qu'il a écrit sur la matière, c'était un devoir pour un historien de signaler le côté sérieux et moral d'un système qui ne pèche que par ses imperfections lorsque les prétentions de tant autres peuvent porter des coups, bien plus funestes à la vérité et à la moralité (¹).

Kant ne se cachait pas les imperfections de ses deux critiques, et, de même qu'il avait voulu remédier aux lacunes de la première par ses *prolégomènes*, il ne tarda pas à écrire sur les principes de la morale pour remplir d'autres lacunes du vaste

---

(¹) Rink rapporte qu'un médecin fort connu mais que par discrétion il ne nomme pas (Hufeland sans doute), lui écrivit au sujet de sa morale: „La foi rationelle de Mr. Kant est pure de toute espérance; sa morale est pure de tout amour. En quoi donc diffère la morale de Kant d'avec la morale du diable?" La comparaison est absurde, mais le jugement part d'un esprit pénétrant. Il paraît que le même médecin lui écrivit encore: „Il y a une grande différence entre savoir, vouloir, pouvoir et faire, et je tiens de ces quatre choses pour meilleure la dernière. Mais vous parlez de tout cela comme s'il suffisait de sortir du sein de sa mère pour le posséder!"

plan qu'il avait d'abord conçu avec tant de hardiesse, de pénétration et d'originalité. C'est ainsi qu'outre sa *Critique du jugement* son *Anthropologie* et la *Pédagogie* déjà mentionnées et où son plan trop restreint ne pouvait cependant que lui faire effleurer la philosophie morale proprement dite, il publia successivement les *Elemens physiques du droit* et ceux de la métaphysique de la vertu, qui ne rappèlent que par leur titre les *Elémens métaphysiques de la nature* où il avait enseigné que tout connaissance rationelle étant nécessairement ou matérielle ou formelle, la première ne devait s'occuper que de l'objet et des lois qui les régissent, tandis que la seconde ne se rapportant qu'à la forme de l'intelligence et de la raison ainsi qu'aux lois générales de la pensée, il y a donc outre la science de la logique qui règle ces dernières lois, la métaphysique de la nature qui traite d'une partie des connaissances rationelles de la matière, une science de la vertu ou l'Ethique qui se rapporte à la loi de la liberté morale (¹). Il y a donc un métaphysique de la nature et une métaphysique de la vertu suivant que la philosophie pure s'occupe de l'objet matériel ou de l'objet formel de nos connaissances rationelles. Mais quoique les idées fondamentales

---

(¹) *Les fondemens pour la métaphysique des mœurs* parurent en 1785 et ceux *de la nature* en 1786; tandis que la même année 1797 vit paraître les *Elém. métaphys. du droit* et ceux *de la vertu*. Le premier de ces ouvrages se trouve: *Oeuv. compl.* tom. vIII, 1-102; le second, tom. v, 303-436, les deux derniers, tom. IX, 214. 215-366.

de son système philosophique reçoivent ici de certains développements, et s'appliquent davantage aux détails de l'expérience; quand on est pénétré de l'esprit de ces trois critiques, il ne reste plus guère qu'à glaner dans ces nouveaux champs, quoique des vues profondes annoncent toujours l'écrivain qui avait préludé à la philosophie par la culture des sciences, et qui pour témoigner sans doute que son génie n'avait pas en cela faibli, signalait, en particulier, une nouvelle branche de la philosophie comme digne d'être cultivée, la philosophie dynamique; et comme première pâture aux intelligences qui voudraient s'y livrer, il leur indiquait les forces motrices de l'attraction et de l'expansion comme les modes d'exister de la matière dans l'espace. Cependant, il faut le dire, quand il a voulu fonder une philosophie de la nature, se fiant plus à son génie scrutateur et spéculatif qu'à la marche plus rationelle de l'expérience il donna par là un mauvais exemple à des disciples qui n'auraient pas son génie, et qui eux aussi voudront faire recevoir les idées abstraites de la métaphysique comme fondement des observations empiriques.

A la métaphysique de la nature, répond celle de mœurs qu'il divise en deux parties dont l'une contient l'enseignement de la vertu et l'autre l'enseignement du droit. La première se partage en quatre branches qui forment tout autant d'enseignements spéciaux, la dogmatique, la casuistique, la catéchétique et l'ascétique; tandis que l'enseignement du droit embrasse lui aussi et le droit privé et le droit public. Ce dernier se sous-divise ensuite en trois parties qui sont le droit politique, le droit des peuples et le droit civil.

Les devoirs de l'homme envers lui-même ouvrent donc la série des questions posées sur les devoirs, et cela est naturel puisqu'il n'y aurait pas de devoirs de l'homme envers l'homme s'il n'en existait pas de l'homme envers lui-même. Mais chaque individualité est à elle-même sujet de ce devoir sous un double rapport, comme être sensible ou doué d'un corps, et comme être raisonnable ou moral doué d'une conscience. C'est seulement sous ce rapport, c'est-à-dire quant à l'homme raisonnable et en d'autres termes, quant à l'homme intérieur, personnel, qu'il est capable d'obligation envers l'humanité dans sa propre personne. Deux principes renferment ces sortes de devoirs, le principe relatif à l'homme sensible, consiste à dire: vis ou conserve-toi dans la plénitude ou dans la perfection de ta nature; et celui relatif à l'homme moral: travaille à devenir plus parfait que tu ne l'es par la nature.

Deux sortes d'obligations nous lient aux autres hommes, c'est lorsqu'ils nous ont eux-mêmes obligés et que nous devons les obliger eux-mêmes. Il n'est pas ici question des devoirs moraux quand au *droit*. Ceux-ci sont du ressort de l'enseignement du droit. La morale ne donne que des lois pour les maximes qui doivent guider les actions et non pour les actions elles-mêmes. L'amour et le respect sont les sentimens qui accompagnent d'ordinaire l'acquittement de ces devoirs. Il ne peut pas s'agir ici d'amour physique puisque nous parlons de devoirs moraux; or, comme dans le monde matériel règnent deux lois, celles d'attraction et de répulsion, par analogie, l'on conçoit également ces lois dans le monde moral, l'amour qui rapproche les êtres raisonnables et le respect qui les éloigne convenablement. Si l'une de ces grandes forces se détériorait, tous les liens sociaux seraient brisés. L'amour se multiplie et se manifeste comme bienfaisance, comme reconnaissance, comme participation.

Ne confondez pas la bienfaisance qui doit avoir pour fin le bonheur que l'on se procure en faisant du bien, avec la bienveillance qui est la satisfaction que l'on éprouve du bonheur des autres. Il y a une bienfaisance qui mérite à peine ce nom, c'est lorsque l'inégalité des fortunes est telle que c'est pour ainsi dire le droit des pauvres d'exiger que les riches viennent à leurs secours.

Ne confondez pas non plus le respect avec la considération. Celle-ci est dûe à un mérite personnel, le respect est dû à l'humanité. Tout homme a droit au respect de ses semblables et doit réciproquement leur accorder le sien. Les vices qui portent atteinte à ce respect sont: l'orgueil, la médisance, la raillerie. Voilà pour les devoirs pour ainsi dire, passifs, dont on s'acquitte en s'abstenant; il y a des devoirs sociaux, ou plutôt des vertus de société qui résultent de l'union intime de l'amour avec le respect dans l'amitié. Mais l'amitié est-elle d'une obligation stricte? Oui, il n'est pas difficile de comprendre que si l'amitié en tant que l'idéal de la participation au bien de ceux qui sont unis par une bonne volonté morale, est imposé par la raison, ce ne peut être un devoir vulgaire; et qu'une amitié parfaite est une simple idée quoique pratiquement nécessaire; mais la loi du respect tempère ce qu'il y aurait d'abus dans les élans de l'amitié, et la bienveillance conserve son empire.

Les auteurs romains concevaient l'amitié dans toute sa perfection. Ils nous la montrent dans Oreste et Pylade, Thésée et Pyrithous, tandis qu'Aristote avait dit: Mes bons amis, il n'y a point d'amis. Qu'y a-t-il de vrai dans ces deux propositions contraires? Peut-être l'une et l'autre peuvent se soutenir, en ce que le véritable ami veillant au bonheur de celui qu'il aime ne lui cache pas ses fautes, et celui-ci croyant par ce fait avoir perdu de son estime se croit offensé; de-là une certaine froideur dans la plus pure amitié.

Vient ensuite la méthodologie qui n'est pas toujours la meilleure partie des œuvres de Kant, et qui, en ce qui touche la morale, montrant que la vertu issue d'un combat ne peut être dite innée dans l'homme, doit par cela même être considérée comme science et comme telle, soumise à une méthode propre à l'enseigner dignement. Sans cela la morale ne s'élèverait pas à la hauteur d'une science. Mais le moyen le plus sûr et le plus indispensable pour enseigner la morale est un catéchisme moral, qui doit précéder tout catéchisme religieux; car le passage de la morale à la religion ne peut se réaliser pour le bien de l'individu que par des principes moraux, c'est-à-dire indépendamment de tout autre motif déterminant, et l'on ne conçoit pas que parmi tant de théologiens distingués, il ne s'en soit pas encore trouvé qui aient complètement séparé ces deux sortes de catéchismes. Cette réflexion de Kant se comprend très bien quand on juge de son point de vue; mais un théologien n'est ainsi qualifié que parce qu'il est censé enseigner tout-à-la fois la science de Dieu et la science de la morale, et que malgré les écarts de plusieurs d'entr'eux depuis la propagation dans l'Eglise du rationalisme, il n'est venu à la pensée d'aucun d'entr'eux, j'entends parler des théologiens savans et vertueux, d'élever le moindre doute sur l'union indissoluble de la religion et de la morale que notre philosophe tend toujours à désunir. Veut-on un échantillon de ce que propose Kant comme catéchisme moral?

Le Maître. Quel est votre désir le plus ardent sur la terre?

(L'écolier ne sait pas répondre.)

Le Maître. N'est-ce-pas que tout vous réussisse suivant vos désirs et votre vouloir?

(L'écolier ne répond pas davantage.)

Le Maître. Comment nommeriez-vous un tel

état si tout vous réussissait, ne l'appelleriez-vous pas bonheur? (Pas de réponse.)

Le maitre. Eh bien, vous devriez appeler cet état *bonheur*, qui est une satisfaction constante dans la vie. Dites-moi maintenant, si en supposant que vous fussiez ainsi heureux vous garderiez pour vous seul ce bonheur?

L'écolier. Non, j'en ferais part aux autres; je voudrais rendre les autres hommes aussi contens, aussi heureux que moi.

Le maitre. Cela prouve que vous avez un bon cœur; mais montrez que vous avez aussi un bon jugement. Est-ce que vous donneriez à un paresseux de quoi passer sa vie dans la mollesse? Fourniriez-vous à l'intempérant de quoi entretenir sa gourmandise ou son penchant à l'ivrognerie? Prêteriez-vous à l'homme fourbe ce dont il aurait besoin pour mieux tromper les autres, à l'audacieux, au méchant de quoi opprimer les faibles? Et cependant ces sortes de gens désirent tout cela pour être heureux.

L'écolier. Non, je ne le leur donnerais pas.

Le maitre. Vous comprenez donc qu'il ne faudrait accorder le bonheur, s'il était en notre pouvoir de le dispenser, qu'à celui qui en serait digne. Et en ce qui vous concerne, ne souhaiteriez-vous pas de vous procurer tout ce que vous croyez nécessaire pour votre bonheur.

L'écolier. Assurément.

Le maitre. Mais dans ce cas n'auriez-vous pas la pensée de vous demander si vous êtes digne du bonheur?

L'écolier. Oui, sans doute.

Le maitre. Vous voyez donc qu'il y a en vous une *inclination* au bonheur, et une *raison* qui vous enseigne que vous devez le mériter. Maintenant votre liberté doit choisir et c'est votre raison qui doit déterminer votre volonté.

Le maitre. Que je vous apprenne maintenant ce que l'on nomme *devoir*. C'est cette nécessité imposée à l'homme d'agir conformément à sa raison. D'où il s'ensuit que l'accomplissement de la loi du devoir est la condition essentielle de mériter le bonheur. Mais comme l'on ne peut fonder ici-bas l'espérance *certaine* d'être heureux parce que le cours ordinaire de la nature ne s'accomode pas toujours avec nos désirs de bonheur, ce bonheur peut rester à l'état de souhait, à moins qu'une puissance étrangère ne s'en mêle et vienne distribuer le bonheur suivant le mérite. Et la raison a des motifs d'admettre une telle puissance qui régit le monde avec une sagesse infinie. Nous pouvons donc espérer de participer un jour au bonheur si nous ne nous en rendons pas indignes par la violation de la loi du devoir.

L'analyse de ce court fragment que Kant donne lui-même pour exemple de catéchèse tel qu'il l'entendait fait juger de ce que devrait être un catéchisme moral si on l'étendait sur tous les articles relatifs et à la vertu et aux vices. On y remarque que le philosophe fait entrer dans ses interrogations des élémens que son système répudie pour porter à la vertu, mais il avoue lui-même que c'est à cause de la faiblesse de son système.

Finissons par un extrait de ses observations finales qui renferment plusieurs choses digne d'être méditées. Quoique nous abrégions, nous n'en rapportons pas moins toutes les idées de Kant, même, jusqu'à ses expressions.

Toutes les relations morales des êtres raisonnables peuvent donc se réduire à l'amour et au respect.

Mus par amour nous avons pour fin la fin d'autrui; mus par le respect nous avons pour fin son droit.

Si, parmi les êtres raisonnables et moraux il en était un qui n'eût envers les autres que des droits et nullement de devoirs, on n'aurait envers lui que des devoirs purs à remplir et pas le moindre droit à exiger. Or, la fin que Dieu a eu relativement au monde qu'il a créé et qu'il conserve étant une fin d'amour, c'est-à-dire, le bonheur de l'homme et qu'il ne peut pas être question d'un respect de Dieu envers nous, le principe du droit divin ne peut être que le principe de la justice, et cette justice exige que nous aimions celui qui nous aime. Si cette justice est lésée, elle se venge elle-même, parce qu'elle prononce ses arrêts d'après une nécessité inflexible que nous ne pouvons comprendre. La *coulpe* doit être acquitée, *dût l'expiation* être faite par l'innocent! Mais cela même fait comprendre que la justice ne se personnifie pas dans un être qui l'administre, mais demeure principe transcendant conçu dans un sujet. Ceci paraît contredire la fin de la création qui est l'amour; mais ceci prouve uniquement que *dans la morale* considérée comme philosophie pure de la législation intérieure on ne peut guère comprendre et expliquer les rapports des hommes entr'eux; ceux entre Dieu et l'homme demeurent couverts d'obscurités; par où l'on voit aussi que la science de la morale ne doit traiter que des devoirs de l'homme envers lui-même et envers ses semblables.

Pour complément à ces deux écrits sur la *métaphysique des mœurs* et sur une *critique de la raison pratique*, Kant livra plusieurs années après, au public les *fondements métaphysiques de la morale et du droit* qui avaient pour but principal d'affermir, après de nouvelles recherches, le principe suprême de la moralité, et de le présenter sous une forme que ne pouvait comporter une théorie populaire. Mais, comme la seule qu'il m'importe de faire connaître en détail se rapporte à la doctrine du droit et qu'elle se lie intimement avec les vues politiques du philosophe sur la constitution des États, il me faut entrer à ce sujet dans quelques détails, et considérer notre philosophe comme l'homme politique qui tenait le milieu entre les tendances opposées de son importante époque.

CHAPITRE IX.

Kant considéré comme homme politique. — Ses *Élémens métaphysiques de la doctrine du droit*. — Son opinion sur Montesquieu, J. J. Rousseau, Hobbes &c. — Ses idées sur le meilleur gouvernement. Garanties qu'il donne aux droits et aux devoirs de tous.

Lorsqu'on a demandé si l'étude de la philosophie n'est pas incompatible avec celle de la politique, l'on a mal posé la question, puisque la solution dépend de la distinction à faire entre la théorie et la pratique. Si l'histoire politique des peuples ne cite pas, en effet, des philosophes dans l'acception ordinaire de ce mot qui aient tenu les rênes d'un État, elle n'est pas avare de ces noms illustres qui depuis Aristote jusqu'au philosophe de Kœnigsberg ont fait plus que d'être premier ministre d'un souverain, puisqu'ils ont enseigné la science du gouvernement, la science qui seule peut apprendre aux sociétés humaines les moyens les plus propres à leur faire atteindre le but que la providence leur a assigné(¹). Et pourrait-il en être autrement lorsqu'on

(¹) Dans les tems modernes la théologie a fourni trois hommes d'état distingués, Ximenès, Richelieu et Mazarin, sans compter Sieyes et Talleyrand qui n'ont travaillé qu'à faire et à défaire des constitutions. Mais n'est-ce point *quoique* théologiens qu'ils ont pu se rendre célèbres dans la politique? La philosophie, elle, n'a vu à l'œuvre que le chancelier Bacon, mais toute honteuse de son

dit avec Kant que c'est à la *philosophie pratique* à tenir un jour le sceptre de la science universelle, s'il a été décidé dans le conseil de Dieu que la terre puisse un jour être dotée de ce riche joyau! En attendant ce vaste développement que l'on fait présager à l'humanité, mais dont plusieurs ont peut-être raison de se défier, la philosophie ne recueille pas moins elle seule ces quelques fragmens épars des connaissances humaines que les savans ont déposés dans des livres sur la physique, l'histoire, la politique, et elle essaye de les coordonner, d'en montrer la liaison réciproque, et de ces élémens divers cherche à constituer une unité imposante qui serait alors le dernier mot de l'énigme de l'humanité; car cette unité trouvée, Dieu serait connu par ce seul fait; et que resterait-il aux investigations philosophiques si Dieu était une fois connu! Tous les philosophes qui ont bien mérité de ce nom, quelques tendances qu'il aient eu d'ailleurs en matière de religion et de politique, ont, en conséquence, vu de haut toutes les questions qui se rattachent aux intérêts du genre humain, et la politique leur a paru en particulier une branche de la science philosophique qu'il fallait bien se garder de négliger. Est-il étonnant que l'écrivain qui prétendait déjà tout subordonner à la philosophie

œuvre elle se hâte de rappeler que l'intelligence n'est pas tout l'homme, et que dans ce philosophe Bacon il n'y avait que de l'intelligence sans aucun développement du sens moral qui est pourtant une condition essentielle pour mériter le nom de philosophe.

lorsqu'il y avait encore tant à recueillir, tant à comprendre, tant à édifier, se soit lancé, lui aussi, dans le domaine de la politique pour tracer aux sociétés humaines la nature de leurs droits et de leurs obligations! Voyons comment il s'est acquitté de cette tâche difficile.

Les idées politiques de Kant sont très peu connues, même de beaucoup de ceux qui se déclarent partisans de sa philosophie; et cependant l'on pourrait faire un corps de doctrines de tout ce qu'il a écrit sur les matières qui se rapportent plus ou moins directement à la constitution d'un Etat. Il est vrai qu'ici, plus encore qu'en philosophie, il s'élance encore dans le champ des théories, et qu'il est parfois d'une prudence désespérante quand il s'agit d'appliquer ses idées au gouvernement de la société, comme lorsqu'il dit: j'ai traité plusieurs questions d'une manière moins détaillée peut-être qu'on s'y attend; mais j'ai pensé que les lecteurs pourront tirer eux-mêmes les conclusions d'autant plus qu'un jugement définitif ne saurait être que retardé lorsque tout le monde s'occupe de telles discussions [1]; mais si l'on songe à l'état politique si délabré de l'Allemagne lorsqu'il écrivait, et à l'espèce d'écho qu'y trouvaient les théories venues d'Angleterre ou de France depuis la convocation de l'assemblée constituante, que quelques écrivains d'une grande renommée tels que Klopstock, Fichte et Schiller,

---

[1] Préface de son ouvrage: *Rechtslehre*.

répétaient même avec enthousiasme; l'on s'explique, surtout quand on est initié comme nous le sommes, au caractère méticuleusement méthodique du philosophe, que sa prudence pouvait bien être de la sagesse, et qu'en laissant à ses successeurs le soin de recueillir ce qu'il voulait semer avec mesure sur un terrain encore peu préparé, il agissait comme ces hommes d'états qui ne veulent pas compromettre une réforme en la brusquant. Un peuple, disait-il, ne peut arriver que lentement à la lumière. S'il se jette dans les chances d'une révolution, il obtient bien quelquefois la chûte d'un despotisme de personnes et d'une oppression intéressée ou ambitieuse; mais il n'obtiendra jamais par cela seul, une vrai réforme dans les pensées. Au contraire, poursuit-il, d'autres préjugés viendront se mettre à la place des anciens, et serviront de lisière à la foule toujours si nombreuse des idiots (Gedankenlose). Mais lorsqu'on fait tant que de s'aventurer sur ce terrain, et que l'on se permet de dire comme le fait ici Kant, ce qu'il convient de faire ou de ne pas faire, il serait juste de compléter son raisonnement, et de dire si lorsque la révolution est faite dans les pensées, et que les gouvernans ne veulent pas quitter l'ancienne ornière qui favorise leur penchant à l'immuable, il est alors permis aux *éclairés* de faire sortir violemment le char de cette ornière; en d'autres termes, si une révolution politique est dans ce cas permise. Mais il parait résulter de l'ensemble de ses travaux sur cette matière grave qu'une prédilection pour une forme de gouvernement que l'on ne possède pas, en supposant qu'on la croie préférable ne saurait jamais être un motif suffisant de chercher à l'obtenir par la force. Cela ne résulte pas seulement de l'esprit général de sa politique, tel que je vais essayer de l'exposer, mais encore de l'esprit de sa philosophie morale, puisque toutes choses et par conséquent, tous les genres d'améliorations possibles ne devant provenir, pour être stables et salutaires que de la diffusion des lumières, une politique expectante, est la seule que pût enseigner le philosophe de Kœnigsberg. Une révolution politique n'aurait, en effet, plus d'objet si les révolutions sociales s'obtenaient insensiblement par des moyens pacifiques et après que la raison générale a obtenu tout le développement qui les rendent possibles et efficaces (¹). Il n'en est pas moins vrai qu'à mesure que le philosophe abordait avec tant de réserve les questions de réformes politiques qui ne devaient s'opérer que dans un avenir plus ou moins éloigné, des murmures se faisaient entendre qui l'accusaient d'être un fauteur de désordres, et les protestations souterraines et hypocrites se multiplièrent d'autant plus que la révolution française parcourait ses phases diverses. L'on ne craignit pas même de le faire passer pour un affilié du Jaco-

(¹) C'est dans cet esprit qu'il voulait qu'en toutes circonstances l'impôt fut payé. Mais si on le doit comme *citoyen*, disait-il, on peut comme *savant* parler et écrire sur la justice ou l'injustice de cet impôt.

binisme lui qui avait donné tant de preuves de son respect pour le pouvoir et de son aversion peu déguisée contre tout ce qui appelait les bayonnettes à l'appui d'un argument. C'est que ceux d'entre les hommes qui par leur naissance ou leur position sociale sont appellés à vivre d'abus ne se contentent pas d'opposer une résistance obstinée à tout ce qui tend à les faire disparaitre, mais souvent par un machévialisme immoral ils se croient tout permis pour déconsidérer les ames généreuses qui en appellent aux saintes lois de la morale et de l'humanité. Kant fut donc ici accusé de jacobinisme et de démagogie précisément parce qu'il avait prêché l'amour de l'ordre, le respect des lois et l'attachement aux princes, de la même manière que Spinosa avait été accusé d'athéisme parce qu'à sa manière il avait voulu apprendre aux hommes à vivre en Dieu, à se nourrir de sa substance immortelle. (¹).

Ce n'est pas à dire que notre philosophe ne reconnût dans les individus des droits inaliénables et qu'aucune puissance ne pouvait détruire son injustice; non, malgré son principe général sur les réformes à opérer par les lumières, ou pour mieux dire, en vertu de ce même principe qu'il ne voulait pas compromettre par des secousses qui enrayent l'état de la société ou le précipitent

---

(¹) Le docteur Reuss crut devoir défendre Kant de cette ridicule imputation dans une dissertation académique dont le but était de prouver que la *révolution française n'était pas le produit de la philosophie critique*. C'était en 1792.

sans ordre, au lieu de le faire avancer, il était convaincu, et il le proclamait dans ses leçons comme dans ses livres, que tous les hommes avaient reçu de la nature les mêmes droits et en conséquence, que le plus noble usage que l'on devait faire de la liberté était d'user de ses propres droits de manière à ne jamais blesser ceux d'autrui. Il disait que l'attention des réformateurs politiques devait surtout se diriger sur ce problème: comment doit-on concilier les droits du pouvoir avec les droits de l'obéissance à la protection et à la liberté?

On trouve les idées de Kant sur la politique disséminées dans une foule de petits écrits que l'on a réunis en un volume dans la nouvelle édition, mais qui avaient paru dans divers journaux, ainsi que dans un ouvrage sur la matière, la *doctrine du droit*, ainsi que sur de simples morceaux de papier que l'on trouva en grand nombre après sa mort, sans ordre de matières, et sans que le philosophe eût mis la dernière main à aucun des sujets qu'il y traitait: chiffons précieux qui rappellent dans une autre cercle d'idées ceux qu'avait laissés le sublime Pascal et que Schubert, qui a pu les consulter à la bibliothèque de Kœnigsberg où ils sont déposés, nous a fait connaître dans une intéressante publication où il m'est permis de puiser moi-même pour compléter ce que j'ai à dire sur Kant considéré comme homme politique (¹).

(¹) Dans l'annuaire publié par Mr. de Raumer, année 1838. Sous le titre de: *Historisches Taschenbuch*.

« Il paraît que de bonne heure et sans que le public se doutât de la multiplicité d'objets qu'avaient ses études, Kant avait dirigé son attention sur l'organisation des sociétés civiles et qu'il ne s'était pas dissimulé les vices que plusieurs d'entr'elles renfermaient dans leur sein. Il résolut donc de ne pas s'en tenir à cette connaissance théorétique, mais d'examiner en même tems quels pouvaient être les remèdes à apporter à ces maux. Delà ses lectures de quelques célèbres auteurs qui s'étaient essayés sur cette matière, tels que Hobbes, Spinosa, Hutcheson, Hume, Vico, Filangieri, Fergusson, Burke Beccaria, Montesquieu, J. J. Rousseau, ces deux derniers surtout dont il se plaisait à lire des fragmens devant ses élèves et qu'il admirait toujours, lors même qu'ils les critiquait avec vivacité. Les deux écrivains français se trouvent, en effet, cités le plus souvent sur ces morceaux de papier, et par là nous en croyons facilement Borowski lorsqu'il raconte que la lecture d'*Emile* avait souvent occupé Kant dans les heures de ses promenades. Mais je le répète, tant le *contrat social* de Rousseau dont Kant n'appréciait, disait-il lui-même, que les bonnes intentions, que l'*Esprit des lois* qui renferme malgré l'opinion de Voltaire plus que de l'esprit sur les lois, ils n'étaient à ses yeux, principalement le premier de ces ouvrages, que des œuvres incomplètes, mais il disait que les matériaux en étaient magnifiques [1].

---

[1] Voir Borowski, passim 170, 209; également dans l'*anthropologie*.

D'un seul mot il croyait anéantir le contrat social, par la raison mille fois reproduite par d'autres écrivains que la société eût eu besoin d'exister pour travailler ensuite à ce contrat; que son origine primordiale était par conséquent une chimère, et qu'il fallait remonter au droit de la force pour trouver les premiers élémens d'une société organisée.

Quant à Montesquieu, qui était l'auteur dont il recommandait le plus la lecture à ses disciples, il le jugeait sinon avec la même sévérité, du moins en regrettant qu'un si habile penseur n'eût pas scruté plus profondément son sujet, n'eût pas mieux tiré parti de ses riches matériaux, et qu'il n'eût souvent fait que l'ébauche d'un travail qui méritait de plus vastes développemens. Il prétendait que si l'esprit philosophique ne manquait pas à Montesquieu, cependant il n'avait pas été doué de cette quiétude philosophique qui ne s'obtient que par l'habitude de la méditation et le recueillement de la pensée; qu'il n'avait pas moins érigé un fort bel édifice dont la France devait s'énorgueillir, et qu'il venait lui s'essayer à le perfectionner en l'agrandissant et surtout, en comblant les nombreuses lacunes que sa perspicacité lui permettait d'entrevoir. Ce n'était donc qu'en donnant la main à ce grand architecte et en s'inspirant de ses idées qu'il osait se mettre à l'œuvre.

Mais il me faut exposer dans leur ensemble les idées politiques de Kant et pour cet effet, rappeller quelques-uns des principes philosophiques sur lesquels il les appuye.

Toute philosophie pure doit nécessairement avoir un double but, celui de mettre de l'unité dans nos connaissances et de fixer certaines vérités qui bannissent le doute de l'intelligence. Mais tous les philosophes de quelque valeur ayant prétendu donner la philosophie pure lorsqu'ils n'ont donné que des formes vides de la pensée abstraite, tous n'ont pu que se montrer ou impossibles ou inconséquens lorsqu'ils ont voulu appliquer leurs théories à un système de réforme sociale, par ce qu'ils n'avaient pas le droit en vertu de l'abstraction, de tenir compte de la réalité des choses. Kant, dont certaines inconséquences nous sont déjà connues, ne pouvait pas non plus échapper à une autre sorte d'inconséquences, et quoiqu'il fit pour ramener les principes constitutifs de la société aux théorèmes de sa philosophie, il ne fut pas moins obligé de descendre quelque peu des hauteurs où elle plane sur les réalités de la vie pour confesser que les faits accomplis ne sont pas tous dénués de raison, et qu'il ne s'agit souvent que de les féconder pour en voir sortir une ère meilleure pour les générations qui nous suivent. La doctrine du droit fait donc partie intégrante de la philosophie de Kant, elle doit le faire de toute philosophie qui se donne pour vraie; car tous les droits à la fois ne peuvent avoir de fondement que le vrai, ne peuvent pas avoir d'autre origine. Depuis Grotius et Puffendorf on n'avait guère traité le droit que comme théorie isolée, mais Hobbes et Spinosa d'abord, Kant et Fichte après eux en ont montré l'étroite union avec toutes les branches de la philosophie, quoique par une nécessité de la logique Kant fût obligé d'exclure la métaphysique de cette unité; n'a-t-il pas banni également de l'Ethique tout devoir qui n'aurait que Dieu pour objet!

Il ne doit pas être question ici de la doctrine complète du droit mais seulement du droit naturel ou philosophique qui pourrait être appelé philosophie du droit, Kant avait traité dans sa doctrine morale (Tugendlehre) toutes les prescriptions morales dont l'accomplissement est abandonné à la volonté de l'individu pour qui les devoirs existent. Voilà pourquoi la morale peut être définie la science du devoir, tandis que le droit proprement dit n'est que la science des droits. D'après Kant, il n'existe qu'un seul droit primitif qui est la liberté, ou le droit d'être pour soi et non pour autrui; mais la liberté posée à l'extérieur s'ensuit-il autre chose qu'un droit purement négatif? première inconséquence. Lorsque Kant fait prescrire à la raison subjective comme postulats *a priori*, des dérivations objectives, il n'en indique pas la nécessité logique, et cependant toute conscience sent bien qu'elle n'est capable que d'actes subjectifs. Négliger de combler cet abîme c'est se mettre fort à son aise, mais c'est se montrer encore inconséquent. Enfin, de la même manière qu'il s'était montré inconséquent lorsqu'il avait conclu que Dieu *est*, parce qu'il avait trouvé par un postulat de la raison pratique qu'il *doit* être; il y tombe de même lorsque ses contradictions le forcent de conclure l'existence nécessaire de l'Etat de la raison qu'il doit exister; et qui dit nécessaire, dit quelque chose qui ne pouvait ne pas exister, ce qui ne peut se soutenir.

L'Etat est donc plutôt un impératif de la raison, qu'une convention faite entr'eux par les hommes; mais s'il en est ainsi, le pouvoir de l'Etat est inviolable puisque sa notione est contenue dans la notion de l'Etat, et cette définition seule aurait dû confondre ceux de ses ennemis qui l'accusaient de connivences avec des révolutionnaires qui montraient par des actes violens qu'ils ne croyaient pas à cette inviolabilité.

Comme Montesquieu qui était persuadé que la constitution anglaise ou la pondération des pouvoirs et des droits est établie avec tant de subtilité réalisait la liberté politique, Kant prenait aussi pour modèle cette constitution, et n'appercevait plus dès lors qu'il faisait reposer le droit sur une liberté négative et nullement réelle, comme il le posait en principe, puisque l'équilibre des pouvoirs n'est qu'un jeu aveugle, fatal comme la logique, inévitable comme une conséquence. Quoiqu'il en soit de cette nouvelle inconséquence qui n'enlève rien de leur valeur négative aux formes constitutionelles d'un état, comme l'auteur de l'*Esprit des lois*, il voyait dans l'état trois pouvoirs, le législatif, le judiciaire et l'exécutif. Ce dernier qui peut résider indifféremment entre les mains d'un seul ou de plusieurs, à sa source dans le peuple qui peut le restreindre mais non l'anéantir, le changer mais non le punir. Si l'on parvient à bien combiner ces trois puissances de l'état de manière que leur action soit libre, indépendante l'une de l'autre et cependant ayant une tendance commune, le bien être de l'état est assuré. C'est là une trinité politique à laquelle Kant croyait beaucoup plus qu'à la religieuse et il ne faisait nulle difficulté de considérer l'état comme une triple personne dont l'une s'appelait la loi, l'autre le pouvoir exécutif et la troisième le juge. Cependant, comme je l'avais dit d'abord, si Kant marque à côté de Montesquieu ce n'est pas pour confirmer chacune de ses vues. Ils diffèrent entr'eux surtout dans les détails et dans les notions qu'ils donnent aux choses; par exemple si Montesquieu a soin de séparer la monarchie du despotisme Kant réunit ces dénominations, et si le premier distingue des formes diverses dans le gouvernement républicain, le second voit la république partout où il y a souveraineté, et il avait dit que la souveraineté c'est le peuple. N'avait-il pas écrit sur un de ces morceaux de papier dont j'ai parlé dans un moment d'humeur naive (1794); à mon avis la monarchie pourrait être définie, une broche à rôtir (Bratenwender), l'aristocratie, un moulin à cheval (Rossmühle), et la république, un automate qui se monte lui-même, mais qui n'en est pas moins quelque chose d'artificiel.

Avec de tels principes il n'est plus étonnant que notre philosophe prit avec tant de chaleur la défense des Américains lorsqu'ils voulurent mettre en action ses principes favoris en politique quoiqu'ils le fissent à coup de fusil. C'est avec la même satisfaction qu'il vit se lever le soleil de la révolution française dont il étudiait les phases avec un zèle ardent, et qui lui montrait par l'application de ses principes politiques qu'il n'avait pas rêvé des chimères. Les nouvelles venues de France qu'il lisait dans les journeaux de Hambourg et de Kœnigsberg faisaient alors le principal sujet de ses conversations à table ou chez ses amis, et ce ne fut plus l'anglomanie qu'il préconisait mais les idées françaises qui lui représentaient l'image de la vraie liberté. Néanmoins quand il vit la violence prendre la place du droit et le pouvoir avili dans la personne du monarque, son intérêt se refroidit, et insensiblement le philosophe en revint à l'Angleterre et ne jura plus que d'après les principes politiques de Burke qu'il disait se trouver en conformité avec les siens. C'est en conséquence de cette nouvelle manière de juger que l'on voit Kant depuis 1793 revenir souvent sur les abus de la révolte, poser des principes contre l'insurrection, et comme s'il eût voulu expier des maximes trop libérales, déclamer contre ceux qui ne professaient pas entièrement ses vues. Et comme après tout, en bon allemand du nord, il y avait un peu d'égoïsme dans son enthousiasme primitif, et que la révolution française n'était pour lui qu'un écho intéressant qui lui rendait compte du résultat de ses théories, il vit se refroidir ses affections avec la même facilité qu'il les avait vues s'enflammer, et l'on s'étonnerait de le voir quelques années après s'éprendre de nouveau pour le gouvernement du directoire si l'on ne savait pas que ses facultés s'étaient grandement affaiblies, à moins que la démarche de Siéyes qui le consultait sur une constitution n'eût chatouillé trop agréablement son amour propre de philosophe, et l'engageât à se tourner vers le peuple qui semblait rendre hommage à ses talens (¹).

Voici quelque-unes de ses déclarations qui viennent toutes à l'appui de ces principes. „Toute opposition à l'autorité suprême, toute révolte, tout appel à l'insurrection est un grand crime puisqu'on s'attaque aux fondemens mêmes de la république (chose commune). Lors même que son chef se conduirait en tyran nul n'aurait le droit d'user envers lui de représailles; et la raison en est que dans tout état organisé le peuple n'a plus le droit que confère une juridiction permanente. Comme nul ne saurait être juge dans sa propre cause qui déciderait entre le peuple et le souverain? Tout aussi bien le chef de l'Etat peut justifier sa sévérité envers ses sujets

---

(¹) Jachmann declare d'une manière positive qu'il évita de répondre à Siéyes, ce qui était impoli; d'autres ont prétendu qu'il avait fait consulter son gouvernement sur ce qu'il devait faire, ce qui eût été misérable; d'autres enfin soutiennent mais sans preuve qu'il fit une réponse étendue en latin, que cette réponse s'est égarée. Ce qu'il y a de plus certain c'est que dans une très courte lettre qu'il écrivit, il disait qu'en tout ce qui touchait sa politique il *s'en tenait à ses ouvrages!* Ai-je eu tort, malgré mon profond respect pour Kant de le juger moins propre que tout autre au rôle de réformateur! Je ne parle pas ici d'une prétendue lettre de Kant imprimée je ne sais où et qui n'est d'un bout tout à l'autre qu'un long pamphlet contre la révolution française. Elle a 112 pages et l'auteur assure l'avoir traduite de l'original écrit par Kant en latin.

par leur révolte même, que celui-ci leur révolte par l'exercice de la tyrannie. Il n'y a que celui qui se trouve investi de l'administration de la justice qui puisse en décider et celui-là, c'est le chef de l'Etat auquel personne ne le conteste." Il m'est impossible, malgré mon désir de ne pas relever tout ce qui me parait faible ou d'erroné dans les raisonnemens de notre philosophe, de laisser passer néanmoins une si grave contradiction dans ses principes. Une fois posé le principe de la division trinaire des pouvoirs dans un Etat, Kant ne peut plus considérer le chef de l'Etat comme revêtu de la souveraine judicature. Sa part lui a été faite dans l'exécution des actes administratifs, pourquoi venir confondre maintenant deux choses qu'il avait si bien distinguées dans la doctrine du droit. La charte française qui est la plus monarchique des chartes modernes déclarant „que toute justice émane du roi" et ne reconnaissant par là que deux puissances dans l'Etat pourrait seule subir l'application de la théorie Kantienne; mais allez dire aux Français de 1830 que dans aucune cas l'appel à une insurrection populaire est autorisé? Ils vous répondraient, qu'il y a eu pourtant entr'eux et le monarque détrôné un droit qui a décidé, celui de la force s'appuyant sur un droit naturel protecteur de la foi jurée.

Kant ajoute que s'il est vrai que d'autres écrivains estimables tels que Aschenwall (¹) ont pensée

---

(¹) Mort professeur a Gottingue en 1772. Il etait l'auteur de

différemment, ils ont trop envisagé la question sous le rapport théorétique, et qu'il n'est pas douteux qu'ils eussent reculé devant leurs principes s'ils avaient été appelés à porter une sentence décisive. Et il cite à l'appui de son opinion les exemples de la Suisse, des Pays-bas et de l'Angleterre. Une preuve, dit-il, que ces révoltes furent condamnables, c'est qu'en cas de non-réussite, leurs fauteurs eussent été justement punis comme des criminels d'Etat. Cette observation, on doit la faire, ajoute-t-il encore, aujourd'hui surtout que tant d'écrivains aux sentimens élevés croient devoir prendre la défense du peuple. Et faisant un retour sur ses principes de morale, il signale les rapports de ces fausses doctrines avec celles des moralistes ses contradicteurs qui posaient le bonheur comme la loi primordiale de l'humanité au lieu de la loi du devoir. Voyons, dit-il, le souverain veut à sa façon rendre le peuple heureux et il se change en despote; le peuple veut aussi se créer une félicité qu'il a rêvée et il devient anarchique, c'est la conséquence nécessaire d'un faux principe. Ici le raisonnement de Kant est lucide et tout-à-fait concluant. On ne peut le combattre qu'en posant la volonté divine comme source de toute moralité et la volonté divine n'exige rien de contraire au bonheur de l'humanité.

Quoiqu'il en soit de ces vues de Kant, ce qui l'honorera toujours comme homme c'est la parfaite con-

divers ouvrages estimés sur le droit naturel et le droit des gens et écrits en latin.

formité de sa vie avec ses enseignemens. Si jamais l'on a pu dire d'un docteur quelconque qu'il a vécu comme il a enseigné c'est bien du philosophe de Kœnigsberg, et sa vie entière dépose comme Barowski lorsqu'il affirme que depuis ses premières leçons académiques jusqu'à sa mort, Kant avait toujours professé le plus grand respect pour les volontés du gouvernement et la charge des magistrats, et qu'il honorait toujours la dignité dans la personne souvent désagréable qui en était investi. Nous verrons bientôt que des tracasseries du pouvoir vinrent quelquefois l'inquiéter et mettre à l'épreuve ses principes; mais nous verrons aussi qu'il y resta fidèle en homme qui ne rénie pas ses principes, mais qui désire également rester lui-même en montrant un penchant bien décidé pour le repos et une repugnance aussi décidée pour une défense de sa personne qui eût pu le compromettre. Mais l'on pourrait dire aussi à la décharge d'un si honnête citoyen que nous avons tous reçu de la providence une mission différente, et que pour la remplir, des capacités analogues nous ont été sans doute reparties. Or Kant a montré qu'il ne pouvait guère être qu'un savant ou si l'on veut qu'une grande machine enseignante, et qu'au-delà de ses attributions universitaires il se trouvait comme dépaysé. C'eût été donc exiger de lui l'impossible que de vouloir jamais en faire un homme d'action, et son mérite n'en souffre aucune atteinte puisque d'après les lois providentielles de l'humanité ce qu'il y eut de

saint et de vrai dans ses théories ne manquera pas
de trouver des hommes qui en feront l'application
lorsque les tems seront marqués du doigt de Dieu.
Notre estime pour Kant est d'autant moins aveugle
qu'il ne laisse pas le peuple sans moyen de défense, puisque fidèle à son principe de diffusion de
lumières il regarde la liberté de la presse comme
un droit qu'aucune puissance ne peut ravir, et c'est
par elle que s'exerce dans sa plénitude le droit
naturel de représentation. Il est vrai qu'il ne dit pas
comment, lorsque la presse a répandu la lumière,
et que la résistance aux désirs de la multitude est
toujours la même, ce que doit faire le torrent en-
vahisseur, s'il doit s'arrêter de lui-même et comment? ou s'il doit s'abandonner à sa nature dé-
vastatrice. Aussi caractéristique est l'amour de Kant
pour le peuple lorsque sur un des morceaux de
papier déjà cités, il dit: „L'on ne doit pas m'accuser de trop flatter les souverains parce que je
parle de leurs droits et de l'inviolabilité de sa personne, mais que l'on ne m'accuse pas non plus de
trop flatter le peuple lorsque je revendique pour lui
le droit de faire connaitre publiquement son avis
sur les fautes des gouvernemens" — „quand Hobbes
soutient qu'une fois ayant cédé ses droits le peuple
n'en a plus, il aurait dû ajouter de suite, quant à
la résistance; mais quant au droit de représentations ou de conseils pour améliorations, il ne peut
l'aliéner."

Dans une dissertation dirigée contre la politique

de Hobbes il avait dit sur le même sujet et d'une façon plus précise et plus caractéristique: „Le sujet paisible de l'Etat doit admettre que son souverain n'a pas l'intention de lui porter préjudice. Mais comme chaque individu a des droits imprescriptibles et auxquels, quand même il le voudrait, il ne pourrait renoncer, et dont il est son propre juge, il doit supposer que ce préjudice ne lui adviendrait que par suite de l'erreur ou de l'ignorance des résultats auxquels se serait laissé entrainer le pouvoir; donc le souverain doit reconnaître aussi le droit du citoyen à signaler ces fâcheux résultats de l'erreur, et en général tout ce qui peut causer du tort à la chose publique. Si l'on admettait qu'un souverain est incapable de se tromper et qu'il a la toute-science on le croirait alors inspiré divinement et placé au-dessus des lois de l'humanité, ce qui ne peut s'entendre, et ce qui implique la liberté de la plume à condition qu'elle se tiendra dans les limites du respect et de l'amour de la constitution qui nous régit, limites qui garantissent elles-mêmes cette liberté. Voilà le seul palladium de la liberté. Le souverain non-seulement ne peut contester ce droit au peuple, mais il le lui reconnait avec amour puisqu'il n'a lui-même le droit de donner des ordres à ses sujets qu'en sa qualité de représentant de la volonté populaire, et qu'en cette qualité il est sûr qu'il aurait fait lui-même les réformes jugées nécessaires s'il les avait connues. Vouloir que la liberté de la presse inspire au souverain des craintes pour la tranquillité de l'État c'est vouloir exciter la méfiance du pouvoir contre lui-même ou sa haine envers le peuple." Je finirai par cette autre citation de quelques lignes que le philosophe paraît avoir écrites vers l'année 1796: "De même que la sagesse consiste à employer des *humains* (êtres libres) pour arriver à une fin, de même, si l'on veut réussir en politique, la sagesse commande de n'avoir des rapports qu'avec un peuple libre. Cette politique est la seule morale. La politique opposée, c'est-à-dire celle qui ne se montre pas scrupuleuse sur le choix des moyens, celle-là ne convient qu'à la démagogie et les politicartes seuls la mettent en œuvre. Une politique est vraie lorsqu'elle s'accorde avec le droit public, et le droit public est la collection de toutes les lois qui peuvent être considérées comme la déclaration des droits d'un peuple . . . Malheur à celui qui reconnaît une autre politique que celle qui est considérée comme sacrée par les lois du droit."

Tels sont les principes politiques que le philosophe de Kœnigsberg se plut à faire circuler dans le public lorsque le public l'entourait depuis longtems de sa considération; car c'est une chose remarquable que ce fut dans la maturité de l'âge que Kant s'est livré aux rêveuses théories de la métaphysique et qu'il ait réservé sa vieillesse à l'examen des questions brûlantes qui s'agitaient de son tems: tels sont, dis-je, les principes politiques avec lesquels Kant s'acquit de nouveaux droits à l'estime générale; quelque susceptible que soit, en effet, sa théorie d'être attaquée et par les monarchistes et par les républicains, l'on ne peut s'empêcher d'y reconnaître le citoyen probe qui aurait voulu que les sociétés ne relevassent plus que des lois de la raison pure dont la justice et la bonté sont garanties par leur caractère de nécessité (¹).

Je l'ai dit, le philosophe de Kœnigsberg avait émis et développé ses idées politiques dans des ouvrages de longue haleine, mais qu'il n'avait pas achevé, ainsi que sur des chiffons qu'il n'avait pas eu le tems de rassembler. La collection de ses œuvres complètes contient, en outre, plusieurs opuscules où il s'était plu à traiter en détail quelques points de vue qui lui paraissaient de nature à recevoir des développements, ou qui répondaient à des critiques qu'il croyait ne pas avoir saisi le vrai sens de sa pensée soit dans ses cours académiques, soit dans ses écrits. Les plus importans de ces opuscules pourraient être considérés comme de gros ouvrages si l'on ne regardait qu'à leur valeur intrinsèque, c'est-à-dire à l'importance des matières qui y sont traitées et à l'apropos de certaines questions telles que le progrès *de l'humanité*, la nécessité d'une *paix perpétuelle*, et l'époque où il s'en occupait, montrent qu'il savait dé-

---

(¹) C'est guidé par ces principes inflexibles et en faisant taire des sympathies qui pour être sentimentales ne sont pas toujours raisonnables qu'il vit le partage de la Pologne avec plaisir parce qu'il attendait de ce partage un meilleur développement intellectuel et moral dans la classe du peuple.

mêler les fils entortillés de la politique régnante, et signaler à travers le bruit du canon dont l'Europe entière retentissait, l'aurore d'un avenir où il n'y aurait plus de place que pour les insignes de la paix. Mais de tels écrits quoique renfermant une partie des idées contenues dans sa doctrine de la morale et du droit en présentent néanmoins quelques-unes sous une forme plus originale, et annoncent que si Kant n'a négligé dans ses nombreuses compositions littéraires que les travaux de l'histoire proprement dite, il l'avait pourtant assez étudiée pour en vouloir comprendre la philosophie (¹).

(¹) Un docteur Andreas Richter avait demandé à Kant de lui permettre de publier une espèce de *Manuel* de sa politique; mais le ton froidement poli que l'on remarque dans la réponse de Kant fit apparemment abandonner ce projet.

CHAPITRE X.

Philosophie de l'histoire d'après Kant. — Ses ouvrages: Idées pour la composition d'une histoire universelle sous le point de vue cosmopolite. — De la paix éternelle. — Autres opuscules.

Kant est loin d'avoir composé assez sur la politique pour que l'on pût y puiser de quoi former des codes pour le gouvernement de tous les peuples; et il est à regretter surtout qu'il n'ait pas jugé à propos de développer davantage les questions qui se rattachent aux rapports de l'Etat avec une Eglise ou une école, quoiqu'il ait eu plusieurs fois l'occasion de dire amplement son avis sur des sujets si graves quoique si épineux: mais pour bien apprécier le peu qu'il en a dit, il faut se souvenir et de sa position particulière qui semblait lui commander une certaine réserve, et de la timidité de son caractère quand il s'agissait des questions brûlantes du moment, et de l'époque où il vivait, où tout était à débrouiller dans la philosophie comme dans la politique, dans l'histoire comme dans les sciences exactes, et où par conséquent il ne pouvait, le plus souvent, que toucher aux questions qui se présentaient en foule à son esprit, en faire jaillir quelques étincelles, et après avoir montré à ses concitoyens ce qu'on pouvait en attendre, leur laisser le soin

haut dans le domaine des connaissances humaines pour les toutes dominer et constater ensuite l'harmonie universelle dans le monde moral comme il l'avait fait dans sa *Critique du jugement* pour le monde physique.

Mais y a-t-il réellement une philosophie de l'histoire, et s'il en existe une est-il vrai que la loi du progrès en soit tellement l'expression qu'il ne faille plus, pour l'intelligence du passé, que savoir classer les faits d'après leurs résultats nécessaires, et pour l'intelligence de l'avenir que les prédire logiquement? Deux questions que notre siècle discute avec chaleur et que plusieurs ont résolu avec une intrépidité qui accuse plus de zèle que de lumières. Il est pourtant certain que ces deux questions ne sont pas tellement dépendantes l'une de l'autre que l'on ne puisse en approuver une et rejeter l'autre, si la raison et l'expérience viennent fournir des témoignages assez plausibles pour nier ou pour affirmer. Or, que l'humanité ait une vie qui lui appartienne en propre, de la même manière que dans chaque individu, c'est ce qui résulte de la notion même du Dieu qu'elle reconnait et qui ne peut que lui avoir donné une fin à remplir. Que l'humanité ait ensuite, comme chaque individu ses époques de lumières et de ténèbres, de force et de décadence; que semblable à l'océan elle ait ses jours de calme et de tempêtes, ses jours de flux et de reflux, c'est ce dont nos yeux sont continuellement frappés, et c'est aussi ce qui nous fait admettre certaines lois qui sont les conditions de son existence. L'étude de ces lois est donc fort légitime en elle-même, et leur explication est ce qui constitue la philosophie de l'histoire. Mais l'on conçoit que l'arbitraire doit inévitablement présider à cette philosophie et qu'il y aura autant de philosophie de l'histoire qu'il y aura d'hommes assez courageux pour expliquer les faits historiques de tous les tems, et de ces tems qui échappent tellement à toute appréciation que les monumens les plus essentiels manquent pour les constater. Ainsi il ne suffit pas de dire avec Jouffroy, qu'entre l'individu, la société et l'humanité il n'y a de différence que dans l'échelle du développement, ou de chercher la cause de ce développement et la trouver ou dans un plan caché de la nature, comme Herder et Kant, ou dans l'activité de la raison humaine qui fait l'éducation du genre humain comme Lessing, ou dans une impulsion circulaire qui lui a été donnée et dont elle ne se départera jamais comme Vico, ou dans la conscience qui lui est donnée, comme au *moi* de l'homme pour se conduire, comme Victor Cousin, encore faudra-t-il toujours, quand il s'agira d'écrire cette philosophie, avoir une connaissance véritable des faits, puisque la succession logique des idées qui constitue cette philosophie suppose une succession de faits qui lui répondent, et ces faits, encore une fois les connaissez-vous? Et si vous avouez que vous ne connaissez rien d'une foule d'empires qui ont brillé sur la terre et qui en ont disparu depuis des siècles, attendez-vous de les mieux connaître un jour? Mais alors à l'exemple des Cuvier et des Niebuhr qui reconstruisaient l'un avec des fossiles toute une science, l'autre avec des inscriptions mutilées, un empire, mettez-vous à l'œuvre et déterrez-nous les faits avant d'expliquer les événemens qu'ils supposent, et puis vous serez admis à tenter une philosophie de l'histoire qui, je le crains bien, ne pourra de longtems avoir d'autre historien que celui-là même qui préside aux lois de l'humanité.

Mais en supposant que l'on parvienne, à l'intelligence de ces lois, que l'on parvienne, par conséquent, à nous donner un corps de doctrines basé sur des axiomes et des principes sûrs pour élever cette philosophie à la hauteur d'une science, il faudra que l'on ait résolu auparavant bien des difficultés, celle de l'harmonie entre la liberté de l'homme individu et la nécessité qui l'entraine dans le mouvement de l'humanité, que l'on ait expliqué comment la vérité des faits peut se maintenir dans leurs centuples transformations, et comment cette inflexible géométrie que l'histoire des faits nous présente suivant Cousin (¹) peut s'accorder avec le développement du genre humain sous une forme psycologique. Mais avant tout, ne faites pas de l'histoire par intuition, et à l'exemple de tant d'Allemands qui font penser les anciens avec tant de génie, sans faire preuve par là de bon sens, donnez une histoire véridique de tous les principaux faits qui

(¹) Cours d'histoire de la philosophie, XII leçon.

entrent dans son domaine et vous serez ensuite admis à en donner l'explication (¹).

Si donc vous faites abstraction complète de l'histoire, et si vous prenez l'homme tel que se le figurait Kant, un individu unique de son espèce et ne croyant pas que la variété des races puisse invalider cette notion de l'unité de l'espèce; si vous regardez doué de toutes les qualités propres à obtenir le plus haut perfectionnement, mais doué par dessus tout d'une liberté pleine et entière, et par cette raison se liant toujours plus par la loi du devoir à mesure qu'il la connait davantage et qu'il possède la force de s'y attacher, l'on fait alors le plus haut cas des divers opuscules qu'on lui vit successivement publier sur les questions qui se rattachent à la philosophie de l'histoire, et particulièrement celui qui a trait à la composition d'une histoire qui embrasserait philosophiquement toutes les nations du globe, les suivrait dans leur époque de prospérité, de malaise et de décadence, signalerait les causes de ces situations diverses, et en signalerait les nécessaires résultats pour l'instruction des générations futures (²).

(¹) Les Allemands ne sont pas les seuls à prêter quelquefois aux faits anciens leurs propres pensées. M'entretenant, il y a quelques mois à Paris avec le spirituel directeur d'une *Revue* fort connue, je lui signalai quelques erreurs de fait que contenaient des articles sur la philosophie allemande, lorsque de bonne foi et très sérieusement il me fut répondu que leur savant auteur écrivait d'intuition sur ces matières.

(²) Son opuscule sur les *différentes races*, vi. 313-32 ayant paru 9 années avant ses *idées* sur l'histoire et plusieurs an-

Au reste, quoique l'idée fondamentale du système philosophique de Kant fût l'idée de perfectibilité morale dont l'homme est susceptible, il ne s'aveuglait point jusqu'à vouloir que cette perfectibilité ne concernât que tout invidu homme; il établissait, au contraire que ce privilége glorieux ne pouvait appartenir *pleinement* ici-bas qu'à l'espèce humaine; mais que chacun de ses membres devait, en mettant en jeu tous ses moyens, contribuer à son triomphe. Aussi il ne sera jamais en votre pouvoir de perfectionner toutes les dispositions qui se trouvent en vous; mais Kant aiguillonera votre égoisme, provoquera tout ce qu'il y a en vous de sentimens vaniteux que notre philosophe qualifie de noble et élevé, afin que par l'activité qu'ils exciteront vous accomplissiez chacun dans votre individualité une partie du plan que l'espèce à laquelle vous appartenez a reçu la tâche d'accomplir en entier. Et c'est ainsi que l'histoire n'était plus à ses yeux une combinaison informe de résultats sans portée pour l'avenir, mais une école véritable où l'humanité s'instruisait sans cesse pour arriver par une suite de degrés que les siècles seuls pouvaient seuls signaler, au développement le plus élevé ce qui, dans les idées de Kant, voulait dire, la plus haute moralité.

Voici la marche que le philosophe suivit dans

---

nées après cette publication, ses autres opuscules sur *l'idée d'une race humaine* et sur les *commencemens de son histoire*. vi, 333 et vii, 363-84.

son opuscule: *Idées pour la composition d'une histoire universelle sous le point de vue cosmopolite* (¹). Quelque idée que l'on se fasse du libre exercice de la volonté humaine, toujours est-il certain que les résultats apparens de cette volonté, les actions de l'homme, sont déterminés par des lois générales, comme tous les autres faits de la nature quelques cachées que soient les causes . . . . L'histoire qui en fait son objet doit parvenir à y découvrir une marche régulière et ensuite montrer au milieu d'une confusion apparente le développement constant et progressif de l'espèce humaine. Ainsi les saisons inconstantes, mais considérées dans leur ensemble ont entretenu au but de l'année, la végétation, le cours de fleuves, la marche uniforme et non-interrompue de la nature.

Les particuliers et les nations ne songent qu'à leurs propres intérêts, souvent si opposés . . . . et cependant ils concourent tous, à réaliser le but qu'a en vue la nature.

Les hommes n'agissent pas seulement par instinct comme les animaux, il n'agissent pas non plus toujours d'après un plan arrêté: que de choses contre la sagesse, que de pensées misérables, que de projets insensés! Le philosophe qui en est té-

---

(¹) *Ideen zur einer allgemeinen Geschichte* &c. Il avait d'abord paru dans un journal de Berlin, puis séparément. Il se trouve dans le tome VII des œuvr. compl. 315-336 et précède immédiatement un article critique des *idées* de Herder qui ne servit pas peu à indisposer le disciple contre le maître: tant les grands hommes sont souvent des hommes faibles!

moin se demande si dans ce cours discordant des choses humaines, on ne découvrirait pas quelque plan de la nature. Essayons de trouver le fil indicateur d'une telle histoire; l'homme qui saura s'en servir, la nature le produira. Kepler découvrit que les orbites excentriques des planètes étaient soumises à des lois déterminées, et Newton vint ensuite qui montra ces lois fondées sur une cause universelle.

I^e P<small>ROP</small>. *Toutes les dispositions naturelles d'une créature sont telles, qu'elles doivent enfin se développer entièrement d'après un but.* — Sans cela vous ne voyez qu'une nature aveugle, et le triste hasard qui vient usurper le plan de la raison.

IIe P<small>ROP</small>. *Toute les dispositions naturelles de l'homme, et qui sont fondées sur l'usage de sa raison doivent se développer entièrement, non point à la vérité dans l'individu, mais dans l'espèce entière.* — Il faudrait à l'homme seul une vie plus longue; mais à l'espèce est accordé le tems pour ce développement. Chaque génération livre à l'autre ses connaissances acquises. Niez cela et la nature n'aurait étalé dans les facultés de l'homme qu'un vain et puéril appareil.

IIIe P<small>ROP</small>. *La nature a voulu que tout ce que dans l'homme serait par delà l'ordre mécanique de son existence animale, il le tirât tout entier de sa profondeur; et qu'il ne peut prendre part à toute autre bonheur, ou à toute autre protection qu'au bonheur et à la perfection qu'il se serait procuré de lui-*

même, dégagé de tout instinct et par sa propre raison. — Sans cela pourquoi la nature lui aurait refusé ce qu'elle a accordé si généreusement aux animaux qui ne sont conduits que par l'instinct. — La nature pourrait ne s'être nullement embarrassée de pourvoir à ce qu'il vive bien; mais seulement à ce que sa conduite et ses travaux sur lui-même le rendent digne et de la vie et du bien-être. Les générations anciennes ne sont péniblement agitées, qu'en faveur de celles qui les ont suivies. L'une recueille ce que l'autre a semé. La nécessité de cette proposition se perçoit lorsque l'on songe que nous sommes une classe d'êtres doués de raison qui doit parvenir au développement complet de ses dispositions naturelles, au moyen de l'espèce ce qui seule est immortelle.

IVe Prop. *Le moyen dont se sert la nature pour opérer le développement des dispositions de l'espèce, c'est l'antagonisme des hommes dans la société, comme pouvant y devenir la source d'un ordre légitime.* — Un penchant de l'homme tend à le rendre sociable. Un autre à l'isoler de la société, c'est-à-dire à isoler ses intérêts. Il prévoit une résistance contre ses intérêts personnels, de-là cette énergie qu'il déploie pour mieux faire que les autres, pour les devancer dans les arts, dans les sciences, pour briller par son éloquence, sa philosophie; de-là cette lutte d'efforts pour le bien général que l'égoïsme même produit. L'homme demande *la concorde*, *la nature* plus sage lui commande *la discorde.* Les ressorts de cette activité, conduisent ainsi à son insçu, au développement des dispositions préparatoires de la nature.

Ve Prop. *Le problème le plus important pour les hommes, à la solution duquel la nature les contraint, c'est d'atteindre à l'établissement d'une société civile générale qui maintienne le droit.* — Dans la société, surtout dans celle où se rencontre le plus d'antagonisme, et partant le plus de liberté limitée seulement en ce que la liberté de l'un ne nuise point à celle des autres, dans cette société seulement l'espèce humaine peut atteindre le but le plus élevé de la nature. Donc le problème le plus importantse rait la création d'une *parfaite et légitime constitution civile.* Quelle chose peut gêner la liberté qui veut être sans bornes? la nécessité. Voyez les arbres plantés à une grande distance les uns des autres, ils sont libres, et ils croissent difformes — ceux d'une forêt tous pressés du même besoin, semblaient d'abord vouloir se nuire, mais bientôt ils se sont élancés droit vers les cieux.

VIe Prop. *Le problème le plus difficile de tous, est aussi celui que les hommes parviendront le plus tard à résoudre.* — *L'animal* homme, réuni à d'autres, *a besoin d'un maître,* car il abusera de sa liberté à l'égard de ses semblables, malgré sa raison qui lui dit le contraire; mais qui sera ce maître? Voilà le plus difficile des problèmes; car le maître doit ne pouvoir pas aussi abuser de sa liberté. La nature en ce point ne nous a permis que l'à-peu-près. Du moins pour parvenir à cette parfaite et légitime constitution, il faudrait d'abord avoir une idée juste et précise de sa nature, une expérience consommée, acquise par un long usage du cours des choses, et par-dessus tout une bonne volonté générale disposée à en recevoir le résultat; trois conditions difficiles à réunir. Ce ne sera donc que bien tard et après bien de vaines tentatives qu'on s'en sera instruit.

VIIe PROP. *Ce problème de l'érection d'une parfaite constitution civile dépend d'un autre, sans lequel il ne peut être résolu; savoir un légitime rapport extérieur des États entr'eux.* — Cela est visible; car une nation ne peut se développer si un autre vient l'arrêter... mais aussi les *corps politiques sortent du chaos de l'état sauvage, et entrent dans une confédération des peuples* — là chacun trouve droit et sureté dans les lois de la grande union, appuyées d'une force commune qui en assure l'exécution. — Le seul tort de Rousseau et de l'abbé de Saint-Pierre dont on s'est tant moqué c'est d'avoir cru à la réalisation *trop prochaine* de leur rêve. — ainsi les guerres, pour la nature sont des moyens qui amènent entre les États de nouveaux rapports, et au moyen des changemens, des révolutions, elle arrive à un état où toutes les sociétés particulières ne forment plus entr'elles qu'une machine simple, soutenue par ses propres forces, et pareille à tout autre corps politique qui ne serait composé que d'individus.

Faut-il attendre ce résultat du hasard? Ce mot

pouvait servir à masquer l'ignorance d'Epicure, mais pour nous il n'a pas de sens.

Tout se réduit à cette question : Et-il raisonnable de supposer que les dispositions de la nature, qui ont un but dans toutes les parties, soient sans but dans l'ensemble ? Non. Et ce qu'à déjà opéré l'état, en lui-même sans but, de la vie sauvage, lequel arrêtait le cours des dispositions naturelles de l'espèce, mais qui enfin par les maux continuels où il l'exposait, l'a contrainte d'en sortir pour entrer dans l'enceinte d'une constitution civile où tous les germes d'améliorations se pussent développer; c'est là, dis-je, aussi ce qu'opérera la barbare liberté que conservent entr'eux les Etats. On y remarque de même que par l'emploi de toutes les forces du corps politique à des préparatifs menaçans, par les désolations que causent les guerres, et encore plus par la nécessité de s'y tenir continuellement prêt, le développement des dispositions de la nature y est retardé dans sa marche; mais aussi les maux qui en résultent, la résistance universelle et salutaire, qui naît de la liberté commune, oblige enfin notre espèce de poser une loi d'équilibre, soutenue par une force confédérée qui en assure l'exécution, et d'établir ainsi une constitution cosmopolitique pour la sûreté générale des Etats. Si Rousseau préférait à notre condition l'état sauvage, c'est que nous ne sommes encore que civilisés, mais pas encore moralisés. L'idée de la moralité appartient à la culture; elle se borne chez nous à une vaine démonstration de point d'honneur et de décence extérieure ; l'emploi de cette idée constitue seul une vraie civilisation.

VIII*e* Prop. *On peut considérer l'histoire de l'espèce humaine en grand ou comme l'exécution d'un plan caché de la nature qui tend à établir une parfaite constitution intérieure, et pour y parvenir une pareille constitution extérieure des Etats ; ou comme le seul ordre de choses où puissent se développer entièrement les dispositions qu'elle a placées dans l'espèce humaine.* — Cette proposition n'est qu'une suite de la précédente. On voit que la philosophie peut avoir son *chiliasme* (règne de mille ans), mais tel que son idée même, bien que de loin, peut devenir, en quelque sorte, son introductrice, et que par conséquent il n'est rien moins qu'une chimère. Seulement il s'agit de savoir si l'empirisme du passé peut nous apprendre quelque chose de la marche de la nature vers son but. Je dis même *très peu de chose*, car cette marche semble exiger une si longue suite de siècles que d'après le court chemin parcouru jusqu'ici par la race humaine en avançant vers le but, on ne peut trop déterminer encore ici quelle en est la progression, ni quel est le rapport de la partie avec le tout. — C'est ainsi que toutes les observations n'ont pu encore nous apprendre la route que s'ouvre et que parcourt notre soleil avec toute la foule des satellites au travers du grand système des *fixes*, quoique d'après la loi fondamentale de l'univers et d'après quelques données, ou doive conclure avec certitude l'existence de cette route.

Les maîtres actuels du monde n'ont pas de trésors à consacrer à l'instruction publique; la guerre et le soin de la défense les absorbent tous; mais le temps viendra où ce grand art de la guerre, si incertain des deux parts malgré l'habileté qu'on y déploie, paraîtra si dangereux à mettre en pratique, par les déchiremens profonds qui en restent dans l'Etat, par le poids des dettes qui s'accumulent sans cesse, dont bientôt on ne pourra plus prévoir l'acquittement, et qui forment dans notre siècle un nouveau genre de calamités; la guerre, dis-je, semble si importante à tous nos Etats européens, dont l'enchaînement intime rend l'ébranlement d'un seul funeste à tous, que réduits à cette démarche par leurs propres périls, ils réclameront d'eux-mêmes des arbitres. La forme ne sera point encore régulière et légale; mais ainsi se préparera de loin la formation d'un grand corps d'Etat, dont les siècles précédens ne montrent aucun exemple. A grand' peine aujourd'hui démêlons-nous quelque ébauche grossière de ce grand corps; cependant un sentiment général qui affecte en secret tous les membres, leur apprend combien chacun est intéressé au maintien de l'ensemble. Là-dessus se fonde l'espoir qu'après maintes révolutions et transmutations d'Etats, enfin l'on verra succéder l'ordre universel que la nature a pour but, l'union cosmopolitique, dans le sein de laquelle le genre humain verra se développer toutes ses dispositions primitives.

IXe Prop. *L'Essai philosophique d'une histoire universelle d'après un plan de la nature, qui tend à établir parmi les hommes une parfaite société civile, doit être regardé non-seulement praticable, mais encore comme devant concourir à l'exécution de ce plan.* — Ceci a l'air d'un paradoxe, mais si l'on convient que la nature a un plan caché qu'elle parvient à atteindre il doit s'ensuivre que l'histoire doit un jour saisir ce plan.

Cependant je ne voudrais pas par cette idée d'une histoire universelle, qui pourtant donne en quelque sorte un type *a priori*, contraindre et resserrer le travail de l'historien qui doit être proprement guidé par les faits empiriques (d'expérience), ce serait mal interpréter mes vues. Je ne donne qu'un aperçu de ce que pourrait essayer une tête philosophique qui posséderait éminemment la science de l'histoire; d'ailleurs l'on ne peut s'empêcher d'être un peu inquiet de savoir comment nos neveux (pour peu que cela dure encore quelques siècles) se tireront du déluge d'ouvrages historiques que nous leur laissons, et parviendront à saisir l'ensemble des détails minutieux, d'ailleurs fort louables que nous leur transmettons. Sans doute que les archives des tems les plus reculés, dont les actes originaux n'existeront plus pour eux, ne leur offriront d'autre intérêt que celui d'apprendre ce que les peuples et les gouvernemens divers auront apporté d'avantages, ou de retard, à la grande union cosmopolitique. Voilà l'ouvrage qu'il faut leur préparer, et si l'on pouvait indiquer aux chefs des peuples, à leurs ministres, vers quel but à jamais glorieux ils doivent diriger leur ambition et leurs travaux, ce serait un puissant motif de plus qui devrait engager à l'essai d'une telle histoire philosophique.

On peut très bien attaquer de telles idées, dit Rosenkranz, mais leur réfutation est impossible; oui, si les idées chrétiennes de la chûte n'étaient pas des vérités; mais tant qu'elles trouveront un écho dans la conscience humaine, il sera toujours vrai de dire que l'attente d'une époque où le genre humain sera renouvellé tout entier et n'aura plus d'autre règle que la loi du devoir à laquelle il obéira, est une de ces chimères que l'intelligence déduit de certains systèmes philosophiques que l'on admet après en avoir été ébloui, mais que la conscience rejette dans le domaine des illusions dès qu'elle apprend à se mieux connaître.

Il n'est pas nécessaire de signaler une erreur plus fondamentale encore, si le christianisme est, en effet, comme il se présente à nous, une révélation de Dieu, c'est-à-dire un secours dont l'homme n'aurait pu se passer pour devenir capable d'obéir à la loi du progrès, c'est de prétendre que l'homme est appellé à faire lui-même sa propre histoire et que le genre humain n'a pas besoin d'autre éducation. Mais quand nous avons pleinement fait connaissance avec la philosophie de Kant nous comprenons que ce qui est une lacune sous le point de vue chrétien pouvait paraître un perfectionnement au point de vue rationaliste.

Kant défendit cette même thèse neuf ans plus tard dans une article destiné à examiner cette maxime: *Ce qui est juste en théorie peut-il n'être pas applicable dans la pratique.* Quoique son écrit fût principalement dirigé contre Garves, un des plus grands antagonistes de notre philosophe et qui avait surtout attaqué la rigidité de sa morale, parcequ'il ne pouvait comprendre que l'on ne dût bien agir qu'en vertu de la loi du devoir; ensuite contre Hobbes dont il attaque de nouveau les principes politiques, il profite de l'occasion pour relever une idée d'un autre antagoniste, Mendelssohn, qui, à l'instar du Napolitain Vico avait fait revivre l'antique manière de comprendre la philosophie de l'histoire, lorsqu'on se représentait l'humanité se mouvant dans un cercle et revenant au point d'où elle était partie. Avec une assurance que seul peut donner une profonde conviction Kant leur annonce à tous la loi du progrès indéfini qu'il avait proclamée, et c'est avec un style plein de chaleur qu'il exprime cette conviction d'un génie que l'enthousiasme a séduit.

Je ne répéterai point les argumens de Kant contre Hobbes dont j'ai déjà pu indiquer les plus importans, en citant les propres paroles de Kant, puisqu'il est toujours question du droit inaliénable des peuples que Hobbes contestait, de pouvoir, par la liberté de la presse, réclamer des améliorations ou se plaindre des abus. Je n'ajouterai que la réflexion qui termine sa défense de la liberté de la presse. Après avoir proclamé la nécessité de l'obéissance du côté des sujets et de l'esprit libéral qui doit animer le pouvoir et déclaré que ces deux choses étaient inséparables, il affirme que l'obéissance à laquelle ne répond point un gouvernement libéral est la cause principale des sociétés secrètes. Car la nature ne cesse de crier aux hommes qu'ils doivent se réunir pour se conseiller dans leurs interêts communs. Accordez leur la liberté de parler et d'écrire et les sociétés secrètes tomberont d'elles-mêmes. Et par quel autre moyen les gouvernemens pourraient connaître les vœux essentiels des peuples que par cet esprit de liberté dont le principe est aussi honorable que ses effets sont précieux?

Il parait que les idées sur le perfectionnement de l'humanité avaient un si grand attrait pour Kant, qu'il les traita de nouveau dans les dernières années de sa carrière dans un article de journal intitulé: *Question renouvellée; si le genre humain est destiné à s'améliorer par des progrès continuels?* On devine bien l'esprit de la réponse, mais des lecteures français liront peut-être avec intérêt ce qui d'après Kant a retardé de son tems les progrès du genre humain. Ce n'est rien d'autre que la révolution française, événement, dit Kant, qui n'est pas le signe réel d'une révolution, mais l'évolution d'une constitution fondée sur le droit naturel qui ne pourra recevoir sa consolidation que quand les disputes sauvages qu'elle occasionne, auront fait place à la justice, à la modération et à la compréhension des droits de tous les citoyens.

Ainsi, d'après Kant, deux causes principales entravent le progrès des sociétés, le manque de publicité occasionné par la censure des livres et des journaux, et les illusions des peuples sur les qualités réelles d'une bonne constitution. La plupart du tems elles sont données pour le plus grand asservissement de ceux qui le sont aveuglement réclamées. La profondeur de cette réflexion me dispense de tout commentaire.

Mais c'est dans son opuscule sur la *paix perpétuelle*, que le philosophe s'élève à une grande hauteur de la morale sociale, et qu'en opposition à Hégel le grand partisan de la guerre, et qui ne voyait dans l'histoire qu'un Golgotha durable, il salue, lui, l'aurore prochaine des tems à naître où la paix entre tous les peuples sera autant un besoin du cœur humain qu'une nécessité enfin avérée de la loi humanitaire.

Cet opuscule était donc une suite de ses idées sur la philosophie de l'histoire et un changement de forme dans ce qu'il pouvait déjà avoir énoncé. Il savait bien que la guerre ne cesserait pas de sitôt; mais il savait aussi qu'elle deviendrait toujours difficile, et que la force de l'intelligence finirait par l'anéantir. Si Kant avait parlé du cœur au lieu de l'intelligence, il eût dit probablement plus vrai; mais nous nous accordons sur un principe commun, celui de la dignité humaine que la guerre tend à abaisser, et qu'une nécessité logique de la paix tend à relever; et cela doit suffire pour révérer ce vieillard qui à une époque où des bruits de guerre grondaient sans cesse à ses oreilles, seul contre son siècle, armé d'une idée, contre un conquérant qui n'avait nulle foi aux idées, et en avait beaucoup à la puissance des baïonnettes, luttait avec persévérance en faveur d'un principe qu'il croyait vrai et qu'il déduisait de sa philosophie, principe fécond en actes généreux, puisqu'une paix affermie entre les Etats est une garantie puissante de moralité, de bons rapports inter-nationaux, fait reposer le droit de citoyen du monde que toute homme apporte en naissant sur les conditions d'une bienveillance générale et rend peu-à-peu nécessaire l'extension sur tous de ce que l'expérience a fait reconnaitre chez quelques-uns de salutaire et de vraiment utile au bonheur de l'espèce humaine.

On pourrait expliquer par ce vœu d'une ame généreuse les tergiversations que montra Kant plusieurs fois dans sa politique personelle et pratique, lorsqu'on le voyait passer des idées françaises à celles de l'Angleterre, puis revenir à la France lorsqu'il voyait Pitt s'acharner à jeter de l'or sur le continent pour acheter le sang de ses habitans. Et, en effet, Kant ne cacha point sa satisfaction lorsque la Prusse puis l'Espagne se détachèrent de l'alliance européenne, parce que cette rupture lui annonçait le commencement de l'ère qu'il se plaisait à annoncer et c'est pour la même raison qu'il aurait applaudi aux vues de Napoléon s'il avait pû être témoin de la conquête du Portugal, lui qui l'avait blamé de son expédition en Egypte parce qu'il aurait voulu qu'il lançât de préférence ses vaisseaux vers l'océan pour aller abattre soit en Portugal soit en tous les lieux où elle dominait, cette puissance britannique qui semblait ne plus exister que pour souffler la discorde parmi des êtres qui n'ont été créés que pour rivaliser de zèle pour le bien.

On raconte cependant que lorsque la paix d'Amiens (mars 1802) qui s'annonçait sous les plus heureux auspices, lui fut annoncée à Kœnigsberg, Kant ne manifesta plus cet intérêt d'autrefois. L'activité incessante de son intelligence avait, pour ainsi dire, usé le fragile instrument qui la récélait, et dire que son ame parut demeurer impassible en présence d'un événement qui donnait gain de cause à ses prévisions, c'est assez dire qu'il montra la même insensibilité quand il apprit la brusque rupture de cette paix et la reprise des hostilités.

Mais puisque le fil de la narration m'a conduit à parler aussi brusquement de l'affaissement des facultés morales dans le philosophe de Kœnigsberg, lorsque j'ai encore à signaler une partie de ses travaux, celle qui se rapporte à la philosophie de la religion, faisons quelque peu connaissance avec l'individualité du savant. Voyons quel genre de vie menait dans sa ville natale, celui qui pouvait suffire à de travaux de nature si diverses, mais dont la haute conception faisait concourir au même but.

CHAPITRE XI.

Vie de Kant comme professeur. — Sa manière d'enseigner. — Ses rapports avec les étudiants. — Emploi de ses journées.

On peut déjà se faire une idée de l'activité de notre savant, lorsqu'on le voit se multiplier pour ainsi dire; soit afin de répondre aux vœux de plusieurs qui lui demandaient des cours sur un si grand nombre de branches de la science, soit pour initier le monde aux vastes conceptions de son intelligence; mais il ne subvenait ainsi à bien remplir ses fonctions de professeur, et il ne trouvait encore du tems pour étendre par la publication de nombreux ouvrages, au-delà du cercle habituel de ses auditeurs, ce qu'il croyait être utile, que par ce qu'il savait mesurer son tems et en faire une sage distribution. Les règles qu'il s'était imposées à ce sujet peuvent seules expliquer, comment il venait à bout de tant d'entreprises, lorsque on sait d'ailleurs, que contrairement à ce que pratiquent d'autres écrivains, il faisait les charmes de la société, et qu'il consacrait à la table et à divers genres de distractions ce qu'ont coutume de leur consacrer les personnes qui ne se vouent point à la science par état. Mais, on l'a toujours vu, il n'est rien qu'on ne puisse exécuter, si l'on se fait une distribution convenable des heures de la journée, et si jusqu'à la fin, l'on se montre fidèle à cette règle. Un écrivain caustique, mais qui n'est ici que fidèle narrateur, dit avec raison, qu'il ne croit pas que la grande horloge de la cathédrale de Kœnigsberg, ait accompli sa tâche visible avec moins de passions et plus de régularité, que son compatriote Emmanuel Kant (¹).

D'abord il pensait que son premier devoir était de remplir la tâche de professeur qu'il s'était imposée avec toute l'exactitude possible, et l'on ne l'a jamais vu arriver à l'auditoire après le son de la cloche, encore moins il ne se permettait jamais de manquer à ses leçons. Il ne prenait de vacances que celles accordées par le réglement universitaire, et Jachmann rapporte que pendant neuf ans qu'il a suivi lui-même ses cours, il ne lui en a pas vu manquer une seule (²). Nous avons dit que la salle ne pouvait pas toujours contenir le nombre de ses auditeurs, mais c'est seulement à certains de ses cours, tels que ceux sur l'anthropologie ou la géographie physique. Des hommes d'état et les officiers de la garnison les fréquentaient alors assidûment. Tandis que les cours les moins fréquentés étaient ceux sur la théologie naturelle, le petit nombre de ceux qui paraissaient les suivre avec plaisir le porta même à ne plus les annoncer; mais

---

(¹) *Oeuvres* de Henri Heine: *De l'Allemagne*, tom. II, p. 152.

(²) **Biographie Kant's**, p. 27-28.

sur la remarque, que ce petit nombre de jeunes gens étaient pourtant des candidats en théologie à qui il pouvait faire du bien, ce fut suffisant pour les lui faire continuer, malgré sa répugnance de ne s'adresser qu'à un petit nombre d'auditeurs. Et c'est ainsi, dit le rationaliste Jachmann, que beaucoup d'apôtres de l'Evangile de la raison ont pu propager au loin la lumière. L'on a déjà vu et bientôt l'on verra mieux que ce n'est point par ses enseignemens directs sur des matières théologiques que Kant a brillé, et que ses résultats sur ce point n'ont pu être que déplorables. Du reste, fidèle à ses principes libéraux, il répétait aux jeunes théologiens ce qu'il disait souvent à tous ses élèves réunis, qu'ils ne devaient pas se montrer l'écho de ses propres idées, mais réfléchir et penser par eux-mêmes à tout ce qui est du ressort de la théologie; et élevant ainsi le professorat à la hauteur d'un sacerdoce moral il ne faisait qu'un noble appel aux facultés de l'intelligence et du cœur de ceux qui l'écoutaient.

Kant s'énonçait avec facilité quoiqu'il ne parlât souvent que d'après de courtes notes qu'il avait rédigées, ou d'après les *manuels* qui lui servaient de thème, et quoiqu'il n'eût pas un organe sonore on l'entendait toujours à cause de la grande attention qu'on lui prêtait. On s'est plaint souvent et avec raison, des difficultés que l'on trouve à comprendre quelques-uns de ses écrits, surtout lorsqu'on ne fait qu'aborder sa philosophie; mais on assure qu'il n'était pas faché que ses auditeurs le comprissent, et il ne faisait pas consister la profondeur de ses discours dans l'obscurité des pensées ou dans une barbare terminologie. Il a bien dit lui-même, faisant allusion à des plaintes sur l'obscurité de ses écrits, qu'il n'écrivait que pour des penseurs de profession; mais outre qu'il tenait là un langage qu'il est impossible de justifier, puisque ce que l'on croit être la vérité est une propriété de tous, et qu'il ne s'agit pas d'établir une caste dans la société qui ait le privilège des fortes conceptions de l'esprit; outre cela on le voyait appliqué dans son enseignement oral, à fixer l'attention du plus grand nombre, et à poursuivre le but de ses efforts, qui était, disait-il, non point d'imposer ses propres pensées, mais d'apprendre aux autres à penser par eux-mêmes. Il est vrai qu'il disait, à ce sujet, qu'il ne faisait pas grand cas de l'éloquence, parce qu'elle peut servir à faire adopter bien des préjugés; mais il ne la confondait point avec l'art de parler purement. On ne persuade avec l'éloquence que par un flux de paroles, disait-il encore, et ce n'est là qu'un art de tromper; on ne cherche d'ordinaire à emporter une question d'assaut, que quand on ne se sent pas la force de la démontrer. Cependant on assure que le philosophe disparaissait quand il traitait de la morale dans ses cours, sinon dans le fond des idées du moins dans la manière de les présenter. C'est qu'alors il dissertait sur un sujet de prédilection et que la haute moralité qui faisait le fond de son caractère lui prêtait des accens qui ne se puisent pas toujours dans les hauteurs de l'intelligence, mais bien dans les profondeurs de la conscience humaine. Du reste, Jachmann assure que même dans la métaphysique, si l'on fait abstraction de la difficulté du sujet pour un jeune étudiant, ses cours étaient attrayants et clairs. Kant montrait, en effet, un art tout particulier, dans la manière de présenter et de définir les idées métaphysiques, en ce qu'il se posait devant ses auditeurs, comme s'il faisait sur lui-même l'essai de ses propres réflexions, puis il y ajoutait peu à peu des idées nouvelles et plus positives, améliorées par les explications données: il passait enfin à la conclusion de la matière qu'il avait épuisée et sur laquelle il avait répandu beaucoup de lumières. Il amenait ainsi l'auditeur attentif, non seulement à connaître le sujet, mais encore à y penser méthodiquement. Celui qui n'avait pas d'abord compris sa méthode et la marche de ses cours ne pouvait saisir que des demi-vérités. Dans ses spéculations métaphysiques il arrivait même que Kant, entraîné par la puissance de son génie, poursuivait trop loin quelques-unes de ses idées et par suite de ses digressions, il perdait de vue le sujet lui-même. Cependant il finissait par s'interrompre brusquement par ces mots: *„in summa, meine Herren,"* et récapitulant brièvement ce qu'il venait de dire, il revenait à son sujet. Schubert dit, que le talent d'enseigner de Kant était aussi grand que sa pensée était profonde, et que tout cela était soutenu par le sérieux de son caractère moral; le même auteur ajoute que parmi les titres de Kant à l'estime générale, c'est d'avoir travaillé à ce que ses auditeurs travaillassent et apprissent à penser en commun avec lui, et que c'est pour cela qu'il ne dictait point, pour ne pas imposer aux autres ses pensées (¹).

 Kant, une fois assis dans sa chaire, il se faisait le plus complêt silence, que provoquait autant la faiblesse de sa voix, que le respect qu'on lui portait; mais Kant avait une manie, et qui en aurait donc, si les grands hommes en manquaient! Celle de Kant était de fixer, pendant qu'il parlait, l'un de ses plus proches auditeurs, s'imaginant deviner par là le degré d'attention qu'on lui portait, et s'assurer également s'il était bien compris. Mais il arrivait quelque fois, dit Jachmann, que la moindre irrégularité dans la pose ou dans la mise de l'auditeur, le jetait dans une espèce de confusion. Jachmann en rapporte un exemple. Un jour que suivant son habitutude, Kant fixait un jeune homme, il s'aperçut qu'un bouton manquait à son habit, et le voilà arrêté dans ses philosophiques spéculations. Mais la même distraction ayant eu lieu, un jour que le jeune homme avait fait remettre le bouton, il le manda chez lui, pour lui parler du bouton de l'habit. Le jeune homme s'étant excusé sur sa négligence. „Ce

---

(¹) *Historisches Taschenbuch.* p. 543.

n'est pas cela, repartit Kant, vous devez ôter ce bouton, auquel je ne suis pas habitué."

Cette régularité dans ses travaux, dont il faisait sa règle, il l'exigeait de ses élèves en toutes choses. Elle était pour lui le signe non équivoque d'une bonne conduite. L'un deux ayant promis de lui apporter à une heure qu'il avait fixé lui-même les honoraires qui lui étaient dus, il ne vint pourtant pas le jour fixé mais le lendemain. Kant lui en fit des reproches, tout en lui rendant la somme d'argent, qu'il ne crut pas devoir recevoir, probablement par charité pour l'étudiant. Cependant le même jeune homme, s'étant présenté quelques jours après, pour en avoir la permission d'être l'opposant dans un examen qu'un de ses condisciples devait subir: „Comment voulez-vous, répondit Kant, que j'accède à votre demande, rien ne m'est garant que vous serez exact à l'heure de la dispute." Borowski, qui cite ce trait, ajoute que le jeune homme profita de la leçon et qu'il se fit remarquer dans la suite par sa régularité.

Les relations de Kant avec ses élèves, étaient celles d'un ami et d'un protecteur bienveillant. On le vit comme professeur ou comme recteur, quand il fut élevé à cette dignité (1786) toujours occupé à former le caractère moral de ceux dont on ne lui confiait que l'instruction. Si l'un d'eux se faisait remarquer par une plus grande application il le mandait auprès de lui et par de puissans encouragemens, il le poussait dans la carrière que le jeune homme brûlait de parcourir. Que de fois il est venu au secours de ceux que la détresse financière empêchait seule qu'ils terminassent honorablement leurs études! Jachmann rapporte qu'il lui offrit un jour cinq cent thaler de Prusse pour aider son jeune frère à aller en Ecosse dans le but d'y suivre des cours de médecine à l'université d'Edinbourg comme ce frère le désirait; et que s'intéressant pour un autre jeune homme qui postulait une place d'aumonier dans un régiment, il le fit venir, le questionna beaucoup sur le discours *d'épreuve* qu'il devait prononcer avant sa nomination, s'entretint longtems avec lui du sujet qu'il devait traiter, et le jour de l'épreuve étant arrivé, Kant, trop ému pour aller en personne l'entendre prêcher, envoya quelqu'un à sa place avec ordre de l'écouter et de venir aussitôt lui rendre compte de l'impression qu'aurait fait son jeune protégé. Voilà ce qui s'appelle s'intéresser vivement à quelqu'un! Un père en eut-il fait davantage?

Mais s'il prenait le plus grand intérêt aux succès de jeunes gens, s'il aimait à les voir, à les encourager en public et en particulier, ce n'est pas qu'il eût au sujet de la surveillance qu'on doit exercer à leur égard des idées fort sévères. Voici comme il s'en exprime avec un de ses meilleurs amis que nous aurons bientôt occasion de mieux connaître. „Je ne saurais me faire disait Hippel à cette grande liberté que l'on accorde à des jeunes gens, qui doivent néanmoins un peu plus tôt, un peu plus tard, se courber sous le joug. Et moi, lui répondait Kant, je ne conçois ni études, ni aucun genre d'occupations sans liberté. C'est la liberté qui développe la pensée et si la jeunesse doit se courber sous le joug, elle doit aussi apprendre à le briser quand il est réellement trop lourd." C'était pourtant le même homme qui avait sur l'éducation les idées les plus élevées, jusqu'à lui faire dire que derrière l'éducation était caché le mystère du perfectionnement et du bonheur de l'humanité. C'est pénétré de ce même esprit qu'il voyait avec plaisir que les jeunes gens fréquentassent la société des jeunes personnes de leur âge, et il se promettait d'heureux résultats de cette habitude, que d'autres philosophes sont loin d'approuver. Il est certain que la société des dames est merveilleusement propre à maintenir un jeune homme dans les limites les plus sévères de la politesse et de l'honnêteté; et si l'on voit souvent des jeunes gens munis d'une forte dose de grossièreté ou d'ignorance des usages du monde, c'est qu'ils n'ont pas l'occasion de s'en dépouiller auprès de dames ou demoiselles bien élevées.

„Il est aussi nécessaire disait-il expressément, pour un homme qui doit vivre dans le monde, de fréquenter la société des dames, qu'il est nécessaire d'avoir des livres pour former son instruction."

Il avait été nommé six fois doyen de la faculté de philosophie et dans l'exercice de cette fonction il devait examiner les élèves qui arrivaient des diverses gymnases pour suivre les cours de l'université. Il était loin alors de rebuter ces jeunes gens soit par un visage trop sévère, soit par des exigeances scientifiques déplacées. Ce n'était pas tant une forte masse de connaissances variées qu'il leur demandait, mais il s'informait s'il y avait vraiment chez eux puissance de les acquérir. Sous ce rapport il montrait une grande sévérité; mais une fois admis l'étudiant pouvait comme je l'ai dit, compter désormais sur Kant comme sur un protecteur fidèle qui bien souvent prenait leur défense contre des professeurs qui avaient sur la discipline des idées semblables à celles que nous avons vues exprimées par son ami Hippel. Les jeunes gens, leur disait-il encore, sont des jeunes arbres qui ont besoin de croître et de se développer. Si les arbres sont enfermés, ils deviennent chétifs; donnez-leur de l'air et vous les verrez prospérer. Pouvez-vous comparer la bonté des fruits qui nous viennent dans les serres avec ceux que produisent les arbres en plein air. C'est guidé par cette règle dont l'élasticité peut seule excuser l'étendue qu'il remplit à plusieurs reprises les fonctions de recteur de l'université, à la grande satisfaction de tous les membres du corps enseignant. C'est pendant l'un de ces rectorats en 1786, que Frédéric II mourut et que l'université fut appelée à rendre hommage à son successeur Frédéric Guillaume II. Kant complimenta donc le roi au nom de l'université et Guillaume II lui répondit de la manière la plus gracieuse et le salua comme le premier philosophe de l'Allemagne. (¹) Le comte de Herzberg qui accompagnait le roi en sa qualité de ministre du cabinet, avait voué au philosophe une estime toute particulière qu'il fondait autant sur la valeur des ouvrages philosophiques de Kant que sur ses qualités personnelles, et il ne négligeait aucune occasion de rendre hautement justice à son mérite (²). Le ministre en donna une preuve éclatante lorsqu'il fit élever ses appointemens de 220 thalers par année et qu'il lui fit connaître cette résolution du gouvernement par le rescrit suivant: „Nous, Frédéric Guillaume &c. Ayant à cœur l'amélioration de nos universités, les hommes zélés qui s'en occupent méritent toute notre estime. Depuis long-tems nous avons remarquer avec une entière satisfaction l'ardeur et le désintéressement du professeur Kant si habile et si loyal qui travaille avec un zèle infatigable sans pour cela réclamer une amélioration dans son sort, lui qui, d'après le tableau des cours de l'université qui nous a été envoyé, en a ajouté un nouveau sur la logique. Pour lui prouver notre contentement, nous augmentons ses émoluments de 220 thalers et ordonnons de l'en avertir." Schubert assure qu'ainsi élevés ses émolumens pouvaient monter de 440 à 450 thalers (environs 1700 fr. de France) et qu'ils

---

(¹) Charles Villers était mal instruit, quand il affirme que le roi ne s'était jamais informé de Kant. On voit au contraire qu'il le connaissait très bien et plus nous avancerons dans l'histoire du philosophe plus nous nous convaincrons du cas que l'on faisait de Kant à Berlin.

(²) Borowski, p. 39.

ne furent jamais plus augmentés, ce qui était bien modeste pour un professeur de ce mérite (¹). Sans doute Schubert ne comprend pas dans cette somme les appointemens payés par les étudians et qui pendant sa vie de *privat-docent* avaient été son seul moyen d'existence (²).

Nous voilà un peu éloignés de la régularité que nous admirons dans l'acquittement de ses devoirs de professeurs, hâtons-nous de dire quelque chose de celle à laquelle Heine faisait allusion lorsqu'il ajoutait: „Se lever, boire le café, écrire, faire son cours, dîner, aller à la promenade, tout avait son heure fixe, et les voisins savaient exactement qu'il était deux heures et demie, quand Emmanuel Kant, vêtu de son habit gris, son jonc d'Espagne à la main, sortait de chez lui et se dirigeait vers la petite allée de tilleuls, qu'on nomme encore à présent, en souvenir de lui, l'allée du philosophe. Il la montait et la descendait huit fois le jour, en quelque saison que ce fût; et quand le tems était couvert ou que de nuages noirs annonçaient la pluie, on voyait son domestique, le vieux Lampe, qui le suivait d'un air vigilant et inquiet, le parapluie sous le bras, véritable image de la providence (³).“

(¹) Schubert J. K., Biographie, p. 72.

(²) Hamann écrit à Jacobi à la date du 25 mars 1786: „Kant a été élu pour la première fois *rector magnificus*, et son installation eut lieu le lendemain de l'anniversaire de sa naissance.... Il a montré un caractère noble que personne ne peut lui disputer.“

(³) *De l'Allemagne.* 1. 153.

En effet, pendant dix-sept heures de la journée, tout ce qu'il pensait, disait, faisait, c'était fait, dit et pensé à l'heure convenue d'avance, c'est là un exemple que nous n'avons pas la prétention de proposer à tout le monde; mais nous croyons que ceux qui ont mission comme Kant de beaucoup travailler dans l'intérêt de l'humanité, ne rempliront bien cette mission glorieuse, que par une heureuse distribution des heures de la journée. Son domestique avait l'ordre d'entrer dans sa chambre un peu avant cinq heures et de lui dire: *il est tems!* et aussitôt Kant était debout. Il lui demanda une fois en présence de plusieurs personnes et avec le sourire de la satisfaction, s'il lui était jamais arrivé de se faire appeller deux fois; jamais, très noble professeur, répondit Lampe. Une fois levé, il revêtait sa robe de chambre et préparait son travail; puis il prenait une tasse de thé, toujours une seule, fumait une pipe, l'unité d'après lui étant la mesure de toutes choses, et se préparait à son premier cours qui commençait à sept heures, en été. Au sortir de ses cours il eut longtems l'habitude de s'arrêter à un café voisin, où il buvait sa tasse de café, faisait une partie au billard, s'informait des nouvelles du jour et remontait enfin chez lui où il travaillait à ses ouvrages ou à sa correspondance qu'il restreignait autant que possible. On a toujours vu les grands hommes, j'entends ceux qui n'aiment pas se nourrir de fumée, aimer qu'on leur écrivît des lettres, mais ne pas aimer en écrire eux-mêmes. Un peu avant midi il s'habillait pour recevoir ses convives, et prolongeait souvent avec eux le dîner ou du moins la conversation de table jusqu'à trois et même quatre heures, sans craindre de compromettre sa gravité philosophique. Allons nous occuper de la métaphysique de la vie, disait-il parfois à ses convives, lorsqu'on venait annoncer qu'on était servi; mais c'était là toute la conversation philosophique de table, il n'aurait pu en souffrir une autre. C'est au point, que des personnes, s'étant rendues à son invitation dans l'espérance de l'entendre philosopher, en revenaient tout étonnées de l'avoir entendu causer ingénieusement sur toutes sortes de sujets, excepté sur la métaphysique. Le mercredi était un jour consacré aux grandes receptions; les personnes des deux sexes étant reçues ce jour là par notre philosophe; mais les dames n'eurent jamais assez d'empire sur lui, pour le faire manquer à ce qu'il s'était promis sur la nature des entretiens qu'il voulait avoir avec elles. Quand des sujets littéraires ne se présentaient pas, ou que les nouvelles de la ville étaient taries, il relevait avec elles la conversation sous prétexte d'une mode ou d'un mêt qu'il leur présentait. Borowski nous apprend qu'invité lui-même à dîner chez une dame qui attendait une conversation toute philosophique, ne fut pas peu surprise de ne l'entendre parler que des robes nouvelles à faire et des plats à cuivre. Elle ne put se défendre de lui dire: „Mais, monsieur le professeur, il paraît que vous nous parlez comme à des cuisinières;"

et le professeur de lui démontrer aussitôt avec esprit et avec une rare politesse, combien une sage direction dans les affaires domestiques pouvait relever une femme autant que la science relève un homme. C'est à cause de cela qu'une autre dame de haut parage disait: „J'ai connu pendant trente ans l'aimable professeur, et me suis entretenue avec lui presque tous les jours chez mon oncle le comte de Kaiserling, dont il fut l'ami, et je n'ai jamais trouvé de conversation plus amusante et si pleine d'intérêt; je n'aurais jamais pensé qu'un écrivain si profond dans ses ouvrages, put manier la plaisanterie avec tant de grâce et mettre tant de charmes dans ses entretiens." Meissner assure que pas une femme n'aurait pu s'entretenir comme Kant de fichus et de dentelles; et puis, que l'on médise encore de la philosophie! De même que l'on voit Kant se prêter à tous les goûts, il prétendait que la philosophie devait aussi se faire toute à tous.

Cependant à l'heure de la promenade, que l'on se fut retiré de chez lui ou que l'on fut resté, il donnait indirectement le signal du départ, en se mettant en devoir d'enfermer l'argenterie apportée par le domestique; et s'armant de sa canne il sortait pour faire de l'exercice. Dans les premières années de son professorat il aimait à être accompagné d'un ami ou de ceux de ses élèves à qui il désirait de donner, tout en se promenant, des explications plus détaillées de ses principes philosophiques. Plus tard il témoigna le désir de promener seul, parce qu'il pouvait mieux, disait-il, respirer à son aise et ne pas fatiguer sa poitrine en causant. Il avait déjà contracté cet usage depuis l'an 1785. Ni la pluie, ni la neige n'auraient pu interrompre cette habitude de promener: seulement, aux jours mauvais, son domestique avait l'ordre de l'accompagner. C'est dans une de ces promenades qu'il faillit d'être assassiné par un soldat qui, voulant se débarrasser lui-même de la vie, s'était promis de tuer auparavant le premier homme qu'il rencontrerait sur sa route. Le militaire avait déjà ajusté notre philosophe, lorsqu'un enfant vint à passer, qui ayant fixé l'attention du soldat reçut dans son sein la balle qui semblait être réservée à Kant: „Malheureux, s'écria-t-il, pourquoi ne m'avoir pas préféré à cet enfant? Je suis vieux, inutile au monde, tandis que cet enfant était peut-être destiné à devenir un Kepler ou un Newton!"

Ses biographes ont recueilli plusieurs de ses entretiens pendant la promenade. Ils intéressent surtout par les observations ingénieuses qu'il faisait sur les objets de la nature qui s'offraient à ses regards: „Rien n'est touchant, disait-il un jour, comme de voir les oiseaux instruire leurs petits et les former au chant, comme le feraient des maîtres de musique. On a cru que les oiseaux chantaient par instinct; mais ce qui prouve le contraire, c'est que si vous mettez des œufs de moineaux ou de petits moineaux avec des canaries, on voit que les premiers apprennent parfaitement le chant des seconds. Cependant il est vrai de dire que chaque espèce d'oiseau conserve son chant particulier et qu'ainsi la tradition du chant est la plus vraie." Cette dernière observation, ce nous semble, est en contradiction avec la première, et nous la croyons aussi plus fondée.

„Dans un printems, racontait-il une autre fois, où la température froide avait détruit les insectes, je trouvai sur le pavé une quantité considérable d'hirondelles naissantes; voulant en connaitre la cause, je portai mes regards vers le nid d'où elles pouvaient provenir. Bientôt je m'apperçus que c'étaient les mères elles-mêmes, qui jetaient une partie de leurs petits pour conserver les autres. A cette découverte, à la vue d'un instinct si voisin de l'intelligence, il ne me restait plus qu'à me prosterner et à adorer." Une autre fois, regardant un rossignol, je trouvai dans ses yeux toute une intelligence qui me demandait la parole pour exprimer ce qui l'agitait, et je versai des larmes de le voir muet" (¹).

Revenu de la promenade, son occupation était de parcourir les nouveautés que lui procurait son libraire, ainsi que les gazettes qu'il lisait avec un vif intérêt, surtout depuis que les événements de la révolution française préoccupaient le monde entier. Puis reprenant ses travaux ordinaires, il ne les quittait plus jusqu'à l'heure de son coucher qui avait lieu régulièrement à dix heures. Si l'on veut

(¹) Ueber die Pädagogik. tom. IV, 388.

jouir d'une bonne santé disait-il, il faut reposer pendant sept heures, et autant que possible, autant d'heures avant qu'après minuit.

Nous avons dit qu'il aimait à passer plusieurs heures à table. Quand on parle de la régularité de Kant pour les heures, ce n'est pas à dire que la règle ne fut jamais sans exception. Quelques-uns seront peut-être surpris d'apprendre qu'il s'est oublié quelquefois à la table de jeu après une soirée passée en société parce que le jeu comme tout ce qui exerçait son intelligence, avait également de l'attrait pour lui ([1]). Une fois qu'il se dirigeait vers ses pénates, après sa promenade accoutumée, un comte de ses amis le rencontre et lui offre de monter dans son cabriolet pour jouir encore quelque heures de la beauté de la saison. Vaincu par l'affabilité de cet ami, ou peut-être par l'agrément d'une promenade à la campagne qu'il pourrait faire sans fatigue, il accepta, mais il s'en repentit bientôt; le comte le conduisit chez plusieurs de ses amis qui habitaient la campagne, et Kant qui était sur les épines de penser que la course prolongerait trop, n'osa pas néanmoins se plaindre d'une indiscrétion assez naturelle. Mais quand il fut de retour, il se promit bien qu'on ne l'y prendrait plus.

On remarque que doué d'une constitution peu robuste, il ne faisait pourtant qu'un seul bon repas

---

[1] Nach dem Spiele wurde zu Tische gegangen, welches aber des Spieles wegen nicht selten ziemlich spät ausfiel. (*Biographie*, tom. I, 57.)

dans la journée et que sa boisson hors de table ne consistait jamais qu'en un verre d'eau pure. Il avait particulièrement en aversion la bierre qu'il appelait un poison lent, et on lui entendait citer une foule d'exemples de personnes qui suivant lui en seraient mortes quoique jouissant d'ailleurs d'une bonne santé.

Oui, il aimait la vie de la table, mais l'on ne devrait pas en conclure qu'il n'était pas frugal. Sa nourriture ordinaire était une viande saine et bien cuite, du bon pain, un peu de bon vin rouge, auquel il substitua le blanc dans son âge plus avancé; si l'on ajoute un ou deux plats de légumes, qu'il affectionnait le plus, l'on se fera une idée de ses repas ordinaires (¹). En été on y ajoutait des fruits de son jardin. L'un de ses convives assure qu'il n'avait encore qu'un plat de viande et jamais de gibier. Il faisait servir un quart de bouteille de vin à ses amis, et quoiqu'il y eût des bouteilles en réserve, ceux-ci n'usaient jamais de la permission. Mais il n'aimait pas que l'on se pressât de manger; il soutenait que la coutume des anciens *cœnam ducere* n'aurait pas dû passer de mode, et comme il aimait à entendre causer autant qu'à causer lui-même, on conçoit que le tems des repas se pouvait prolonger. Son ami Hippel le recevait souvent à sa table, et l'on trouve dans la biographie de ce dernier ces

---

(¹) Le *Journal de Hambourg*, No. 38 de l'année 1804 croit savoir, qu'après que le souper eût été retranché, le dîner devint un peu plus recherché qu'auparavant.

mots remarquables: „Nous nous sommes mis souvent à la table, Kant et moi, à une heure, et nous nous sommes retirés à huit!! . . . . Mais Hippel ajoute: nous étions alors occupés à soigner non le corps mais notre ame (¹).''

Kant n'avait pas toujours tenu ménage. Pendant longtems il avait pris son repas dans un restaurant; mais plusieurs fois il s'était vu obligé d'en changer, importuné qu'il était, par les personnes qui venaient manger à côté de lui, dans le seul motif de le questionner, ou bien parce que les personnes qui lui adressaient la parole le faisaient, dit-il, trop lentement et avec emphase, comme pour se donner de l'importance, tant il mettait de prix à la simplicité dans les discours! Aussi quand il changeait de restaurant, il avait coutume de recommander à son hôte de ne recevoir que des gens honnêtes et simples. Mais lorsqu'il eût résolu de manger chez lui, dès lors il fit choix de quelques amis qu'il invitait habituellement, et que pour cette raison on peut appeler ses amis de table, pour les distinguer de ceux qu'il ne recevait que le mercredi, ou chez qui il allait lui-même. C'est à ces aimables commensaux, tels que Rink, Wasianski, Borowski, Jachmann et autres, que nous devons la plupart des récits qui nous mettent à même de composer une histoire complète de notre philosophe. Un savant ne doit jamais manger seul, disait-il, c'est

---

(¹) *Schlichtegroll, Necrolog,* où se trouve une biographie de ce compatriote de Kant.

pour lui une chose malsaine. S'il est seul, ce n'est plus une restauration qu'il fait, mais une *exhaustation*, un travail qu'il l'épuise (¹). Tel est donc en résumé, le genre de vie habituelle que menait Kant lorsque ceux qui ne le jugeaient que par ses ouvrages, pouvaient le croire enfoncé du matin au soir, dans les élucubrations de la métaphysique, et ne jetant de loin sur la société de Kœnigsberg, qu'un de ces regards de dédain, qui eussent trahi un orgueil philosophique qui était bien étranger à son caractère. L'un des historiens de sa philosophie et qui est placé pour entendre parler chaque jour des personnes qui ont été les comtemporains du philosophe, dit au contraire, que lorsqu'on vous y parle de Kant, l'on croit avoir affaire à un philosophe parisien du 19ᵉ siècle quand on pense à la vie de celui que l'on désignait à Kœnigsberg par le nom de *beau professeur* (schöner Magister) principalement à cause de sa propreté habituelle, lui, dit encore avec justice son illustre disciple Herder, qui finissait le plus souvent ses journées, par briller dans toutes les sociétés dont il était l'ornement.

(¹) *Anthropologie.* VII, 248.

CHAPITRE XII.

Suite des détails sur la vie et les habitudes de Kant. — Anecdotes diverses. — Ses idées sur les femmes et sur le mariage. — Quels motifs il peut avoir eu de garder le célibat.

Tout intéresse dans la vie d'un grand homme, et quoique celle de Kant ait un caractère qui ne réalise pas à nos yeux ce que l'on attend d'un réformateur, et Kant aurait pu le devenir comme doivent tendre à le devenir toutes les intelligences qui dominent leur siècle, néanmoins par la place distinguée qu'il occupe dans l'histoire, les plus petites anecdotes sur sa vie doivent avoir pour l'observateur un vif intérêt puisque l'on peut trouver dans ces détails même, minutieux dans d'autres circonstances, de quoi se convaincre que le rôle de réformateur n'allait pas à la taille d'un tel personnage.

J'ai parlé de la régularité de sa vie, de l'ordre qui régnait dans l'emploi de ses journées et du concours que lui prêtait Lampe son fidèle serviteur. Un mot de plus sur ce dernier. C'était un ancien militaire qui avait toute la confiance de son maître et qui était tout-à-la-fois son valet de chambre, son maître d'hôtel et son factotum indispensable pour l'administration de son ménage. Kant lui rendait en bons procédés, en amitié ce que le serviteur payait en bons offices. Un de ses amis lui dit un jour: „Quand vous serez dans la vie à venir au milieu de votre société de philosophes vous ne daignerez plus jeter les yeux sur nous. — Laissez-moi donc avec vos philosophes, dit Kant, j'y serai fort heureux si j'ai la société de Lampe. (¹).

Malgré son indulgence pour Lampe Kant n'eut jamais souffert en lui rien qui blessât ses propres convenances. En le recevant à son service il lui avait donné une redingote blanche à collet et parement rouge. Voilà que Lampe se présente un jour à son maître vêtu d'une redingote jaune qu'il s'était achetée. Pourquoi ce changement, demande le philosophe? — C'est que je me marie aujourd'hui. — Eh bien, s'il en est ainsi j'augmenterai votre salaire; mais, en attendant, allez vite rendre au marchand son habit et vous reprendrez votre livrée.

Cet attachement réciproque du maître et du serviteur n'empêcha point le philosophe de renvoyer Lampe après trente années de service. Mais dans la seule crainte de lui nuire Kant n'a jamais voulu dire la faute dont-il s'était rendu coupable. Wasianski assure même qu'il continua de lui payer annuellement une pension d'environ cent francs.

J'ai dit que Kant n'avait pas toujours vécu en ménage et dans sa propre maison; ah, que de tribulations étaient alors venues fondre sur lui dans les divers logemens qu'il s'était procurés! Il croyait

---

(¹) C'est Hippel qui le raconte. Voir la même biographie de cet ami de Kant, dans Schlichtegroll Necrolog; année 1796, p. 217.

enfin avoir trouvé ce qu'il avait souhaité et il en témoignait sa vive satisfaction à son jeune ami Wasianski, lorsque le chant d'un coq vint porter le trouble dans son ame. Il résolut sur le champ de négocier l'achat de cette malencontreuse bête; mais le propriétaire tint à le garder, et dit qu'il était étonnant que le chant d'un coq pût troubler la tête d'un philosophe: qu'il y trouvait lui son amusement. — „C'est que vous avez des oreilles physiques, repartit Kant, et moi je les ai toutes métaphysiques."

Quand à l'age de soixante-trois ans il eût acheté une maison, il croyait être enfin à l'abri de toute vexation de ce genre lorsqu'il entendit crier à plein gosier des détenus dans le voisinage, et sa patience en fut aussitôt à bout. Kant crut, que par l'intermédiaire de son ami Hippel qui était Bourgmaistre de la ville, il obtiendrait que les prisonniers ne chanteraient plus; mais tout ce que firent les magistrats pour complaire au philosophe c'est d'exiger que les prisonniers fermeraient désormais leurs fenêtres lorqu'ils voudraient chanter.

Nous avons vu que sa table était frugale; je dois raconter la manière dont il buvait qui était originale. Il prétendait qu'il fallait ouvrir entièrement la bouche pour absorber l'oxigène qui, se mêlant à la liqueur, augmente sa force et donne à l'estomac plus d'activité. Il disait quelquefois en se rendant à table: Allons nous occuper de la métaphysique de la vie, c'est-à-dire d'un bon diner; et le menu de ce diner, le plus souvent, ne consistait que dans un plat comcerté entre Kant et Lampe suivant le goût du convive. Quelle attention philosophique!

S'il accueillait avec amitié ses convives. il se montrait très réservé envers les simples visiteurs. Il n'y avait qu'un titre. celui de savant qui pouvait servir d'introduction auprès de lui. quoique sous le rapport philosophique il ne reconnut guère de savans. Barowski prétend qu'il haussait les épaules lorsqu'on venait lui dire qu'un tel ou un tel avait embrassé sa philosophie et travaillait à la perfectionner. Cependant, le comte de S*** (Stolberg peut-être) étant passé par Kœnigsberg et devant diner chez le baron de N**. Celui-ci fit prier Kant de venir partager son diner en société du comte. Mais Kant fit répondre qu'il ne se rendrait à son aimable invitation qu'après que le comte de S** lui aurait fait visite à lui-même. Ce dernier n'ayant pas jugé à propos de le faire: Kant resta chez lui. Mais Jachmann. qui raconte ce fait. ajoute que peu de tems après. le comte de S** passant de nouveau à Kœnigsberg vint faire sa visite à Kant. et le même soir ils se trouvèrent réunis chez leur commun ami.

Ainsi. sans être orgueilleux. Kant avait une fierté qui peut très bien s'allier avec un caractère noble. Mais s'il savait apprécier la dignité humaine il avait une aversion bien décidée pour la flatterie ou la bassesse: „Celui qui imite le ver rampant. disait-il. n'a pas le droit de se plaindre quand on l'écrase."

— D'autres fois il disait à ses amis: „J'ai vu aujourd'hui bien des curieux à crachats!"

Chaque jour Kant faisait sa promenade et longtems il aima à être seul parce qu'il avait l'habitude de fermer la bouche pour mieux respirer par le nez l'air des jardins; mais plus tard ce ne fut plus Lampe qui le suivait de loin, mais toujours un ami ou un étudiant qu'il souffrait à ses côtés et avec lesquels force lui était de s'entretenir des nouvelles du jour. Il avait coutume de recommander cette coutume de respirer par le nez, comme un bon principe d'hygiène. Le résultat de ce mode de respiration, devait d'après ses expériences arrêter immédiatement la toux. Il racontait aussi, à ce sujet, qu'une nuit, se trouvant fort altéré, et ne voulant pas se lever pour aller étancher sa soif il se mit à respirer fortement par le nez pour attirer l'air et que le soif cessa au bout de quelques minutes. C'était, dit-il, une irritation que je guérissais par une autre." Vous le voyez, Hahnemann n'est plus le fondateur de l'homéopathie.

Kant ne faisait jamais usage de médecine; quand pour se soustraire aux obsessions amicales du docteur Trummert il consentit à avaler des pillules qu'il lui recommandait, ce fut à la condition qu'il ne depasserait jamais le nombre *un*; l'unité, comme nous l'avons vu, étant sa règle en toutes choses.

Le célèbre docteur Hufeland lui ayant fait hommage de son ouvrage aujourd'hui si connu, *de l'art de prolonger la vie humaine*, non-seulement il fut sensible à cet hommage; mais le désir de prolonger son existence, le lui fut lire avec une attention extraordinaire; il en faisait des extraits, comparait les préceptes avec ses nombreuses observations, écrivait des articles de journaux sur ses prévisions et trouvait de la satisfaction à ce que Hufeland les lui demandât dans l'intérêt des sciences médicales.

On sait que l'inoculation de la vérole naturelle avait conduit à la vaccine et Kant, à l'occasion des devoirs de l'homme avec lui-même, avait traité ce sujet dans sa morale, mais sans décider si cet usage était moral ou immoral. Un professeur de Halle, le docteur Juncker, lui écrivit à plusieurs reprises, pour qu'il voulût bien résoudre la question; et un comte Dohna lui fit la même demande au nom de sa fiancée, demande qu'il appuyait sur ce motif bien séduisant pour un auteur, que son livre de morale était le guide de sa vie. Mais l'on ignore si Kant répondit. Cependant l'on a trouvé dans ses papiers des réflexions qui semblent se rapporter à ces questions: „La volonté providentielle, dit-il, décide seule de la guerre et de la petite vérole, afin d'arrêter (à ce qu'il paraît) la trop grande population." — Si les gouvernements permettent l'inoculation, elle est donc inévitable et par là permise." — Beaucoup contesteront la force d'un tel raisonnement. Il s'était pourtant déclaré plusieurs fois contre l'inoculation, disant que par ce moyen l'humanité se rapprochait de l'animalité en se mêlant avec elle. Il craignait, dit Wasiansky, que par ce mélange de l'infection de l'animal avec le sang humain, ou du moins avec la lymphe, on communiquât aux hommes le germe des maladies communes aux animaux (¹).

Les précautions de Kant pour prolonger sa carrière étaient moins un signe de faiblesse que de désir de s'instruire. N'est-ce pas lui qui a dit: Si l'on me donnait le choix ou de tout savoir d'une science infuse ou de tout apprendre par l'étude je choisirais ce dernier moyen! Aussi, il disait à son ami Wasiansky: Je ne crains pas la mort. Je vous assure devant Dieu que si je la sentais approcher cette nuit, je leverais mes mains au ciel et je dirais: Dieu soit béni! Ah, ce serait tout autre chose si j'avais causé le malheur d'une de ses créatures." — De telles paroles conviennent à celui qui avait pris pour dévise:

> Summam credo nefas animam praeferre pudori.
> Et propter vitam vivendi perdere causas.

Chaqu'un à Kœnigsberg s'accordait à dire qu'il valait mieux entendre parler Kant que de lire ses ouvrages. Comme il était gai de son naturel, il persifflait avec finesse les ridicules, mais sans jamais se permettre la moindre personnalité. Ses bon mots et il se montrait fécond en spirituelles reparties et en saillies délicates, faisaient plutôt penser que rire. C'était comme des éclairs qui produisaient autour de lui

---

(¹) Wasiansky, J. K. in s. letzten, &c p. 63

une vive clarté; il s'est conduit ainsi dans tous ses ouvrages. Quand il a nommé les personnes qu'il persifflait, il a eu comme honte de signer son travail. Il disait lui-même dans sa *pédagogique*, que le persifflage est une pure sottise quand la force de jugement ne s'y joint pas.

On a vu que Kant ne mangeait jamais seul. Quand il n'était pas invité il invitait lui-même. „C'est très mal sain pour un homme d'études, disait-il, de prendre son repas tout seul: ce n'est plus alors une restauration mais une exhaustation; c'est un travail qui épuise tandis que ce devrait être un jeu vivant de la pensée. Il disait aussi qu'à table l'on ne devait jamais être en moindre nombre que le nombre des Grâces et jamais plus que le nombre des Muses. Je recommande la lecture de ce gracieux morceau sur les charmes qu'on peut trouver à table, dans son *Anthropologie*.

Kant avait des amis, qui peut en douter! Il était savant sans pédanterie, affable, obligeant et fidèle à l'amitié, que lui manquait-il donc pour captiver l'amitié des autres. Ses singularités ne pouvaient éloigner que des gens stupides ou simplement riches. Le docteur Trummert qui parvint à lui faire accepter ses services dans sa vieillesse; car le philosophe n'avait jamais voulu entendre parler de médecins, était son ami le plus ancien. Ils se sont restés fidèles jusqu'à la mort. Il déplora la perte de son ami Green comme celle de l'être qui lui était le plus cher; et cependant quelle fut l'origine de cette amitié? Kant était à causer dans un jardin public avec une personne de sa connaissance, lorsqu'un Anglais, qui avait écouté sa conversation animée, lui demande d'un ton courroucé s'il ne voudrait pas lui rendre raison des impertinences qu'il lui a entendu débiter sur les Anglais à propos de la guerre avec les Etats-unis. „Vous l'aurez, lui répondit gravement le philosophe, mais permettez auparavant que j'explique toute ma pensée." Cette pensée expliquée convainquit le négociant Green, établi à Kœnigsberg, que le langage de Kant était celui d'un sage et aussitôt de s'excuser de son emportement et de lui vouer une amitié éternelle. Jachmann qui se rend garant de cette narration raconte une autre anecdote qui explique la sympathie que ces deux amis avaient l'un pour l'autre. C'est ce Green qui le plus souvent accompagnait Kant dans ses promenades, et il était comme Kant, d'une ponctualité extrême. Un jour il devait promener avec Kant et leur réunion devait avoir lieu chez lui à huit heures du matin. A sept heures trois quart Green était prêt, et la montre à la main il suivait attentivement les aiguilles: à sept heures cinquante-cinq minutes il prend son chapeau: à cinquante-six met ses gants, à cinquante-sept prend sa canne, à huit heures sonnantes il monte en voiture. A peine est-il parti qu'il apperçoit Kant tout essouflé se diriger vers sa demeure, mais Green n'en continua pas moins sa promenade pour punir le philosophe d'avoir manqué à l'exactitude. Quand ils se revirent, qui reçut des rapproches ce fut Kant. „Je pardonnerais à tout autre, disait Green, mais à vous, la régularité même, non jamais! — Que voulez-vous, répondit Kant, ma montre retarde. — Et bien, vous deviez la régler sur la mienne."

Il faut dire pourtant que cette ponctualité de Kant n'allait pas jusqu'à manquer aux devoirs de la civilité. Il est même à croire qu'il n'eût pas fait à Green ce que Green se permit à son égard. „La bienséance et la civilité, disait-il, sont une parure de la vertu, tandis que le purisme stoïque et le cynisme du cloître en sont la carricature. L'associé de Green, le négociant Mathorby avait aussi une bonne part à l'amitié de Kant, et c'est lui qui raconta à Jachmann l'histoire de la première rencontre de Green avec le philosophe. Il voyait aussi un Mr. Toussaint qui le recevait souvent à sa table. Mais parmi les savans et les magistrats de Kœnigsberg Hamann et Hippel étaient ceux qu'il fréquentait le plus. Or ce que l'on doit remarquer, c'est que dans les salons de la noblesse comme dans ceux des financiers Kant y était aussi simple que chez son tailleur parce qu'il avait pour principe: „qu'il fallait toujours et en tous lieux se montrer ce que l'on était." Chez lui, chacun s'y trouvait à son aise, parce qu'il ne faisait acception de personnes et que dans aucun cas l'on pouvait s'y croire humilié. Il comptait aussi pour ami le forestier Moditten qui habitait à un mille de Kœnigsberg et chez lequel Kant venait souvent passer huit jours de ses vacances à l'ombre de ses vertes forêts. C'est là que le philosophe composa son ouvrage sur le beau. Il disait lui-même que son ami, simple dans ses manières, bon de caractère et spirituel de son naturel lui faisait passer les plus doux momens. Les enfans de Moditten attendaient toujours avec impatience l'époque où Mr. le professeur leur apporterait des cadeaux; mais Kant n'était pas moins impatient d'aller reprendre ses causeries au sein de la campagne.

Il fut un tems où Kant allait tous les jours chez son ami Green; mais il le trouvait quelquefois endormi; alors Kant s'asseyait auprès de lui et s'endormait également. Venait ensuite leur ami commun Ruffmann, directeur de la banque, qui faisait de même et ils restaient dans cet état jusqu'à ce que l'associé de Green vint éveiller les dormeurs, et alors s'établissait une conversation que vous et moi aurions désiré d'entendre.

Une manie de Kant c'était, non de trop aimer ses amis; mais de paraitre trop les avoir oublié après leur mort. Une fois qu'il les savait dans le tombeau il ne prononçait plus leur nom et défendait qu'on parlât d'eux en sa présence. Un jour que dans une réunion l'on voulut parler de Hippel mort depuis peu: „Laissons, dit Kant, les morts reposer chez les morts."

La bienfaisance était une vertu particulière de Kant. A chaque promenade il distribuait de l'argent à tous les pauvres qu'il rencontrait. Il ne cessa de le faire que pour se débarrasser de leur importunité lorsqu'abusant de sa bienfaisance ils ne le laissaient pas un moment en repos. J'ai raconté comment il était venu au secours du frère de Jachmann, je dois ajouter qu'il avait confié ses manuscrits à un libraire fils d'un de ses camerades d'enfance et qui avait besoin qu'on vint à son aide dans le commerce de libraire. Il en recevait naturellement des émolumens fort modiques; cependant le philosophe résista toujours aux offres le plus brillantes que lui faisaient d'autres libraires, qui se promettaient eux-mêmes de gros bénéfices par la vente de ses ouvrages, pour demeurer fidèle au fils de son ami.

Quand ses émoluments furent le plus élevés, il pouvait compter sur un peu plus de deux milles francs. Malgré la modicité de cette pension il trouvait encore moyen de distribuer chaque année des centaines de florins à plusieurs établissemens de bienfaisance. De plus il venait au secours de plusieurs de ses sœurs qui étaient loin de vivre dans l'aisance, et il soutenait la veuve et les enfans de son jeune frère mort pasteur aux environs de Mithau. L'on ne comprendrait pas de quelle manière Kant pouvait subvenir à tant d'actes de bienfaisance si l'on ne savait pas qu'il était d'ailleurs fort économe, et l'économie qui n'est pas l'avarice, est toujours la sœur de la bienfaisance.

La simplicité et même une simplicité un peu outrée était également son partage. Ses appartements ne contenaient rien d'inutile. En toutes choses il se contentait du strict nécessaire. Ainsi, à l'exception d'un portrait de J. J. Rousseau qui décorait son cabinet, on ne voyait chez lui ni tableaux, ni ameublemens de luxe, pas même des livres. Il est vrai que la bibliothèque de l'université étant à sa disposition et que son libraire Nicolonius lui faisant passer en revue toute les nouveautés, il n'avait pas besoin d'acheter des livres; mais que l'on me cite un autre savant qui n'aime pas avoir des livres pour les avoir autant que pour les lire! Ils sont quelquefois ses seuls amis.

La dépense la plus considérable de Kant était occasionnée par sa toilette. C'est la seule chose où, contrairement aux usages des savans, il mit quelque peu de recherches. J'ai déjà dit que pour le distinguer des autres professeurs bien des personnes à Kœnigsberg l'appelaient le beau professeur; c'est qu'il s'habillait toujours proprement, et quoiqu'il eût pour maxime qu'il ne fallait pas se soumettre à toutes les exigeances de la mode, il disait que l'on ne devait pas, non plus, s'y soustraire entièrement. Un petit chapeau à trois cornes, une perruque poudrée, telle qu'on peut la voir sur son portrait, un col noir, une chemise à jabot et manchettes, un habit de drap noir ou brun doublé de soie, des souliers à boucles, des bas blancs ou gris, (le bas noir rendait, suivant lui, la jambe trop fine) une épée, changée plus tard contre une canne, telle était la toilette que nous donne pour sienne son disciple Borowski. Il se montrait très difficile sur le choix des étoffes et aussi difficile sur la manière d'assortir les couleurs; il trouvait, par exemple, n'en déplaise à mes lecteurs, qu'un gilet jaune s'allie très bien avec un gilet brun ou bleu, et il fondait son opinion sur la marche de la nature qui lui offrait dans l'oreille d'ours cette disposition de couleurs.

Malgré la régularité de sa vie et la stricte sobriété qu'il apportait dans tous ses repas, la santé de Kant resta frêle toute sa vie; ses nerfs étaient si délicats qu'une feuille de papier, humide encore au sortir de l'impression, lui causait une toux de quelques jours; mais l'empire de sa volonté était tel que joint à sa tempérance il parvint à conserver à son corps une assez bonne santé et à son esprit une constante fraîcheur. „L'expérience m'a appris, disait-il, que l'activité de l'esprit est un remède sûr à opposer aux douleurs du corps. Quoique faible de constitution et avec une disposition fatale à l'hypocondrie, je me suis rendu maître de mon influence sur mes pensées en détournant mon attention de la douleur que me causait ma poitrine trop resserrée et où ne pouvait aisement se faire le jeu du cœur et des poumons." Mais tout cela n'otait rien à la vivacité de ses yeux bleus et ne faisait pas disparaître une candide bonhomie qui se peignait en tout tems sur son visage.

Comme il était sujet à des insomnies causées peut-être par cette organisation anormale de sa poitrine il finit par trouver un palliatif, ce fut de diriger ses pensées sur un objet ou un nom indéterminés, et le malaise de l'insomnie devenait moins sensible.

Une des hautes facultés de l'intelligence de Kant était de raisonner juste. S'il a erré ce n'est jamais parce qu'il a mal déduit les conséquences d'un principe. Qu'on le suive dans les sujets les plus abstraits de la philosophie ou des sciences naturelles, dans l'application qu'il a fait avec tant de bonheur de ses idées sur le beau et la constitution morale de l'homme, toujours on le trouve logique c'est-à-dire enchaînant ses idées dans l'ordre le plus parfait et montrant ainsi que s'il l'avait toujours voulu le talent d'écrivain aurait toujours accompagné l'homme de génie.

Nous connaissons la préférence de Kant pour la poësie. La musique comme tous les Beaux-arts, disait-il, se borne à émouvoir. Il y a pourtant quelque chose de plus pour l'homme que d'être ému! En effet, sans dédaigner la musique comme il avait coutume de le faire à moins qu'elle exprimât une gaité folle, nous croyons comme lui que la poësie fait plus que de charmer, que de ravir même; elle élève notre pensée et la jette avec bonheur dans les champs de l'infini. Aussi lorsque Kant voulait se délasser par la lecture il n'en faisait jamais d'autre que celle des poëtes. Quoiqu'il fit cas de quelques poëtes ses contemporains, tels que Wieland et Klopstock, et qu'il eût surtout pour ce dernier une prédilection marquée, il se plaisait encore plus à la lecture des poëtes anciens. Au nombre des prosateurs qu'il affectionnait, Borowski cite Robertson, Montesquieu, Hume, J. J. Rousseau; et le portrait de l'auteur de l'Emile eut seul le privilège de pénétrer dans son cabinet et d'en faire l'unique ornement.

Voici quelques pensées propres à mettre en saillie son caractère. Elles sont extraites de son *Anthropologie*. L'on pourrait tant de cet ouvrage que de celui sur la pédagogie, en recueillir, qui feraient une guirlande digne de ceindre le noble front du philosophe. En parlant du caractère de l'homme, de celui de quelques nations et de certaines femmes, il dit: „Le caractère n'est pas un don de la nature, mais l'homme se le donne à lui-même. Le tempérament lui est donné par la nature; le caractère est le produit de la volonté humaine."

„Ce qui ennoblit le caractère de l'homme c'est qu'il est inappréciable. Tandis que l'on peut mettre au service d'autrui le talent et même certaines qualités du cœur, par le caractère on n'appartient qu'à soi et personne ne peut y mettre un prix."

„Un homme bizarre est le singe de l'homme à caractères."

„On peut comparer la bonhomie par tempérament à une peinture dont les couleurs s'effacent avec facilité, et la singularité est la caricature du vrai caractère."

„La bonhomie sans caractère est plus à craindre

que la méchanceté par tempérament, celle-ci pouvant être corrigée par le caractère."

„La force d'ame inspire toujours plus d'estime que la bonté d'ame. Si elles étaient réunies dans une même personne elles produiraient la grandeur d'ame qui existe plus dans l'idéal qu'en réalité."

„Dans le fond de son cœur l'homme n'approuve jamais le mal; il n'y a donc de méchanceté que par manque de principes."

„La preuve la moins équivoque d'un vrai caractère c'est d'être toujours vrai avec soi et avec les autres. "

„Ce qu'on appelle vertu dans un certain monde n'est que de la petite monnaie; elle ne vaut quelque chose que parcequ'on peut l'échanger contre de l'or quoiqu'elle perde beaucoup dans ce change. Mais ce serait calomnier le genre humain que de comparer ce genre de vertu à des jetons d'aucune valeur."

„Il paraît qu'il y a des différences naturelles dans le génie suivant la race ou la nation auxquelles on appartient. Chez les Allemands par exemple, il se cache dans les racines, chez les Italiens, il se montre dans le feuillage, chez les Français dans les fleurs, et chez les Anglais dans les fruits."

„Les femmes savantes se servent de leurs livres comme de leurs montres; elles portent celle-ci pour faire voir qu'elles en ont; mais ordinairement elles sont arrêtées, ou du moins elles ne sont pas réglées d'après le soleil."

„Dans un ménage un seul doit commander si l'on veut y voir régner l'unité. Cependant, je dirai dans le langage de la galanterie, (et cependant pas sans vérité), que la femme doit régner et le mari gouverner; car le sentiment régne et la réflexion commande."

Mais je m'apperçois qu'au milieu de tous les détails de la vie domestique et du caractère de Kant une lacune existe, et qu'à bon droit mes lecteurs auraient à me la rapprocher. Ils me demandent si un philosophe qui aimait la société des dames pour s'entretenir avec elles d'autres choses que de philosophie n'avait jamais eu la pensée d'en choisir une pour la compagne de sa vie, ou du moins si le philosophe n'a jamais éprouvé pour le beau sexe quelqu'un de ces penchans que la nature seconde et qui, pour s'épurer dans un noble caractère ne lui font pas moins sentir leur puissant aiguillon, et l'histoire qui s'est mise en quête pour recueillir la plus petite amourette sur le compte de notre philosophe en a été pour sa peine; mais à force d'interroger ses amis et celles des pages de ses livres qui traitent de ces matières, je parviendrai à rapporter quelque chose de positif sur une chose aussi intéressante. Oui, à quelques indices peu équivoques nous pouvons conclure que si notre philosophe a gardé le célibat ce n'est pas tant pour pouvoir se livrer à ses études avec plus de liberté que parce que les circonstances ne lui ont pas été favorables pour lui faire épouser la femme de son choix.

Comme toutes les personnes qui ont le cœur bien placé, Kant a aimé la société des femmes aimables, et celui qui a écrit avec tant de délicatesse et de sagacité sur le beau dans le monde physique et dans le monde moral ne pouvait que rendre hommage à un sexe qui, malgré le dire des sophistes qu'aveugle une sotte prévention pour leurs forces musculeuses, sera toujours le type visible de la beauté. Mais de ce que la vue d'une belle femme vous enchante, de ce que la société d'une femme je ne dis pas spirituelle, mais aimable vous fait passer d'agréables instans, il ne s'ensuit pas, par une conséquence nécessaire, qu'épris de ces attraits, vous fassiez la chose essentielle de ce qui, dans la majorité des cas, ne saurait être qu'un agrément dans la vie. Il y aurait la même injustice à exiger d'un homme qu'il se dégage des liens du célibat, que de les imposer à celui qui les trouve trop pesans; et je ne sache pas que le mariage soit d'une si grande obligation quand on a l'exemple de tant des grands hommes qui, sans le dédaigner, n'ont pas jugé à propos d'en connaître les douceurs. Sans remonter bien loin, Kant n'avait qu'à se souvenir de Spinosa, de Bayle et de Leibnitz pour se convaincre que l'étude de la philosophie n'a pas toujours été un encouragement pour le lien conjugal. Qu'il y ait des circonstances où l'amour d'une femme soit un besoin impérieux pour un homme d'études, si l'on ne veut pas qu'il **rejette** la vie comme une écorce dont on n'obtient qu'un jus amer, c'est ce que prouve une foule d'autres exemples; mais je tiens à constater que dans le célibat, comme dans le mariage, l'on peut toujours juger un noble caractère au respect qu'il professe pour les femmes, si le plaisir qu'il trouve dans leur société n'a rien à démêler avec la pure satisfaction des sens. J'ai déjà eu l'occasion de dire combien Kant était jaloux de converser avec le beau sexe, et l'on sait que les dames de Funk et de Kaiserling recevaient en particulier ses hommages les plus assidus, mais en même tems les plus respectueux [1]. Comme le mercredi de chaque semaine était un jour où il recevait d'autres personnes que ses habitués, il voyait aussi avec plaisir qu'une jeune et jolie israélite fréquentât assidûment sa société, et il avait pour elle des égards qui honoraient celle qui en était l'objet [2]. Certes, lorsque Meissner assure que pas une dame pouvait s'entretenir de blonde, falbala, mousseline, à l'égal de Kant et avec plus de connaissance de cause, on doit penser qu'elle devait être l'avidité des dames de Kœnigsberg pour l'entendre discourir sur de tels objets. On raconte pourtant une anecdote qui doit trouver ici sa place. Kant assistait à une noce, à laquelle il avait été invité, et comme il se trouvait là plusieurs savans, l'entretien ne tarda pas à rouler sur l'enseignement. Alors Kant prit la parole et comme il insistait sur

---

[1] Dans son *anthropologie*, il nomme M⸲ de Kaiserling l'ornement de son sexe.

[2] *Biographie anonyme*, tom. II, p. 31.

la nécessité de donner à l'enseignement beaucoup d'unité, voilà que les dames de la société s'empressèrent autour de lui pour le mieux entendre, et Kant par la plus heureuse, mais la plus importune transition, de quitter le sujet de l'entretien et de parler avec chaleur d'une autre unité d'où dépend le bonheur domestique, de l'unité des époux dans le mariage, et aussitôt les dames de témoigner leur dépit en allant avec la même vitesse déviser dans leur cercle sur l'originalité du philosophe.

Avec les principes qui dirigeaient le professeur de Kœnigsberg il est douteux qu'une femme eût trouvé dans la société habituelle de Kant le bonheur qu'elles rêvent d'ordinaire dans le mariage. D'abord il n'eût jamais été homme à sacrifier la moindre de ses habitudes, à déranger le moins du monde le plan de vie qu'il s'était depuis long-tems imposé, et qu'elle est la femme qui eût consenti à n'entrer dans ce plan que pour la plus minime partie, en supposant que le philosophe eût trouvé dans sa sagesse les moyens de l'y faire entrer avec honneur. Et puis, dites ce qu'eût été un mariage où l'impératif cathégorique eût seul tenu le sceptre du pouvoir, et où l'amour au lieu d'avoir son siège dans un cœur chastement et constamment enflammé n'eût pu se montrer qu'au jour fixé et à l'heure indiquée? La scène de Tristam Shandy où la pendule joue un rôle si plaisant se fut donc bien souvent renouvelé à la honte de l'infortunée moitié.

et Kant n'a-t-il pas fait preuve d'une conscience rigide en ne voulant épouser que la philosophie (¹)! Cependant, s'il faut en croire un voyageur qui écrivait ses impressions dans le journal que redigeaient Wieland et Reinhold, Kant est censé lui avoir dit: „Lorsque je pouvais faire usage d'une femme, je n'aurais pas pu la nourrir, et lorsque j'ai été en état de la nourrir, j'ai senti que je ne pouvais plus remplir les obligations du mariage (²)." On raconte aussi d'un pasteur Becker, assez mauvais versificateur, qu'ayant composé un poëme de Tobie, vint le lui offrir et l'aborda en ces termes: „Toujours *seul*, Mr. le professeur? — Oui, seul, *à cette heure*. — Mais je demande si vous ne voulez pas vous marier? — Je n'y songe plus. — Vous y avez donc songé! Et tirant de sa poche le poëme en question, et où les douceurs du mariage étaient célébrées, Kant se contenta d'en agréer l'hommage, d'en payer les frais d'impression et ne pensa pas à donner son cœur à une nouvelle Sara. Ceci s'accorderait avec ce que dit Borowski de deux projets de mariage; mais il arriva que pendant que le philosophe refléchissait sur la parole qu'il avait promis de donner, l'une des aspirantes partit pour l'étranger sans

---

(¹) Quelqu'un a voulu expliquer cette froideur apparente de Kant par cette citation d'un poëte:
   Otia si tollas, periere cupidinis arcus,
mais sans aimer l'oisiveté, Kant aimait à faire diversion à ses travaux, et ce n'est pas en parlant colifichets avec les dames que l'on parvient précisément à détourner les flèches de cupidon.

(²) Le *Mercure allemand*, année 1799, 12e cahier.

qu'elle redonnât signe de vie, et l'autre impatientiée d'attendre, vola dans les bras d'un époux moins philosophe, mais qui pouvait tout aussi bien travailler à la rendre heureuse. Kant avait dit un jour à madame de Kayserling que sans avoir, comme Leibnitz commis d'irrévérence envers le beau sexe, il avait eu néanmoins, comme ce philosophe, le *malheur* de ne pouvoir se marier ([1]). *Malheur* est un mot précieux à recueillir; pour qui saurait le comprendre, il y trouverait peut-être la révélation de tout un roman intime dont le célèbre Kant serait le héros. N'est ce pas dommage qu'il n'ait pas laissé des mémoires de sa vie qui pussent nous initier aux mistères de son cœur, sa philosophie y eût gagné; car à la faveur des *mémoires,* qui pourrait dire où sa *critique de la raison pure* n'eût pas pénétré. Une fois l'on aurait cru qu'il ferait connaître à fond les sentiments qui l'animaient relativement à l'amour pour le sexe dont, comme tout autre homme, il a dû sentir l'aiguillon, malgré cet autre amour platonique dont nous avons parlé, et qu'il était si capable de maintenir dans toute sa pureté, c'est quand à l'exemple des poètes qui écrivent des sonnets ou des élégies pour soulager leur cœur, Kant se mettait à écrire longuement sur les femmes

---

([1]) Leibnitz répondit à un de ses amis qui lui assurait la main d'une riche héritière: Il faut réfléchir quarante ans avant de se marier; mais on assure que plus avisé Leibnitz voulant revenir sur cette décision, la dame lui fit cette réponse: Comme les paroles de M. Leibnitz sont pour moi des oracles, je le prie de m'accorder quarante années de réfléxion dont je crois avoir besoin.

et sur le mariage; et il le faisait alors avec tant de délicatesse! mais voilà qu'au moment où son cœur semble prêt d'éclater il s'arrête tout court et ne laisse plus tomber de sa plume que ces paroles froidement décévantes: „Je n'aime pas entrer dans ces sortes de détails, pour que l'on ne s'imagine pas que l'auteur ait voulu dépeindre ses propres sentiments." Ne serait-on pas tenté de croire, comme on l'a dit, que dans un certain chapitre de son Anthropologie, Kant ne s'est donc exprimé sur le compte des femmes qu'en homme qui n'a pas eu ce qu'il avait désiré!

Mais il est tems de laisser là cet aimable philosophe, pour nous informer si rien n'est venu se mettre à l'encontre du bonheur paisible qu'il trouvait ainsi dans sa chaire de professeur.

CHAPITRE XIII.

Désagrémens suscités à Kant à propos de ses écrits. — Quelles en furent les causes? — Idée de son ouvrage: *La religion dans les limites de la raison.* — Dispute des facultés.

Il n'eut rempli que très imparfaitement sa mission auprès de ses contemporains, le philosophe de Kœnigsberg, s'il lui avait été donné jusqu'à la fin de vivre d'une vie aussi facile que celle que je viens de décrire. Dans quelque carrière que l'on se trouve lancé sur celle de la vérité ou celle de l'erreur, ce n'est jamais impunément, que l'on ne veut obéir qu'à la voix de sa conscience, et si la providence a eu ses desseins pour mettre une telle anomalie dans le royaume des intelligences il n'en est pas moins vrai qu'elle ne doit pas étonner le sage, et par conséquent qu'il doit toujours être prêt à subir toutes les conséquences d'une grande droiture dans ses vues, et d'une conscience qui ne recule devant aucun sacrifice. Kant ne me paraît pas avoir compris en entier cette mission de dévoument et de sacrifices que Dieu ne confie d'ordinaire qu'à de grands caractères; et l'amour de ses aises ainsi que la tranquille régularité des habitudes, que trop souvent peut-être les Allemands confondent avec la philosophie pratique parut quelque peu influer sur sa position vis-à-vis du pouvoir, autant peut-être que ses principes politiques et religieux, lorsqu'on vint lui susciter d'importunes tracasseries à propos de ces derniers.

Depuis la mort de Frédéric II, que je ne puis pas encore m'habituer à surnommer le grand, lui qui avait laissé dans le champ des discussions la barrière ouverte à toutes les opinions pourvu qu'elles ne s'attaquassent qu'à la majesté de Dieu et à sa plus vivante expression sur la terre, la morale évangélique, il s'était opéré en Prusse un grand changement dans l'administration des cultes, et quoique les ministres actuellement dirigeans n'apportassent aucune entrave à la liberté de penser, cependant on voyait que l'esprit qui les animait, n'était plus celui du règne précédent. Car, à la moindre plainte des écclésiastiques, on inquiétait les personnes qui frondaient la foi de l'Eglise.

Cependant c'était l'époque où la réputation de Kant s'étendait en tous lieux, et que toutes les universités d'Allemagne subissaient plus ou moins l'influence de sa philosophie; c'était même lorsque sortant de la sphère des idées proprement philosophiques, il traitait les questions à l'ordre du jour, sur le terrain de la politique, par la publication de la *métaphysique des mœurs*, et sur celui de la religion, par celle de la *religion dans les limites de la raison;* ce fut donc, ai-je dit, au milieu de cette activité remarquable que le pouvoir vint paralyser sa marche. Ah! n'est-ce point peut-être parce que la révolution française faisait des progrès au delà des frontières, et que prêtres et rois, à quelque communion chrétienne qu'ils appartinssent d'ailleurs, la voyaient avec effroi se consolider, elle qu'ils ne cessaient de maudire lorsqu'elle ne faisait que rompre les fers d'une nation généreuse, et qui ne l'appellait à toutes les libertés qu'en proclamant les droits et les devoirs de tous. Mais Kant avait salué avec ravissement l'aurore de cette révolution; il en avait étudié la marche avec une sollicitude paternelle; car nous avons vu qu'il la regardait comme l'épreuve de ses théories, et dès lors n'est-il pas étonnant que malgré le sérieux de ses publications et leur tendance toute morale, il ait effrayé quelques-unes de ces âmes peureuses par position, qui croyaient toute leur existence compromise, parce qu'un puisant génie avait donné gain de cause aux Américains contre l'Angleterre, et à la France libérale contre les sang-sues qui l'avaient si longtems dévorée. On attaqua donc la position du philosophe de Kœnigsberg, dans la seule intention de défendre la sienne propre, et comme on n'osait pas articuler des griefs, ce fut d'abord par des menées sourdes, par des machinations secrètes qu'on le desservait auprès du gouvernement; puis, quand le ministre d'Etat Worrner eût pris en main les rênes de l'Etat et que des édits royaux eurent été publiés qui promettaient au culte chrétien un appui réel, et commandaient à tous les professeurs de ne pas s'écarter dans leurs enseignements des livres symboliques des Eglises chrétiennes, l'on espéra pouvoir atteindre un homme que l'on n'osait pas combattre ouvertement, et qu'une destitution brutale n'eût pu atteindre sans soulever l'indignation de tout ce qui lisait et pensait en Allemagne. C'est ce qui explique le conseil donné par un membre du haut consistoire, Wollersdorf, d'interdire à Kant la faculté de publier des ouvrages, faculté qu'il disait incompatible avec son enseignement oral dans l'université; mais cette exhorbitante prétention n'ayant pu se réaliser, on prétexta la révolution française et ses conquêtes que lui forçaient de faire l'émigration et ses protecteurs, pour signaler sourdement dans le paisible philosophe de Kœnigsberg le complice de ceux des perfides Allemands qui travaillaient, eux aussi, aux renversement des institutions anciennes, et s'entendaient dans ce but avec les ennemis de la patrie. C'est au point, comme je l'ai dit, qu'un des amis de Kant, le docteur Reuss, se crut obligé de le défendre sérieusement contre d'aussi absurdes accusations. Mais plus ses amis souffraient de le voir passer pour le moteur de projets liberticides, d'ennemi de l'Eglise ou de l'Etat, plus les édits se succédaient qui apportaient chaque fois de nouvelles restrictions à la liberté de l'enseignement. C'est dans de telles circonstances que notre philosophe déploya un caractère honnête, mais pas assez courageux. Plein du sentiment de sa force et ne comprenant pas ce que la religion et la morale avaient à gagner de ce luxe de proscriptions dans une époque de complète décadence pour la foi que des édits royaux ne pouvaient point arrêter, il voulut initier le public à ce qu'il croyait être la vérité en matière politique et en matière de religion. Il ne voulut plus être jugé à huis clos comme on l'avait fait après avoir écouté ses leçons dans l'enceinte de l'académie, ou entendu quelques-uns de ses propos dans les réunions de société. Il y était encouragé en quelque sorte par l'opinion publique qui se tournait vers lui, et qui eût désiré de le voir se placer, non pas à la tête d'un parti, il n'y eut jamais consenti, et tous ses antécédens s'y fussent opposés, mais à la tête d'un mouvement de réforme sociale qu'on le croyait capable d'opérer, mais dont tout le rendait impropre; Kant ne pouvant jamais être qu'un homme de cabinet, sans action immédiate sur les masses. En effet, Kant tout en donnant par ses écrits des preuves d'un libéralisme sage, dans lequel il ne faisait entrer que des réformes partielles qu'il croyait devoir être d'autant plus efficaces, qu'elles seraient faites avec plus de connaissance de causes, Kant prouva assez qu'il ne pouvait répondre à l'attente des impatients qui eussent désiré le renversement total des institutions existantes, et il eut le sort de tous les hommes modérés que tous les partis rejettent faute de les comprendre, qu'ils persécutent même par dépit, lorsqu'ils ne peuvent en faire un simple instrument de leurs vues.

Ce fut donc sous de tels auspices, que Kant,

vers la fin de sa carrière, se lança dans les sciences de la politique et de la théologie, qu'il n'avait pas encore abordées de front. Nous avons fait connaitre sa philosophie politique, donnons maintenant un fidèle résumé de sa philosophie religieuse. On l'avait vu débuter en 1786 sur le domaine de la théologie, par une dissertation sur les *commencemens probables de l'histoire* que j'ai déjà citée, et où il expliquait comme mythe la création de l'homme telle qu'elle est rapportée par Moïse, et où en vertu de son système sur la liberté humaine, non seulement il n'admettait pas l'absolue nécessité du péché dans *aucun tems*, mais encore il soutenait la rupture de l'unité de l'homme avec Dieu comme un fait nécessaire aux progrès de la race humaine, puisque ce n'est que par cette rupture que l'homme peut sentir le besoin de s'unir à Dieu. Et maintenant en 1791, comme conséquence de ces principes, il en publia un autre sur les *mésentendus de tous les essais philosophiques dans la théodicée* (¹), dans laquelle il cherchait à convaincre les plus obstinés de la valeur de son système philosophique, qui seul, disait-il, pouvait expliquer comment toute théodicée était impossible tant que l'on aurait une fausse connaissance de Dieu. Mais arriva le printems de 1793 où il lança dans le public un traité plus complet sur les matières religieuses, et que l'on crut au premier abord

(¹) *Oeuvres compl.*, VII, p. 381-408.

une réponse ou une explication de la *Critique de toutes les révélations*, qu'avait publié Fichte quelques années auparavant, et que beaucoup avaient attribuée à Kant lui-même, mais qui au fond n'avait d'autre but que de se déclarer franchement rationaliste en matière de religion, toujours dans l'intime conviction qu'il professait le christianisme dans toute sa pureté. Cet ouvrage a quatre parties que l'on dirait, vû la distribution un peu arbitraire des matières, plutôt quatre sujets d'un poëme didactique sur la religion, qu'un traité méthodique qui devra asseoir la religion sur des bases scientifiques. La première constate dans la nature humaine la présence de deux adversaires dont il décrit l'influence en caractères énergiques; la seconde fait assister à la lutte des deux principes qui se disputent la possession de notre être; la troisième est consacrée au développement de l'idée du bon principe l'emportant sur le mauvais et préparant le règne de Dieu sur la terre. La quatrième enfin traite du culte vrai et faux sous la domination du bon principe. Afin de résoudre ces questions importantes, Kant n'avait guère, de son tems, que deux terreins sur lesquels il pût travailler à son aise, celui de l'orthodoxie traditionelle et celui du naturalisme que Lessing et Reimarus avaient mis en vogue, car le rationalisme n'existait pas encore en état de système, il n'avait rien encore de fixe. Le marteau de l'exégèse faisait seul sentir son action destructrice; mais Kant ne voulut pas plus du naturalisme qui n'accordait aucune valeur aux idées objectives, c'est-à-dire aux faits de la bible, qu'à la vieille orthodoxie, qui n'avait plus que l'écorce de son ancienne foi. Il ne comprit pas qu'en se plaçant entre les deux adversaires, il ne s'appuyait sur rien, et qu'il allait bâtir un édifice dans les airs. Strauss nomme cette position prise par Kant un revirement symbolique du rationalisme (symbolische Wendung des Rationalismus). Mais si l'on voulait donner un nom à cette espèce de rationalisme, on ferait bien de le désigner par celui d'impératif, puisqu'il dérive tout entier de la morale du devoir, et qu'on voit évidemment que l'idée dominante de cet écrit, comme tous les écrits religieux de Kant est que la morale doit être seule dominatrice, et que la religion ne saurait exister sans elle; que tout doit lui être subordonné, et qu'en conséquence on devait considérer l'impératif catégorique comme le critérium de toute religion. Suivez-le, en effet, dans le développement de ses idées, et vous verrez qu'il n'accorde de valeur aux faits historiques de la religion qu'autant qu'ils viennent par une interprétation plus ou moins forcée, apporter quelqu'appui à un précepte moral qu'il aura fait dériver de son système. Cette erreur fondamentale de Kant, enlève déjà toute valeur scientifique à son écrit, mais ne lui enlève rien de son caractère qui reste toujours empreint d'une haute moralité. Tout être qui a un cœur pour sentir, une conscience pour s'interroger avec impartialité confessera que la religion

tout être moral, une force pour s'en acquitter égale à la sainteté de l'obligation. Mais autant la théologie chrétienne et une saine philosophie nient cette puissance, puisqu'elle mettrait à néant pour le théologien la nécessité de la rédemption et ses suites incessantes, et apprendrait au philosophe à se soustraire à toute influence céleste, à laquelle pourtant est soumis tout ce qui a existence, les corps comme les esprits, autant une raison éclairée sait réduire à leur juste valeur tant des phrases ambitieuses sur la liberté qui ne font que déguiser par la pompe des images le vide des pensées qu'elles cherchent à établir. Kant, par une conséquence logique de tout son système philosophique avait été amené à proclamer la liberté morale comme un *postulat* ou attribut essentiel de la raison pratique, et s'imaginant avoir prouvé dans sa critique de la raison pure non-seulement la possibilité de la liberté, mais encore son harmonie avec la nécessité imposée à la nature, il bâtissait sans cesse sur ce fondement regardé comme un chef-d'œuvre par ses disciples et ses admirateurs, savoir que l'homme considéré comme phénomène n'était que trop dépendant de la nature, mais que considéré en soi il conservait toute sa liberté; et puis de gloser avec avantage contre le déterminisme de Leibnitz et de son école. Mais si Kant avait un peu plus connu le monde, s'il avait pu l'observer non pas seulement dans l'étroite enceinte de Kœnigsberg dont il n'a jamais dépassé le territoire, mais dans des contrées diverses où se font sentir l'influence des climats, des usages, des formes de gouvernement et de tant d'autres choses inutiles à signaler, il aurait compris qu'indépendamment de la volonté humaine il y avait une foule de causes déterminantes des actions humaines que le sentiment de la liberté ne savait faire totalement disparaître, et peut-être eût-il donné à sa définition de la liberté une signification plus vraie, puisqu'elle aurait reposé non plus sur une hypothèse conçue *a priori*, mais sur une observation confirmée aussi bien par la religion et la psycologie que le simple bon sens et l'expérience de la vie. La liberté peut-elle être chose dans un être qui dépend et de Dieu et de la nature et même de ses obligations morales, sinon cette faculté dont sont doués tous les êtres moraux et intelligens d'obéir sans contrainte aux motifs qui les inspirent ? C'est pour s'écarter d'une définition aussi simple et qui pourtant s'éloigne autant de la croyance au fatalisme que de celle non moins funeste d'une indépendance arbitraire et déraisonnable, que l'on a bâti tant de systèmes, débité tant de puérilités sur une question qui touche de si près aux plus graves intérêts de la religion et de la morale. Kant, il est vrai, par sa notion de la liberté morale croyait élever la dignité humaine, et sauver l'idée de la moralité qu'il ne croyait pouvoir découler que d'une absolue liberté. Mais la moralité n'est pas proprement dans l'acte ; elle est entièrement dans la pensée qui l'inspire. En vain vous livreriez-vous à des œuvres qui vous

royaux n'étaient point suffisans: la nation était maintenant trop précipitée dans le doute et les pensées avaient fait des pas trop en avant. Et puis, ne faut-il pas que toutes les opinions se manifestent? La vérité ne tire-t-elle pas sa force de l'impuissance des efforts qui lui sont contraires? Seulement il est à désirer que lorsqu'une tendance semblable se fait jour, on laisse une liberté pleine et entière à la doctrine attaquée. Là est la règle, la discipline rationelle, parce que là est la justice; et c'est ce que ne comprennent pas toujours les hommes de parti. Du reste, il y a une différence très grande, entre un homme qui se donne à lui-même la mission d'éclairer ses semblables et de leur frayer une nouvelle voie, et celui que l'on charge de cette mission. Ce dernier doit se conformer, sous peine de manquer à son serment, à la volonté suprême de ceux qui l'ont investi du droit d'enseignement, tandis que le premier ne relève que de sa conscience (¹). Et ce n'est que par là que je m'explique la difficulté que rencontra notre philosophe pour obtenir de la censure l'*imprimatur* de son ouvrage, difficulté qui le mit tant de mauvaise humeur.

Kant a raconté lui-même les embarras qui lui furent suscités; et lorsque plus tard il se soumit

---

(¹) C'est pour avoir soutenu ce principe si évident, dans un journal de Hambourg, à propos de la nomination de Strauss à une chaire dogmatique, que le spirituel rédacteur du *Télégraphe de l'Allemagne* écrivit contre moi de fort jolies phrases, mais toutes placées à côté de la question et pour en avoir mieux raison il ne me permit pas d'insérer ma défense dans son journal.

aux injonctions personelles du roi, sa conduite, belle sous certains rapports, eût été plus conforme aux lois de la raison qu'il appréciait tant, s'il avait préféré la vocation d'auteur à celle de professeur. Toutefois il est bon d'entendre Kant s'expliquer lui-même sur ce sujet, quoiqu'il ne le fasse encore qu'indirectement dans la préface de son livre: „La morale dit-il, reconnait dans sa loi sainte un objet digne du plus grand *respect*, elle représente donc sur le seuil de la religion, dans la cause suprême accomplissant la loi morale, un objet d'*adoration*, et elle y apparaît dans toute sa majesté; mais ce qu'il y a de plus sublime se rapetisse entre les mains de l'homme dès qu'il en applique l'idée à son usage. Ce qui peut-être honoré sincèrement, comme il est respecté librement, est forcé de revêtir des formes telles qu'on ne puisse lui créer d'autorité que selon des lois de contrainte; et ce qui se présente de soi-même à la critique armée de la force, c'est-à-dire à une censure.

Toutefois le précepte qui dit: „Obéis à l'autorité!" est moral, et l'observation de ce précepte, comme celle de tous les devoirs, peut-être rapportée à la religion; il convient donc à un ouvrage consacré à l'idée particulière de religion de donner lui-même un exemple de cette obéissance; elle ne consiste pas à respecter les lois d'un seul corps, d'un seul ordre dans l'Etat et d'être sourd aux lois de tous les ordres ensemble; mais elle doit être prouvée par un respect égal envers tous les ordres ensemble.

A la théologie biblique correspond dans le domaine de la science la théologie philosophique ou la théodicée, qui est l'objet spécial d'une autre faculté. La théodicée reste dans les limites de la raison pure; pour établir et expliquer ses propositions, elle met à profit l'histoire, les idiomes, les livres de tous les peuples, la bible même; elle se les approprie sans empiéter toutefois sur la théologie biblique, sans chercher à changer les enseignemens publics de celle-ci, qui sont le privilège de l'ecclésiastique; la théodicée doit donc avoir pleine et entière liberté pour s'étendre aussi loin que le permet l'objet de cette science; et s'il est reconnu que la théologie philosophique a effectivement franchi ses limites, qu'elle a commis des empiétemens sur la théologie biblique, on ne peut contester au théologien, consideré simplement comme ecclésiastique le droit de censure; mais du moment qu'il est douteux s'il y a eu empiétement, et que la question se présente de savoir si l'empiétement à été fait par les écrits ou par l'exposition orale et publique d'un philosophe, le droit de censure ne peut être accordé au théologien biblique qu'autant qu'on le considère comme *membre de la faculté de théologie*, parceque, comme tel, il doit protéger l'un des plus grands intérêts de l'Etat, c'est-à-dire la fleur des sciences, et a d'ailleurs le même pouvoir que l'ecclésiastique.

Dans ce dernier cas, c'est à la faculté de théologie biblique et non à celle de la théologie philoso-

il arrive souvent, ces expressions et ces formules dans un sens différent de celui où les commentateurs les prennent, sans prétendre toutefois que les jurisconsultes ou les tribunaux doivent leur donner la même signification. Si le philosophe n'avait pas le droit d'en user ainsi, il pourrait à son tour accuser le théologien biblique, de même que le jurisconsulte proprement dit, de commettre d'inutiles empiétemens dans le domaine de la philosophie, car l'un et l'autre, forcés d'avoir recours à la raison, à la science rationnelle, à la philosophie, doivent lui faire de très nombreux emprunts et en profitent seuls. S'il était arrêté que la théologie biblique n'aura rien à faire, autant que possible, avec la raison en matière religieuse, on pourrait facilement prévoir de quel côté serait la perte. Une religion qui déclare témérairement la guerre à la raison ne saurait longtems résister contre cette dernière (¹).

Cette question si importante de la liberté de l'enseignement a été de nos jours chaudement discutée et en Allemagne à propos du Voltairianisme réchauffé de Bruno Bauer et de ses jeunes partisans; mais je crains que dans la situation actuelle des esprits elle ne puisse être résolue que violemment par celui des partis qui sera investi du pouvoir. La liberté ne peut guère se mouvoir que dans une société dont le lien de l'unité spirituelle ou du moins intellectuelle unit la majorité des mem-

(¹) Préface de la 1re édit. de *la Religion dans les limites*, &c Trad. fr. p. 379-83.

bres; mais quand l'anarchie domine partout dans les esprits comme dans les volontés, c'est à un pouvoir intelligent et dévoué qu'il appartient de définir les limites où doit se mouvoir la liberté si l'on ne veut pas, qu'à force de négations, elle porte le ravage dans toutes les intelligences, et leur arrache le dernier appui dans leur anxiété, l'espérance.

Quoiqu'il en soit, de cette conduite du pouvoir à l'égard de Kant que ce philosophe va bientôt expliquer amplement lui-même lorsqu'il en racontera l'historique, il est certain que par sa *religion dans les limites de la raison*, Kant porta à la doctrine chrétienne telle que catholiques et protestants la révéraient, une atteinte terrible qu'il avait la prétention de vouloir la consolider au lieu de la détruire, et que les armes qu'il employait n'étaient autre que les principes inflexibles de sa théorie morale qu'il faisait merveilleusement servir à sa fin destructrice. En effet, cet ouvrage devint bientôt l'étendard sous lequel se rallièrent tous ceux des théologiens rationalistes que le naturalisme ne pouvait contenter, ou qu'une aride exégèse détournait de l'empirisme; et si quelques autres, Storr, le savant Storr à la tête, firent des protestations contre ce revirement symbolique mais trompeur, leur voix vint se perdre dans les clameurs du grand nombre, et Kant lui-même, qui plus juste que les théologiens ses partisans, avoua que l'ouvrage du théologien du Tubingue méritait une attention particulière, s'excusa sur sa vieillesse de ne pas répondre à son adversaire (¹). Cependant cette vieillesse ne l'empêcha pas de reprendre la plume avec une vivacité qu'on ne lui avait jamais connue lorsqu'il s'agit de se défendre sur un autre terrain; et cette conviction d'une défaite ne devait-elle pas se montrer plus entière et d'une façon plus explicite (¹)?

Le cabinet de Berlin fut donc d'avis qu'il fallait remédier à un mal qui allait toujours en empirant; mais comme l'on ne voulait pas frapper un grand coup, tant par crainte de l'opinion que par estime réelle du philosophe, le roi prit lui-même le parti de lui écrire de sa main, et jamais lettre accusatrice d'un roi contre un de ses sujets fut écrite avec tant de ménagemens. Kant a publié plus tard cette correspondance dans l'ouvrage dont je vais m'occuper et dont le préface qui le précède est un des plus curieux monumens de l'histoire de la philosophie, en même tems que le philosophe s'y élève à une hauteur de style qu'il avait trop souvent dédaignée et qu'il y révèle un talent supérieur pour la discussion. Cet ouvrage, c'est la *Dispute des facultés*, qu'il publia en 1798 dans laquelle il traitait des rapports de la philosophie avec les autres branches de la science, montrait la possibilité d'une fusion de toutes les sciences dans l'enseignement de la seule science de la philosophie, et où il signalait, dans tous les cas, la supériorité de celle-

( ) Dans la préface de la 2ᵉ édit. de *la Religion dans les limites*, &c.

de votre philosophie pour abaisser et défigurer plusieurs points fondamentaux de la sainte Ecriture et du christianisme et comment vous traitez ces choses, particulièrement dans votre ouvrage: *La religion dans les limites de la raison*, ainsi que dans d'autres petits traités. Nous nous sommes donc trompés en comptant sur une amélioration de votre part. Vous devriez vous-même reconnaître qu'en agissant ainsi vous manquez à votre devoir comme instituteur de la jeunesse, et contre nos intentions paternelles qui vous sont bien connues. C'est pourquoi nous demandons que vous vous justifiez au plutôt et de la manière la plus consciencieuse, et nous vous enjoignons sous peine de notre disgrâce, que désormais vous ne vous rendiez plus coupable de pareilles choses, mais que vous employiez, suivant votre devoir, vos talens et la considération dont vous jouissez, à remplir de plus en plus nos intentions paternelles. Dans le cas contraire et en continuant comme vous l'avez fait, vous n'auriez à attendre infailliblement que des suites désagréables."

A la place de la signature royale ne se trouvait, il est vrai, que celle du ministre d'Etat Wolner; mais ceci n'était qu'une affaire de forme, et cette démarche personnelle du roi prouve ou qu'on honorait à la cour le philosophe plus qu'on ne voulait l'avouer au public, ou qu'on le craignait jusqu'à user envers lui de si glorieux ménagemens. Kant répondit donc à ce rescrit royal qu'en qualité d'*instituteur de la jeunesse* il n'avait jamais dans des cours académiques mêlé, ou même pu mêler des jugemens sur les saintes Ecritures et le christianisme: c'est ce que prouvait au besoin, le *manuel de Baumgarten* dont il avait suivi le plan. Et qu'en qualité d'*instituteur du peuple*, il ne ressortait de ses écrits et spécialement de l'ouvrage: *La religion dans les limites* etc., aucune offense ni contre sa Majesté, ni contre la religion publique de son pays: cela ressort, ajouta-t-il, de ce que cet ouvrage est écrit dans un langage inintelligible pour le public et qui n'offre qu'une dissertation adressée aux savans de nos facultés et dont le peuple d'ordinaire ne se soucie guère. Il n'y a que les instituteurs du peuple dans l'université et dans les Eglises, qui soient tenus de rendre publics ceux des résultats de cette dissertation qui auront été signalés par le souverain du pays, vû que celui-ci n'a lui-même pas formé la croyance, mais n'a pu l'obtenir que par la même voie, c'est-a-dire par les facultés théologiques et philosophiques établies pour l'éprouver et la rectifier: par conséquent le haut pouvoir de l'Etat doit alors non-seulement les admettre, mais même il est en droit de leur demander de faire parvenir par leurs écrits, à la connaissance du gouvernement tout ce qu'elles pourraient croire utile à la religion du pays. De plus, disait Kant, cet ouvrage ne contient point d'*appréciation du christianisme*, car il ne contient au fond que l'appréciation de la religion naturelle. La citation de quelques passages des Ecritures pour confirmer certaines doctrines de la pure raison, est ce qui aura pu donner lieu à ce mésentendu. Mais déjà *Michaelis* qui fit de même dans la morale philosophique, avait déclaré qu'il n'avait l'intention, ni d'introduire quelque chose de biblique dans la philosophie, ni de faire ressortir la philosophie de la Bible, mais simplement d'apporter comme appui à ses maximes rationelles, l'accord vrai ou cru vrai d'autres personnes. (peut-être des poètes ou des orateurs) pour leur donner plus de prix et d'autorité. Si donc la raison s'exprime comme si elle se suffisait à elle-même et par conséquent comme si la doctrine de la révélation était superflue, ce qui, si c'était compris objectivement, devrait être considéré comme une vraie dépréciation du christianisme, on ne doit considérer cette façon de s'exprimer de la raison uniquement que comme l'expression d'une appréciation subjective, ce n'est pas d'après son pouvoir mais d'après ce qu'elle prescrit, en tant que d'elle seule ressort *la généralité, l'unité* et la *nécessité* des doctrines de la foi que se forme l'essentiel d'une religion qui consiste dans la morale pratique, dans ce que nous *devons* faire; par contre, les raisons tirées des preuves historiques auxquelles nous avons lieu de croire, car ici il n'y a d'obligation que celle de la révélation comme doctrine de la foi occasionelle, ne sont nullement essentielles quoique ni inutiles, ni superflues, vû qu'elles servent à remplir les lacunes théorétiques de la pure raison, lacunes que celle-ci ne nie pas, par exemple dans les questions sur l'origine du mal, sur le passage de celui-ci au bien, sur la certitude de l'homme d'être dans ce dernier état, ainsi qu'en satisfaisant un besoin de la raison, elle contribue à lui servir plus ou moins suivant la différence des tems et des personnes.

Kant affirmait encore, qu'il avait prouvé sa grande vénération pour les doctrines de la foi biblique, et en particulier, dans l'ouvrage cité, en déclarant, que la bible était pour un tems illimité le meilleur guide pour fonder et conserver une religion propre à améliorer les ames, et en blâmant la manière prétentieuse et immodeste, avec laquelle on cherchait dans les écoles et même en chaire ou dans des écrits populaires à éveiller des objections ou des doutes contre elle.

Quant à ce qui concerne le 2e point du rescrit royal, celui de ne plus se rendre coupable à l'avenir de pareilles fautes envers le christianisme, Kant déclarait, pour prévenir jusqu'au moindre soupçon, qu'en sa qualité de fidèle sujet de sa majesté il s'abstiendrait à l'avenir de tout enseignement public qui aurait pour objet la religion, soit naturelle, soit révélée, tant dans ses leçons à l'université que dans ses écrits [1].

Telle est la déclaration que crut devoir faire Kant pour n'être plus inquiété comme professeur; telles étaient les circonstances dans lesquelles il lui fut enjoint de la faire. Comme l'on peut s'en con-

---

[1] Tom. X. préface de l'écrit: *Streit d. Facultäten.*

vaincre lorsqu'on en pèse les termes et que l'on est initié à sa philosophie religieuse, Kant ne s'y montre pas dans toute la noble simplicité de caractère que nous lui connaissons, et avec cette austère franchise que l'on était en droit d'attendre d'un philosophe si haut placé dans l'estime publique. Au lieu de mettre à nu sa pensée modestement mais franchement, il chicane sur les mots de révélation ou de raison pure, lorsqu'il aurait dû confesser que ses vues n'étaient pas autres que d'absorber la révélation au profit de son système. Assurément l'Evangile contient tous les devoirs de la religion naturelle telle que la développe la raison pratique; mais il s'en faut bien que ce soit là tout l'Evangile. Et puis, les faits historiques supposent des dogmes bien essentiellement différens de l'impératif catégorique. En un mot, Kant cherche trop à concilier ses écrits avec ce que l'on exige de lui. Il tenait donc beaucoup trop à sa place de professeur et il craignait de la perdre par un aveu plus sincère de ses idées. Lorsque l'on assure qu'il a dit à des amis dans cette circonstance „que le roi pouvait lui enlever sa place, mais qu'il préférait sa conscience à son déshonneur. Cela est digne de lui; mais comme on n'appuie pas cette réponse sur des documens authentiques, et que sa correspondance est là qui dépose de ses tergiversations, nous ne pouvons voir ici qu'un vieillard luttant contre lui-même, et qui croit se tirer d'affaire en cherchant un moyen

cependant Rink qui raconte ces mesures se crut obligé de les souscrire (¹).

Néanmoins Kant tint parole au roi, et c'est pendant le laps de tems qui s'est écoulé jusqu'à l'avénement au trône de Guillaume III qu'il composa ses ouvrages qui ont trait à la politique (²). Pour avoir plus de tems à leur donner, il se dispensa et pour cause, de faire de nouveaux cours sur la théologie rationelle, renonça à ses leçons privées et se contenta des cours sur la logique et la métaphysique auxquels il était obligé. C'est de cette époque que date également son éloignement de la société. Il n'y alla plus que rarement, et se fit même une loi de ne plus diner que chez lui, où comme il a été dit, il réunissait, *chaque jour*, des amis avec lesquels il se plaisait à converser sur les graves intérêts de la science, pourvu que ce ne fût pas sur la métaphysique, de sorte que si son enseignement oral fut ralenti, ses écrits ne cessèrent point pour cela d'instruire l'Allemagne; mais ils évitaient de traiter la question brûlante et se contentaient, comme nous l'avons vu, de disserter sur de théories politiques et morales.

(¹) Rink, *Ansichten*, ... 62.
(²) Comme l'on reprochait à Kant dans les dernières années de sa vie, certaines vues dans ses écrits qui ne s'accordaient pas avec sa déclaration, il répondait que dans son intention il n'avait promis qu'au roi Guillaume II, et que du vivant du roi. Borowski appelle cette interprétation une manière de se tromper soi-même (Selbsttäuschung); on pourrait la qualifier d'autant plus sévèrement qu'à l'époque où il fit cette déclaration il avait vingt ans de plus que le roi, il devait par conséquent lui survivre suivant toutes probabilités

CHAPITRE XIV.

Occupations de Kant dans les dernières années de sa vie. — Sa maladie. — Son aversion pour la médecine. — Sa mort. — Son caractère comparé à celui de Socrate.

Telle est la carrière scientifique parcourue par Kant avec tant de succès, et on peut le dire aussi avec tant de gloire. S'il eut des désagrémens, il eut aussi à recueillir beaucoup de satisfaction. L'estime dont il jouissait à Kœnigsberg, les nombreux disciples qui travaillaient à propager son système, les nombreuses universités qui se faisaient gloire d'adopter son enseignement, le retentissement de son nom, des amis dévoués, que manquait-il à l'illustre professeur de ce qui peut faire aimer la vie à celui qui a la conscience de savoir la remplir? Les titres honorifiques! mais ils n'auraient pu rehausser sa célébrité; celui de *Senior* de la faculté de philosophie que le sénat académique lui avait enfin conféré à vie est le seul dont un homme de sa trempe pouvait se montrer jaloux [1]. Du reste, l'on sait qu'il faisait peu de cas des titres et des décorations, et de quel ridicule ne se couvrirait-on pas de nos jours, si au lieu du simple nom de Kant qui ré-

[1] Il avait pourtant été reçu membre des académies des sciences de Berlin et de St. Petersbourg.

vèle toute une histoire, toute une époque, il nous fallait énumérer quelques uns de ces titres de conseillers privés ou publics, dont tant d'autres écrivains en Allemagne aiment à se parer! Borowski avait écrit dans son manuscrit que nous avons si souvent cité, que le ministre du cabinet, de Herzberg, prenait souvent plaisir à passer quelques heures de la soirée avec Kant; mais Kant d'un trait de plume biffa cette particularité de sa vie, non qu'elle ne fut pas fondée, mais parce qu'il n'attachait aucune importance à ce que la postérité la connût. Qu'a donc de commun le mérite intrinsèque d'un homme avec ce qui ne fait d'ordinaire impression que sur des esprits vides et vaniteux!

Il aurait donc ainsi vu s'écouler paisiblement sa vie, si une autre susceptibilité, celle d'auteur dont ne peuvent se préserver les plus grandes ames, n'étaient venues quelquefois l'abreuver d'amertumes. C'était lorsque des critiques qu'il croyait injustes venaient surtout mettre une entrave à la propagation de sa doctrine. La correspondance de Hamann avec Jacobi en contient des nombreuses preuves; alors son style se ressentait de cette susceptibilité, sa manière devenait humouristique; le persifflage s'en mêlait, et il perdait quelque peu de cette dignité qui sied si bien à l'écrivain grave et consciencieux. Cette mauvaise humeur paraissait s'augmenter en lui lorsqu'il apprenait qu'on avait la prétention de donner à sa philosophie une direction nouvelle. En homme judicieux n'eût-il pas dû le pressentir!

longue vieillesse, cet homme qui entr'autres moyens hygiéniques avait eu surtout le bon sens de toujours repousser ces poisons lents que les médecins appellent remèdes, cet homme, maintenant qu'il sentait que sa tâche était remplie de la manière dont il croyait que Dieu la lui avait imposée, s'entretenait de la mort comme d'un événement qu'il attendait de pied ferme sans la désirer, mais sans la craindre. Cependant il ne changea réellement quelque chose à ses habitudes domestiques qu'en 1802, année où il se permit de devancer l'heure de son coucher, quoiqu'il demeurât fidèle à celle de son lever qui fut toujours à cinq heures; mais ce repos ne servit point à lui redonner les forces qui l'abandonnaient. Ses pieds tendaient toujours plus à lui refuser tout service; il lui arrivait souvent de tomber à terre; mais le philosophe pouvait rire de ces chûtes et disait „qu'elles ne seraient jamais dangereuses attendu la légèreté du poids de son corps." Cependant il se soutint encore deux années dans une alternative de grave faiblesse et de petites améliorations, pendant lesquelles il ne put faire que quelques promenades avec Wasianski jusqu'à un jardin qu'il avait loué près des portes de la ville. Il disait alors, que ne pouvant plus être utile au monde, il ne voyait pas ce qu'on pouvait désirer pour lui, excepté la mort. Wasiansky lui ayant fait remarquer un jour la belle verdure et les fleurs qu'il aimait tant autrefois: „Oui, celui est beau, répondit-il, mais c'est toujours la même chose." Etait-ce impatience d'arriver à la connaissance de l'infini! On raconte qu'un jour revenant d'une de ces courtes promenades il tomba dans une rue; aussitôt deux dames vinrent l'aider à se relever, et Kant, fidèle à sa politesse connue envers les dames, de remettre à l'une d'elles la rose qu'il tenait entre les mains. Cette dame la reçut avec joie et la conserva long-tems en souvenir du *beau professeur.* Son dernier jour de naissance qu'il célébra le 22 avril 1802 fut pour lui un vrai jour de fête; mais comme il avait invité plus de monde qu'à l'ordinaire, il s'en trouva très fatigué; il avait alors 80 ans. Deux jours après il écrivit sur son souvenir: „D'après la Bible notre vie dure 70 ans, 80 pour les plus favorisés, et la plus précieuse n'est que peine et fatigue."

Sa faiblesse ayant augmenté au mois de Septembre suivant, une sœur qui lui restait et qui agée de moins de six ans que lui, la femme Theuerin qui était la veuve d'un ouvrier, mais qui jouissait encore de toute sa santé, vint alors s'établir avec son fils dans la maison de Kant pour le soigner. Si quelque chose étonne ici, c'est que cette sœur ne se soit pas plutôt présentée. Mais c'était peut-être la volonté de Kant qu'il en fut ainsi, sans doute pour des raisons propres à un savant qui ne se serait pas accommodé de la société d'une sœur privée de la culture d'esprit qu'un si grand homme avait presque le droit de demander d'une compagne de société. On sait du reste qu'il se montra utile à tous ses parens lorsqu'il le put; et qu'il fit à chacun d'eux une pension proportionnée à ses moyens. Un jour qu'un de ses collègues à l'université, le professeur Elsner plus heureux que le docteur Trummert, cet ancien ami du malade, obtint enfin de lui faire prendre quelques médicamens, il lui dit néanmoins „je veux bien mourir, mais à condition que ce ne soit point au moyen de la médécine. Lorsque je serai tout-à-fait faible et malade on fera de moi tout ce qu'on voudra, je me soumettrai à tout; mais je ne prendrai jamais de préservatif." Au mois de Décembre sa faiblesse était telle qu'il ne pouvait pas même porter les mets à sa bouche; mais Wasiansky qui en fait la remarque, ajoute qu'il n'en jetait pas moins de traits de lumière sur quelque domaine de la science qu'on le transportât. Lorsqu'on vit dans le courant de Janvier qu'il aimait plus que jamais à garder le silence et à ne prendre plus d'intérêt à la conversation, que sa vue s'affaiblissait au point de craindre une entière cécité, et qu'il refusait de prendre de la nourriture, il fallut bien s'attendre à une prochaine catastrophe. Il dit cependant le 3 Janvier à Wasiansky, après s'être plaint à lui de n'avoir pas encore vu le docteur Elsner que ses fonctions de recteur retenaient; „ne croyez pas malgré mes plaintes, que le sentiment de l'humanité m'ait abandonné." Il vécut ainsi, soutenu par les soins de ses amis jusqu'au 12 du même mois, où ses yeux parurent tout-à-fait éteints, quoique son visage demeurât calme. „C'était donc le 12 Février, raconte Wasiansky,

nifestation d'hommages respectueux rendus à la mémoire d'un savant homme de bien. Kant n'est-il pas le seul qui ait donné ainsi un démenti au proverbe si connu: *nul n'est prophète dans son pays* (¹). Réunissons ici les traits épars du caractère de Kant et montrons ce qu'il a été au sein de la société dans laquelle il fut appelé à vivre. Sans avoir jamais été sérieusement malade, l'on a vu qu'il souffrait de la faiblesse de son corps qui n'avait été doué en naissant, que d'une constitution frêle. Kant seulement de cinq pieds, ne possédait pas en vigueur ce qui lui manquait du côté de la taille. Sa poitrine également n'était pas bien constituée; elle était maigre et presque recourbée (²). Une de ses épaules, la droite, formait un peu saillie, et témoignait de quelque désordre dans l'ensemble de l'organisation. Mais sa tête avait quelque chose d'agréable et la vivacité de ses yeux tempérée par une certaine douceur que leur commandait son caractère, prévenait en sa faveur. C'est dans le cours de ses enseignemens qu'ils pétillaient de feu; ils suppléaient admirablement à la faiblesse de sa voix; et jamais on ne l'entendait sans que ses regards ne vous contraignissent à être vivement attentif. Les

---

(¹) Le supérintendant actuel d'Oldenburg, *Böckel*, l'un des orateurs parmi les étudians, a fait imprimer le récit de ces funérailles avec les discours et pièces de vers, composés à cette occasion.

(²) Il fait entendre dans son *Anthropologie* que l'usage de certains parens d'apprendre à marcher aux enfans au moyen d'une lisière qui comprime les parties nobles, lui avait lésé les lèvres de l'estomac et avait été ainsi la cause de sa constante débilité.

cheveux de Kant étaient blonds, son visage coloré même dans sa vieillesse accusait toujours un teint frais. Son ouie se faisait remarquer par sa finesse et sa délicatesse et tous ses autres sens possédaient en entier leur force, même celui de la vue que les gens d'étude ne voient que trop ordinairement s'affaiblir de bonne heure. Cependant malgré cette faible constitution et surtout malgré la faiblesse de sa poitrine, il put, par des soins même minitieux, des ménagemens et la régularité de sa vie, remplir avec la plus parfaite exactitude les devoirs de sa vocation qui l'obligeaient à élever la voix pour se faire entendre d'un nombreux auditoire. Ah! c'est que la trempe de son esprit n'était pas commune et qu'il fallait bien que le corps se prêtât à l'énergie de sa volonté! Mais le soin de sa santé n'avait à ses yeux qu'une valeur secondaire; c'est à soigner son caractère moral que tendait le plus son ambition. Les philosophes n'ont guère la réputation d'être des hommes aimans; cependant au témoignage de tous ses biographes, Kant quoiqu'il eût répété souvent avec Aristote: *mes amis, il n'y a point d'amis*, Kant possédait un cœur excellent et disposé à tous les genres de service que réclame l'amitié. C'est surtout lorsqu'il eût éprouvé les tendres soins de son jeune ami Wasiansky qui le traitait comme le fils le plus respectueux et le plus tendre traite son bon vieux père, que des larmes d'attendrissement roulèrent dans ses yeux et qu'il crût à la réalité de l'amitié. Comme il avait la plus haute idée de la dignité humaine, il l'honorait chez tous les hommes, même chez ceux dont il ne pouvait que blâmer l'inconduite; mais il l'appréciait encore plus chez ceux dont les cœurs sympathisaient avec le sien. On a vu quelle amitié il avait vouée à l'Anglais Green qui avait fixé son séjour à Kœnigsberg; il fut tellement inconsolable de sa perte que c'est précisément depuis cette époque qu'il renonça à la société. Dans ses conversations on ne l'entendait jamais médire des autres, et quand il ne pouvait louer les bonnes qualités d'une personne, il aimait mieux se taire. C'est ainsi qu'on l'honorait d'autant plus, qu'on le voyait honorer lui-même le mérite partout où il le rencontrait. Il ne dédaignait pas de s'entretenir avec ceux des classes les plus obscures de la société, ou du moins qui semblaient n'offrir aucun point de contact avec ses études et la direction de ses travaux; mais il prétendait avec raison que l'on peut apprendre quelque chose de ceux-là même que l'on regarde comme ignorans, et à combien des choses qui concernent leur état ne peuvent-ils pas vous initier, et que de fois l'on éprouve dans la vie, le besoin de connaître ces milles et un détails qu'une haute culture de l'esprit néglige, et qui pourtant peuvent vous être d'une utilité incontestable. Cependant le commerce des hommes instruits lui plaisait particulièrement, en ce qu'il lui permettait de faire une ample moisson de connaissances dont il avait besoin pour éclaircir tant de questions qu'il soulevait dans le domaine de toutes les sciences.

Il éprouvait en particulier, un délicieux plaisir à se tenir en face de la nature, à interroger ses œuvres, à les comparer avec les œuvres de l'homme et il demeurait souvent plein de confusion en voyant la bonté et la tendresse chez des animaux qu'on croyait en être les moins doués. Schubert dit à ce sujet: Celui qui ne l'aurait pas connu aurait pu le regarder comme un homme sensible mais affectant la sensibilité. (¹).

Comme savant, notre philosophe n'affectait aucun de ces airs qui ne décèlent souvent que la nullité de l'individu. Mais comme il aimait la science pour le bien qu'elle peut faire, et non comme un vain ornement de l'esprit, il voulait qu'on ne négligeât rien pour étendre son bienfaisant empire. Cependant, si l'on veut le but, il faut aussi en vouloir les moyens, c'est pourquoi il se montra toujours l'ami de la liberté des recherches et l'adversaire de tout ce qui pouvait en restreindre l'exercice. Il ne s'est jamais imaginé, même dans son âge mûr d'avoir perfectionné une branche de la science, et il ne permit pas non plus que ses partisans lui attribuassent la gloire d'avoir accompli quelque chose de ce genre. Il croyait bien avoir rendu des services, mais non d'avoir tout accompli, et si parfois les critiques excitèrent sa mauvaise humeur, souvenons-nous qu'il n'était pas un Dieu. Ennemi déclaré de tout mensonge il ne pouvait pas davantage supporter les flatteries. Ce n'est qu'au déclin de sa

(¹) Kant's *Biographie*, p. 179.

vie, lorsqu'il était intimement persuadé de la supériorité de sa *critique* qu'il permit qu'on en parlât avec éloge. Auparavant il allait jusqu'à redouter l'instant où lui serait venu la conviction que ses ouvrages étaient achevés, dans la crainte que son activité en eut à souffrir. Plusieurs fois il déclara dans le cercle de ses amis que la pensée d'une éternité qui ne consisterait pas dans le progrès et le développement de l'esprit, quand bien même on y jouirait de la félicité suprême, serait pour lui une pensée affreuse. Dans sa chaire comme à sa table il ne cessait d'indiquer ce perfectionnement, qu'il faisait, il est vrai, trop consister dans le développement de l'intelligence, parce que le principe moralisateur de l'Evangile ne lui était pas assez connu, comme le but de l'existence, et fidèle à ce principe il ne cessa de recueillir d'année en année une abondante mesure de savoir et de le répandre ensuite dans ses livres et dans son auditoire. Il prouvait ainsi que ses convictions ne demeuraient pas chez lui dans l'état de pure spéculation. On a vu quel prix il mettait à la moralité; puisqu'il la regardait comme le tout de la vie. Mais autant il honorait la morale, autant il respectait la religion qu'il regardait comme le moyen le plus propre à l'entretenir. Son erreur consistait, en ce qu'il voulait que la morale fît naître la religion, ce qui amenerait la conséquence que toutes les formes de la religion auraient la même valeur si elles tendaient toutes à entretenir le feu sacré de la morale

livres, et quoique les principes d'une telle exegèse ne satisfassent pas entièrement l'esprit et le cœur ils montrent la tendance de Kant à ne voir au monde que la moralité.

Plus d'une fois les accusations d'homme irréligieux et même celle d'atheïsme ont été indignement prodiguées à celui qui ne croyait à la religion que parce qu'il croyait à la vertu; mais s'il est vrai de répéter ce qui a été dit à bon droit, que le Dieu de Kant n'était qu'un austère et pédant maître d'école qui ne voit dans ses rapports avec ses écoliers, que la règle écrite sur les murs et qui doit les discipliner, tandis que la religion chrétienne *bien entendue* ne signale entre la créature et le créateur que des relations d'amour, il n'en est pas moins vrai que cette erreur de jugement ne saurait le rendre coupable d'impiété. Il était dans toute la force du terme, dit Jachmann, un adorateur de Dieu (ein Gottesverehrer), et les nobles efforts qu'il faisait pour devenir meilleur, était le culte qu'il croyait devoir lui rendre. D'autres lui ont reproché avec assez de raison, de ne reconnaître pour Dieu qu'une idée; mais si le reproche résulte de son système quand on en presse les résultats, ses amis rapportent qu'ils l'entendaient bien souvent parler de la sagesse et de la puissance de l'architecte de l'univers, et un architecte sage et intelligent est sans doute autre chose qu'une simple idée logique. C'est dans ces épanchemens de l'amitié qu'il manifestait son admiration pour les causes finales, que ses raisonnemens déposés dans ses livres, tendaient à faire disparaître, et c'est à l'occasion de l'astronomie qui reconnaissait surtout l'existence et la bonté de la providence. Seulement sa religion n'était pas chrétienne, quoique par une illusion que sa bonne foi explique il prétendit ne rien enseigner de contraire au christianisme. Nous pourrions même dire que sous le point de vue dogmatique, il était moins avancé en religion que le déiste qui admet sincèrement une vie à venir avec les rémunérations qui y attendent les mortels vertueux ou adonnés au désordre. „Je voudrais de tout mon cœur que Kant, dit Borowski, eût entièrement reconnu une religion positive, nommément la religion chrétienne, pas seulement comme un besoin de l'Etat, ou considérée comme une institution tolérée en faveur des faibles, ce que beaucoup répètent maintenant après lui-même en chaire, mais qu'il eût connu entièrement ce qu'il y a de fermement établi dans le christianisme, de propre à rendre meilleur et heureux; que la Bible n'eût pas été pour lui simplement un moyen passable ou même bon, pour diriger l'instruction publique du peuple dans la religion, mais bien quelque chose de divin, et surtout que les anciens documens (Urkunden) du christianisme qui sont suffisamment prouvés eussent été pour lui un livre cher et sacré, qu'il eût reconnu avec reconnaissance que ce livre avait été donné par le créateur pour diriger la raison humaine, qui entièrement abandonnée à elle-même a toujours erré et errera jusqu'à la fin

S'il n'aimait ni l'éloquence ni la musique, ce n'est pas qu'il fût insensible à ses charmes. Et comment aurait-il écrit ses *Considérations sur le beau et le sublime* s'il n'avait pas eu le sentiment de tout ce qu'ils peuvent produire dans tous les arts; mais il avait vu l'abus qu'en avaient fait les hommes, et il en avait trop rigoureusement proscrit l'usage. Peut-être aussi prétendait-il se montrer conséquent en ne donnant de valeur qu'à ce qui produit directement des fruits de moralité. Voilà pourquoi dans la littérature il avait une prédilection pour les auteurs qui flagellaient le vice, en inspiraient une vive horreur et s'efforçaient de porter au culte de la vertu. Quand il voyait une pareille direction dans les esprits, dût-elle revêtir une forme satyrique, pourvu qu'elle ne s'attaquât qu'aux choses et nullement aux personnes, il l'encourageait, et les auteurs de pareilles productions devenaient ses auteurs favoris.

5-12) qu'il s'était occupé non point du système religieux de Swedenborg, ce qui eût été plus conséquent, mais de la puissance que s'attribuait ce nouveau prophète de *voir le futur*, et de communiquer, *à sa volonté*, avec le monde des esprits, et que lui Kant, après un examen sévère de quelques faits qu'il avait appris, et après des informations minutieuses qu'il avait prises en Suède, disait dans une lettre à une dame *qu'il ne croyait pas à l'impossibilité de pareilles communications*; et en ce qui regarde l'incendie de Stockholm que Swedenborg *avait vu de Gothenburg* et dont il décrivait les détails pendant que cet incendie dévorait la première de ces villes „qu'il n'y avait rien à répondre contre la vérité de ce fait." Quant à l'explication de ces prodiges Kant avoue de plus, que de plus grands talens que les siens y échoueront. Cependant si l'on ne peut douter de la vérité de ce fait à quoi bon passer sa vie à fonder une philosophie qui doit anéantir toute idée de supernaturalisme?

C'est ainsi que Juvénal, Horace, Lucrèce parmi les anciens, Butler, Cervantes, Lichtenberg, Swift chez les modernes lui procurèrent toujours une lecture agréable et une vraie satisfaction. Quant aux poètes ses contemporains, il ne connaissait guère que quelques pièces de Wieland, Lessing, Haller et Bürger. Il est vrai que Göthe et Schiller entretenaient déjà le public de leurs chefs-d'œuvres; mais Kant était trop préoccupé de ses œuvres philosophiques pour se joindre aux applaudissemens de ses contemporains. Il fit davantage connaissance avec ceux des écrits de Schiller qui tendaient à développer ses propres idées, et à en faire l'application aux beaux-arts et à la poësie. Du reste, Kant ne lisait jamais les ouvrages qui avaient la prétention d'expliquer les siens ou de les développer. Hormis celui du professeur Schultz dont il a été question Kant ne voulut jamais entendre parler de ses officieux commentateurs. Mais si sa patrie n'avait pas le privilège de lui fournir beaucoup d'alimens intellectuels de son goût, il puisait largement en Angleterre et en France, de quoi nourrir son intelligence. N'avons-nous pas vu que Locke, Pope et Hume avaient fait naître en quelque sorte sa philosophie, de même que Montesquieu et Rousseau avaient eu la plus grande influence sur ses idées politiques et pédagogiques? Dans les derniers tems de sa vie il ne lut plus guère que les journaux qui l'instruisaient de la situation des affaires publiques ainsi que des ouvrages de voyage et de géographie qui servaient à alimenter ses cours.

Tel fut le philosophe de Kœnigsberg en société de ses amis et dans ses relations avec le monde savant; tel il fut avec tous ceux qui avaient des relations avec lui. Simple dans ses manières comme dans ses paroles, ami du vrai et du juste, ennemi seulement des abus qu'il poursuivait sans relâche, ainsi que de tous les genres de désordre, et ne croyant pas que l'on pût relever une injustice par une autre aussi criante. Il attendait tout du tems, parce qu'il attendait tout des lumières; en ceci son jugement l'égarait encore, parce qu'il ne faisait pas une part assez large aux funestes penchans de l'homme qui semblent condamner l'humanité à n'avoir jamais, du moins dans certaines proportions, comme la vie de l'individu que des époques alternatives de ténèbres et de lumières, de grandeur et de décadence. Mais le plus bel éloge que l'on puisse faire de son caractère, c'est qu'il mettait tous ses soins à mettre de l'unité dans sa vie, de l'harmonie dans tout son être, c'est que si comme homme il a été sujet à des erreurs et à des faiblesses, ces erreurs étaient chez lui involontaires, et ce qui doit lui gagner l'estime de tous les gens de bien, c'est qu'en somme l'on peut affirmer qu'il a vécu comme il a enseigné.

On a souvent comparé le philosophe de Kœnigsberg au fils de Sophronisque, au célèbre maître de Platon, mais il faut avouer que si l'on trouve plusieurs traits de ressemblance entre ces deux philosophes, ceux de dissemblance ne sont pas moins nombreux. Comme le fils de l'artisan Sophronisque, l'humble fils du sellier de Kœnigsberg devait principalement à sa mère la direction pratique de sa vie; mais on ne dit pas que dans tout le cours de sa vie, le cœur de Socrate battit d'émotion au seul souvenir de sa mère Phenareta. Si l'un et l'autre s'étaient de bonne heure appliqués à la lecture des poëtes et des philosophes, un penchant décidé pour les sciences n'eût jamais permis à Kant de faire de vers en communauté des poëtes ses contemporains comme l'avait fait Socrate dans la société d'Euripide et de Callias. La seule fois que l'on vit Kant mettre ses idées au service d'un autre, il y fut porté par la générosité de son ame qui lui faisait désirer le triomphe d'un jeune prédicateur sur des rivaux peut-être plus habiles. De même que Socrate, Kant aimait à emprunter dans ses discours comme dans ses écrits, des images et des comparaisons dans le regne de la nature; mais Socrate faisait plus, à l'exemple des rhéteurs il ne dédaignait pas de semer de fleurs ses discours, tandis que le philosophe de Kœnigsberg regardait l'éloquence comme l'ennemie de la vérité. Tous deux se montraient l'adversaire des sophistes et des subtilités du barreau; mais que de fois n'a-t-on pas surpris Socrate mettre tout son esprit en jeu pour donner à un sophisme la couleur de la vérité? Chez Kant, au contraire, la rigidité des principes était toujours accompagnée de la rigidité de l'expression.

Socrate plein de la noble pensée d'élever jusqu'à la hauteur de ses principes, des contemporains dont il prenait en pitié les vices, ne négligeait aucune occasion de leur inculquer ses maximes, à table, dans les ateliers, sur la place publique, à l'armée; et Kant qui réunissait autour de lui, dans son foyer domestique ceux des jeunes gens qu'il croyait plus aptes à saisir sa philosophie, Kant qui allait beaucoup dans le monde comme observateur et en même tems pour y vivre de la vie du monde, Kant eut la faiblesse d'ambitionner une chaire légalement reconnue lorsqu'à côté de celles des universités de son pays, il eût pu élever une tribune qui l'eût doublement élevé aux yeux de ses contemporains. Socrate aimait les saillies, et souvent ne dédaignait pas de décocher des traits susceptibles de provoquer la vengeance; Kant, lui, ne voyait dans les saillies qu'un moyen de provoquer l'attention, et par elle de gagner la bienveillance. Les deux philosophes faisaient peu de cas de la bonne chère, et c'est à Socrate que revient cette maxime qu'il faut manger pour vivre et non vivre pour manger; Kant quoique sobre et tempérant se plaisait aux délices de la table, et il éprouvait toujours une singulière satisfaction quand on lui annonçait *qu'il était servi.* Avec les marchands, les officiers, les esclaves ou les magistrats, Socrate savait s'entretenir et leur tenir à tous le langage de leur profession; Kant prétendait aussi qu'il y avait toujours à s'instruire avec quelque homme que ce fût et ce principe il le poussait si loin qu'on l'entendait s'entretenir avec joie et bonheur avec les femmes, de ce qui ne devrait être néanmoins que l'occupation secondaire du beau sexe, le soin de la toilette; mais cela venait de ce qu'à l'exemple de Socrate, Kant voyait moins dans une épouse la compagne de la vie que la mère de nos enfans. Si tous deux avaient le talent de parler sur tous les sujets et s'ils le faisaient en relevant avec un rare bonheur, les plus petites choses, lorsqu'ils en signalaient le côté utile, Socrate y mettait moins de dignité que Kant, ce qui explique qu'on a pu sourire de quelques actions de Kant, mais qu'on ne l'a jamais méprisé, tandis que l'on est allé jusqu'à porter sa main en forme de mépris sur le sage de la Grèce. Si tous deux ont fait un cas particulier de la profession militaire, plus éclairé que Socrate, Kant saluait avec émotion les tems où le monde n'en aurait plus besoin. La science de la morale était la science de prédilection des deux philosophes, c'est à elle qu'ils lui subordonnaient assez arbitrairement jusqu'à la religion, elle qui est pourtant le foyer d'où elle procède et où elle s'épure! mais si l'auteur de la *Critique de la raison pratique* et de la *Doctrine des mœurs* a beaucoup fait pour en propager les saints principes, s'il l'a mise en pratique tous les jours de sa vie et en vertu de la loi du devoir qui l'y obligeait, on ne peut pas dire que sa vertu ait été souvent mise à l'épreuve. Et n'est-ce pas surtout dans le triomphe de l'épreuve que nous apparaît ce que nous croyons

digne de désigner sous le nom de vertu? La seule
fois où il fut donné à Kant, de déployer tout ce
qu'il y avait de pureté, de candeur et de noblesse
dans son âme on le voit user de certaines réti-
cences, se servir de certaines paroles qui font demander s'il eût consenti à subir le jugement de Socrate!
S'il se fut agi d'autrui Kant serait mort mille fois
plutôt que de consentir à la moindre faiblesse qui
eût accusé ou la justice, ou la bonté de son cœur;
mais quand il s'agissait de son repos domestique,
de sa liberté dans le cercle modeste de ses habitudes, Kant pouvait s'irriter même contre un méchant animal; il n'eût donc jamais vécu avec Xan-
tippe dans le calme et la patience de Socrate. Celui-ci
comprenait la critique des gens qui ne le valaient
pas, mais avec une haute sagesse il disait, que
c'étaient là nos meilleurs amis, puisqu'ils nous faisaient
connaître nos défauts; Kant ne conservait pas toujours
à l'égard de la critique cette froide impassibilité
qui permet la réflexion; et plus d'une fois une teinte
ironique dans ses réponses déguisait mal une susceptibilité qui avait jeté le trouble dans son âme.
Le sang-froid du philosophe athénien pouvait provenir, il est vrai, de sa maxime, que le repos
était le souverain bien, et l'impatience du philosophe allemand de l'ennui qu'éprouve un esprit
éminemment actif lorsqu'il se sent arrêté dans ses
travaux par des envieux ou des retardataires. L'un
et l'autre estimaient la science autant qu'ils mépri-
saient l'ignorance. Mais l'intelligence de Socrate pas

assez développée pour les faire concourir au but qu'il se proposait, l'amélioration de ses semblables le porta à concentrer les meilleures de ses forces à la philosophie pratique; et c'est ainsi qu'en ne gagnant à sa noble cause que quelques amis, mais tous éclairés, il put ensuite par eux agir sur le monde entier et recueillir une partie de leur gloire, tandis que la puissance de comprendre égalant chez Kant la puissance de vouloir, il a pu immédiatement obtenir, sans le secours de ses disciples ce que Socrate ne devait qu'aux travaux d'Aristote et de Platon. Quelque chose encore établit une différence marquée dans ces deux grands hommes, en même tems qu'une nouvelle ressemblance, c'est que la philosophie de Socrate le portait plus à corriger et à censurer les vices qu'à proposer les vertus contraires, et dans ces sortes de blâmes personne n'était épargné, pas même les magistrats. Kant avait une foi plus grande dans la force même de la vérité; il croyait qu'une fois connue ses charmes devaient captiver tous les hommes, et c'est ainsi qu'il prétendait bannir les vices de la société; une bonne action faite devant un coupable était suivant lui un moyen sûr d'obtenir son amendement, et s'il voulait que l'on se conduisit ainsi envers tout homme, il n'était fidèle qu'à tous ses principes lorsqu'il honorait toujours et quand même, la dignité dans les magistrats, et qu'à leur égard, il ne se permettait jamais de censures. Mais ces deux grands maîtres, ont eu également de glorieux disciples qui ont fait subir des transformations bien marquées à leurs doctrines au point que des tendances assez contraires, l'aristotelisme et le platonisme, deux grands systèmes qui ont lutté deux mille ans dans les écoles philosophiques n'ont pas moins prétendu n'être que les rameaux d'un même tronc, et dites si de l'absolu transcendentalisme de Kant qui se rattachait, il est vrai, par des fils secrets au transcendentalisme logique de Decartes, Spinosa et Leibnitz, ne sont pas sortis les deux systèmes qui se disputent en ce moment le sceptre de la philosophie à l'ombre des noms, déjà si célèbres de Hegel et de Schelling? Mais ce qu'il n'est pas donné aux plus fervens admirateurs de notre philosophe, c'est de transformer des désirs en réalités, et d'assigner une trop longue durée à ce que nous croyons ne pouvoir fournir qu'un des plus beaux chapitres à l'histoire de la philosophie.

CHAPITRE XV.

Influence de Kant sur l'Allemagne littéraire et philosophique. — Retentissement de sa philosophie à l'étranger.

A mesure que l'on a fait connaissance avec les idées de Kant et que l'on a pu en apprécier l'importance, l'on désire naturellement s'informer du retentissement qu'elles durent avoir en Europe et surtout dans sa patrie où les questions qui traitent des rapports entre la nature humaine et le monde occupent plus habituellement la pensée, et l'on trouve, en effet, que non-seulement en philosophie, mais presque dans toutes les branches de la science l'influence de Kant se fit grandement sentir. C'est ce qui faisait dire à Gœthe, qu'aucun savant ne pouvait s'opposer avec impunité à l'impulsion qu'avait donnée Kant, encore moins la mépriser. Aussi voyons-nous qu'à peine sa célébrité commence, l'université de Kœnigsberg voit accourir de tous les points de l'Allemagne une jeunesse avide d'instructions, et que la correspondance du philosophe témoigne toujours plus de l'estime qu'en faisaient les amis de la science. Mais une fois que ses idées furent mieux comprises et qu'elles devinrent le sujet d'une polémique vive et étendue, amis et ennemis se sentirent comme dominés par leur puissance et beaucoup de ceux qui firent mine de les combattre aidèrent pourtant à les propager par les hommages indirects qu'ils furent forcés de leur rendre. Certes, la haute célébrité dont jouissent de nos jours Hégel et Schelling peut être un sujet de joie pour les nombreux disciples de ces deux philosophes qui n'ont rien moins prétendu que de donner le dernier mot d'une science que néanmoins nos neveux chercheront encore comme nous le faisons, mais on ne peut pas dire que leur influence se puisse comparer à celle dont les écrits de Kant furent la source. Celle-ci ne s'arrêta point dans les limites de certaines branches de la science comme paraît vouloir s'arrêter celle de la philosophie de l'absolu ou de l'identité, malgré leur envie de vouloir aussi tout pénétrer de leur esprit; mais elle s'infiltra dans la vie allemande, et pendant un demi-siècle elle y a régné de fait sans que les prétentions opposées n'aient pu lui opposer autre chose que d'impuissantes protestations (¹).

Il n'entre pas dans mon plan de signaler cette influence de Kant à peu près générale en Allemagne

---

(¹) M. de Humboldt, dans l'introduction d'une correspondance avec Schiller qu'il a publiée en 1830 (v. Humboldt's Briefwechsel mit Schiller) dit ces paroles que l'avenir seul justifiera, mais qui montrent la haute idée qu'avait de Kant le savant académicien de Berlin: „Je ne me sens pas capable de juger de ce qui s'est conservé en ces jours de la philosophie de Kant ou de ce qui s'en conservera plus tard, mais trois choses me paraissent inattaquables, ce qu'il a détruit ne se relèvera *jamais*, ce qu'il a confondu ne sera *jamais* détruit, et l'histoire de la philosophie ne peut rien montrer de pareil à ce qu'il a fondé." (?)

depuis les dernières années de sa vie jusqu'à nous, puisque je n'ai dû raconter que sa vie, ses travaux et les destinées de sa philosophie, mais je ne puis m'empêcher de remarquer combien ce grand homme a forcé les plus grands poëtes et les jurisconsultes les plus distingués de sa pays, à s'inspirer des saintes loix de la morale et du droit naturel pour relever la dignité de l'homme et donner aux institutions sociales des bases avouées par la raison.

On ne doit pas conclure des paroles de Gœthe que j'ai citées qu'il fût lui-même un partisan décidé de la philosophie critique; non, le grand poëte ne voulait être ici que juste, et peut-être si Kant avait bien voulu étudier quelque peu les travaux scientifiques de Gœthe et lui avouer le cas qu'il en aurait fait, il eût peut-être attaché à son char cette grande illustration que l'on vit hésiter long-tems dans le choix de ses affections philosophiques, mais qui finit par s'éprendre du système de Spinosa qui convenait mieux à la nature de ses idées plastiques sur le monde matériel (¹). Plus d'une fois il s'est plu à manifester ses pensées à ce sujet et l'on voit dans sa correspondance avec Schiller comme dans plusieurs des traités que renferment ses œuvres complètes sous la rubrique philosophie, combien la

---

(¹) Sur le *Spinosisme de Gœthe,* voir l'intéressant écrit de Danzel (Über Göthe Spinosismus. Ein Beitrag &c. Hambourg 1843.) J'avais indiqué cette tendance de Gœthe dans mon *histoire de Spinosa,* p. 173-74, que l'on trouve principalement dans l'ouvrage du poëte *Dichtung und Wahrheit,* 3ᵉ part. p. 290, vol. 26 des œuvr. compl. et 4ᵉ partie, p. 7 et suivant.

critique de la *force du jugement* avait fait sur son esprit une vive impression quoiqu'à son avis, cet ouvrage de Kant contienne beaucoup d'imperfections attendû „que si la rhétorique y est parfaitement traitée c'est aux dépens de l'art et surtoût de la poësie." Il alla même jusqu'à établir un parallèle de plusieurs de ses idées avec celles de Kant, mais il fit aussitôt ses réserves en faveur, disait-il, des droits de notre bonne mère, de la nature, que la philosophie niait trop au nom de la liberté ([1]). Mais c'est surtout Eckermann qui nous a fait connaître la pensée intime de Gœthe, je voulais presque dire sa pensée secrète touchant le philosophe de Kœnigsberg lorsqu'après nous avoir montré son héros confessant que l'auteur de la philosophie critique avait eu sur la culture intellectuelle de son pays une influence que nul autre ne pouvait lui disputer il regrette que Kant *ne se soit jamais occupé de lui* ([2]). Quoiqu'il en soit de ces mobiles inaperçus qui avaient pu jeter le grand poëte dans un monde d'idées plutôt que dans un autre, et que nous explique assez la différence marquée de caractère moral de Gœthe d'avec ceux qui comme son rival Schiller n'ont jamais aimé autre chose que la conquête du beau moral à laquelle il auraient tout sacrifié, il n'a pas moins rendu hommage à la vérité que nous

---

([1]) La *correspondance entre Gœthe et Schiller* contient plusieurs autres jugemens de ces deux poëtes, sur Kant et sa philosophie.

([2]) „Kant hat nie von mir Notiz genommen, wiewohl ich aus eigner Natur einen ähnlichen Weg ging als er." *Conversations de Gœthe avec J. P. Eckermann*, Leipzig 1836, 1re part. p. 352.

depuis les dernières années de sa vie jusqu'à nous, puisque je n'ai dû raconter que sa vie, ses travaux et les destinées de sa philosophie, mais je ne puis m'empêcher de remarquer combien ce grand homme a forcé les plus grands poëtes et les jurisconsultes les plus distingués de sa pays, à s'inspirer des saintes loix de la morale et du droit naturel pour relever la dignité de l'homme et donner aux institutions sociales des bases avouées par la raison.

On ne doit pas conclure des paroles de Gœthe que j'ai citées qu'il fût lui-même un partisan décidé de la philosophie critique; non, le grand poëte ne voulait être ici que juste, et peut-être si Kant avait bien voulu étudier quelque peu les travaux scientifiques de Gœthe et lui avouer le cas qu'il en aurait fait, il eût peut-être attaché à son char cette grande illustration que l'on vit hésiter long-tems dans le choix de ses affections philosophiques, mais qui finit par s'éprendre du système de Spinosa qui convenait mieux à la nature de ses idées plastiques sur le monde matériel [1]. Plus d'une fois il s'est plu à manifester ses pensées à ce sujet et l'on voit dans sa correspondance avec Schiller comme dans plusieurs des traités que renferment ses œuvres complètes sous la rubrique philosophie, combien la

[1] Sur le *Spinosisme de Gœthe*, voir l'intéressant écrit de Danzel (Über Göthe Spinosismus. Ein Beitrag &c. Hambourg 1843.) J'avais indiqué cette tendance de Gœthe dans mon *histoire de Spinosa*, p. 173-74, que l'on trouve principalement dans l'ouvrage du poète *Dichtung und Wahrheit*, 3e part. p. 290, vol. 26 des œuvr. compl. et 4e partie, p. 7 et suivant.

dit, et pendant son professorat à Jéna où il fit des cours sur l'esthétique et sur l'histoire, pendant qu'il fondait des journaux qui répétaient au loin ses pensées, on le vit s'imprégner toujours plus des tendances kantiennes qui l'on fait considérer comme le plus grand interprète de la poësie intime, et le Tyrtée de la liberté morale de l'homme. Ce n'est pas que le rival de Gœthe se plût à se plonger dans les abîmes de la subjectivité pour ne se nourrir que d'abstractions; non, à la manière des poëtes il se contentait des notions générales qu'il faisait passer par le creuset d'une individualité poétique et tendre, et c'est ce qui explique pourquoi dans le domaine de l'esthétique qu'il chérissait, loin de s'élancer à la recherche d'un système qui eût révélé ses propres inspirations, sa tendance se bornait à la recherche des différences dans les productions de l'art. Avec raison Schleiermacher lui reproche cette manière par trop facile de constater ce qu'il croit être dans l'art le genre naïf ou le genre sentimental qu'il dit être le partage, le premier, de l'art ancien, et le second de l'art moderne, sans indiquer une commune source aux deux genres ainsi que la cause de leur différence [1]. Mais cela tenait peut-être à la nature de son caractère qui pour être noble, grand, généreux, sublime même, chaque fois qu'une belle action se présentait à lui ou en image ou en réalité, manquait

---

[1] Schleiermacher's sämmtliche Werke, 3e Abtheilung zur Philosophie. 7e vol. des œuvres posthumes.

deur du poëte dans la recherche de la vérité. On n'est même pas surpris, malgré l'enthousiasme qu'il a conservé pour la philosophie de Kant, tant son ame était façonnée pour recevoir la vérité, de voir échapper de son sein des paroles qui détruisent de fond en comble l'édifice si majestueux de la philosophie critique, tout en révélant celui qu'une philosophie mieux comprise élevera tôt ou tard avec les seuls élémens empruntés au christianisme. Après avoir félicité Gœthe de l'exécution d'une partie de son Wilhelm Meister, celle qui contient les confessions d'une belle ame, il lui reproche de n'avoir pas fait connaître sa pensée tout entière sur l'excellence de la religion de Jésus dont les formes actuelles, dit-il, ne font éprouver tant de répugnances que parce qu'elles ne reproduisent pas le caractère sublime de l'Evangile. Cependant, ajoute-t-il, ce qui donne une haute valeur à cette religion c'est qu'elle abolit l'*impératif moral* de Kant, et qu'elle donne liberté a l'obéissance. Elle devient par là une religion vraiment esthétique, et se présente à nous comme le développement du beau moral et de la sainteté sous une forme humaine (¹). C'était ici une inspiration du cœur qui l'emportait dans le poëte, et sur sa raison et sur son imagination, et s'il est vrai que les grandes pensées n'ont que dans le cœur leur source j'ai dû recueillir cet aveu précieux d'un homme de génie tel que Schiller en fa-

---

(¹) Briefwechsel zwischen &c., tom. ɪ.

veur d'une philosophie morale que l'on n'a pas encore fait jaillir des seuls enseignements de l'Evangile.

Mais si les plus grandes illustrations poëtiques de l'Allemagne ont subi leur part d'influence de la philosophie critique, ceux-là durent surtout s'en pénétrer qui faisaient du droit leur étude de prédilection. Avant notre philosophe cette étude n'avait certes pas été négligée, et les noms de Puffendorf et de Thomasius sont là pour témoigner des résultats que des écrivains érudits et consciencieux cherchaient à obtenir dans cette partie si importante des connaissances humaines. Mais il faut aussi avouer que depuis Kant on s'est davantage exercé à distinguer dans le droit l'élément rationnel de l'élément historique, à faire passer celui-ci par le crible du premier, et les jurisconsultes distingués qui n'ont pas craint d'avouer leur sympathie pour le philosophe de Kœnigsberg, tels que G. Hufeland, Hoffbauer, Schumann, A. Feuerbach, Pœlitz, Schmalz, Zachariæ et beaucoup d'autres, montrent combien la pensée de Kant de mettre en présence le droit rationel et le droit positif, non pas pour la destruction de celui-ci, mais seulement pour son amélioration graduelle avait été goûtée ; et c'est cette influence réelle sur le droit qui lui fit des partisans parmi ceux des hommes d'Etat de son pays qui par conviction et non par préjugés héréditaires se sont opposés avec vigueur contre toute importation étrangère de constitutions politiques, dans la persuasion où ils sont que les réformes comme les entendait Kant seraient et plus avantageuses et plus durables, en leur qualité de réformes réelles, que si elles n'étaient que le résultat d'une révolution.

Cependant, quoiqu'on puisse dire que ces principes de la raison pure aient pénétré de leur esprit la grande majorité des contemporains de Kant, du moins en Allemagne, c'est pourtant dans le domaine de la philosophie qu'ils excitèrent d'abord une rumeur universelle et qu'ils finirent par le révolutionner tout entier (1). Il est curieux de lire dans les mémoires du tems les pélérinages d'une quantité de personnes qui venaient s'assurer de leurs yeux et surtout de leur oreilles si ce qu'on leur disait de l'universalité des connaissances de Kant égalait sa pénétration dans les sciences philosophiques qu'elles avaient plus particulièrement étudiées. C'est d'abord à Kœnigsberg même, le célèbre Hamann qui l'amitié de Kant honorait, mais dont certaines tendances ne pouvaient l'attacher long-tems à la philosophie critique, et qui témoigne dans sa correspondance avec Herder et Jacobi des luttes qu'il a eu à subir avant de rompre le charme qu'avait jétée sur lui la fréquentation du philosophe et une lecture trop rapide et trop enthousiaste de ses écrits; c'est ensuite le jeune Fichte qui vient s'inspirer de ses leçons et de ses conversations, et que nous verrons ensuite lutter de célébrité avec son maître

(1) C'est pour n'avoir pas à me répéter que je renvoie encore à l'*Histoire du Rationalisme en Allemagne*, (livre 2e chap. VI, VII.). tout ce que je pouvais dire ici sur la vaste et toute spéciale influence de Kant sur la théologie.

tout en lui rendant toujours les hommages les plus respectueux: c'est encore Erhard qui semble, malgré sa réputation de philosophe bien établie, ne pouvoir plus reconnaitre d'autre source de savoir que la philosophie critique: c'est ensuite le professeur Reuss à qui l'évêque de Würzbourg veut bien payer les frais de voyage pour aller puiser à Kœnigsberg la sagesse qu'on était en peine de trouver dans les chaires de l'Allemagne méridionale (¹). Ce sont enfin des professeurs de Halle, d'Erlangen, d'Erfurt, d'Ingolstadt et de Vienne qui ayant Reinhold à leur tête, malgré de sérieuses protestations que je ferai connaitre, proclamèrent à l'envi les principes du criticisme, s'en firent les ardens défenseurs, et le donnèrent même, en répétant une expression de Schiller, comme l'Evangile de leur époque. Mais, indépendamment de celle de Kœnigsberg, les universités qui juraient le plus en Allemagne par la philosophie critique étaient Halle et Jéna qui la défendaient et dans leur chaire et dans la *Gazette universelle* que Schütz avait déjà fondée en 1785 et qui avec le *Mercure allemand* servait à repousser les attaques par trop innocentes, parce qu'elles n'étaient pas assez graves, de la *Bibliothèque universelle* que Nicolaï avait fondée pour

---

(¹) L'enthousiasme pour la philosophie de Kant était tel dans cette université catholique de Wurzbourg que lors du passage du roi de Prusse par cette ville, parmi les honneurs qu'on lui rendit on étala devant lui des bannières élégantes qui portaient pour inscription: Kœnigsberg en Prusse et Wurzbourg en Franconie sont alliées par la philosophie.

la propagation d'une philosophie dite encore populaire, mais dont les tendances ouvertement anti-chrétiennes trahissaient le même but.

Mais de même que tous les travaux de Kant pouvaient se concentrer dans ses pensées philosophiques et que celles-ci se divisaient en spéculatives et pratiques, il s'ensuivit parmi ses partisans une division assez marquée dont l'une comprenait ceux qui ne cultivaient que la philosophie morale ou qui lui accordaient la priorité dans leurs travaux, et l'autre ceux à qui les idées spéculatives du philosophe étaient particulièrement chères et qui les trouvaient suffisantes pour donner une nouvelle vie à leur époque en s'infiltrant dans toutes les institutions de la société! Mais avant de décrire l'école proprement dite de Kant, et d'en signaler ensuite les transformations qu'on lui a fait subir, il est naturel de se demander si l'Allemagne fut le seul pays où la philosophie kantienne trouva de l'écho; et quand on veut répondre à cette question, l'on est obligé de convenir du peu de retentissement qu'elle eut, en effet, au delà des frontières germaniques. Cependant il faut être juste, l'époque où l'Allemagne s'élançait ainsi vers un avenir meilleur, portée sur les ailes de la spéculation, voyait les autres nations bien autrement disposées à le conquérir. Et puisque la France en dépassant les théories si paisibles de Kant avait donné au monde l'exemple de tant de discussions bien autrement brûlantes que celles qui ne tendaient qu'à des réformes partielles, on était mal venu à lui apporter des doctrines de juste-milieu dont son esprit prévenu ou distrait par les bruits de guerre ne pouvaient apprécier la sagesse. Et l'Angleterre dont l'activité incessante pour allumer sur le continent des querelles que la philosophie kantienne tendait à apaiser, pouvait-elle également se recueillir pour écouter les oracles de la raison pure et faire taire sa rivalité aux accens de la raison pratique! Cependant c'est en Angleterre que paraît d'abord avoir voulu s'établir la philosophie critique, soit par la traduction latine qu'avait fait Borrn de la *Critique de la raison pure* dans laquelle Kant avouait néanmoins ne pouvoir se reconnaître, soit par les écrits de Nitsch dont on lit un pompeux éloge dans l'*Encyclopédie de Londres* (¹) qui, en effet, doit le mériter par sa fidélité à rendre les pensées de son maître qu'il avait pu entendre à Kœnigsberg, et par la bonne foi avec laquelle il accorde que l'on peut déduire le scepticisme d'une philosophie principalement imaginée pour le combattre, soit aussi par l'ouvrage de Willich qui ne paraît pas néanmoins avoir fait sur l'esprit de ses concitoyens la même impression que celui de Nitsch. Mais si l'attention des Anglais trop absorbée par les exigences inquiètes et constantes du commerce ne se prête que faiblement aux doctrines venues de l'Allemagne, l'Ecosse plus habituée à la vie intérieure que favorise l'aspect agreste de ses montagnes et de ses lacs, l'Ecosse comprit qu'il y

---

(¹) Elements of the critical philosophy, London 1798, in 8º.

allait de son honneur de ne pas rester étrangère à une philosophie qu'avait, pour ainsi dire, fait naître l'une de ses illustrations; mais il arriva qu'à peine l'on y eût étudié les idées du philosophe de Kœnigsberg, une question d'amour propre national s'éleva et l'on s'y occupa beaucoup plus de savoir si Reid n'avait pas suivi la même marche que Kant lorsqu'il se posa, lui aussi, le champion du sceptique Hume, que si Kant avait, en effet, atteint le but qu'il s'était proposé. Aujourd'hui que les deux parties ont été entendues par une génération qui juge avec plus de sang-froid et avec un sentiment de justice plus désintéressée, l'on est à peu près d'accord que ces deux grands hommes Reid et Kant avaient bien pu, de la même manière que Newton et Leibnitz pour le calcul différentiel, méditer sur le même sujet, sans s'être concerté ni connu, et en voyant le parti qu'avait su tirer l'illustre Eccossais du système de Locke pour ébranler les fondemens de toute certitude, signaler tous deux les lacunes de la philosophie de la sensation et constater les deux élémens qui entrent de toute nécessité dans toute science humaine. Aussi, nous croyons que l'école écossaise a mérité par le service rendu à la philosophie, autant que l'école allemande, la reconnaissance de tous les amis de la vérité, et si ses travaux sont moins brillans, si comme ceux des Anglais, ils se sont dirigés, depuis Dugald Stewart, le brillant continuateur de Reid, vers un but plus immédiatement pratique, et surtout s'ils sont trop exclusivement concentrés sur la philosophie morale, cet esprit d'observation psycologique dont elle s'est montrée riche n'a pas peu contribué à bannir le sensualisme des écoles, et à fournir à la France le moyen de réhabiliter dans les chaires de philosophie le spiritualisme qui y domine aujourd'hui, malgré la résistance désespérée que lui ont opposée les partisans de Condillac (¹).

Les circonstances étaient aussi bien ingrates pour l'accueil d'une nouvelle philosophie en France, lorsque pour la première fois le nom de Kant y fut prononcé. Ce fut d'abord par quelques articles de journaux que Charle de Willers y fit pénétrer et qui n'y firent pas grande sensation; puis par un ouvrage plus complet sur la philosophie critique, que l'on pût apprécier l'importance d'un système qui n'avait rien commun avec les précédens de ce pays; mais c'est à peine si les Cabanis, les Destutt de Tracy et les Laromiguière en prirent une légère connaissance pour avoir le plaisir de décocher quelques traits satyriques sur l'illustre philosophe de Kœnigsberg; et si l'on songe que ce dédain inqualifiable pour la philosophie d'outre-rhin était accompagné d'une ignorance à peu-près complète de la langue que parlaient alors tant de célébrités qui valaient bien les meilleurs écrivains français, l'on ne concevrait point la démarche de Siéyes auprès

---

(¹) Dugald Stewart avoue ne connaître le Kantianisme que par les traductions latines des *critiques* de Kant et par la dissertation: *de mundi sensibilis* &c.

de Kant pour lui demander son avis sur une constitution, si l'on ne savait pas que des Allemands d'un rang distingué tels que le comte de Reinhard, ou des Français issus des provinces franco-allemandes tels que le comte de Rederer avaient pu rendre attentif le directeur de la république sur un professeur prussien qui, sans écrire des constitutions, enseignait à ne gouverner que pour le bonheur de l'humanité. Et comment la philosophie allemande aurait-elle pu trouver bon accueil en France à une époque où les sciences morales étaient publiquement reconnues pour une sorte de mécanique (¹), et où Lalande, ce savant astronome qui n'avait pas su lire le nom de Dieu dans les caractères de feu qui brillent dans le firmament, accusait Kant de vouloir avec ses idées de Dieu, de liberté et d'immortalité, faire reculer son siècle aux époques où l'on croyait à ces chimères mystiques! Mais la justice veut que je cite l'académicien Mercier pour avoir repoussé cette burlesque incartade de l'astronome, en déclarant qu'il ne connaissait rien comme le Kantianisme pour établir philosophiquement ce qu'il y a de noble et de divin dans l'homme, à condition, disait-il, qu'on ne parlera que de la philosophie pratique de Kant; car, par la philosophie spéculative, chacun s'accordait à dire que son auteur „marchait intrépidement de l'obscurité au chaos, de la contradiction à l'absurdité (²)." Mr. de Gerando fut

---

(¹). Voir le *Moniteur* de 1802 no. 53.
(²). Dans ce même article du moniteur, signé: Tourlet. — Il paraît

philosophie allemande, l'on ne se soit pas encore fait en France une idée bien nette de la science philosophique telle qu'elle a été cultivée en Allemagne depuis cinquante ans. cependant le nombre assez considérable de jeunes gens qui se livrent à des études spéculatives, et que révèlent même des traductions récentes de quelques ouvrages de Kant, prouve que le charme est rompu, et que les Français par l'heureuse direction donnée à leur travaux philosophiques par les leçons de Mr. Cousin. dont celles sur Kant ne sont pas les moins remarquables. veut dignement continuer les honorables traditions de Descartes et de Mallebranche. et avec la perspicacité qui les distingue et l'esprit de dévouement qui les anime. communiquer à tous les peuples de la langue romane. et par contre-coup a celles des nations qui se complaisent à sa langue et à sa littérature. ce goût pour les sciences sérieuses qui élève tant la dignité humaine. et que trop souvent on n'a pas éprouvé faute d'un instrument qui l'ait approché de notre intelligence (¹). Et quelle langue

(¹) A ma connaissance M. Tissot a traduit les *Critiques de la raison pure* et de la *Raison pratique* ainsi que les *Principes metaphysiques de la morale*; et M. Trullard, *Religion dans les limites de la raison*, ouvrage qui devait devenir suivant l'honorable traducteur, la base de la religion de l'avenir. Dois-je ajouter que le rédacteur d'un journal religieux. le docteur Buob, critiquant mes sentimens sur l'avenir du Spinosisme qu'ont partagés Lessing et Jacobi lorsqu'ils ont dit: « Il ne peut pas y avoir d'autre philosophie que celle de Spinosa ». fait pressentir, au contraire que c'est au kantianisme qu'est promis l'avenir? Le Danemarck et la Hollande parurent, plus que la France et l'Angleterre, accueillir avec faveur la philosophie critique, et l'on possède même la traduction fran-

mieux que la langue française peut se flatter en jetant dans le monde des idées plus de clarté, d'approcher indistinctement de toutes les lèvres la coupe de la science? Heureux serai-je moi-même, si dans la mesure de mes faibles moyens j'ai pu contribuer par mes essais à venir puiser dans la mine des idées allemande quelques-uns des trésors nombreux qui y sont cachés et qui n'auront, je le crois, une valeur universellement reconnue que quand l'esprit français les faisant passer dans sa corbeille magique les aura répandues ainsi transformées dans le monde des intelligences.

Mais il est tems de revenir à l'école dont Kant peut se flatter d'être le fondateur par le zèle que plusieurs mirent à propager sa philosophie comme le *non plus ultra* des connaissances humaines, et cependant qu'ils essayèrent eux-mêmes après que l'ardeur du premier enthousiasme se fût un peu rallentie, de modifier et de corriger, et quelques-uns même de renverser tout en se persuadant de tenir encore par un chaînon à l'édifice philosophique qui avait fait long-tems leur admiration.

çaise d'un écrit de Kinker sur la métaphysique de Kant, faite par M. Destutt de Tracy et qui paraît lui avoir suffi pour apprécier la philosophie allemande à sa façon?

CHAPITRE XVI.

Ecole de Kant. — Direction pratique; C. C. E. Schmid, Kiesewetter, Tieftrunk, Heidenreich, Stæudlin, F. W. D. Snell; Allemagne catholique. — Direction spéculative; Reinhold, Beck, Bouterweck, Fries, Herbart, Fichte.

On a vu que toutes les idées de Kant avaient une double tendance, pratique et spéculative. Le plus grand nombre des théologiens allemands s'empara de la première de ces tendances, et tant bien que mal fit passer toute la religion dans le domaine de la philosophie morale. Ce n'est pas ici le lieu de signaler la nature de ces travaux qui appartiennent beaucoup plus à l'*Histoire du rationalisme en Allemagne*, que nous avons essayé de décrire ailleurs; mais plusieurs de ces théologiens s'étant réunis aux purs Kantiens par leur transformation en purs moralistes, et leurs écrits honorant autant leur mémoire que celle du philosophe dont ils prétendaient relever, et dont l'esprit, en effet, les avait totalement inspirés, une histoire de la philosophie de Kant ne doit point passer sous silence les plus célèbres d'entr'eux.

Le premier qui loin de l'enceinte de l'université de Kœnigsberg donna une approbation entière à la philosophie morale de Kant fut un écrivain honoré du triple doctorat, en philosophie, en médecine et en théologie. C'était Charles Christian Erhard Schmid, d'abord professeur de philosophie à Giessen, puis à Jéna où il mourut en 1812. L'on peut dire que Schmid se mit à formuler la morale de Kant avant que Kant lui-même en eût jeté tous les fondemens, et que sans dévier de ses premières convictions, il ne cessa jamais et par ses ouvrages et par de nombreux articles de journaux de propager ce qu'il croyait être le vrai. C'est à lui qu'on doit le premier dictionnaire à l'usage des lecteurs des ouvrages de Kant dont l'exécution suppose une ardeur de prosélytisme peu commun, entreprise, du reste, qui fut renouvelée un peu plus tard par Maimon, Mellin et Krug, quoique dans des vues moins spéciales, surtout le dictionnaire de Krug qui embrasse toutes les branches de la philosophie, mais où la couleur kantienne domine pourtant l'ouvrage entier. Schmid fut donc un utile auxiliaire au philosophe de Kœnigsberg: il lui rendit pour la partie morale de ses œuvres le même service qui lui avait rendu Schultz pour la partie spéculative; seulement l'on ne voit pas que Kant en ait témoigné la même satisfaction. L'on s'accorde pourtant à dire en Allemagne que son *essai de philosophie morale*, et ses *fondemens de la philosophie morale* se font non seulement remarquer par la clarté de l'expression et l'ordre rationnel d'une bonne méthode, ce qui n'était pas le côté remarquable de Kant, mais qu'ils sont encore l'interprète le plus fidèle des principes moraux de la philosophie critique. On lui reproche pourtant un soin trop minutieux pour les divisions qui mettent de la sécheresse dans ses raisonnemens ainsi qu'une certaine envie de dépasser son maître sur des questions difficiles, et en particulier dans ses développemens de l'idée du mal. Il prétendit en effet, que comme l'idée du bien, le mal devait aussi avoir sa raison dans la nature des choses: car, disait-il, le *noumène* ou la chose en soi doit aussi bien contenir le positif que la possibilité du négatif: d'ou il concluait une sorte de fatalisme qu'il nommait *intelligible* (intelligibeln Fatalismus) (¹). Delà ses idées *adiaphoriques* qui portèrent la division dans le camp des Kantiens c'est-à-dire que Schmid et ses partisans que l'on pourrait appeler les Kantiens purs, parce qu'ils restaient inexorablement fidèles à leurs principes, croyaient qu'il ne pouvait y avoir des actions indifférentes sous le point de vue moral: de là leur surnom d'*adiaphoristes* (non indifférens) tandis que croyant se pénétrer davantage de l'esprit de Kant, d'autres admettaient des actions indifférentes, et n'excluaient pas tout désir de félicité dans l'accomplissement de la loi du devoir.

A cet hommage rendu à la philosophie morale de Kant par un des écrivains les plus actifs d'Jena, vint se joindre de bonne heure un professeur de philosophie du nom de Kiesewetter que Rosenkranz dans son humeur tant soit peu sarcastique appelle le philosophe *à la mode* du Kantianisme, par la raison que son dessein n'était pas purement de rendre intelligible aux savans, la philosophie cri-

---
(¹) Daub a sérieusement fait passer cette théorie par la critique dans ses: Hypothesen in Betreff der Willensfreiheit, Altona 1834 p. 146-164.

tique, mais en ami de l'humanité tout entière et du beau sexe en particulier, il cherchait à en extraire les fleurs et à les présenter ensuite en bouquet à ses lecteurs sous ce titre modeste: *Essai d'une exposition compréhensible des plus importantes vérités de la philosophie nouvelle* (1). Mais il faut convenir que Kiesewetter était capable de faire plus, et ses *Fondemens de la philosophie morale* sont là pour témoigner, en effet, de sa bonne volonté pour la propagation de la loi du devoir. Cependant ni cette bonne volonté de Kiesewetter, ni le fanatisme sentimental dont s'était épris pour la philosophie de Kant, un médecin de Berlin, Erhard, ne parvinrent point à faire goûter le Kantianisme à l'académie des sciences où l'éclectisme trônait dans toute sa pureté; il nous faut aller à Halle pour trouver dans Maas, Jacob, Hoffbauer, mais surtout dans Tieftrunk, des athlètes plus robustes pour une cause qui demandait les plus vigoureux défenseurs; car ce n'est guère que par une force herculéenne en fait de talent que l'on parvient, à faire taire quelques instans, certaines puissances de l'ame qui protestent contre le rigorisme kantien; et à peine la force écrasante se rallentit que le sentiment se dégageant de cette étreinte, se place de nouveau sous la loi bien plus douce et en même tems, bien plus libre de l'amour et de la foi. Tieftrunk, ai-je dit, fut un de ces défenseurs éclairés de la philosophie

(1) Il ne faut pas confondre cet ouvrage avec la *Corbeille de fleurs* (Blumenlese) puisée dans les écrits de Kant, et qui est une antologie estimable, et dont Rätze est l'auteur.

kantienne, en général, mais de la partie morale en particulier; car, s'il fit d'abord connaître ses tendances en se rendant l'éditeur des petits écrits de Kant (1799), qu'il fit précéder d'une longue introduction qui abondait dans leur esprit, il publia plusieurs ouvrages encore fort estimés qui répondaient plus à l'esprit de la morale du devoir qu'à la lettre dont Schmid avait exagéré l'importance. Delà, ai-je dit encore, parmi les Kantiens moralistes, deux parties bien distinctes, dont l'un celui des rigoristes avait arboré des couleurs que Kant lui-même n'affectionnait point, mais dont il ne pouvait montrer la desharmonie avec ses principes: tant il est vrai que la nature nous révèle souvent mieux que la science ce qui convient en matière de morale ou ce qui la heurte évidemment! Tieftrunk donc escorté de plusieurs écrivains honorables tels que Heidenreich qui flottait sans cesse entre Spinosa et Kant par la raison qu'il trouvait du vrai dans les systèmes des deux philosophes, Stæudlin que Kant honorait d'une estime toute particulière, et plusieurs autres qui sans jeter un grand éclat par leurs travaux n'en imposaient pas moins aux adversaires de Kant par leur troupe serrée et pleine d'ardeur, Tieftrunk, dis-je, principalement par ses *Recherches philosophiques sur les principes de la vertu*, tendant à développer et à expliquer les *Elémens métaphysiques de la vertu*, par Kant (¹), enseigna

---

(¹) Philosophische Untersuchungen über die Tugendlehre zur Erläuterung etc. Halle. 1805.

aux moralistes à formuler la morale chrétienne d'après les principes de la philosophie critique, comme il avait appris aux théologiens à le faire sur le domaine de la dogmatique. Stæudlin se constitua l'historien de cette manière de voir, et pendant trente années qu'a duré son professorat à Gœttingue il a porté tous ses soins à critiquer dans les systèmes divers que les âges ont vu éclore, tout ce qui ne s'accordait pas avec la philosophie morale dont il était un fervent apôtre; et lorsque les erreurs rationalistes de Stæudlin l'eurent abandonné, et qu'il se fût rapproché comme théologien des supernaturalistes modérés, ses principes de morale n'en furent pas pour cela modifiés parce que sa dogmatique en était tout-à-fait indépendante (¹). Mais une mention particulière est dûe à celui de ces moralistes qui est parvenu à rendre pour ainsi dire populaires la morale kantienne, en la dégageant de tout ce qui pouvait lui rester de pédantisme scholastique dans les termes, et en la présentant ainsi à toutes les intelligences, quoiqu'il soit toujours vrai de dire qu'une morale offerte à la seule intelligence est par cela même suspecte d'intrusion; je veux parler de F. W. D. Snell qui en société de son frère C. W. Snell, connu aussi par des ouvrages couronnés sur la morale et dans l'esprit de Kant, s'occupa toute sa vie dans les importantes fonctions de professeur à Giessen, de redire au public les

---

(¹) Voir principalement: Geschichte der Moralphilosophie; Hanovre 1822.

enseignemens moraux qu'il avait charge d'inculquer chaque jour aux élèves de l'université. Pour Snell comme pour Kant, la philosophie morale est la science des lois de la raison pratique en tant qu'elle enseigne ce que nous devons faire ou éviter pour atteindre notre fin en notre qualité d'êtres moraux ou raisonnables. Mais comme la raison est théorétique lorsqu'elle détermine les principes de la connaissance de la vérité, il ne peut s'agir en philosophie morale que de la raison pratique, puisqu'elle seule prescrit à la volonté humaine des règles pour agir. Cependant l'homme agit d'après des mobiles qui le déterminent, ou parce que sa raison lui dicte que cela doit être ou parce que ses intentions ce portent tantôt à ce qu'il doit être, tantôt à ce qu'il croit devoir être. S'il obéit toujours aux premiers il se montre rationnel, et l'action qui s'ensuite est désintéressée; s'il obéit uniquement à ses inclinations, ses actes sont intéressés, égoistes. Il peut encore combiner les deux obéissances; mais dans ce cas la raison devient empirique puisqu'elle a besoin de l'expérience pour bien combiner ce qu'il faut et ce qu'il ne faut pas; et comme l'expérience est souvent trompeuse, c'est à la raison pratique qu'il sied de donner à la morale des lois qui aient le caractère de l'universalité et de la nécessité. D'où l'on voit que le perfectionnement de la raison pratique est de la plus haute importance puisque ses exigences s'étendent sur toutes les actions de la vie humaine.

Tels furent les plus célèbres d'entre les moralistes qui dans l'Allemagne protestante prirent Kant pour guide dans l'enseignement de la philosophie morale. L'Allemagne catholique ne laissa pas elle aussi d'approcher de l'arbre de la science kantienne; et quoique beaucoup d'écrits partissent du fond de quelques cloîtres pour l'accuser d'immoralité et même d'athéisme, cependant de toutes les universités catholiques de ce pays allemand, avant tout ami du savoir, s'élevèrent aussi des voix approbatrices, et des essais firent mis au jour pour concilier la philosophie critique avec la morale catholique qui de même que la protestante trouve sa sanction dans l'Evangile.

J'ai parlé de Reuss qui avait fait le pélérinage de Kœnigsberg aux frais de son évêque pour puiser à la source même les enseignemens de la doctrine kantienne, j'aurais pu ajouter qu'il y fut accompagné par le chanoine Baur qui montrait le plus vif désir de contempler Kant face à face, et qui en revint avec cet autre désir de travailler à la propagation de sa philosophie (1). Mais ce ne fut pas à Würzbourg seulement que le criticisme fut enseigné par des bouches catholiques: dans plusieurs autres universités de l'Allemagne du Sud, le nom de Kant fut honorablement cité et ses ouvrages commentés pour la plus grande édification des fidèles. Citer le chanoine Mutschelle, le professeur et académicien de Munich, Weill, le professeur de Landshut, Sa-

---

(1) En societé de Reuss, Baur a publié : Beitrage zur Erlangung und Prüfung des kantischen Systems in sechs Abhandlungen. Gotha 1791.

lut, et à côté d'eux, les noms vénérés de Sailer, de Dalberg, Hermès et de Wessenberg, c'est rappeler des témoignagnes d'une adhésion franche, ou au moins d'un hommage sincére aux principes kantiens, et prouver combien l'on était alors faussement persuadé que le christianisme positif et historique n'avait rien à redouter de cette nouvelle forme du rationalisme, puisque plusieurs de ces docteurs catholiques se sont autant fait remarquer par leur piété que par leur attachement aux dogmes caractéristiques du catholicisme (¹). Mais il est à remarquer que dans ce tribut d'hommages payé à la philosophie critique par diverses parties de l'Allemagne l'on ne voit figurer l'Autriche que par un seul de ses enfans purement adoptifs, le juif Bendavid, mort à Vienne en 1802, et qui se donna beaucoup de mouvement pour inspirer à ses concitoyens quelque goût pour la philosophie morale qu'il leur présenta d'abord sous le titre le plus engageant (²); mais ce n'est qu'un quart de siècle après la publication de cet ouvrage sur le plaisir (1818), que le docteur Reif parut, par la publication de ses principes philosophiques de la doctrine morale, et de ceux sur la doctrine de la vertu, se souvenir des efforts de Bendavid et les poursuivre dans l'espérance d'un meilleur résultat. J'ignore si ces espérances n'ont pas été déçues; mais

---

(¹) Voir un tableau de la théologie catholique contemporaine en Allemagne, dans la 2ᵉ édit. de l'*Histoire critique du rationalisme*.

(²) *Essai sur le plaisir*, 2 vol. Wien 1794; il publia, de plus, des *Leçons* (Vorlesungen) sur tous les principaux ouvrages de Kant.

je dois dire que la *Revue* de Vienne qui se tient honorablement au niveau de ce genre de publications dans les diverses parties du monde, ne m'a point encore appris que la philosophie kantienne ait enfin pris racine dans l'empire autrichien, tandis que le Hégélianisme paraît y avoir fait des conquêtes, et que des prêtres pieux et savans s'en sont particulièrement servis pour raviver la foi catholique si malheureusement assoupie en Autriche comme dans tant d'autres Etats de la chrétienté.

Mais il ne faut pas que cette légère excursion sur un domaine peu cultivé en général par la philosophie, me fasse oublier ceux des Kantistes qui ont formé proprement l'école de Kant, soit en voulant continuer son œuvre tout en l'étendant, soit en prétendant l'améliorer dans les limites mêmes de la méthode kantienne. Il est vrai qu'ici les noms de ceux qui voulurent prendre part à ce genre d'apostolat sont nombreux, et que beaucoup ont illustré leurs chaires de professeur; car, outre ceux qui se consacrèrent plus spécialement à la culture de la morale sans négliger toute-fois la psycologie, et la métaphysique comme C. E. Schmid, Kiesewetter, Heidenreich et quantité d'autres qui poursuivirent l'œuvre avec le même zèle dans la science du droit comme G. Hufeland, G. Buhle, F. H. Jacob Schaumann, Th. Schmaltz, P. J. A. Feuerbach, Zachariæ Pœlitz; dans l'esthétique, comme Heusinger et Delbrück: dans la pédagogie, comme Niemeyer, J. L. Ewald et le célèbre Campe qui avait offert généreusement une retraite à Kant si une destitution venait jamais à l'atteindre; dans l'histoire, Bühle et Tennemann, qui firent pour la philosophie spéculative, ce qu'avait fait Stæudlin pour la philosophie morale; dans la logique et dans la métaphysique, comme L. L. Jacob Hoffbauer et Beck qui s'est également exercé sur le droit naturel; Reinhold, Krug, Fries et Herbart, qui après avoir combattu un certain tems sous la bannière du philosophe de Kœnigsberg ont montré le désir de se créer une place à part et de former une école distincte dont on n'a plus vu de traces après leur mort; et c'est cette réunion d'hommes instruits dont la liste pourrait si facilement être augmentée, qui pendant une suite assez longue d'année luttèrent d'efforts et de talens pour faire prévaloir le Kantianisme sur tous les autres systèmes de philosophie. C'est à dessein que je n'ai pas nommé Fichte parmi ces savans, puisque toute autre que celle produite par Reinhold, Fries et Herbart fut l'impression qu'il fit sur le monde scientifique lorsqu'il prétendit lui aussi améliorer d'abord puis expliquer le système de son maître, et c'est une place réservée qu'il lui faut dans cette histoire.

Un de ces écrivains qui se passionnèrent donc pour le criticisme fut cet ecclésiastique romain, né à Vienne et élevé dans le collège des Jésuites, qui après avoir fait passer le catéchisme de son Église dans le creuset d'un examen sérieux et profond, devint bientôt l'ami du christianisme protestant et qui pour plus de liberté vint se fixer à Weimar où il devait se fortifier dans ses résolutions d'indépendance (¹). Son début dans la philosophie furent des *Lettres sur la philosophie de Kant* qui avaient pour but principal d'en signaler l'importance pour le bonheur du genre humain, en tant qu'elle venait prêter le meilleur appui à la religion et aux bonnes mœurs. Cet ouvrage fixa sur son auteur l'attention du gouvernement qui ne tarda pas à l'investir d'une chaire de professeur de philosophie à Jéna, où Reinhold pendant sept années que dura son professorat, s'acquit une grande célébrité, surtout, lorsque par la publication de sa théorie des représentations, il eût offert aux adversaires de Kant un ouvrage qu'il disait devoir combler une vraie lacune dans le système de la critique, en lui donnant plus d'unité et de clarté. Cette théorie des représentations venait, en effet, jeter de la lumière sur une partie de l'être humain négligée par Kant, la conscience, non point cette faculté au moyen de laquelle nous discernons le bien d'avec le mal, mais cette autre faculté que la philosophie nomme aussi *conscience*, et qui se compose de trois élémens qui sont l'être pensant, la chose pensée et la représentation de la chose pensée par le sujet pensant. Il fallait trouver la part que le sujet et l'objet tiennent dans la représentation, et c'est le but de cette théorie qui venait rigoureusement démontrer la proposition de Kant

---

(¹) Il fit d'abord connaître ses tendances protestantes dans des articles publiés dans le *Mercure allemand* qui critiquaient l'*Histoire des Allemands* de Schmidt.

que les catégories n'ont que les sensations pour objets. Quant aux résultats du criticisme Reinhold les adoptait dans toute leur étendue: et pour lui aussi, les idées de Dieu et de l'ame humaine n'étaient que des conceptions transcendantes de la raison spéculative dont la démonstration était impossible; mais dont la vérité étaient le produit de la raison pratique. Ainsi le premier système de Reinhold fut le Kantisme pur rattaché à l'idée de la représentation dont il était l'inventeur. Je dis le premier système, car, à peine Reinhold eût échangé la chaire de philosophie d'Jéna pour celle de Kiel que les écrits de Fichte, son successeur le forcèrent à des évolutions telles, qu'à la fin il ne savait plus où se fixer. Tour-à-tour partisan de Fichte, de Jacobi ou de Bardili dont il appréciait les directions opposées, on le vit se survivre à lui-même, faute de n'avoir compris qu'en philosophie, la fixité qui seule peut inspirer de beaux élans dans le langage, et le courage nécessaire pour confondre les contradictions, était une condition indispensable: et la mort vint l'enlever en 1823, à l'age de 65 ans lorsque Fichte qui lui avait ravi sa renommée avait déjà lui-même fait place à deux rivaux qui occupaient toute l'Allemagne de leurs philosophiques prétentions.

Quand on a nommé Fichte parmi les partisans de Kant on ne peut guère s'arrêter sur les travaux, cependant fort remarquables, de plusieurs de ceux que j'ai cités dans la direction pratique du

Kantianisme, comme C. C. E. Schmid dont la *Psycologie empirique* a été plusieurs fois imprimée ; Kiesewetter dont les *Fondemens pour une logique générale* ainsique son *Abrégé d'une théorie empirique* de l'ame, sans rien enseigner de nouveau, mirent pourtant les principes du criticisme à la portée d'un public plus étendu. Il en est de même de Hoffbauer dont les *Lettres sur l'histoire de l'ame*, par leur manière d'enseigner la philosophie non plus seulement par des raisonnemens, mais par des exemples, venaient en aide à la philosophie nouvelle. Mais Jacob et Carus méritent surtout une mention particulière, le premier pour avoir lutté avec Mendelssohn contre les preuves scholastiques de l'existence de Dieu, en empruntant au philosophe de Kœnigsberg les armes que nous connaissons, et par ses efforts constans à pénétrer la psychologie, et l'étude du droit dont il était professeur à Halle, des principes de la raison auxquels les *Critiques* de Kant l'avaient initié ; le second, qui pour se dire kantien n'a pas moins écrit dans toute sa liberté, tant dans *ses Idées pour l'histoire de la philosophie et de l'humanité*, que pour sa psycologie, le plus complet de ses ouvrages, et où il se rapproche tant de la vérité lorsqu'il fait entrer les puissances du cœur ou le sentiment, dans une juste appréciation des idées morales et intellectuelles.

A cette école spéculative de Kant appartiennent encore les noms célèbres de Beck à qui Fichte rendait l'hommage d'être l'interprète le plus fidèle de son maître, Bouterveck qui pour avoir voulu se créer une place à part sur le domaine de la philosophie fit oublier ses *Aphorismes philosophiques* que le nom de Kant avait protégés contre la faiblesse de leurs conceptions, mais qui s'est conquis par son *Histoire de la poësie et de l'éloquence*, et nullement par ses nombreux romans philosophiques, une place honorable parmi les écrivains allemands de son époque; Krug qui occupa la même chaire que Kant, mais dont les nombreux écrits plus empreints de polémique que de fixité dans les idées feraient bientôt oublier jusqu'à son nom, si son *Dictionnaire encyclopédique de la philosophie*, œuvre d'une vaste érudition, et tout pénétré de l'esprit kantien ne venait le protéger contre l'oubli; Fries qui, infidèle comme Bouterveck à ses premières inspirations, voulut faire une *Nouvelle critique de la raison*, et essayer de fonder toute la philosophie sur l'*Anthropologie*. L'idée était certainement heureuse, car c'est sur l'homme tout entier et par conséquent, composé d'un corps et d'un ame que doivent s'appuyer toutes les conceptions philosophiques; mais à l'exemple de Reinhold, Fries ne tint pas ferme dans ses résolutions, et le penchant qui l'entraînait vers Jacobi fut peut-être la cause de cette hésitation dans ses principes qui l'a fait mourir naguère sans laisser de continuateur de ses travaux; Herbart qui, plus heureux que Fries, a su se faire une position dans la philosophie par une manière mathématique de traiter le kantianisme, et qui n'eût

peut-être demandé qu'un disciple à la hauteur des
connaissances du maître pour le déclarer chef d'école,
quoiqu'il ait enlevé à la philosophie critique par un
habile tour de force tout ce qui la caractérise comme
philosophie psycologique (¹). Mais l'écrivain qui jetta
le plus grand lustre sur la philosophie de Kant fut
ce scrutateur si profond du moi humain qui, pour
vouloir développer complètement les principes kantiens dont il disait posséder seul la connaissance,
finit par y engloutir la raison humaine que le philosophe de Kœnigsberg n'avait retenu sur les bords
de l'abîme que par une de ces inconséquences dont
les plus grands hommes ne sont pas exempts.

Jean Gottlieb Fichte avait débuté dans la carrière des sciences par une *Critique de toutes les
révélations* dont le succès avait été tel que d'un
commun accord les Allemands assuraient que Kant
seul pouvait en être l'auteur, et Kant néanmoins
n'avait fait que procurer au jeune adepte de la philosophie les moyens de lui trouver un éditeur. Mais l'ouvrage était composé tellement dans l'esprit de Kant,
et il portait si bien le cachet de sa dialectique que
le public s'y méprit, ce qui éleva tout d'un coup
au premier rang des penseurs un jeune homme qui
jusqu'ici s'était défié de ses forces, et dans les pénibles fonctions d'instituteur qu'il avait remplis jusqu'-
alors avait si souvent cédé au plus triste décou-

(¹) Voir pour une comparaison des idées de Kant et de Herbart
l'ouvrage de M. W. Drobisch: Beiträge zur Orientirung über Herbart's System der Philosophie, Leipzig 1834.

ragement. Dans cette *Critique de toutes les révélations*, Fichte cherchait à faire l'application des idées pratiques de Kant aux vérités de la religion; car le philosophe n'avait pas encore publié *La religion dans les limites de la raison*, ouvrage d'un esprit bien plus conservateur que celui de Fichte, et quand il fut publié une année après celui du disciple, il rejaillit sur celui-ci de cette publication une nouvelle gloire, puisque l'on disait que Kant n'avait voulu que contrebalancer l'influence de Fichte par un ouvrage qui révélât ses véritables pensées (¹). Mais Fichte que d'autres succès dans la littérature avaient encouragé et qu'une chaire de philosophie nouvellement obtenue à Jéna permettait de donner l'élan à son beau génie ne tarda pas à dépasser son maître en fait de hardiesses philosophiques, tout en ne se donnant que pour son fidèle interprète (²).

Les premiers défauts que Fichte crut découvrir dans la philosophie de Kant furent que dans le criti-

---

(¹) Cet ouvrage de Fichte lui valut en particulier l'amitié de Niethammer qui prodigua ses louanges à la *Critique des révélations* dans un ouvrage *ad hoc* (über den Versuch einer Kritik aller Offenbarung) et qui, quelques années après s'associa Fichte dans la rédaction du journal philosophique qu'il publiait à Jena.

(²) La *Critique* de Fichte parut en 1792 et ses *Considérations* tendant à expliquer à la nation allemande le vrai sens de la révolution française parurent vers la fin de l'année; mais quoique anonymes les *Considérations* demeurèrent incomplètes par les entraves qu'on apporta aux publications de l'éloquent défenseur des libertés de la France. Il ne faut pas confondre cet ouvrage avec les *Discours à la nation allemande* qu'il publia plus tard (1808) pour inviter ses compatriotes à ne pas laisser s'éteindre sous le joug de l'étranger le feu du patriotisme.

ticisme un principe supérieur manquait d'où l'on pût faire dériver toutes les connaissances humaines, et à l'exemple de beaucoup d'autres, Fichte n'apercevait pas la liaison que Kant disait exister entre la raison théorétique et pratique; et c'est à trouver ce principe supérieur à qui les anneaux de toutes les connaissances viendraient se rattacher, qu'il consacra ses travaux; de sorte que pour Fichte la philosophie ne fut que la science du savoir humain, delà la publication d'un de ses meilleurs ouvrages, la *Théorie de la science* qui développe ce point de vue avec une rare talent. Cette théorie de la science comme telle n'est pas seulement le savoir, dit Fichte, mais en tant que théorie elle est un savoir, et le savoir dans lequel on réfléchit non sur l'objet, mais sur l'activité du sujet, afin de trouver que tout est contenu dans l'acte du MOI. Ainsi la réfléxion du sujet sur lui-même est l'acte primitif du *moi* en vertu duquel il se distingue de ce qui vient poser des entraves à sa puissance de création ou de développement, c'est-à-dire, le distingue de la pensée appelée le NON-MOI.

La réfléxion est-elle, en effet, un acte du sujet? A-t-elle sa raison dans le sujet lui-même ou dans un autre principe? Fichte le soutient sans hésiter, et il n'est pas étonnant qu'il en tire la conséquence que le *moi* se trouve ainsi constitué comme principe de tout savoir, de toute certitude, et par là seul juge, et seul critérium de toute vérité, puisque toute vérité est en lui. L'on comprend que s'il en est ainsi, le *moi* est tout dans l'univers et qu'il n'existe que ce qu'il lui plait de produire. Ce point de départ ressemble terriblement à celui de Descartes puisque le philosophe français a toujours déclaré que dans son *Je pense, donc je suis,* il n'avait prétendu établir que le fait intérieur révélant à tout être humain la conscience immédiate de son existance; mais il y a cette différence que Descartes ne décidait pas si le moi pensant se posait lui-même individuellement, ce que Fichte affirmait par cette proposition: le moi n'est que notre activité qui se réfléchit sur elle-même et se posant; proposition qui devint la base de son nouveau système idéaliste; mais qu'est-ce qu'une base qui est elle-même sans base, n'est-ce pas toujours un édifice prête à s'écrouler au moindre souffle de la logique? Or, cette idée du *moi*, ou de notre existence ne se manifestant suivant Fichte, qu'à mesure que le *moi* par l'activité qui lui est propre, se réfléchit sur lui-même. Cette idée, dis-je, suppose nécessairement ce que Fichte laisse dans l'ombre, c'est-à-dire le pouvoir actif qui se dirige ou sur le sujet réfléchissant sur lui-même ou se dirigeant vers l'objet; et lorsque Fichte paraissant répondre à cette objection parle d'une activité libre du moi, et en prend occasion pour faire à l'exemple de Kant de belles périodes sur la liberté, il ne fait que reculer l'objection loin de la résoudre; car cette activité qu'elle soit libre ou spontanée, relative ou absolue n'en est pas moins supposée existante quand elle se pose, et ainsi loin de se poser elle-même, elle ne fait que se déterminer d'une manière absolue. Non, le moi individuel ne peut se poser lui-même s'il n'est lui-même l'absolu, l'infini, le nécessaire: il est vrai que Fichte n'a pas reculé devant cette conséquence en proclamant l'infinité du moi individuel; mais quelques années lui suffirent pour abandonner cette extravagance; et quand la philosophie de Schelling vint retentir à son oreille il parut s'emparer de quelques-unes de ses idées en affirmant un *moi universel* au lieu d'un moi individuel, et il crut échapper par cette évolution au reproche d'athéisme qui lui fut donné non seulement par des écrivains, mais par des consistoires qui obtinrent sa destitution de professeur à Jéna.

Les principaux ouvrages où Fichte a développé ce système sont aussi au nombre de trois (¹) et l'on y peut suivre depuis sa première déviation des idées kantiennes jusqu'aux diverses modifications qu'il fit subir à ses propres idées.

Mais je ne dois pas oublier que Fichte admettait aussi comme Kant deux directions de la philosophie; et s'il a principalement abondé dans la spéculative il n'a pas négligé la pratique. Cependant il est loin d'avoir accordé à tout ce qui est

---

(¹) Begriff der Wissenschaftslehre, Weimar 1794. Grundlage und Grundriss der gesammten Wissenschaftslehre, Jena 1794. Grundriss des Eigenthümlichen der Wissenschaftslehre in Rücksicht auf das theoretische Vermögen, Jena 1795; auxquels il faut ajouter plusieurs articles de journaux qui sont comme une introduction à la théorie de la science.

de la sphère de la pratique le même degré d'importance que Kant. Bien des choses que celui-ci honorait et dont il s'occupait avec délices comme l'anthropologie, la théorie des arts, Fichte ne les trouvait pas assez digne de l'attention d'un homme de génie lequel, suivant lui, ne doit jamais avoir en vue que le perfectionnement de l'humanité, et celui-ci ne s'obtient qu'en éclairant les questions politiques et sociales dont la solution est ce qui importe le plus à l'homme. J'ai parlé de ses *Considérations* pour aider la nation allemande à juger sainement de la révolution française; Fichte y traitait de la légitimité de cette révolution et la fondait sur la chimère d'un contrat social qu'il disait exister entre le peuple et ses gouvernans. L'autorité ne réside que dans le peuple agissant comme corps de nation et non point comme représentant d'un parti, et il va sans dire que le peuple a le droit de se donner les formes du gouvernement qu'il désire, parce que ne voulant que son bien, il ne peut désirer que des formes gouvernementales qui puissent le réaliser. D'où il tirait la conclusion que tout gouvernement devenu impuissant à remplir le but de sa distination doit être remplacé par un autre plus capable, et que les institutions qui donnent occasion à des injustices ou qui excitent la méfiance doivent ou être abrogées ou modifiées. Et si la chose n'a pas lieu parce que la majorité de la nation ne sent pas encore cette nécessité, tout membre de la société a le droit de rompre le traité qui le lie et de chercher un lieu où il puisse travailler en liberté à la loi de son perfectionnement. Mais aussitôt qu'une majorité se déclare pour les améliorations ou les changemens, rien ne doit entraver sa marche: c'est le seul moyen d'obtenir paisiblement les révolutions sociales. Comme on le voit, c'est une belle chose que de tracer sur le papier la ligne que les révolutions doivent suivre pour devenir une source de félicités! Mais l'application de ces théories n'est pas si facile ou même praticable. Cependant l'émission de telles maximes qui étaient tout imprégnées de l'esprit de Kant ne pouvait, à l'époque où Fichte les faisait circuler dans la société, que porter les hommes d'Etat à réfléchir et à leur faire comprendre l'importance de réaliser les réformes nécessaires s'ils ne voulaient pas que trop docile et toujours trop aveugle et impétueux réalisateur des doctrines de la philosophie rationnelle, le peuple ne se crut appelé à se faire justice lui-même, et compromit les intérêts généraux de la société par cette invasion sur un domaine qu'il ne peut pas toujours bien connaître, celui des questions politiques et sociales que la haute raison des hommes sages est seul appelée à résoudre.

Ainsi, tant en philosophie qu'en politique Fichte part du point de vue kantien, mais dans l'un et l'autre domaine il ne recule devant aucune conséquence. Là où le génie de Kant s'effraye des ruines qu'il entasse, le génie de Fichte se plait à en accumuler de nouvelles; de sorte que pour les successeurs de Kant son système n'est qu'un point de départ, ou si l'on veut une simple transition. Kant se contentait de préparer les matériaux du nouvel édifice, et il n'eût jamais voulu travailler à son édification. On voit qu'il avait le sentiment des révolutions à venir; et il eût volontiers sacrifié quelque chose de la logique pour les opérer, non en vertu des principes qu'il avait posés et qu'il croyait pourtant incontestables, mais suivant que sa raison et ses pressentimens lui en indiqaient les moyens les plus praticables. Cependant un homme de la trempe de Fichte dont l'imagination brûlante égalait la profondeur des conceptions, ne pouvait se laisser guider par cette sagesse plus paternelle que rationnelle; et si Kant s'était contenté d'anéantir pour toujours la divinité des Déistes par la pulvérisation des preuves qui établissaient son existence, il devait, lui, anéantir tout aussi bien le Dieu des théistes et rationalistes et porter la même hache de réforme dans la morale, dans le droit autant que dans la métaphysique, et cependant les formes sous lesquelles il exprime ses pensées sont à peine changées. Il conserve, en particulier, les oppositions kantiennes de l'autonomie et de l'hétéronomie de la volonté; mais un progrès à remarquer dit très bien Biedermann, c'est que dans le développement de ses principes de morale il fait entrer des élémens que Kant avait négligés, le bien public et les intérêts de la société. La morale de Kant avait été faite pour l'homme tel que le concevait le génie du philosophe, de la même manière qu'une statue non parlante aurait pu convenir au système philosophique qu'avait rêvé avec tant d'esprit Condillac; mais Fichte connaissait un peu mieux les hommes non tels qu'ils sont en réalité, mais tels qu'ils se présentent à nous, pressés de toutes parts par des circonstances qui influent sur leur détermination. Et c'est ici une grande inconséquence dans son système puisque la théorie du devoir étant comme celle des idées toute subjective, la maxime: ce que tu dois, tu le peux: n'est jamais que relative: et que serait-ce d'une société où chaque membre se poserait dans l'infinité du *moi* et se constituerait l'architecte ou l'ordonnateur de tout ce qui est le non-moi! Si ce n'est plus la notion de liberté égale pour tous, telle que l'entendait Kant, mais la liberté de l'individu, la même dans tous les tems, je ne vois plus rien de moral dans cette liberté, car elle est elle-même une nécessité de l'acte du *moi* qui se pose. Il est vrai que Fichte ordonne à tous les *moi* de se modérer afin de ne pas entraver la liberté des autres, et qu'il fait de la réciprocité, la loi juridique; mais il faut une règle à cette pondération de droits et Fichte ne la donne pas. Et puisque le droit naturel est la puissance sans limites, peut-on dire que la réciprocité doive être obligatoire. Elle ne peut être qu'un conseil donné au *moi* tant qu'il consentira à être conséquent. Si par de telles maximes les amis de Fichte ont pu montrer que l'on évitait bien des difficultés reprochées à Kant, l'on a pu en revanche, signaler des défauts considérables à la théorie de Fichte, et quand ce ne serait que cette seule déviation du criticisme lorsqu'on veut que le *moi* se pose lui-même, ce qui enlève au droit l'idée même de droit, mais l'établit seulement un fait, et le dépouille par là de toute sanction morale qui seule le rendait obligatoire, c'en serait assez pour conclure que les améliorations du disciple auraient eu autant besoin d'être améliorées. Cependant une école ne s'est point formée pour continuer cette œuvre puissante et gigantesque s'il en fût de tout fonder sur le *moi* individuel. oui tout, morale, philosophie, politique, je ne dis pas religion, car elle n'entre pas dans ce système. et suivant Fichte c'était un vrai progrès, puisque l'ordre moral une fois organisé par le *moi* pouvant et devant suffire. „il fallait en finir avec ce bavardage des écoles où l'on s'occupe encore de toute autre chose que de la vie libre et morale, la seule religion de l'avenir." Mais voilà que Fichte est passé, lui et son système, laissant même un fils qui tout glorieux de son nom n'en rejette pas moins toutes les conséquences, et même la plus grande partie des principes de son père, il est passé, dis-je, comme tant d'autres passeront après lui avec leurs plus modernes élucubrations, et ce que Fichte dans son audace philosophique appelait du bavardage,

Dieu, l'âme et le monde continue à occuper les plus nobles intelligences de notre époque (¹).

Pour être juste il faut ajouter que Fichte dans les dernières années de sa vie manifesta d'autres tendances; mais elle ne furent ni assez prononcées, ni assez clairement exprimées pour que l'on puisse affirmer qu'il était revenu à des idées moins exclusives et plus raisonnables. Ce qui est certain c'est qu'il ne se rapprocha plus de Kant et de son criticisme, mais qu'il allait se volatisant dans une sorte de mysticisme qu'on a voulu décorer du nom de panthéisme, et qui n'était qu'une sorte d'*égoisme* universel, si l'idée de *tout* pouvait être comprise dans le *moi* dont il soutenait toujours les prétentions. Plusieurs ont assuré que les enseignemens

---

(¹) On rattache quelquefois les noms de Fréd. Schlegel, Novalis et Schleiermacher à une école de Fichte qui n'a jamais existé. Mais la tendance panthéiste de ces trois grandes intelligences n'auraient quelque ressemblance qu'avec l'évolution de l'idéalisme de Fichte lorsque ce philosophe sacrifiait son **moi** sur l'autel du moi universel, et c'est en effet cette *égoité* infinie se manifestant dans et par tous les êtres, qui seule inspirait toutes les productions philosophiques et poétiques de Schleiermacher et de Novalis, et qui chez Frederic Schlegel se manifestait surtout dans la société par le père, le prêtre et le roi. Qu'à ce sujet il me soit permis de signaler à la sollicitude des traducteurs français les œuvres philosophiques de Schleiermacher que de disciples fervens ont recueilli après sa mort, quoique leur tendance soit plus négative qu'affirmative, excepté son *Cours sur l'esthétique* (Vorlesungen über die Aesthetik aus Schleiermacher's handschriftlichem Nachlasse und aus nachgeschriebenen Heften, 7e vol. *des œuvres complètes*) ouvrage que les Hégéliens eux-mêmes considèrent comme une œuvre supérieure, et qui, en effet, se fait remarquer par une plus heureuse contemplation de l'esprit et de la nature que *l'Esthétique* de Hegel, pourtant un des meilleurs ouvrages de ce philosophe.

de Schelling contre lesquels Fichte se roidissait,
avaient eu de l'influence sur lui, malgré lui; mais il
s'est toujours récrié contre une imputation qui eût
accusé sa faiblesse ou sa bonne foi, et son noble
caractère étant, en effet, incapable de tergiversation,
il faut l'en croire sur parole.

CHAPITRE XVII.

Diverses résistances opposées à la philosophie de Kant. — Les Eclectiques. — Les Wolffiens. — Les Sceptiques. — Les orthodoxes. — La philosophie de la foi défendue, en opposition à la philosophie critique par Hamann, Herder et Jacobi.

De même que la froideur avec laquelle la philosophie critique avait été accueillie à son apparition ne prouvait rien contre sa valeur réelle, de même le succès immense qu'elle obtint un peu plus tard ne pourrait me forcer à rétracter ce que j'ai dit de ses imperfections. Maintenant, que nous sommes tous de sang-froid, et que nous jugeons mieux avec connaissance de cause, parce que la fumée du combat n'obscurcit pas notre vue, nous avons lieu de nous étonner et du fanatisme de beaucoup de disciples de Kant et de l'acrimonie que mettaient dans leurs contradictions quelques-uns de leurs adversaires. Mais de la même manière que nous n'avons mentionné que les plus justement célèbres de ses disciples, en attendant de faire connaissance avec Schelling et Hégel qui ont transformé son œuvre, je ne signalerai aussi que ceux des contradicteurs qui ont laissé après eux quelques traces visibles de leur luttes.

Une fois que la philosophie critique eût dépassé l'enceinte de la ville de Kœnigsberg et que des partisans déclarés l'eurent prise sous leur protection, les attaques ne tardèrent pas à se montrer. La première en date partit du camp des philosophes éclectiques ou populaires, ou encore partisans de la lumière, comme il se désignaient souvent eux-mêmes; et l'auteur de cette sortie contre la *Critique de la raison pure* se trouvait être un des écrivains les plus honorables de cette école déclaireurs. Garve, connu dans le monde savant par une foule de traductions des principaux auteurs grecs, romains et anglais, ainsi que par plusieurs traités sur la morale dont la mode s'était établie pour réparer, si possible, les lacunes, que laissait la religion, à mesure que son autorité était davantage méconnue. Garve qui avait professé avec un certain éclat la philosophie à Leipsic se trouvait à Pyrmont pour y rétablir sa santé délabrée lorsque pour occuper ses loisirs, il demanda à Féder, autre philosophe éclectique, et qui rédigeait alors les *Annonces savantes de Gœttingue* de lui donner une occupation, et Féder de lui indiquer Kant comme le point de mire de sa critique. On assure que ce compte-rendu indisposa beaucoup notre philosophe; et ce qui étonne chez un homme de la trempe de Kant c'est que sa susceptibilité venait surtout de ce qu'on avait l'air de le traiter d'*imbécille !* C'est par des travaux plus imposans encore qu'il fallait écraser ce myrmidon de la critique et l'on sait maintenant s'il en était capable! Il ne fallait pas donner le spectacle d'un philosophe en proie à des faiblesses humaines si mesquines. Du reste, je dois ajouter pour être juste envers la mémoire de Garve, dont le caractère s'est toujours montré honorable, que son article avait été mutilé par la rédaction et qu'il se hâta de l'envoyer à Kant tel qu'il l'avait composé, comme preuve d'estime et de considération pour sa personne (¹).

Dans les rangs nombreux de ces éclaireurs ou partisans de la lumière se rencontrait un écrivain d'un mérite aussi réel, et qui aurait bien voulu rompre des lances avec le géant de Kœnigsberg; mais soit timidité de caractère, soit conviction de sa faiblesse relative, Mendelssohn n'avait osé le faire qu'indirectement dans ses *Heures matinales*. Formé à l'école de Maimonides qui avait tenté une réforme dans les spéculations de la Cabale, mais peu soucieux de suivre son co-religionnaire Spinosa dans la voie qu'il s'était tracée avec tant de succès, Mendelssohn préféra de demander à la sagesse de Socrate et de Platon celle dont il sentait le besoin; mais comme cette sagesse même le rapprochait de l'école de Leibnitz dont il ne voulait pas accepter les conséquences en sa qualité de juif, il se décida, non à penser par lui-même et à arborer l'étendard d'une réformation dans son culte comme l'y engagea publiquement Lavater qui croyait le gagner par cette

---

(¹) Les écrits de Garve sur la morale et la morale de la politique sont nombreux; mais on ne lit plus guère que ses *Lettres à une amie*, Leipsic 1801, où les principes de sa morale sont présentés sous une forme légère et dépouillée de toute roideur

scission à la cause du christianisme, mais à louvoyer quelque tems parmi les systèmes en vogue de la philosophie, et à se fixer enfin dans le camp des éclectiques où la philosophie critique le trouva. J'ai parlé ailleurs d'un fâcheux démêlé qu'il s'attira avec Jacobi au sujet du spinosisme de Lessing (¹); mais il crut que sa gloire littéraire recevrait plus d'éclat s'il s'attaquait à un philosophe qui venait de réduire au néant ce qui faisait le capital le plus précieux de la tourbe des naturalistes, déistes, éclectiques et distributeurs des lumières, je veux dire le dogme de l'existence de Dieu tels qu'avaient coutume de le démontrer les écoles de son époque. Mais quoique la manière de philosopher de Mendelssohn fût attrayante, au point de faire regretter à Kant de ne pouvoir écrire comme son adversaire, et quoique son attaque fut décente et franche, néanmoins Kant ne la trouva pas assez sérieuse. Il disait même confidentiellement qu'il ne trouvait dans ces *Heures matinales* qu'un *système d'illusion* et qu'il lui semblait que l'auteur l'entretenait d'un lunatique (²). Cependant à l'occasion d'un examen du même ouvrage par Jacob, il écrivit un article dans un journal de Berlin qui n'ajoutait rien à ce que le philosophe avait écri sur les preuves ordinaires de l'existence de Dieu. Mais quand à une réponse directe Kant s'en abstint, et comme il estimait le

(¹) *Histoire critique du rationalisme*, &c, p. 118-119 et *Histoire de Spinosa*, p. 237-246.

(²) Von *Œuvres de Hamann*, tom. vii, 311.

caractère et le talent de Mendelssohn, et qu'il eût voulu lui témoigner hautement, cette estime sans polémique, il apprit sa mort sans en être trop affecté, délivré qu'il était d'une situation qui lui devenait pénible.

Mais la philosophie populaire ne se montra pas toujours ni si décente, ni si éclairée vis-à-vis de la philosophie critique, ce fut lorsque la *Bibliothèque allemande* qu'avait fondée le fameux Nicolaï entreprit de l'attaquer dans un jargon qui pour vouloir être plaisant n'était que ridicule. Les Allemands ne montrent jamais moins ce que nous appelons de l'esprit que dans les occasions où ils veulent en faire.

Cependant les Wolffiens réservaient à cette philosophie une autre genre d'escrimes. Halle était alors la ville où se faisait encore sentir un faible reste de leur influence. Ils crurent donc qu'en frappant un grand coup sur le novateur, ils réveilleraient de glorieux souvenirs dans les esprits, et reprendraient peut-être dans les écoles une autorité perdue. Ils se servirent donc de la bonne volonté d'un prédicateur prussien nommé Eberhard dont l'orthodoxie était loin d'être pure, mais qui protégé par Frédéric II à cause d'une apologie de Socrate dont il était l'auteur, et qui pouvait mieux le recommander aux bonnes graces du roi soi-disant philosophe que la philosophie de Wolff peu goûtée à la cour, les Wolffiens, dis-je, connaissant l'esprit querelleur d'Eberhard, et voulant mettre à profit la célébrité qu'un ouvrage couronné sur une *Théorie de la pensée et de la sensation* venait de fortifier et d'étendre, parvinrent à lui signaler Kant comme un adversaire digne de lutter avec son génie, et Eberhard de fonder tout exprès à Halle, où il avait été nommé professeur de philosophie (1778), un *Magasin philosophique* qui devait être l'arsenal d'une puissante artillerie contre la philosophie nouvelle. Cette philosophie, écrivait-il dans son journal, vient fournir à l'histoire des pages curieuses sur l'égarement de l'esprit humain. Il ajoutait en parlant des disciples du philosophe de Kœnigsberg, que la postérité ne regardera point comme possible que tant d'écrivains réellement remarquables et parmi lesquels Kant brillait au premier rang, pussent tenir pour vrai un système sans consistance et le défendre *avec si peu de succès* (?). Et puis de stimuler le zèle de ses adhérens contre ces ignorans philosophes, disait-il encore, qui trouvent le plus grand charme à répéter „que l'on ne peut rien savoir de ce qui est au-dessus des sens."

Mais ces plaisanteries n'étaient pas la seule arme dont se servait le zèle wolffiste d'Eberhard pour attaquer Kant et son école. Il lui reprochait encore de n'avoir rien inventé en philosophie, puisque l'on en trouvait le germe soit dans les écrits des philosophes anciens, et en particulier dans le stoïcisme, soit dans ceux de Berkelay dont l'idéalisme était identique au sien; ce qui ne témoignait pas d'une grande perspicacité dans Eberhard. Puis, il faisait

honneur à Basedow de la seule preuve possible de
l'existence de Dieu, dérivée de la raison pratique,
à l'école de Wolff de l'idée du déterminisme dans
les actions, à celle des Eclectiques l'idée d'une
félicité proportionnée à la moralité, tandis qu'elle
est l'idée-mère de toute l'Ethique de Spinosa, et
tout cela était accompagné des plus singulières accusations qui tendaient à faire regarder la philosophie de Kant comme l'instigatrice de tous les
désordres dans la société (¹). Kant ne fut pas insensible à ces attaques qui se répétant dans d'autres
journaux, ne pouvaient qu'opposer des obstacles au
triomphe de ce qu'il croyait être le vrai, et au
ton ironique dont il parle d'Eberhard dans une de
ses repliques: sur une *Découverte d'après laquelle,
toute nouvelle critique de la raison pure devrait
nécessairement se faire au moyen d'une plus ancienne,* prouve que sa patience pouvait se lasser,
et que malgré l'absence de tout pédantisme, il savait
montrer que les autorités alleguées pour le combattre disaient tout autre chose que ce que prétendaient ses adversaires (²). Cependant une autre
Wolffiste se présenta qui croyant la foi catholique
dont il était docteur plus attaquée encore par Kant
que la foi chrétienne protestante, se mit en devoir

(¹) Rosenkranz, Geschichte &c. p. 356 cite de curieux echan-
tillons de cette polémique qui faisait arme de tout bois.

(²) Kant se fâche et dit à la fin de sa préface: „Es ist schlimm,
mit einem Autor zu thun zu haben, der keine Ordnung kennt, noch
schlimmer aber mit dem, der eine Unordnung erkunstelt, um seichte
oder falsche Sätze unbemerkt durchschlupfen zu lassen"

de le signaler comme un suppôt du prince des ténèbres uniquement envoyé sur la terre pour corrompre la religion, pervertir la morale et distiller sur la société le plus horrible poison dont l'espèce humaine eût jamais été atteint. C'était là une exagération par trop outrée, et elle était néanmoins produite par un écrivain plein de savoir à qui la cour de Rome n'accordait pas, il est vrai, ses faveurs, mais que les catholiques d'Allemagne ont toujours regardé comme l'un de leurs meilleurs athlètes contre l'incrédulité et l'hérésie et qui a prouvé, en effet, par la variété de ses connaissances et sa facilité à l'exercer sur le terrain de la théologie comme de la métaphysique, qu'il était en état de comprendre Kant et la portée de son système. Mais où n'entraine pas un zèle mal inspiré? Il n'y a rien comme l'absence de sang-froid dans la discussion pour obscurcir l'intelligence et faire voir des réalités là où ne se trouvent que des apparences. C'eût été digne de l'ancien professeur de théologie d'Ingolstadt et du maître de l'évêque Sailer dans l'esprit duquel il avait laissé les plus douces impressions, de réclamer au nom du sentiment contre les tyranniques prétentions de la philosophie kantienne, et de laisser aux écrivassiers des partis la composition de l'*Anti-Kant* qui ne pouvait rien ajouter à la célébrité de Stattler, et qui ne peut former aujourd'hui, au milieu de ses ouvrages nombreux et toujours consultés avec fruit par les théologiens, une disparate aussi désagréable pour le fond que pour la forme (¹). Ils firent sans doute une impression moins pénible sur le public comme sur l'esprit de Kant ceux des ouvrages que la théologie protestante non wolffiste opposa de son coté à la philosophie critique. Ils partaient de cette école du Würtemberg où l'orthodoxie s'est si long-tems maintenue pure de toute exagération parce qu'elle était professée par des hommes que la science et la piété recommandaient tout-à-la-fois. Les noms de Flatt, de Susskind, Storr, Steudel et de quelques autres moins connus étaient faits pour inspirer la confiance; et la direction nouvelle donnée aux études par l'université actuelle de Tubingue n'empêche pas que l'on y vénère encore ces doctes jouteurs dans la cause de la philosophie religieuse (²).

Ce serait ici le lieu d'indiquer la position que

(¹) Quand on étudie un peu les hommes, on comprend cette colère qui n'est peut-être devant Dieu, qui ne regarde qu'aux intentions, qu'une indignation louable. Stattler avait écrit et enseigné pendant 25 ans, lorsque Kant vint lui démontrer, que tout ce qu'il avait enseigné et écrit n'avait pas le moindre fondement; dela cette colère de Stattler.

(²) J'ai déjà eu occasion de rappeler un ouvrage de Storr, surintendant de Stuttgart sur Kant et que celui-ci aurait refusé, disait-il, *si sa vieillesse ne l'en eût pas empêché.* Les deux frères C. K. Flatt et Jean Frédéric sont ceux de l'école Wurtembergeoise qui aient les plus écrit contre Kant, le premier était professeur de théologie, et Frédéric qui était l'ainé professait la philosophie en même tems que la théologie. L'historien Eberstein assure que les adversaires kantiens de Frédéric admiraient la sagacité avec laquelle, dans ses *Fragmens sur la détermination et la déduction de la notion et du principe de la causalité* (Leipsic 1788), il a su distinguer les notions diverses de *cause,* leurs diverses dérivations et la valeur de ses applications aux objets sensibles ou transcen dans *Eberstein Versuch einer Geschichte* tom. II, p. 233.

prit l'académie de Berlin vis-à-vis du criticisme, si elle avait compté dans son sein des membres assez forts pour lutter contre lui; mais s'étant contentée de proposer un prix sur la question que Kant lui-même s'occupa de traiter: *quel progrès la métaphysique avait fait en Allemagne depuis Leibnitz*, elle accorda le prix à Schwab dont la polémique contre Kant trahissait les préférences berlinoises; tandis que Reinhold, Abicht et Jenisch n'eurent les deux premiers, que le second prix et Jenisch un *accessit*. Les trois écrits furent ensuite imprimés ensemble, et quoiqu'ils renferment tous des allusions au criticisme et une appréciation de sa valeur réelle, c'est pourtant avec les nuances qui caractérisaient leur auteur, depuis une critique assez vive jusqu'à une approbation donnée avec réserve par Reinhold. Schwab déclarait que le philosophe de Kœnigsberg n'avait pas atteint son but par son criticisme qui avait été de fixer les limites des connaissances humaines, et en conséquence qu'il n'avait pas fait avancer la métaphysique (¹). Lorsque Reinhold concourut, c'était l'époque où désirant voler de ses propres ailes il ne jurait plus autant par l'autorité de Kant; aussi l'ouvrage qu'il envoya à l'académie se ressent de sa prédilection pour ses propres théories. La réponse d'Abicht, professeur à Erlangen, fut la moins satisfaisante, et l'on ne peut s'expliquer la préférence par l'académie de son

---

(¹) *Preisschriften über die Frage: Welche Fortschritte etc* pages 141-142. Berlin, 1796.

travail sur celui d'Jénisch qui s'étendait davantage sur les questions à l'ordre du jour que par le manque considération dont jouissait à Berlin où il vivait. cet israëlite qui, sans avoir reçu le baptême n'avait pas moins, dit-on, été élevé au ministère ecclésiastique, et qui montrait par la légèreté de sa conduite et la hardiesse de ses pensées que l'esprit chrétien ne l'animait aucunement (¹).

Un autre levée de bouclier eut lieu contre la philosophie de Kant, et cette fois par l'adversaire que notre philosophe avait prétendu le mieux terrasser, le scepticisme. C'est dans la *Bibliothèque allemande*, qui recueillait tous les genres d'attaques contre Kant qu'il essaya ses forces; et la maxime banale que puisque l'on ne pouvait pas connaître les choses en soi l'on ne peut pas davantage s'assurer de leurs représentations, faisait ordinairement tous les frais de cette polémique. Mais lorsque Reinhold eut donné sa *Théorie des représentations* et qu'il eût embrassé la cause de Kant avec l'enthousiasme que nous lui avons connu, un ouvrage anonyme parut qui sous le nom d'*Enesidème* (²) se déclara contre l'audace d'une critique qui prenait toutes les allures du dogmatisme le plus tranchant. C'était une correspondance entre Hermias et Ene-

---

(¹) Rosenkranz prétend que le meilleur travail, c'est-à-dire l'œuvre la plus spirituelle, la plus complète et écrite avec le plus d'indépendance fut envoyée par Hulsen et qu'elle ne fut pas accueillie avec faveur par l'académie.

(²) Il parut également sans indication du lieu où il avait été imprimé.

sidème dans laquelle l'auteur, que l'on sut bientôt être Schulze professeur de philosophie à Gœttingue, protestait tout-à-la-fois et contre les idées de Kant sur la notion de l'empirisme, et contre celle des représentations de Reinhold. Prétendant que la logique générale est la pierre de touche de tout ce que l'on donne pour vrai, il fondait son scepticisme sur l'illégitimité des conclusions lorsque l'on conclut des qualités logiques d'une chose à ses qualités réelles. Ainsi le scepticisme de Schultze ne s'étendait pas à proprement parler sur le fait lui-même de la conscience, mais se contentait d'affirmer que les puissances de notre être ne pouvaient rien conclure sur les choses représentées. C'est dans cet esprit que fut également composée sa *Critique de la philosophie spéculative* (¹) dans laquelle il soumettait à une critique sévère et d'après le point de vue indiqué, les systèmes de Locke, de Leibnitz et de Kant. Peu à peu Schultze se dégagea de liens embarassans du scepticisme et laissa percer le désir de se rapprocher de la philosophie de Jacobi qui avait quelque affinité avec sa manière de considérer la conscience humaine. J'ai déjà eu l'occasion de faire remarquer que le trop grand enthousiasme des disciples nuit d'ordinaire à ce que le maître peut avoir enseigné de raisonnable. Ici, l'éxaltation de Reinhold et de quelques autres écrivains qui recevaient comme un nouvel Evangile la philosophie de Kant, paraît avoir poussé le judi-

(¹) 2 vol. Hambourg. 1821.

cieux mais assez inconstant Schultze dans les voies d'un scepticisme qui ne le satisfaisait pas. N'était-on pas allé jusqu'à avancer que l'apparition de Kant était un événement plus remarquable que celui de Jésus puisque si Dieu s'était manifesté *en chair* dans le Christ il venait de se manifester en *esprit* dans le philosophe de Kœnigsberg (¹).

Mais l'opposition la plus sérieuse qui s'éleva contre le criticisme et qui lui enleva des partisans nombreux parce qu'elle était davantage dans le vrai en matière de philosophie, et que le vrai pouvant tout aussi bien être pressenti que compris doit par cela seul gagner à la philosophie de la foi tous ceux qui sans renoncer à l'usage complet de leurs facultés intellectuelles dans toutes les branches des connaissances humaines, confessent qu'il y a des vérités qui ne se peuvent démontrer, et pourtant dont on est aussi sûr que de sa propre expérience; et ceux qui levèrent cette bannière en Allemagne pour y abriter les âmes avides de vérité et que la philosophie en vogue ne satisfaisait pas, portent trois noms qu'une juste auréole de célébrité entoure, quoiqu'à de titres divers, savoir Hamann, Herder et Jacobi, et qui nous forcent encore aujourd'hui surtout le dernier, à nous demander s'il ne faudra pas revenir à la simplicité de quelques-uns de leurs principes philosophiques, lorsque nous aurons été

(¹) Voir une dissertation de Merian dans les Mémoires de l'Académie des sciences de Berlin, année 1797, où le fanatisme kantien est jugé avec une juste sévérité.

désabusés des pompeuses promesses de ceux qui ne les récusent qu'à cause de leur simplicité même.

Hamann est cet écrivain si connu autant par l'instabilité de sa vie que par l'étonnante facilité avec laquelle il pouvait s'appliquer aux études les plus diverses et en parler ensuite, sinon avec profondeur, du moins avec connaissance de causes et avec une originalité d'expression qui n'était pas sans mérite, et qui en a fait un écrivain pour lequel il a fallu inventer un mot quand on a voulu définir son caractère, celui de *mage du nord* qui exprime, en effet, sa manière de s'énoncer en forme d'oracles. Né à Kœnigsberg, Hamann y avait passé une grande partie de sa vie, et l'on voit par sa correspondance avec Herder et Jacobi qu'il y avait été lié d'amitié avec Kant. On lui a quelquefois reproché son inconstance à ce sujet, attendu que sa correspondance révèle qu'il avait été épris de la philosophie critique avant le public lui-même puisqu'il l'avait pu lire sur les épreuves d'imprimerie, tandis qu'il la combattit ensuite, et a fait cause commune avec deux de ses adversaires les plus déclarés. Mais si quelque chose doit étonner c'est que Hamann ne soit pas devenu un chaud défenseur de son ami, fasciné comme il pouvait l'être plus encore par ses entretiens que par la lecture de ses ouvrages, et l'on doit admirer d'autant plus la force de résistance qu'il a dû opposer contre tout ce qui conspirait à le rendre un kantien décidé. C'est cette situation particulière à laquelle il faut ajouter le souvenir de certains services qu'avait pu rendre Kant à son ami, et qui les liaient l'un à l'autre par un sentiment délicat, c'est, dis-je, cette situation que les circonstances avaient créées qui rend plus honorable l'indépendance de Hamann vis-à-vis d'un philosophe qu'il honorait, mais dont il ne pouvait pas admettre les théories. Seulement je lui désirerais plus de franchise dans ses relations avec Kant, et que loyal chevalier il ne baissât jamais la visière quand il profitait de ses relations pour préparer d'avance un travail contre les travaux de son ami.

L'on sait qu'après avoir été élève de l'université de Kœnigsberg où il avait connu Kant, Herder était devenu un prédicateur distingué, un écrivain brillant et qui occupait dans la philosophie une place honorable. Ses *Idées sur l'histoire de l'humanité*, peuvent bien être critiquées; mais de même que cet ouvrage n'avait pas eu de modèle, puis que Bossuet et Vico avaient suivi une marche bien différente, il n'a pas encore trouvé d'écrivain qu'il pût le faire oublier. Voici donc des détails sur ces préparatifs d'attaque que Schubert me met à même de donner. Hamann donc écrivait en 1781, à l'éditeur de Kant: „Avant-hier je reçus les trente premières feuilles de la *Critique de la raison pure*, et je me contins pour ne pas les lire le jour même afin de pouvoir achever ce que j'avais à lire de Voltaire. Mais hier je suis resté toute la journée chez moi et j'ai avalé les trente feuilles d'un seul trait. Dans le chapitre relatif à la raison je perdis le fil...

et je dus croire qu'il ne manquera pas plus de lecteurs à cet ouvrage qu'il ne manqua de souscripteurs à la république allemande de Klopstock. J'ai pourtant sauté deux feuilles parce que la thèse et l'antithèse couraient des deux côtés opposés et qu'il m'était trop difficile de suivre le fil sur un exemplaire brut.... D'après une prévision humaine cet ouvrage fera époque, et donnera occasion à de nouvelles recherches. Au fond il y en a peu, qui seront capable d'en saisir les raisonnemens scholastiques. A mesure que l'on avance l'on s'intéresse davantage à sa lecture. Après avoir marché longtems sur le sable on arrive à des endroits charmants qui vous reposent de la fatigue. D'ailleurs l'ouvrage abonde en points de vue différens, et je ne doute pas qu'il ne donne du fil à retordre dans l'enceinte comme hors des murs de la faculté." Il s'en exprime de même avec Herder (27 avril): „...Tout cela me semble aboutir à un nouvel *Organon*, à des nouvelles catégories d'une structure autant scholastique que sceptique." Voyez donc cette manière de Hamann; avec un libraire qui peut en écrire à Kant, il a l'air de faire un éloge complet du livre qu'il lui a proposé lui-même d'éditer; mais s'adresse-t-il à un écrivain qui peut relever les erreurs de son ami, comme, en effet, Herder le fit, il en parle sur un ton qui n'est pas éloigné du persifflage! Il écrit encore à Herder à la date du 8 mai: „Je suis curieux de savoir ce que vous penserez de ce chef-d'œuvre de Kant. Ayant été son auditeur, vous comprendrez le tout beaucoup plus vite. Il mérite à mon avis le surnom de *Hume prussien* (!). Toute sa théologie transcendentale me semble vouloir arriver à un idéal de l'Entité. A son insçu, il s'élève plus que Platon dans le monde intellectuel. à propos du tems et de l'espace. On y trouve le langage, la technologie, cette *deipara* de la raison pure scholastique, et un nouveau bond de la *tabula rasa* de Locke sur les *formas et matrices innatas*. Tous deux s'égarent. et tous deux ont raison: mais en quoi? Jusqu'à quel point? Y a-t-il inégalement *Rhodus et Saltus?* Hume est toujours mon homme parce qu'il ennoblit le *principe de la foi* et qu'il l'admet dans son système. Notre concitoyen remache (wiederkäut) continuellement ses attaques sur la causalité sans y penser; ce qui ne me parait pas loyal. Les dialogues de Hume se terminent par le vœu platonique et juif de l'arrivée d'un nouveau prophète; Kant se montre plutôt un cabaliste qui fait d'un *Aiôn* un Dieu pour seconder et affirmer la certitude mathématique, ce que Hume fait plutôt au moyen de l'arithmétique sans géométrie. Maintenant que le premier volume est terminé. je cherche à me faire une idée de son contenu et je ne me fie pas à un coup-d'œil jeté sur le tout. échauffé que je suis de cette première lecture. pour pouvoir non pas seulement en rendre compte dans un journal. mais le juger véritablement: du moins je ne pourrais pas le faire à coups de dragées philosophiques (philosophischem Schrot)."

Dans une lettre du 31 Mai à l'éditeur, après lui avoir annoncé que Kant faisait courrir dans la ville une liste de souscriptions qui contenait déjà près de cent signatures et dit que s'il en arrive ainsi dans toute l'Allemagne, il en aura du bonheur, il ajoute: „J'ai de nouveau étudié ce premier volume et plus que jamais je le trouve au dessus de l'intelligence du grand nombre. Et si l'on ne parvient pas à comprendre l'auteur, loin de tirer avantage de ce livre on ne ferait que se nuire. Kant me presse lui-même de publier les *Dialogues* (de Hume); et il ne pense pas que je ne puis traduire Hume, sans faire du tort aux Prussiens, sans rompre une lance avec toute la philosophie transcendentale et en particulier avec son système de la raison pure." Il écrit à Herder le 8 Août: „..... J'avais préparé un article *en gros* (¹) sur la critique, mais je l'ai mis de côté, parce que je ne veux pas me heurter contre l'auteur qui est un de mes anciens amis, et je puis dire presque un bienfaiteur, puisque c'est à lui, en grande partie, que j'ai dû la première place que j'ai occupé; mais si ma traduction de Hume vient à paraître, alors je dirai hautement ce que j'en pense. Que je vous apprenne que Kant a l'intention de publier une extrait de sa critique à l'usage des profanes." Il s'agissait ici d'un article pour la gazette de Kœnigsberg, qui n'a été publié que dans les œuvres de Hamann long-tems après

---

(¹) Ce mot est en français dans l'original.

qu'il fut composé (¹). Ecrivant au maitre de chapelle Reichardt, Hamann lui demande ce que pensent les métaphysiciens des bords de la Sprée, de la *Critique* prussienne de la *raison pure* qui aurait pu, tout aussi bien s'appeler mystique, à cause de son idéal qui ferme la bouche à toute la théologie pure de Spalding, Steinbart &c., ainsi qu'aux considérations jésuitiques de nos *Hephestion* (²). Il paraît que cette manière de s'exprimer sur le compte d'un ami, ne demeura pas toute-à-fait inconnue à Kant, puisque nous voyons qu'à dater de cette époque leurs relations ne sont plus aussi étroites, et que pour avoir des nouvelles de l'extrait de la critique, Hamann est obligé de s'en informer auprès du libraire éditeur. Il écrit encore à Herder en Décembre: „..... Je suis réjoui d'apprendre que Lavater tienne un même langage avec Kant; cela me prouve que, sans le savoir tous les philosophes sont des fanatiques et *vice versa* (³)."

Pendant les deux années qui suivirent l'apparition de la *Critique*, cette correspondance ne signale plus relativement à notre sujet que le mécontentement de Kant causé par un compte-rendu dans les *Annonces savantes* de Gœttingue dans lesquelles le philosophe était traité d'imbécille; mais il remarque la satisfaction qu'il avait éprouvée de l'ouvrage du professeur Sch... qui le dispensait, disait-il,

(¹) Tom. II. des œuvres de Hamann, p. 11-51.
(²) Ibid. p. 212.
(³) Ibid. p. 227.

de donner lui-même de nouveaux éclaircissemens sur ses principes.

Ne pourrait-on pas remarquer dans l'esprit de cette correspondance la détermination de Herder, à écrire sa *Métacritique*, et surtout dans ces paroles que lui adresse Hamann (6 Fevr. 1785): „Kant est trop plein de son système pour pouvoir vous juger avec impartialité, il n'y a encore personne qui soit en état de saisir votre plan." Kant, en effet, écrivit un article sur les *Idées de Herder* (¹), qui pour contenir une critique des principales vues qu'elles développent, n'était pas moins rédigé avec un sentiment exquis d'urbanité qui aurait dû prévenir la susceptibilité de Herder. Il l'appelle, dès le début, un écrivain ingénieux, éloquent, d'une originalité qu'on ne peut méconnaître, et il déclare dans la conclusion, que malgré le désir de Herder de trouver „sans agrément tout ce qui a été fait jusqu'à lui dans le champ des travaux philosophiques, il est obligé de confesser que dans l'ouvrage en question, il avait donné un bel exemple de ce qu'on devrait faire, puisqu'il le considérait comme un modèle dans l'art véritable de philosopher." Herder répond à Hamann qui apparemment lui avait fait parvenir l'article: „Il est singulier que des métaphysiciens comme votre Kant ne veuillent pas d'histoire dans l'histoire, et que d'un front hardi ils la bannissent du monde. J'amasserai du feu et du bois pour donner un plus grand aliment à la flamme historique."

(¹) Voir le tom VII, p. 339-62.

si ce doit être là l'origine et le bûcher de ma réputation historique. Laissez-les se livrer à la spéculation dans leur ciel vide et glacé (¹). " Voilà un trait décoché contre Kant qui, si je ne me trompe, part quelque peu d'un amour propre irrité. Pour satisfaire Herder aurait-il donc fallu que Kant abdiquât son passé, tout en ayant les mêmes convictions, et confessât que son disciple devait croître en proportion de sa propre décadence? Ne suffisait-il donc pas que le maître rendît sincèrement hommage aux beaux talens de son disciple pour être libre ensuite de le combattre avec la loyauté d'un écrivain autrement convaincu. Heureusement que l'on a des paroles de Herder sur Kant qui compensent celles-ci avec usure, et qui font amplement justice de cette boutade d'un amour propre blessé (²). Hamann lui-même comprit l'injustice d'un tel procédé, et il s'en exprime librement avec son ami. Mais l'article de Kant sur les *Idées* de Herder publié dans la *Gazette universelle de la littérature* avait fait sensation, et l'appui que trouva Herder dans le *Mercure allemand* ne fit qu'encourager notre philosophe à répliquer de plus belle, brièvement, il est vrai, mais, comme le dit Schubert, sur le ton d'une charmante froideur. Depuis ce jour le jugement de Kant sur Herder fut irrévocable.

Cependant Herder trouva bientôt l'occasion de

(¹) *Oeuvres de Hamann*, VII, p. 227.

(²) Voir à la fin de sa *meta-critique* un bel hommage rendu au noble caractère de Kant

manifester son ressentiment lorsqu'il publia son ouvrage sur *Dieu* (¹), qu'il avait spécialement écrit pour dire son mot sur le spinosisme dont Lessing s'était déclaré l'apologiste, d'après Jacobi; mais il rompit plus ouvertement des lances avec son maître dans des ouvrages *ad hoc* qu'il opposa et à la *Critique de la raison pure* et à celle du *Jugement* (²). Mais on s'accorde à dire que Hamann l'emporta sur Herder dans la manière de présenter les idées de la philosophie qu'ils combattaient, et dans la connaissance du terrain de la spéculation sur lequel ne pouvait pas se trouver à son aise la brillante imagination du prédicateur de Weimar. Il ne suffisait pas d'écrire de belles pages sur l'idée du droit et du devoir pour réfuter une œuvre si fortement conçue et dont les diverses parties sont si bien liées entr'elles; mais pour en faire justice complète il eût fallu opposer théorie à théorie et à côté de la négation présenter de quoi remplacer l'œuvre gigantesque dont on débarrassait la république des lettres. La réputation de Kant avait trop grandi pour prétendre la lui arracher avec de simples aperçus et au moyen de subtiles distinctions sur la valeur des mots; mais comme il entrait dans la manière de Herder de poétiser ainsi sa polémique, il ne pouvait guère recueillir lui-même les fruits de sa victoire. La postérité seule qui est déjà venue pour ces deux écrivains

---

(¹) *Gott, einige Gespräche*, Gotha 1787.

(²) *Metakritik zur Kritik der reinen Vernunft*, Leipzig, 1799 et *Calligone*, Leipzig, 1800.

pouvait, en négligeant le côté faible des écrits philosophiques de Herder, sa précipitation dans leur composition qui accuse un *désordre qui n'est pas un effet de l'art*, et sa partialité évidente dans l'exposition de son sujet, la postérité seule, disons-nous, pouvait réunir en faisceaux les réflexions excellentes qu'ils contiennent, les formuler en principes, et par leur co-incidence avec ceux de Hamann et de Jacobi, les faire servir au triomphe de la philosophie du sens commun pour laquelle Jacobi va lutter à son tour contre toutes les puissances spéculatives de son tems, et qui pour avoir été désignée autrement dans la chaleur de la dispute, n'a pas moins survécu jusqu'à présent à la destruction de tous les systèmes philosophiques, parce que le bon sens ou le sens commun qui nous oblige à des actes de foi, et par conséquent à la pratique d'une philosophie de la foi, doit nécessairement prévaloir lorsque l'on ne se donne pas d'avance la tâche de le braver et de lui opposer des hypothèses phantastiques.

Quand il s'agit de connaître les rapports qui auraient pu exister entre Kant et Jacobi, l'on est heureux de ne pas rencontrer une seule ligne dans ce dernier, soit qu'il écrive à Hamann où à Herder, soit à d'autres personnages de son époque, qui ne démente la vénération et l'estime qu'il avait vouée à son noble adversaire de Kœnigsberg. L'on aime surtout lui entendre dire à Forster, autre adversaire de Kant: „Vous prétendez que je suis trop attaché à Kant pour l'attaquer moi-même; mais il me semble l'avoir assez fait dans mon article sur l'idéalisme et le réalisme. Mais j'honore Kant et le regarde comme un esprit extraordinaire (ausserordentlichen Geistes). Je regarde son système comme la plus haute expression du fameux principe de Descartes: *Je pense, donc je suis*, lequel j'aimerais de pouvoir renverser, et j'ai la confiance que cette révolution qui s'opère sera le dernier essai du cartésianisme ([1])." Voilà de la franchise et de la magnanimité; et l'on sait par une lettre recueillie dans les œuvres du philosophe de Kœnigsberg que ses sentimens pour Jacobi étaient à la même hauteur. Cependant parce que Jacobi a préféré le bon sens à des élucubrations le plus souvent creuses au lieu d'être profondes, parce qu'il n'a jamais prétendu faire de la philosophie à la manière des docteurs de l'université plusieurs lui ont refusé le brevet du savoir, lorsque dans plusieurs polémiques vives et brillantes dans lesquelles il se vit engagé il sut démêler le côté faible de tous les systèmes et les faire ressortir avec un tact incomparable. Oui. Jacobi n'a pas formulé proprement de système, il n'a pas cru avoir découvert la synthèse générale, la solution de toutes les questions qui intéressent l'humanité, mais il a jeté des traits de lumière sur toutes les questions qui s'y rattachent, il a posé

---

[1] Jacobi's Werke, tom. III. 518. Les ouvrages de Jacobi qui contiennent le plus de ses idées éparses dans toutes ses œuvres, sont: *Lettres sur la doctrine de Spinosa.* — Le roman de *Woldemar* dernièrement traduit en français et ses lettres à Fichte et à Schelling.

des principes que les philosophes scholastiques ont fait semblant de ne pas trouver assez profonds, et auxquels pourtant l'on revient sans cesse depuis quarante ans chaque fois que l'on s'est désenchanté dans l'examen ingrat des opinions contemporaines en philosophie; et pour rester ici dans mon sujet, quoique le nom de Kant soit toujours vénéré et que les sciences en Allemagne en soient encore impregnées, il n'est pas moins vrai que sa philosophie peut-être regardée comme un de ces beaux météores qui éblouissent les regards de la génération qui l'a apperçu, et dont s'entretiennent les savans jusqu'à ce qu'ils en aient imaginé l'explication. Elle aussi a été examinée et placée ensuite par les ordonnateurs des productions humaines à la place distinguée qu'elle mérite d'occuper: mais les simples idées que jette Jacobi dans des ouvrages qui n'avaient pas l'air d'être philosophiques, viennent se mettre incessamment à l'encontre de tout ce qui se donne pour système philosophique, et les jette dans l'embarras par les questions pressantes qu'elles leur adressent. Ne serait-ce point que tout ce qui n'est que du ressort de l'intelligence ne se contente jamais d'hypothèses dont l'intelligence est toujours à même d'apprécier la vanité: tandis que les besoins du cœur étant toujours les mêmes, les principes qui s'harmonisent avec eux doivent aussi ne pas changer de nature; et l'on sait que Jacobi faisait de la philosophie ce que l'on devrait faire de la religion, une affaire du cœur. L'on a vu que la faculté dominante de l'homme pour Kant était l'intelligence (Verstand) et non proprement la raison (Vernunft) laquelle Jacobi distinguait rigoureusement de l'intelligence, et il a toujours refusé d'accorder au sentiment la place supérieure qu'il doit avoir dans les choses qui touchent à la partie morale de notre être. Jacobi regardant, au contraire, le sentiment, comme une faculté de premier ordre laquelle néanmoins ne raisonnant pas de la même manière que l'intelligence, il ne faut pas s'étonner si Jacobi n'a pas essayé d'en décrire les droits et de les rattacher à un ensemble d'idées qui pût s'appeler philosophie.

Cependant les résultats des investigations de Jacobi dans le domaine de la philosophie n'ont pas été purement négatifs. Avec Kant il reconnaissait que l'intelligence ne pouvait prétendre à la compréhension des choses supra-sensibles, et il ajoutait même que cette faculté n'était pour l'homme qu'un instrument de destruction, à moins que conséquente avec même elle avançat jusqu'au fatalisme que le spinosisme nous offre dans sa plus pure expression: car, ainsi que nous l'avons prouvé ailleurs, Jacobi avait le bon sens de se joindre à Lessing pour avouer qu'en dehors de la révélation chrétienne il ne pouvait y avoir d'autre philosophie que le spinosisme. Mais, homme de son siècle, Jacobi crut trouver dans le rationalisme sentimental l'idée de la pure révélation chrétienne: et de là les imperfections de son système qui ne répond pas entièrement à l'attente de la conscience humaine

Suivant Jacobi l'homme a deux organes pour saisir la réalité, celui des sens au moyens desquels il s'exerce sur les objets antérieurs, et la raison (Vernunft) qui lui sert d'intuition pour les objets placés au-delà des limites de l'expérience. L'intelligence n'est donc qu'une faculté secondaire propre à s'emparer de ce que les sens et la raison lui fournissent, mais qui pour ce motif doit être subordonnée à la raison. Il est vrai que celle-ci n'est point active dans ce sens qu'elle serait à elle-même l'objet de ses pensées créatrices: non, sa nature est de recevoir immédiatement de l'être absolu ce qu'il lui faut de lumières pour connaître, de forces pour agir. D'où il s'ensuit que la conscience libre de se retremper à ce foyer incessant d'inspiration n'obéit point, dans la manifestation de son intérieur à une idée abstraite du devoir, mais à une influence réelle de la divinité qui se fait nécessairement sentir à qui se place dans la condition de cette influence, et cette condition c'est la volonté. On comprend par là comment des actions qui en tout tems et en toutes circonstances seraient impitoyablement condamnées pour des crimes par la raison pratique, peuvent révéler, au contraire, dans leur auteur le plus grand enthousiasme par la vertu. Oui, dit Jacobi, que l'on me place dans les mêmes situations et je mentirai comme la mourante Desdemona, je tromperai comme Oreste lorsqu'il s'immola pour son ami Pylade, j'assassinerai comme Epaminondas ou Jean de Witt, je m'arracherai la vie comme Caton ou je profanerai le temple comme David; car la conscience me déclare qu'en me permettant alors la violation de la lettre je ne fais qu'exercer un droit que me confère ma dignité d'homme, droit qui porte l'empreinte du sceau divin qui m'y autorise.

Remarquez cependant qu'il serait injuste de ne pas rappeler que Kant, lui aussi, distingue l'intelligence de la raison; mais il y a cette différence entre Jacobi et le philosophe de Kœnigsberg que celui-ci ne voit dans la raison qu'une puissance d'analyse et une faculté pratique, tandis que Jacobi la confondant, peut-être trop, avec la conscience, la considère comme un élan de l'ame vers Dieu pour s'approprier dans ce sublime contact des vérités qu'elle ne saurait elle-même découvrir, et c'est par là qu'il légitimait sa maxime favorite empruntée à Pascal: La nature confond les pyrrhoniens et la raison confond les dogmatistes.

Ainsi Hamann, Herder et Jacobi reconnaissent tous une haute valeur à la philosophie critique, mais seulement dans sa partie négative ou destructrice; et c'est Jacobi surtout qui s'est admirablement servi du système kantien pour signaler le vide des systèmes philosophiques qui prétendent donner la raison de toutes les réalités. Toute philosophie, disait-il, se sert du fini pour comprendre l'infini; elle ne peut donc aboutir qu'à la nature et l'identifier à Dieu, et c'est pourquoi le panthéisme spinosiste est la plus haute expression de la conception humaine; mais à tort suivant moi, il ajoutait que, conséquemment, toute philosophie est athée et qu'il est de son intérêt de l'être, parce qu'une erreur sur la nature de Dieu ne saurait jamais constituer l'athéisme (¹). Avec la même vivacité Herder attaquait dans Kant cette hardie construction du monde objectif par les simples opérations de la pensée. La logique kantienne n'est qu'un vain bruit, disait Hamann, et vide est sa dialectique puisque la première est dépouillée entièrement de ses formes pures, l'espace et le tems, et la seconde de la valeur objective de l'intelligence, et tout cela ajoutait-il est une fiction; il y a ici plus que du vide, il n'y a plus que la mort. Que parlez-vous de principes *a priori* disait-il encore à Kant, dont vous gratifiez arbitrairement votre intelligence, lorsqu'il vous serait si facile de faire encore un pas, et de dire avec nous qui écoutons la voix de la nature: oui, nous reconnaissons des vérités premières, mais quoiqu'incontestables elles ne peuvent être démontrées: c'est par une révélation immédiate que nous les possédons. Elles nous mettent en rapport avec quelque chose d'inconditionnel que nous pressentons, et que nous ne démontrons pas, mais toute conscience le

---

(¹) Fichte le fils dans son intéressant ouvrage: Beiträge zur Characteristik der neueren Philosophie (2ᵉ édit. 1811), a beau jeu lorsque prenant occasion de ces exagérations de Jacobi, qu'il ne donnait pas pour des théorèmes inattaquables, s'appesantit sur le non-libéralisme (Illiberalität) de l'adversaire de son père, et détourne ainsi adroitement les coups dirigés contre l'idéalisme de Fichte pour les faire tomber sur la philosophie elle-même.

sent et toute langue le nomme, c'est Dieu, le révélateur de lui-même en nous. Jacobi n'allait pas jusqu'à dire avec l'école moderne que c'était une incarnation incessante de la divinité dans l'homme; quoiqu'il trouvât un sens spéculatif au christianisme non, le rationalisme de Jacobi quoique formel, puisqu'il croyait cette révélation intérieure suffisante et qu'il n'en rencontrait pas d'autre dans Jésus et les prophètes de l'ancienne loi, bornait son gnosticisme à cette opération première de l'infini avec le fini dont l'impulsion suffisait pour le développement ultérieur de toutes les facultés humaines. Hamann et Herder se fussent probablement plus rapprochés du gnoticisme moderne, eux qui s'inspiraient plus que Jacobi de la nature extérieure, cette autre pensée de Dieu. Mais il ne faudrait pas en conclure que leur foi en un contact du divin avec l'humain allât jusqu'à identifier ces deux choses, surtout Hamann qui n'osait pas dire avec Herder dans la crainte de n'être pas compris, que Dieu s'était lui-même limité dans chaque chose, mais qui confessait volontiers qu'une saine philosophie devait conduire à l'harmonie de l'objectif et du subjectif, et que cette harmonie n'est jamais mieux comprise que lorsqu'on écoute la voix de Dieu se répétant d'écho en écho depuis les profondans de l'être humain jusqu'aux faits les moins retentissans du monde physique ou de l'histoire.

Il n'est pas étonnant qu'avec des principes si simples et si propres à satisfaire ceux d'entre nous qui aiment autant à nourrir leur ame toute entière que de donner à la seule intelligence un aliment transcendental qui ne la satisfait guère, il n'est, dis-je, pas étonnant que Jacobi ait parlé au cœur de beaucoup de ses contemporains; surtout parmi ce grand nombre d'esprits cultivés qui veulent bien savoir à quoi s'en tenir sur des questions aussi palpitantes d'intérêt que celles de Dieu et de l'ame humaine, mais qui ne se sentent aucune vocation pour suivre les philosophes dans les regions si arides de l'abstraction, et leur ait fait chérir autre chose que l'impératif de Kant, qui pour entraîner quelques individualités au caractère excentrique ne peut comme la philosophie de Jacobi, enflammer les cœurs par la pensée d'une communication réelle avec la divinité et les remplir d'un saint enthousiasme pour ses volontés souveraines. On a reproché aux écrivains partisans de cette philosophie nommée à son origine par Jacobi, philosophie de la foi, et plus tard philosophie de la raison (Vernunftreligion), et que l'on qualifierait plus exactement si elle était désignée comme celle du bon sens, on lui a reproché sa trop grande simplicité et son peu de valeur scientifique; mais ceux qui lui ont adressé ces reproches n'ont pas encore expliqué s'ils accordaient cette valeur aux choses ou seulement à des mots inventés non pour les exprimer, mais pour les obscurcir. Certes, on conviendra facilement que ni Hamann, ni Herder, ni Jacobi n'ont pu réunir autour d'une chaire qu'ils n'avaient pas, des disciples qui eussent formé école à l'instar des philosophes professeurs leurs antagonistes; mais quand des écrivains comme Köppen, Schultze en partie, Gaétan de Weiler, Jean Paul (Richter), Ancillon et une foule d'autres ont rendu hommage à cette philosophie, et que Schleiermacher et Fries ont cherché à se rendre médiateurs, le premier entre Jacobi et Fichte, le second entre Kant et Jacobi, il faut pourtant convenir que malgré l'absence de formes systématiques il doit y avoir dans la philosophie de la foi quelque chose de plus que du dilettantisme philosophique, et que l'homme qui a écrit les lettres sur l'enseignement de Spinosa et son traité sur le réalisme, était capable comme tout autre s'il l'eût jugé nécessaire, de formuler ses idées avec la rigueur scientifique qu'on a paru lui demander.

On a également reproché à Jacobi de n'avoir pas compris le système de Kant lorsqu'il l'accusait dans les parties qu'il n'approuvait point, de conduire au spinosisme. Mais quoique Jacobi n'ait réellement pas formulé son accusation scientifiquement, et qu'il n'ait fait que l'indiquer avec plus de clairvoyance que de logique, qui doute aujourd'hui, qu'en bornant au monde phénoménal, le principe de la causalité, et ne voyant qu'un substrat inconnu dans l'inconnue essence de l'univers spinosiste, Kant n'ait donné le droit à ses critiques de le considérer sur la route d'un spinosisme élevé jusqu'à la hauteur des lumières du XVIIIe siècle ([1]). Il est vrai

---

([1]) Franke, Versuch über die neueren Schicksale des Spinosismus,

que Kant s'en est défendu avec vivacité; mais il n'est que trop vrai que les auteurs d'un système sont souvent les seuls à ne pas en connaître toute la portée. „Il est à peine croyable, disait-il, que des hommes instruits tels que Mendelssohn et Jacobi puissent trouver dans la *Critique de la raison pure* quelque chose qui ressemble au spinosisme. La critique coupe de prime abord les ailes au dogmatisme quand il veut juger des objets au-dessus des sens, tandis que le spinosisme est si dogmatique à ce sujet, qu'il rivalise de zèle avec les mathématiques quand il s'agit de preuves démonstratives. La critique prouve que la table de la notion de la raison pure doit contenir tous les matériaux de la pensée pure; le spinosisme, au contraire, parle des pensées qui pensent elles-mêmes et par conséquent d'un accident qui doit ainsi exister aussitôt comme sujet, idée qui ne se trouve point dans l'intelligence humaine et qui n'y arrive jamais. La critique montre qu'il ne suffit pas, pour soutenir la possibilité d'un être qui se pense soi-même, qu'il n'y ait rien dans cette idée de contradictoire (quoiqu'il soit toujours permis d'admettre cette possibilité); le spinosisme prétend, lui, qu'il est impossible de comprendre un être dont l'idée consiste simplement en notion de pure intelligence qu'on a dépouillé de toutes les conditions de sensibilité, et dans laquelle par conséquent on ne peut trouver

---

p. 62-64. Comparez, J. H. Fichte, Beiträge zur Characteristik der neueren Philosophie, 2e édit. Sulzbach, p. 451.

de contradiction; et cependant il n'appuye sur rien cette exorbitante prétention. C'est justement par là que le spinosisme conduite au fanatisme. Il ne donne pas un seul bon remède pour extirper ce fanatisme dans sa racine si l'on repousse ma définition des limites des facultés de la raison pure (¹)." Et puis, Kant, de se fâcher contre les critiques qui lui attribuaient leurs propres pensées, à peu-près comme les éclectiques de l'ancien tems mettaient dans la bouche de Platon leurs élucubrations nébuleuses de plus fraîche date. „Ainsi, s'écriait-il en finissant, rien de nouveau sous le soleil!" oui, pas même de voir un philosophe exclusivement amoureux de son système.

(¹) Oeuvr. c. tom. I, p. 386 dans l'opuscule: *Qu'appelle-t-on s'orienter dans la pensée?*

CHAPITRE XVII.

Position de Schelling et de Hégel vis-à-vis de Kant. — État actuel de la philosophie en Allemagne. — Conclusion.

Ma tâche serait ici terminée, si dans un ouvrage qui traite de la philosophie moderne en Allemagne, il n'était pas en quelque sorte nécessaire de rappeler deux noms contemporains que mes lecteurs ont sans doute présens à leur esprit, quoique ce ne soit pas proprement à l'école de Kant que ces deux noms appartiennent lors même que leur système découle du sien; mais puisque leur absence de cette histoire accuserait une lacune plus apparente que réelle, et que leurs noms seraient d'autant plus cherchés qu'on ne les y trouverait pas; je dois m'exécuter à l'égard de Schelling et de Hégel, et par une brièveexposition de leurs idées philosophiques déterminer leur position vis-à-vis de Kant [1].

Il n'est pas rare d'entendre dire que Schelling et Hégel ont fait sortir leur théorie de la théorie

---

[1] Pour la philosophie religieuse de Schelling et de Hégel voyez: *Histoire du rationalisme*, 2e édit. p. 324-28, 342-47 et quand à leurs rapports avec Spinosa, voyez: *Histoire de la vie et des œuvres de Spinosa*, p. 272-346. Depuis que j'ai écrit ce dernier ouvrage, un Zurichois qui porte un nom bien connu dans le monde savant, le frère du grand philologue Orelli, a publié, lui aussi, une esquisse de la vie de Spinosa où le spinosisme de Schelling et de Hégel est démontré outre mesure.

de Kant, comme la fleur sort de son enveloppe; mais la vérité est que ni l'un ni l'autre n'ont eu d'abord conscience de leur avenir, et que leur début n'a pas été comme ceux de Spinosa et de Kant, lorsque dès leurs premiers pas dans le domaine de la spéculation ils dessinaient l'édifice qu'ils avaient l'intention d'ériger. Schelling et Hégel n'ont débuté eux, qu'à la manière de braves écoliers qui ne voient guère au-delà de la chaire autour de laquelle ils se pressent; mais qui plus réfléchis que leurs condisciples, repassent à loisir les enseignemens de leur maître, et se promettent de ne rien admettre définitivement de ce qui n'aurait point passé par le crible de leur critique subjective. Aussi leurs premiers essais ne traitaient que des matières à l'ordre du jour et n'avaient d'autres prétentions que de montrer la manière dont ils les comprenaient eux-mêmes. Pour Schelling surtout, l'on ne voit pas qu'il eût d'autre intention, même après ses essais d'écolier, que de fonder scientifiquement ce qu'à grand' peine Fichte mûri par l'expérience s'efforçait de rétablir religieusement. Ainsi, pendant que le philosophe de Kœnigsberg écoutait en silence le retentissement de sa philosophie, que Reinhold par une évolution bien douce la ramenait sur le terrain de la représentation, voulant qu'on la distinguât et de la chose représentée et du sujet représentant; pendant que Fichte pénétrant avec plus de profondeur le criticisme étalait toutes les contradictions du sujet et de l'objet, refoulait dans sa tannière le scepticisme qui faisait mine d'en sortir sous l'égide d'Enesidème (¹), et publiait sa *Théorie de la science;* Schelling et Hégel, deux enfans de la Souabe, se liaient, quoique d'un âge différent, d'une amitié que l'amour de l'étude faisait plus naître sans doute, qu'une sympathie de caractère. Les dissertations inaugurales de Schelling roulèrent sur le récit de la chûte du genre humain rapporté dans le 3e chapitre de la Génèse, et rappelaient la manière mythique et poëtique de Herder, tandis que celle de Hégel sur l'immortalité de l'ame, n'annonçaient pas le futur démolisseur de ce dogme tel que l'admettent les chrétiens. Mais c'est un fait à remarquer que l'idée mère de ces dissertations a été le pivot de tout ce que ces deux philosophes ont écrit et enseigné pendant leur carrière philosophique. La doctrine de l'identité comme celle de l'idée sont, en effet, le commencement et la fin de leur système, et cherchent à expliquer, l'une comment le fini s'est détaché de l'infini, et peut de nouveau s'y réunir; l'autre, comment l'humanité peut prétendre au développement qu'elle ambitionne.

Mais le vrai point de départ de Schelling comme philosophe date de 1794, où à l'âge de dix-neuf ans il publia une brochure sur la *Possibilité d'une forme de la philosophie.* Il s'appuyait évidemment sur les données de Fichte lorsqu'il prétendait y surmonter les catégories de Kant, en déclarant le moi comme la forme primitive de toute connaissance. Mais

(¹) Dans la *Gazette littér. d'Jéna*, no. 47.

son adhésion aux principes de Fichte parut plus complète lorsque six mois après il publia son: *Moi, comme principe de la philosophie*, quoiqu'il ne fit nullement mention de Fichte dans cet écrit; parce que Schelling pressentait qu'une révolution serait possible sur la donnée même de l'idéalisme, et il s'imaginait, qu'en ne s'attachant qu'à un principe et non à l'homme qui l'avait proclamé, il lui serait plus facile de garder son indépendance. Les principes ne sont-ils pas la propriété de tous, et quelques nouveaux qu'ils nous apparaissent, ne sont-ils pas toujours le produit d'une semence qui pour n'être pas connue n'en a pas moins été jetée sur le sol de la pensée par une main qui aurait pu aussi la revendiquer comme sienne? Schelling, en effet, établit ici, ainsi que dans ses *Lettres sur le dogmatisme et le réalisme*, de la manière la plus formelle, l'absolue causalité du moi comme principe unique de toute humaine connaissance; mais on l'y voit aussi à l'œuvre pour expliquer Fichte par Spinosa ou plutôt pour les compléter l'un par l'autre. „Descartes et Spinosa, s'écriait-il dans son admiration, on peut maintenant placer vos noms à côté l'un de l'autre, encore que peu vous comprennent et qu'un plus petit nombre *veuille vous comprendre!*" Et c'est depuis cette reconnaissance du mérite de Spinosa qu'on le vit toujours plus, tant dans des articles de journaux que dans de nombreux ouvrages, passer insensiblement du sujet à l'objet et proclamer enfin leur identité dans la nature (¹).

Ainsi Kant avait posé l'être comme l'absolu relativement à la subjectivité; mais l'objectivité dans ce système quoique inconnu en elle-même, n'en était pas moins restée condition nécessaire pour le subjectif d'avoir conscience de soi. Cette contradiction Schulze et Jacobi cherchèrent à l'enlever d'une manière négative, Beck et Reinhold d'une manière positive quoiqu'ils partissent tous du point de vue kantien, tandis que Fichte l'essaya de son point de vue médiateur entre le transcendentalisme subjectif et le réalisme objectif qui en naissait. Il ne fallait donc plus pour en revenir au point de départ de la philosophie moderne, que transporter par une évolution un peu plus forte, sur le seul MOI général la plénitude de l'être, et appeler Dieu cet être absolu, pour se trouver nageant à pleines voiles vers le spinosisme que tant de travaux depuis Leibnitz en Wolff avaient tenté d'extirper du sol allemand; et Schelling se chargea de cette entreprise en homme qui en comprenait toute l'importance, et qui en eût amené la réussite s'il n'avait pas été comme effrayé de ses propres conceptions, et des conséquences qu'elles pourraient avoir pour

---

(¹) Ses principaux écrits à cette première période de sa vie sont: Vom Ich, als Princip der Philosophie, Tubingue, 1795. — Ideen zu einer Philosophie der Natur. Leipzig, 1797. — Von der Weltseele, Hambourg 1798. — System des transcendentalen Idealismus, Tubingue 1800. — Darlegung des wahren Verhältnisses der Naturphilosophie, Tübingen, 1806.

sa réputation philosophique qu'il craignait de compromettre.

Cette réaction dans la philosophie était pourtant inévitable parce que le rationalisme qui débordait de toutes parts, lorsque Schelling fit ses premières armes et que le philosophe de Kœnigsberg n'avait fait que décorer en lui prêtant la moralité de son système, ne pouvait néanmoins satisfaire des ames richement dotées du côté de l'imagination et du sentiment, autant que de l'intelligence, et le rationalisme ne parlait qu'à l'intelligence; delà cette étude de l'esthétique dans les arts, les sciences et la religion que la sécheresse du rationalisme n'aurait jamais encouragé; delà ces investigations ardentes du passé et de l'avenir, faites par Tieck, les deux frères Schlegel et tant d'autres poëtes et artistes; car la poésie se complait dans ces deux choses, le passé et l'avenir et se soucie fort peu du présent; delà l'apparition du romantisme dans la littérature, du catholicisme dans les Beaux-arts et dans certaines manifestations des idées religieuses, delà cet appel à de puissans génies, pour lier en faisceau tous ces membres dispersés de la science physique, littéraire, esthétique et religieuse, appel auquel Gœthe voulut répondre par de sublimes essais; delà cet enthousiasme de Schelling en qui l'étude de la théologie, de la médecine et des sciences naturelles n'avait nullement refroidi l'imagination, pour tout ce que son époque recherchait de beau, de vrai, d'idéal dans les diverses branches des connaissances humaines; delà enfin, la résolution du jeune philosophe de se présenter à son siècle comme l'organisateur de tout ce qu'il y avait de vie dans le passé et dans l'avenir, et de fonder, au moyen de la méthode analytique du criticisme, et des dogmes positifs de la métaphysique et de la religion, un système universel qui aurait sa base sur la connaissance immédiate et complète de l'absolu (¹).

Cependant une si glorieuse entreprise ne fut pas entièrement du goût de Hégel qui après une active collaboration dans le journal philosophique que publiait son ami à Tubingue, et où il se montrait déjà indécis dans l'adoption du panthéisme schellingien qui commençait à poindre sur l'horizon de la science, s'éloigna insensiblement du système de l'identité pour se créer un autre panthéisme qui répondit mieux à la nature plus dialectique que poétique de ses facultés intellectuelles. Hégel, en effet, voulut poser comme absolu, l'idée au lieu de l'intuition et donna par là, à la doctrine de Schelling, la forme d'un développement logique qui montrait la nécessité d'un progression dans l'idée sans médiation étrangère. De sorte que dans le principe, Hégel semblait ne vouloir que rendre logique l'intuition intellectuelle de Schelling, et démontrer la manière dont cette intuition se développe par une

---

(¹) Je dois encore renvoyer pour le panthéisme de Schelling et une connaissance de ses plus illustres disciples, Oken &c. à *l'Histoire de Spinosa*, p. 319-334.

nécessité qui est en elle-même. (¹). D'où l'on voit que si Schelling remontant par Fichte et Kant était venu se retremper dans Spinosa et s'imprégner entièrement de son esprit, Hégel, ne dédaignait pas lui aussi de s'élancer dans cet atmosphère de l'infini, mais faisant un pas de plus il arrivait jusqu'à Descartes pour en perfectionner le subjectivisme logique déposé dans son principe célèbre: Je pense, donc je suis. Et c'est ainsi que la philosophie moderne en Allemagne par l'extension conséquente donnée aux principes de l'illustre philosophe français, a fait parcourir à l'esprit humain tous les degrés de spéculation sans pouvoir affirmer qu'elle a enfin trouvé le port où brûlent d'arriver les intelligences pour s'y reposer d'un long et pénible labeur (²).

Que cette science de l'idée qui est pour Hégel toute la philosophie, et par conséquence aussi, toute humaine science, puisque l'idée considérée en soi, dans sa manifestation et dans son retour sur elle-même, produit la logique, la nature, et la philosophie de l'esprit; que cette philosophie, disons-nous, doive à la fin clore tous les débats philosophiques comme l'ont proclamé ses exaltés partisans, c'est ce que l'on ne saurait plus affirmer depuis

---

(¹) *Vorlesungen über die Geschichte der Philosophie*, 3e vol. pages 662-63, 683. — *Encyclopädie der philosophischen Wissenschaften.* §. §. 84 et 85. Comparez préface de: *Phenomenologie des Geistes.*

(²) Pour les différences que l'on remarque dans le panthéisme de Hégel, de Schelling et de Spinosa, ainsi que leur point de réunion, voir C. von Orelli: *Spinosa's Leben und Lehre*, pages 165-91.

que l'héritage de cet autre conquérant de la pensée a été la proie d'héritiers avides qui lui ont déjà fait subir des transformations de plus d'un genre (¹). Mais il me faudrait étendre démésurément le plan de ce travail, si je voulais signaler en détail tout ce que l'on a écrit depuis quelques années pour expliquer, rectifier, compléter, modifier ou même élaguer ce qui paraissait nécessaire de l'être tant à ceux qui se sont donné eux-mêmes le brevet de purs Hégéliens, qu'à cette foule d'autres écrivains qui n'ont retenu de Hégel que la terminologie ou certaines formules qui ne déguisent pas l'indépendance de leurs propres opinions. Ainsi le terrain de la pensée est encore silloné avec ardeur en Allemagne; mais le kantianisme dont l'esprit avait pénétré la masse de la nation, et qui au dire de ses nombreux partisans devait être le faîte de l'édifice de la philosophie, le kantianisme n'y compte plus çà et là que de rares adhérens, tandis que les idées de Hégel et de Schelling se croisant dans tous les sens, quoique dépourvues d'harmonie et d'unité, s'y disputent la domination sur les intelligences. Mais l'état de malaise et d'incertitude que cette lutte incessante de tout ce que l'Allemagne compte d'esprits éclairés,

---

(¹) Un des savans interprètes de Hégel dans la science du droit, Gans, disait, en effet, dans une notice biographique insérée à la mort de Hégel dans la *Gazette d'Etat* de Berlin: „La philosophie *a maintenant achevé le cercle qu'elle devait parcourir: ses progrès ultérieurs ne peuvent se fonder, pour le moment, que sur la méthode tracée avec clarté et précision par le grand homme dont nous pleurons la perte irréparable.*"

fait naître et dans l'Etat et dans l'Eglise, et dans les sciences et dans les lettres, fait souhaiter que le plus illustre d'entr'eux proclame enfin haut et ferme et ses espérances et ses moyens d'action. Il ne doit pas suffire à Schelling de déclarer dans l'enceinte d'une académie qu'il a enfin trouvé ce qui a été pendant cinquante ans l'objet de ses consciencieuses recherches, la philosophie de la vérité, ou de permettre que des disciples plus ou moins initiés aux transformations de ses pensées, en publient des fragmens qui ne peuvent fournir que des données incomplètes; un philosophe de sa trempe, doit faire plus que Kant, plus que Hégel auxquels la nature n'avait pas départi les dons qui constituent les réformateurs, il doit autant instruire le public qu'enseigner dans sa chaire, et si, comme je n'en doute pas, ses convictions sont fermes, arrêtées et propres, comme on se plait à le dire, à illuminer ses contemporains, ses travaux, ses veilles, tout son tems, toute sa vie nous appartiennent; et manque-t-il de presses à Berlin pour donner un corps à ses idées et répondre à toutes les contradictions qui parties de plusieurs camps divers, méritent bien que l'on rompe un silence dont à la fin l'on pourrait abuser. Certes, quand des écrivains aussi distingués que Michelet, Marheinecke, Rosenkranz, Strauss, Zeller, Vatke, Hotho, Gabler, Richter, Werder, Alexis Schmidt, George et une foule d'autres viennent vous harceler chaque jour, et jettent le défi à vos prétentions philosophiques de tout concilier, de tout unir, de tout harmoniser; quand l'opinion publique se tourne vers vous, et vous sollicite de dire le dernier mot de votre philosophie, dans la persuasion qu'elle fera taire bien de faux oracles, qu'il encouragera beaucoup d'esprits timides, mais hâletants de vérité; quand au milieu du feu croisé de toutes les opinions spéculatives ne se font presque plus entendre que des cris d'agonie qui annoncent que tout ce qui nous fut cher, Dieu, l'ame et la liberté, va se perdre dans l'abîme de la négation, n'est-ce pas assez de motifs pour vous engager, illustre Schelling, à dire au monde toute votre pensée, afin qu'on la combatte, s'il y a lieu, ou pour qu'on vous proclame le libérateur des consciences déjà en délire, si vous répondez à ce que nous fait attendre de vous un passé brillant et glorieux (1).

Un plus long retard dans les explications que Schelling doit au public, et que plusieurs venant de Berlin n'interprêtent pas toujours d'une manière favorable au savant professeur, serait d'autant plus

---

(1) J'ai donné, d'après les seules sources qui soient à la disposition du public une analyse de ce que l'on dit être la nouvelle philosophie de Schelling, dans la 2e édit. de l'*Histoire du rationalisme en Allemagne*, p. 552-560. Mais on ne peut toujours donner qu'une analyse dont on n'a pas même une certitude mathématique de sa vérité tant que son auteur n'a pas lui-même publié ses doctrines. Encore une fois si Schelling n'est point tiraillé par le doute il faut qu'il parle, et parler à son siècle c'est écrire, et non appeler ses adversaires devant un tribunal de police correctionelle, comme le scandale va en être donné à l'occasion d'un écrit de Paulus qui pour dépasser les bornes de la critique méritait un autre genre de réfutation.

inexcusable qu'avec les modifications continuelles que de nombreux disciples font subir aux idées de Hégel, l'esprit public commence à s'en pénétrer, de même que les arts et les sciences les adoptent insensiblement, de préférence à celles de Kant que l'on trouve surannées, et qu'à Berlin même où l'influence de Schelling devrait seul se faire sentir, ou du moins dominer victorieusement toutes les oppositions, s'agite toute une cohue d'Hégéliens à qui il ne manque que l'organisation et quelque unité dans leurs mesures d'attaques, pour paralyser complètement les efforts de Schelling, et lui arracher le sceptre de la philosophie dont l'a investi la puissance royale, mais qu'aurait besoin de consacrer la puissance bien autrement majestueuse de l'opinion publique.

En effet, lorsqu'un petit nombre d'hommes supérieurs se rattachent franchement au Schelling régénéré (¹), il se forme indépendamment de la jeune

(¹) Ce sont principalement les rédacteurs de la *Gazette littéraire* de Berlin qui pour n'avoir pas fait de leur journal la *Gazette officielle de Schelling* comme les hegéliens les en ont accusés, n'en ont pas moins adoptés les principes; ensuite Trendelenburg qui vient de donner du fil à retordre aux adversaires de Schelling, puis Chalybæus dont le beau talent d'exposition n'est contesté par personne. En parlant du nouveau système de Schelling Chalybæus dit: „En attendant son développement, je dois dire que cette doctrine est aussi éloigné du mysticisme que satisfaisante par sa simplicité, n'éblouissant point par son éclat sans manquer de lumière et de chaleur, fournissant à notre raison le moyen et le droit de posséder la connaissance de l'absolu, attendu que Dieu vient à nous et est venu à nous au moyen du but objectif de son amour, du moment que nous reconnaissons en lui l'esprit sanctificateur, connaissance que nous avons quand notre individualité a

école hégélienne que j'ai fait connaître à fond ailleurs (¹), et qui paraît avoir maintenant arboré la négation universelle de tout spiritualisme sous quelque face qu'on se le représente, athéisme dont le Cicéron de la philosophie hégélienne, Rosenkranz, ne conteste pas pourtant la moralité, il se forme, dis-je, en ce moment, sur plusieurs points du sol germanique, des foyers de philosophie pleins d'activité, et qui chacun d'eux faisant parler Hégel à leur manière, ne mettent pas moins en une immense circulation ce que nous croyons n'être qu'un nouveau leurre offert aux espérances de l'humanité. Mais c'est surtout à Tubingue et à Berlin que regne la plus grande activité pour étendre l'empire de la

---

ete délivrée de toute contradiction dans la pensée et la volonté." Je demande pardon au lecteur pour la longueur de cette phrase; mais je l'ai ainsi trouvée dans la page 138 de la 3ᵉ édition de son: Historische Entwickelung der speculativen Philosophie. Pour être entièrement juste j'ajouterai encore que si Trendelenburg est venu attaquer du point de vue neo-schellingien le systeme logique de Hegel, un écrivain modéré de cette école mais qui unit un beau talent à cette modération s'est efforcé de repousser les traits de l'adversaire avec une force de dialectique qui lui fait honneur. C'est Alexis Schmid qui dans un ouvrage récent (Beleuchtung der neuen Schelling'schen Lehre der Philosophie und Theologie, Berlin 1843) reprend la these logique contre Schelling et Trendelenburg, et je me plais à le dire, quoiqu'il vienne plus recemment encore de critiquer mon Histoire critique du rationalisme; (malheureusement la 1ère édition!) mais, tant ce dernier travail sur le rationalisme que se trouve dans les Annales de critique scientifique nᵒ......... que sa critique de Schelling decelent une aménité de caractere et un amour pur de la vérité que l'on n'est pas toujours habitue à trouver chez un hégélien.

(¹) Histoire de Spinosa, p. 346-374; et Histoire du rationalisme, p. 458-66.

philosophie hégélienne; et ce n'est pas le talent qui aura manqué à ses défenseurs s'ils ne parviennent pas à accomplir la mission qu'ils se sont donnée (¹). Depuis le point presque imperceptible qui sépare les limites de Schelling et de Hégel, et où se meuvent dans une complète indépendance, Branis, Fischer, Weisse et Fichte, le jeune, jusqu'aux extrémités les plus reculées où la pensée hégélienne se volatise dans les puériles productions de la jeune école, l'école proprement dite de Hégel, semble s'être partagée le domaine de la science qu'elle ambitionne d'exploiter tout entier au profit de ses idées. Ici, c'est Rosenkranz, Michelet, Bayrhoffer, Schaller et Marbach, tous habiles à crayonner l'histoire de la philosophie, en même tems qu'ils la font concourir, comme l'avait déjà fait Feuerbach avant sa désertion du côté droit de l'école, au triomphe des idées nouvelles. Là, c'est Marheinecke, Baur, Gœschel, Strauss, Vatke, Zeller, Schwengler, Conradi, chacun avec les nuances qui leur sont propres, qui font passer les idées théologiques de l'Eglise à travers leurs idées spéculatives et prétendent les affermir

(¹) A Tubingue elle est en possession des *Annales théologiques*, et des *Annales contemporaines* dans lesquelles les docteurs Zeller et Schwengler conduisent une foule de collaborateurs à la terre qu'ils leur ont promise. Mais à Berlin, les hégéliens ne se sont pas contentés de leurs chaires et de leurs journaux; ils ont encore fondé une société philosophique qui compte à l'heure qu'il est vingt-cinq membres environ, et dont le but est de rapprocher si possible les diverses fractions de l'école, afin de les opposer avec vigueur à l'ennemi commun, c'est-à-dire le neo-schellingianisme.

en les anéantissant (¹). Plus loin c'est Henning et Schultz qui s'efforcent d'en pénétrer les sciences naturelles, comme Gans l'avait entrepris pour la jurisprudence, tandis que Rœtscher et Hotho relèvent tout ce qu'il y a de vraiment remarquable dans les idées esthétiques de leur maître, et donnent un brillant relief à la philosophie la moins faite pour parler au sentiment.

On avait fait grand bruit des dénominations de côté droit, centre, et côté gauche qu'avait acceptée cette école, et l'on prétendait lui en faire un grief. Mais leurs adhérens ont fort bien répondu que chez eux comme dans la nature il y a unité dans la variété, et qu'il n'ait jamais entré dans la pensée de leur maître d'imposer des bornes à leurs investigations, et encore moins de défendre de faire jaillir l'eau vive de la source qu'il leur avait indiquée. Cependant, l'un des plus instruits des disciples affirme que le fait prochain de l'histoire de la philosophie sera la reconnaissance générale des principes de Hégel (²).

J'ai parlé d'un point sur le sol philosophique allemand qui semble tenir aux limites des deux camps ennemis, et j'ai nommé Branis, Fischer, Weisse et Fichte le jeune comme les infatigables

---

(¹) C'est le même travail d'une partie des légitimistes en France qui font signifier toute autre chose aux *mots* de leurs anciens principes qu'ils disent avoir conservés. Pour eux comme pour les rationalistes de toutes les nuances et surtout des hégéliens, l'ancien système a perdu son caractère religieux pour devenir une *combinaison!*

(²) Michelet, Entwickelungsgeschichte der n. d. Philos. p. 309.

travailleurs qui se sont donnés la tâche d'élaborer les questions en litige et de les présenter ensuite aux esprits raisonnables de tous les partis comme moyen de réconciliation (¹). C'est un certain *juste-milieu* qui analyse les élémens des deux doctrines, pour en recueillir des principes de vie, mais qui ne s'est encore trouvé en mesure d'organiser que quelques membres du grand corps qui se nomme philosophie, comme l'attestent les essais de Weisse et de Fichte pour donner à la durée immortelle de l'ame humaine, une base qui pût défier les efforts de la jeune école qui a renoncé généreusement à cette immortalité, en faveur de l'espèce à laquelle elle appartient et qu'elle déifie (²). Mais ne détournons pas dédaigneusement les yeux de cette noble entreprise, puisque cette question de la durée individuelle de l'homme après la mort est la plus intéressante que la spéculation puisse avoir pour objet, de même que celle de la personnalité de Dieu qui a tant d'affinité avec elle, et qui est en

(¹) Fischer est surtout connu par son ouvrage: *Abriss der Metaphysik*, Branis par celui de: *System der Metaphysik;* et Weisse outre son ouvrage bien connu sur la question de l'immortalité, il a publié des articles fort nourris de pensées dans la *revue* que tous ces amis publient de concert, et dont Fichte le jeune est le rédacteur principal.

(²) On entend quelquefois les hégéliens de vieille roche (Alt-hegelianer) comme ils se nomment, traiter ces écrivains de pseudo-hégéliens; mais il est de fait qu'ils ont adopté la méthode de Hégel. Est-ce leur faute si elles les conduit à d'autres résultats!

31

ce moment pour l'école entière de Hégel, un sujet intarissable de bruyantes discussions, en est l'objet le plus vital. Comme on le voit, il n'en est pas en Allemagne comme en France où les questions philosophiques ne sont guères posées franchement, et par conséquent nullement vidées avec une liberté entière d'action (¹). Comme les théologiens forment en Allemagne la majorité de ceux qui cultivent avec le plus de soin et de persévérance le champ ingrat de la philosophie, on s'explique comment dans les questions les plus délicates, ils peuvent se donner les coudées franches puisque cette liberté n'est qu'un corollaire obligé des principes de la réformation, et en même tems pourquoi la philosophie, même dans ses excès n'y est jamais irréligieuse, puisque c'est au nom de la religion, que se livrent les combats, et que l'idée n'est jamais venue à personne que la perte de quelques formes dût nécessairement entrainer la défaite des idées qui les revêtent. Il est vrai que beaucoup de ces philosophes s'abusent encore étrangement à ce sujet.

(¹) Voyez la lutte animée qui a mis le clergé et l'université en présence et dites, si après avoir lu les prétentions *écrites* des deux partis, vous n'êtes pas persuadé que ni les uns ni les autres n'ont dit tout le fond de leur pensée. Et pourtant si l'on *avait foi* en ses principes en craindrait-on une manifestation éclatante? Il y a donc dans tout cela ou de la ruse ou du scepticisme. D'autres diraient peut-être qu'il y a de l'un et de l'autre dans une lutte qui pourrait pourtant se présenter sous une forme imposante et noble, s'il ne s'agissait que de principes nettement posés et défendus ou contredits avec l'enthousiasme de la sincérité.

et qu'ils ont une confiance un peu trop naïve dans leurs bonnes intentions, lorsqu'on les voit arriver au matérialisme spéculatif par leur négation de la personnalité en Dieu, ou de l'individualité dans l'espèce humaine; car c'est là le problème du moment en Allemagne, problème, comme on le voit, qui se rattache à tout ce qu'il y a de plus élevé et de plus digne d'intérêt dans le domaine de la pensée, l'ame et son immortalité; mais vous seriez édifié, j'en suis sûr, si vous pouviez contempler ces bonnes figures allemandes qui tout en préférant l'*immanence* à la *transcendance*, ou bien qui après leurs arides conceptions de l'être en soi, pour soi et dans un autre, ne vous parlent pas moins de vos devoirs religieux moraux et sociaux, comme s'ils découlaient avec la même nécessité de leur élucubrations phantastiques ; et vous, qui ne voyez d'ordinaire que des impies ou des libertins là où vos propres principes ne dominent point, vous ne vous éloigneriez d'eux peut-être qu'électrisés par de saintes paroles qui tendent à diviniser ce que vous aviez cru ne pouvoir qu'animaliser. Dieu me garde d'approuver en entier cette quiétude des philosophes allemands qui a tant de ressemblance avec la froide opération du scapel de l'anatomiste; mais je tiens à constater pour quelques-uns de nos belliqueux compatriotes que quand il s'agit de philosophie et de religion en Allemagne surtout il ne peut pas être question de bonne ou de mauvaise foi et qu'après

l'instrument de la science dont vous devez vous servir dans la polémique contre eux, c'est tout au plus si de leur sang-froid glacial pour des questions brûlantes, vous devez faire une question d'anthropologie.

Que dire maintenant du but que j'ai pu avoir en présentant à la France la vie d'un philosophe qui pour avoir fourni de magnifiques pages à l'histoire des systèmes philosophiques, ne voit pas moins sa célébrité, grande s'il en fût jamais, s'évanouir insensiblement comme celle de tant d'autres dont la postérité semble ne plus guère garder le souvenir? Outre mon désir de rectifier bien des notions fausses ou incomplètes sur le noble caractère de Kant et sur la nature de ses idées, j'ai souhaité de m'élever à de plus hautes considérations. Dans la lutte commencée depuis long-tems entre le principe de l'autorité et celui du libre examen, lutte qui paraît vouloir s'envenimer en France parce que les combattans ne s'y posent pas dans toute la franchise des principes qu'ils représentent, et qu'ils paraissent vouloir plutôt se séduire par l'artifice que se convaincre par la bonté et la sainteté de la cause à défendre, il me semble que dans cette lutte, à mesure que les questions se dégageront davantage des élémens impurs qu'y mêle à pleines mains l'esprit de parti, deux grand noms, ceux de Spinosa et de Kant, noms qui résument à eux seuls tout ce que la philosophie a avancé depuis plus de deux mille ans, de plus moral et de plus vraisemblable en matière de spéculation, oui, ces deux grands noms seront tôt ou tard invoqués dans le feu du combat, et tous ceux que le mot seul de panthéisme effraye parce qu'ils n'en connaissent que l'écorce, et qu'attire, au contraire, le mot séduisant mais si trompeur de rationalisme que la philosophie de Kant a élevé à sa plus haute expression, tous ceux-là se retrancheront derrière ce grand homme; et parce qu'ils ne veulent plus d'un passé qui ne s'offre à leur imagination effrayée qu'avec le cortège de tyranniques prétentions, vous les entendrez proclamer les efforts spéculatifs de Kant comme le *non plus ultra* des investigations philosophiques, tandis que nous sommes bien plus dans la vérité lorsqu'avec Lessing et Jacobi nous soutenons que s'il pouvait exister de certitude complète en matière de philosophie elle ne se trouverait pas ailleurs que dans le spinonisme. Oui, Kant a pénétré plus qu'aucun autre dans le labyrinte obscur de la pensée humaine, il en a analysé les facultés avec une puissance qui découragera tous ceux qui voudraient s'essayer au même labeur, et c'est grâce à ses savantes et si intelligentes investigations que l'on doit de pouvoir constater contre le scepticisme l'existence de ces notions de l'entendement qui précèdent toute expérience, et qui avec le scepticisme pulvérisent également tout nouvel essai qui ne verrait dans le monde de la pensée que des sensations élaborées dans le vaste atelier de l'expérience et se transformant en idées dans ce travail mystérieux. Mais il n'en est pas moins vrai qu'à part ces résultats inappréciables, Kant n'a pas fait faire le moindre progrès, ni à la philosophie proprement dite qui est la science du savoir, ni à la religion dont il a dénaturé l'idée et rabaissé la dignité et qui n'est que la science d'aimer ce que l'on comprend. Bien, au contraire, Kant, en philosophie n'a donné aucun moyen de constater l'existence et encore moins la réalité de l'objectif, c'est-à-dire de tout ce qui n'est pas le *moi* de chaque individualité, et qu'en matière de religion il a semé le doute ou l'obscurité quand il n'a pas ouvertement nié, sur toutes les preuves qui satisfaisaient pourtant les Descartes, les Newton, les Bossuet, les Malebranche et les J. J. Rousseau, quand il s'agissait de démontrer la réalité subjective et objective, d'un Dieu, d'une ame humaine distincte de Dieu, et d'une immortalité également distincte de l'éternelle existence de l'Etre souverain. D'où je conclus que si le système de Spinosa tout grandiose et gigantesque qu'il est dans toutes ses proportions ne satisfait pas la conscience humaine, puisque ceux-mêmes qui l'ont caressé ou qui s'en inspirent en secret, comme Hégel et Schelling en Allemagne, Victor Cousin et Pierre Leroux en France, paraissent le confesser, et qu'en effet, si l'intelligence arrive jusqu'à lui, le sentiment s'en tient éloigné à une distance immense, il ne produira pas moins de déceptions que le système de Kant qui, avec son inflexible loi du devoir et son incomplète notion de la liberté, ne tend qu'à désespérer les ames honnêtes et à leur faire redouter et même haïr ce que le cœur désire tant d'aimer. Ce qui devrait être compris et universellement adopté par les athlèthes de tous les partis c'est cette conséquence de la philosophie de Kant, que la raison humaine n'ayant aucun point d'appui sur le domaine des idées pures, la polémique acerbe et injurieuse sur ce terrain n'est pas seulement repoussée par la charité chrétienne, mais encore par la raison qui la déclare un non-sens; et ce serait un grand mérite pour cette philosophie d'avoir forcé les philosophes et les théologiens à une bienveillance réciproque, et prouvé pour la millième fois que si un peu de philosophie fausse l'intelligence et déprave le caractère, beaucoup de philosophie restitue à l'ame de la noblesse et l'amène à la religion pour qu'elle la fasse participer à cette nature divine que nous sommes tous appelés à reconquérir si nous ne voulons pas manquer aux destinées sublimes que la philosophie de la vérité renfermée dans l'Evangile déclare devoir être le partage de ceux qui „ayant ouï la parole avec un cœur honnête et bon la retiennent et lui font porter des fruits avec persévérance."

FIN.

ERRATA.

Quelques erreurs typographiques s'étant glissées dans l'impression de cet ouvrage, nous prions le lecteur de corriger les plus essentielles.

Pages	ligne	lisez:	
84	20		l'Esprit du Dieu qui . . . . .
92	7		de la note : peut, *au lieu de* peuvent.
197	1		en honorant ce principe.
224	21		vous le savez.
253	22		après *j'ai parlé*, une virgule est très essentielle.
300	28		des plats à cuire.
301	25		*aller* faire de l'exercice.
—	30		se promener.
310	3		chant d'un *coq*.
368	6		son bon *maître*.
400	13		Charles Villers.
401	25		*pour* la philosophie.
432	9		n'obscurcit pas.
440	2		(2e note) réfuté.
478	17		de la note: Jahrbücher für wissenschaftliche Kritik, no. 26, 27, 28, 29 et 30.

TABLE DES MATIERES.

	Pages
INTRODUCTION.	V

CHAP. I. Importance de travaux de Kant. — Esprit public de l'Allemagne à l'époque où Kant apparut dans le monde. 1

CHAP. II. Jeunesse de Kant. — Ses premières études et ses premières publications pendant qu'il était encore à l'Université. — Sa vie de précepteur. . . . 15

CHAP. III. Kœnigsberg. — Genre de vie de ses habitants. — Début de Kant dans l'enseignement en qualité de *privat-docent* à l'Université. — Ses travaux scientifiques. — Ses découvertes en astronomie. . . . 36

CHAP. IV. Prédécesseurs de Kant dans le domaine de la philosophie depuis Bacon et Descartes. — Point de départ de la *Critique de la raison pure.* — But de cet ouvrage. 67

CHAP. V. *Critique de la raison pure.* — Analyse de cet ouvrage. 88

CHAP. VI. Réflexions sur la critique de la raison pure. — Premières impressions du public. — But de la *Critique de la raison pratique;* analyse de cet ouvrage. 165

CHAP. VII. Ouvrage de Kant sur le *sentiment du beau et du sublime.* — Analyse de sa *Critique sur le jugement.* 198

TABLE DE MATIÈRES.

Pages

CHAP. VIII. Résultats moraux de la philosophie de Kant. Autres ouvrages: *Elémens métaphysiques de la nature. Elémens méthaphysiques des mœurs.* . . 218

CHAP. IX. Kant considéré comme homme politique. — Ses *Elémens métaphysiques de la doctrine du droit.* Son opinion sur Montesquieu, J. J. Rousseau, Hobbes &c. — Ses idées sur le meilleur gouvernement. — Garanties qu'il donne aux droits et aux devoirs de tous. 241

CHAP. X. Philosophie de l'histoire d'après Kant. — Ses ouvrages: *Idées pour la composition d'une histoire universelle sous le point de vue cosmopolite. De la paix éternelle.* — Autres opuscules. . . 264

CHAP. XI. Vie de Kant comme professeur. — Sa manière d'enseigner. — Ses rapports avec les étudiants. — Emploi de ses journées. 287

CHAP. XII. Suite des détails sur la vie et les habitudes de Kant. — Anecdotes diverses. — Ses idées sur les femmes et sur le mariage. — Quels motifs il peut avoir eu de garder le célibat. . . . 308

CHAP. XIII. Désagrémens suscités à Kant à propos de ses écrits. — Quelles en furent les causes? — Idée de son ouvrage: *La religion dans les limites de la raison. Dispute des facultés.* 332

CHAP. XIV. Occupations de Kant dans les dernières années de sa vie. — Sa maladie. — Son aversion pour la médecine. — Sa mort. — Son caractère comparé à celui de Socrate. 361

CHAP. XV. Influence de Kant sur l'Allemagne littéraire et philosophique. — Retentissement de sa philosophie à l'étranger. 386

CHAP. XVI. Ecole de Kant. — Direction pratique: C. C. E. Schmid, Kiesewetter, Tieftrunk, Heidenreich, Stäudlin, F. W. D. Snell: Allemagne catholique. — Direction spéculative: Reinhold, Beck, Bouterweck, Fries, Herbart, Fichte. 405

CHAP. XVII. Diverses résistances opposées à la philosophie de Kant. — Les Eclectiques. — Les Wolfiens.

Les Sceptiques. — Les Orthodoxes. - La philosophie de la foi defendue, en opposition à la philosophie critique par Hamann Herder et Jacobi. 432

CHAP. XVIII. Position de Schelling et de Hégel vis-à-vis de Kant. Etat actuel de la philosophie en Allemagne. — Conclusion. 466

Voici la traduction du *fac-simile* qui se trouve placé sous le portrait. C'est une phrase qui résume très bien tout le système religieux du philosophe. „La religion est la connaissance de tous nos devoirs comme préceptes divins; elle précède donc la foi à l'existence de Dieu. La morale conduit à la théologie dans des vues pratiques, quoique cette dernière soit et demeure toujours problématique."

IMPRIMERIE DE NOBILING & HEIDRICH A HAMBOURG.

Ouvrages DU MÊME AUTEUR
et qui se trouvent aux principales librairies de Paris, Hambourg et Leipzig :

HISTOIRE CRITIQUE
DU
RATIONALISME
en Allemagne,
DEPUIS SON ORIGINE JUSQU'A NOS JOURS :

DEUXIÈME ÉDITION
entièrement revue et augmentée

1 vol. in-8º.

HISTOIRE
DE LA VIE ET DE LA PHILOSOPHIE
DE
SPINOSA,
FONDATEUR DE L'EXÉGÈSE ET DE LA PHILOSOPHIE MODERNE :

ornée du portrait de l'auteur.

1 vol. in-8º.

Ces deux ouvrages réunis à l'*Histoire de Kant et de sa philosophie* forment un ensemble qu'il sera facile à saisir. Pénétrés du même esprit, ils reflètent néanmoins, sous trois faces différentes, l'immensité du travail des idées que la savante Allemagne a élaborées dans le domaine de la religion et de la philosophie.

IMPRIMERIE DE NOBILING & HEIDRICH A HAMBOURG.

www.ingramcontent.com/pod-product-compliance
Lightning Source LLC
Chambersburg PA
CBHW071708230426
43670CB00008B/940